# मध्यकालीन भारत

## एक सभ्यता का अध्ययन

वाणी इतिहास श्रृंखला

# मध्यकालीन भारत

## एक सभ्यता का अध्ययन

इरफ़ान हबीब

वाणी प्रकाशन

प्रकाशन के उत्कृष्टतम 60 वर्ष

सजिल्द प्रथम संस्करण : 2023

vaniprakashan.com

# वाणी प्रकाशन

*4695, 21-ए, दरियागंज, नयी दिल्ली-110 002*

फ़ोन : +91 11 23273167, 23275710

**शाखाएँ**

*अशोक राजपथ, पटना-800 004, बिहार*

*कॉफ़ी हाउस कैम्पस, महात्मा गांधी मार्ग, इलाहाबाद-211 001, उत्तर प्रदेश*

*महात्मा गांधी अन्तरराष्ट्रीय हिन्दी विश्वविद्यालय, वर्धा-442 001, महाराष्ट्र*

*36/ए, शेक्सपियर सरणी, रानी बिरला गर्ल्स कॉलेज के पास, कोलकाता-700 017, प. बंगाल*

sales@vaniprakashan.in
vaniprakashan@gmail.com

Madhyakaleen Bharat :
Ek Sabhyata Ka Adhyayan
*by* Irfan Habib
*Translated by* Niraj Kumar

ISBN : 978-93-5775-183-4
History



मूल्य : ₹ 595



*आर. टेक ऑफ़सेट प्रिंटर्स, दिल्ली-110 032 में मुद्रित*

*वाणी प्रकाशन का लोगो मक़बूल फ़िदा हुसेन की कूची से*

# अनुक्रम

# प्रस्तावना

यह पुस्तक राष्ट्रीय पुस्तक न्यास (नेशनल बुक ट्रस्ट), भारत के निदेशक बिपिन चन्द्रा के आग्रह पर लिखी गयी है जो न्यास (ट्रस्ट) प्रकाशन कार्यक्रम में व्याप्त शून्य को भरने के लिए मध्यकालीन भारत के सर्वेक्षण की अपरिहार्यता और अनिवार्यता को रेखांकित करते हुए इसकी उपादेयता को स्पष्ट करने का प्रयास है। सम्भवतः यही कारण है कि वे कथित कार्य में उत्तरोत्तर प्रगति को लेकर सजग, सतर्क और सचेतन बने रहे हैं।

इस पुस्तक में सामान्यतया और मुख्यतया सांस्कृतिक, राजनीतिक संगठन, धर्म, कला और शिक्षा जैसे पहलुओं को समाहित करने का प्रयास किया गया है लेकिन साथ ही उन पक्षों पर जैसे कि सामाजिक संरचना, अर्थव्यवस्था और तकनीक पर भी बल दिया गया है जिन्हें परम्परागत और पूर्व के सर्वेक्षण में अपर्याप्त प्राथमिकता दी जाती रही है। इस लम्बे कालखण्ड और दुरूह विषय के सुविधाजनक, समुचित और व्यवस्थित अध्ययन के लिए इसे तीन कालखण्डों क्रमशः 600-1200 ईसा, 1200-1500 ईसा और 1500-1750 ईसा में विभाजित किया गया है। इस सन्दर्भ में यह तथ्य ध्यातव्य और द्रष्टव्य है कि कथित अन्तिम चरण में पुस्तक का कमोबेश 60 फ़ीसदी भाग अन्तर्भूत है। ऐसा केवल दो-ढाई दशक के नज़दीकी कालखण्ड होने के कारण लाजिमी और स्वाभाविक दिलचस्पी का विषय नहीं है बल्कि पूरे कालखण्ड से सम्बद्ध प्रामाणिक प्राथमिक सामग्री, ऐतिहासिक अभिलेखों, व्यापक एवं विस्तारित ऐतिहासिक सिद्धान्तों, पाण्डुलिपियों, विदेशी यात्रियों के यात्रा-वृत्तान्तों और यूरोपीय वाणिज्यिक अभिलेखों की शक्ल में अनेक पुस्तकों की उपलब्धता के कारण भी है, वास्तव में हम लोग पूर्ववर्ती सैकड़ों वर्षों की तुलना में इस कथित शताब्दी से अधिक अवगत हैं। यह हमें इस दौर के हर पहलू को विस्तार और गहरे जाकर पड़ताल करने के लिए प्रेरित करता है जो इसके पूर्ववर्ती कालखण्ड के लिए सम्भव नहीं था। मुझे ऐसा प्रतीत

हुआ कि इन परिस्थितियों के बरअक्स सर्वेक्षण के लिए की जाने वाली शताब्दियों को यान्त्रिक रूप से श्रेणीबद्ध और वर्गीकृत करना अनुचित और अविवेकी होगा। बेहतर और तार्किक यह होगा कि जिसके सन्दर्भ में हमें अधिक ज्ञात है; अथवा जिनसे सम्बन्धित प्रामाणिक साक्ष्यों और स्रोतों की उपलब्धता सहज और सुलभ है उन्हें केन्द्रीय विषय बनाया जाये और उनके बारे में अधिक-से-अधिक लिखा जाये।

संस्कृत और प्राकृत से व्युत्पन्न भाषाओं के लिप्यन्तरण की प्रणाली में एपिग्राफ़िया इंडिका की पद्धति का अनुसरण किया गया है, वह इस अन्तर के साथ कि 'Sh' और 'Sh' 'S' को इंगित करते हैं; और 'r' के लिए 'ri' का प्रयोग किया गया है। पाठक को यह याद होगा कि एपिग्राफ़िया इंडिका में, जैसे कि यहाँ, 'Ch' और 'Chh' परम्परागत प्रणाली में 'C' और 'Ch' को प्रस्तुत करते हैं। अरबी और फ़ारसी शब्दों के लिप्यन्तरण में स्टींगस पर्शियन-इंग्लिश शब्दकोश का व्यापक स्तर पर उपयोग किया गया है। हिन्दी से पहले की भाषाओं के शब्दों के प्रस्तुतीकरण में, शब्दों के अन्त में आने वाले छोटे स्वर 'a' को लुप्त कर लिया गया है : जैसे कि Rāmcharitmānas (रामचरितमानस), न कि Rāmacharitamanāsa (रामाचरितामानसा)। आशा है कि लिप्यन्तरण के ये प्रमाण शब्दों के सही और वास्तविक रूप से उच्चरित होने के क़रीब होंगे और अधिकाशतः पाठकों को स्वीकृत होंगे।

प्रो. सायरा इ. हबीब ने पूरी पुस्तक का निरीक्षण किया है और विषय-वस्तु एवं भाषायी, दोनों दृष्टिकोणों से अनेक संशोधन किये हैं जिसके लिए स्वाभाविक रूप से मैं उनका आभारी हूँ। संस्कृत/अपभ्रंश के वैज्ञानिक लेखन के मामले में प्रो. एस.आर. सरमा ने अपने क्षेत्र विशेष के सम्बद्ध गहन ज्ञान से उत्साहपूर्वक अवगत कराया और इसने मुझे आकर्षित किया। प्रो. पुष्पा प्रसाद ने मुझे *लेखपद्धति* का उनका व्याख्यात्मक अनुवाद देखने को दिया, जिसमें पूर्व सल्तनतकालीन गुजरात से जुड़े दस्तावेज़ों का अनूठा संग्रह है, जबकि उनका यह कार्य अभी प्रकाशित नहीं हुआ था। प्रो. इक़्तिदार आलम ख़ान, प्रो. शिरीन मूसवी और अलीगढ़ मुस्लिम विश्वविद्यालय के अन्य सहकर्मियों के आपसी विचार-विमर्श ने मुझे संस्कृति के उन पहलुओं को भी देखने के लिए प्रेरित किया जिन्हें या तो मैं नज़रअन्दाज़ कर जाता या जिनसे मैं अनभिज्ञ रह जाता। प्रो. मूसवी, सचिव, अलीगढ़ हिस्टोरियंस सोसायटी को धन्यवाद ज्ञापित करना अभी शेष है जिन्होंने पुस्तक से जुड़े कम्प्यूटर के कार्यों को करने के लिए सोसायटी की सुविधाएँ मुहैया करवायीं और वह भी पूर्णता और नियमितता के साथ। मेरे बेटे, फ़ैज़ हबीब, ने

इस भाग के लिए मानचित्रों की रूपरेखा के कार्यों को किया है, इस प्रकार ये उनके ऐतिहासिक मानचित्रों की लम्बी सूची में शामिल हो गया।

मैं श्री मुनीरुद्दीन ख़ान का आभारी हूँ जिन्होंने कम्प्यूटर पर इस पुस्तक को आकार दिया है, और धैर्यपूर्वक उन ग़लतियों को संशोधित किया है जिनके लिए मैं उन्हें समय-समय पर कहता रहा हूँ। इस पुस्तक के बाद के कुछ हिस्सों को तैयार करने में मैंने अध्यायों के कुछ मसौदे पर चित्र बनाने की स्वतन्त्रता ली है जिन्हें मैंने यूनेस्को के *हिस्ट्री ऑफ़ ह्यूमिनिटी,* भाग 4 और 5, जहाँ वे केवल संक्षिप्त और सारगर्भित रूप में उपलब्ध हैं। ज़ाहिर है, बहुत-सी सामग्री का पुनर्लेखन हुआ है और उसे आगे विस्तृत रूप से विस्तारित भी किया गया है।

मैं श्री बिन्नी कुरियन, राष्ट्रीय पुस्तक न्यास (एनबीटी) का कृतज्ञ हूँ, जिन्होंने इस पुस्तक के प्रारम्भिक प्रारूप के बाद कई संशोधन सुझाये।

**इरफ़ान हबीब**

## पुनर्मुद्रण के लिए नोट

पुनर्मुद्रण के इस अवसर का उद्देश्य उन मुद्रित अशुद्धियों को सही एवं उपयुक्त करना है और साथ ही पुस्तक के उन स्थलों/बिन्दुओं की सुस्पष्ट करना है जो अर्थ एवं सन्दर्भ की दृष्टि से अस्पष्ट प्रतीत होते हैं। यह एक प्रकार से अनुक्रमणिका की विषयवस्तु एवं व्यवस्था को और अधिक बेहतर करना भी है। संस्कृत शब्दों के लिप्यन्तरण से एक छोटे से बिन्दु का उल्लेख भी हैः ń और ñ एक ही अनुनासिकता को प्रदर्शित करते हैं।

मई, 2009 **इरफ़ान हबीब**

# भाग 1

# पूर्व मध्यकालीन भारत (600-1200)

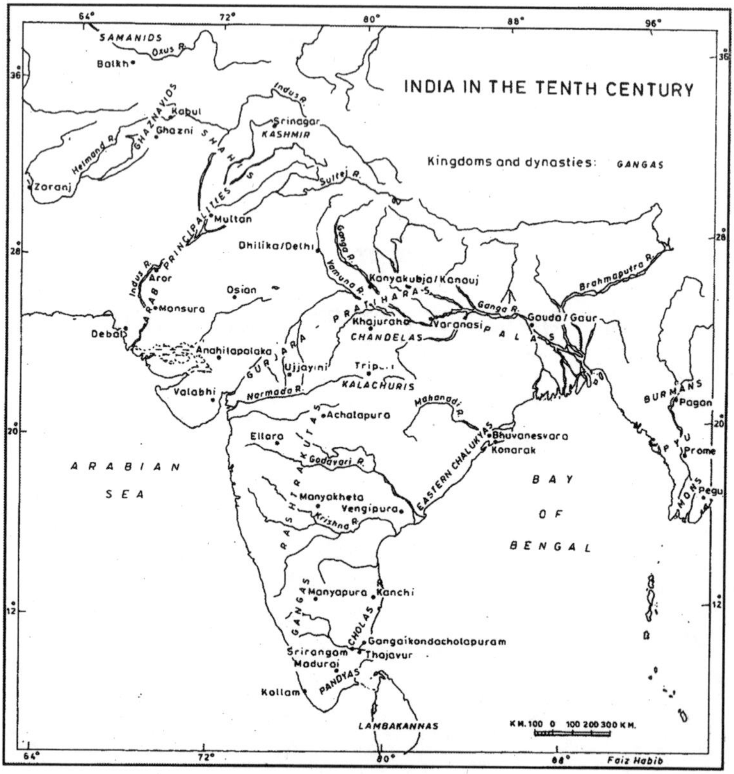


मानचित्र : दसवीं शताब्दी में भारत

## 1.1

# ‘भारतीय सामन्तवाद’

हम लोग विषय का प्रारम्भ एक ऐसी परिकल्पना से कर सकते हैं जिसमें हज़ार वर्षों के पहले के भारत को आज की दुनिया के किसी यात्री के नज़रिये से देखने का प्रयास किया गया हो। वर्तमान विश्व के किसी व्यक्ति से सुदूर अतीत के भारत को देखने की यह कथित प्रवृत्ति वास्तव में नवोन्मेषन है जो अपने परिणाम और प्रभाव में निश्चित रूप से उत्पादक और उपादेय है। बहरहाल, भारत की भौतिक वस्तुस्थिति कमोबेश और थोड़े-बहुत फेर-बदल के साथ आज की ही तरह प्रतीत होती है; केवल मैदान में कुछ नदियों ने अपने रास्ते बदल लिए हैं, और तटीय-रेखा आज के बरअक्स काफ़ी अधिक भिन्न और इतर होती होंगी। नदियाँ नहरों की अधिकता नहीं होने के कारण, पानी से अपेक्षाकृत लबालब भरी होती थीं; फलतः भूजल स्तर भी सतह के काफ़ी क़रीब हुआ करता था। वन-क्षेत्र का बृहद् विस्तार वार्षिक-वर्षण के उच्च स्तर को थोड़ी बहुत परिवर्तनीयता के साथ बरकरार रखने में उपयोगी हुआ करता था। तत्कालीन परिस्थितियों में जनगणना करना या जनसंख्या को सुस्पष्ट रूप से आकलित करना सम्भव नहीं था, लेकिन सम्भवतः यह एक करोड़ से अधिक नहीं था या उससे काफ़ी कम रहा होगा। दूसरे शब्दों में कहें, तो जहाँ आज 13 आदमी निवास करते हैं, उस वक़्त सम्भवतः वहाँ तब एक व्यक्ति का अधिवास रहा होगा। लोग छोटे गाँवों या बस्तियों में निवास करते थे जो वनों, झाड़-झंखाड़ और इसके वनोपज से घिरी रहती थीं। जंगली जानवर भी दूर नहीं थे और वर्षा न होने पर अकाल और भुखमरी का साया हमेशा ही मँडराता रहता था। वास्तव में इस प्रकार के निराशाजनक और असन्तोषजनक तथ्य मस्तिष्क में तब घर करने लग जाते हैं और यह स्वाभाविक प्रतीत होता है जब आप समाज और सभ्यता के उस समय के विविध पहलुओं और आयामों का अध्ययन करने लगते हैं।

पहली सहस्राब्दी के अन्तिम महान उत्तर भारतीय राजा हर्षवर्द्धन (मृ.लगभग. 648) और दिल्ली में सुल्तानों (1206 ई.) के उभार के बीच के दौर को 'उत्तर प्राचीन' या पूर्व मध्यकाल के रूप में सम्बोधित किया जाता है। वस्तुतः इतिहासकारों द्वारा इस प्रकार की नामपद्धति को व्यवहार में लाने का सिद्धान्त मुख्यतः इस दौर के भारतीय राज्यों की उच्च स्तर के केन्द्रीकरण अथवा शाही व राज्यीय पदवी प्राप्त करने में निरन्तर विफल होते जाने की प्रवृत्ति पर आधारित है। हालाँकि इस सन्दर्भ में डी.डी. कोसाम्बी और रामशरण शर्मा ने कथित 600 वर्षों के इतिहास को अपेक्षाकृत अधिक प्रामाणिक और प्रासंगिक आधारों पर विश्लेषित किया है जिसमें उन्होंने मुख्यतः भारतीय सामन्तवादी प्रणाली को अधिक तरजीह या प्राथमिकता दी है।

इस सन्दर्भ में कोसाम्बी का यह कहना है कि शिल्प-प्रसार/शैल्पिक-विकेन्द्रीकरण के कारण गाँवों की शहर से सम्बद्धता और निर्भरता में व्यापक स्तर पर कमी आयी; फलतः ग्रामीण अंचल का स्वतः विकास होने लगा और उनमें 'स्व' का अहसास-बोध सघन होने लगा, दरअसल, इसने सामन्तवाद की व्यवस्था को आकार लेने में सहयोगी की भूमिका निभायी और राज्य की केन्द्रीय व्यवस्था में अनास्था के स्वर को और तीव्र किया; फलतः राज्य का पूर्वनिर्धारित केन्द्रीय चरित्र धूमिल होने लगा और इस प्रकार, पहले स्थानीय निरंकुशता[1] की सम्भावनाएँ बनीं और फिर बलवती होने लगीं। पहली सहस्राब्दी[2] के दौरान 'अस्पृश्य या अछूत' और हाशिये पर के लोगों की सर्वहारा में तब्दील होने की प्रक्रिया अपने उच्चतम स्तर पर पहुँच गयी। गाँवों की तथाकथित आत्मनिर्भरता ने वाणिज्य के महत्त्व को नज़रअन्दाज़ किया और उसे अपना प्राथमिक विषय नहीं बनाया। इसका परिणाम एवं प्रभाव यह हुआ कि लगभग 1000 ईस्वी तक शहरीकरण की प्रक्रिया धीमी देखने को मिलती है, इसमें व्यापक स्तर पर कमी दृष्टिगत होती है। वास्तव में यह भारतीय इतिहास के कुछ उन कालखण्डों में से एक है जिसमें शहरीकरण को अनेक अवरोधों से मुख़ातिब होना पड़ा। पुरातात्विक साक्ष्य भी इस उपर्युक्त दृष्टिकोण की पुष्टि करते हैं, किन्तु मंसूरा और सिन्ध में मिले बृहद् अवशेषों से यह पुष्टि होती हुई दिखती है कि 10वीं शताब्दी की अवधि के दौरान कम-से-कम इन क्षेत्रों में उपर्युक्त कथित प्रवृत्ति की विरोधाभासी प्रवृत्ति[3] अस्तित्व में थी। सोने और चाँदी के सिक्के भारत के अधिकांश भागों से लुप्तप्राय हो गये थे। ये गहरे जाकर यह तथ्य की ओर संकेत करते हैं कि वाणिज्यिक लेन-देन/विनिमय[4] में कमी आयी थी। गणितीय आकलन के दृष्टिकोण से *लीलावती* (1150 ई.) में

जिस प्रकार उच्च ब्याज दर का उल्लेख किया गया है, वह तत्कालीन परिस्थितियों में पूँजी की तरलता में आयी कमी की ओर संकेत करता है।

इस सन्दर्भ में चीन के यात्री यि-जिंग (700 ई. के आस-पास) इत्सिंग का वक्तव्य प्रासंगिक है, जो निष्कर्ष रूप में यह स्थापित करता है कि बड़े भू-स्वामियों के पास यह विकल्प सुलभ व सहज था कि वह अपनी ज़मीन पर खेती या कृषि के लिए नौकरों और श्रमिकों की सेवा ले सकते थे और वे ऐसा अपना नैसर्गिक अधिकार मानते थे या फिर उन्हें अपने यहाँ फ़सलों में हिस्सेदार बना कर बँटाईदार के रूप में खेती कर सकते थे। कुल मिलाकर, लब्बोलुआब[5] या सारांश यह था कि ये किसान थे जो ज़मीन पर खेती करते थे और उन्हें राजा एवं उनके सामन्तों, मध्यस्थों और अन्य ग्रामीण शक्तिशाली वर्गों को उत्पादित फ़सल के एक बड़े हिस्से को अर्पित करना होता था। क्या यह बोझ शिलालेखों से हमें ज्ञात करों की संख्या में वृद्धि के साथ बढ़ा था, हालाँकि यह अभी पूरी तरह स्पष्ट नहीं है। इस बात के ठोस सबूत मौजूद और मौजूँ हैं कि ये कृषि-श्रमिक अथवा किसान ही थे जिन्होंने गाँवों को एकसूत्र में पिरो रखा था, हालाँकि कृषि-दासता अर्थात किसी व्यक्तिगत भूस्वामी का बँधुआ मज़दूर का अस्तित्व बहस-मुबाहिसे के विषय हैं। वित्तीय अधिकारों के हस्तान्तरण का इतिहास दूसरी शताब्दी के दौरान महाराष्ट्र में शक और सातवाहन द्वारा ब्राह्मणों को दिये गये अनुदान से प्रारम्भ होता है। ऐसे ही अनुदानों से लाभान्वित होने वालों में राजाओं के परिजन, सेनापति और अन्य अधिकारीगण का स्थान बाद में आता है और वह भी कालान्तर में आठवीं शताब्दी के प्रारम्भिक वर्षों के दौरान ही होता हुआ पाया जाता है। ग्यारहवीं शताब्दी के दरम्यान इनकी संख्या में बेहताशा वृद्धि देखी जाती है और ये असंख्य प्रतीत होने लगते हैं। इस तथाकथित 'धर्मनिरपेक्ष' अनुदानों का उभार उस 'कुलीन राजशाही'[6] (यू.एन. घोषाल के शब्दों में) के उद्भव के साथ शुरू होता है जिसमें साम्राज्य राजशाही कुलों के सदस्यों के बीच बँटा हुआ था। कथित ऐसे कुलीनों को गुर्जर-प्रतिहार, गाहड़वाल और चव्हाण या चौहान के रूप में वर्गीकृत कर सकते हैं, जिनका नौवीं से बारहवीं शताब्दी के बीच उत्तर भारत के बड़े भाग पर वर्चस्व था। पाल और सेन वंश ने भारतवर्ष के पूर्वी भागों पर बारी-बारी से शासन किया, तो चालुक्य ने गुजरात में।[7] दक्कन में राष्ट्रकूटों (आठवीं-दसवीं शताब्दी) को चालुक्यों ने अपदस्थ किया। वस्तुतः ऐसा प्रतीत होता है कि इन सभी राजवंशों में राजनीतिक संगठन की व्यापक रूप से समान प्रणालियाँ थीं। सामन्तवाद के इस भारतीय क़िस्म के विकास में

सम्भवतः सामरिक तकनीकों और संगठनों में परिवर्तन के कारण बृहद् स्तर पर तेज़ी आयी। आलम यह था कि सातवीं शताब्दी तक युद्ध में रथ अप्रासंगिक हो चुके थे और उसके स्थान पर घुड़सवार सेना महत्त्वपूर्ण और अनुपेक्षणीय हो चली थी। दरअसल, युद्ध में घुड़सवार सेना इस क़दर उपादेय और प्रभावी हुई क्योंकि तब तक (दसवीं शताब्दी) लकड़ी से निर्मित रक़ाब और सम्भवतः जीन बहुप्रचलित हो चुके थे।

चित्र 1.1 : चित्र वल्लरी, लक्ष्मण मन्दिर (दसवीं शताब्दी), खजुराहो लकड़ी के पट्टे के साथ घुड़सवार (?) रक़ाब : विद्या प्रकाश

इसकी बानगी हम खजुराहो में घुड़सवारों के तराशे गये भित्तिचित्रों में देख सकते हैं (देखें अध्याय 1.2)। संस्कृत शब्द 'राजपुत्र' (प्राकृत-रौता, हिन्दी-राजपूत) घुड़सवार सेना के लिए एक प्रकार से रूढ़ हो गया था।[8] *राजपुत्र* अथवा *राउत* भालाधारी घुड़सवार होने के कारण एक बड़े भू-भाग पर क़ब्ज़ा करने में सफल एवं समर्थ होते थे और तदुपरान्त व्यक्तिगत रूप से एक निश्चित प्रदेश में शासन करते थे। वस्तुतः वे व्यक्तिगत रूप से समवेत होकर अपने राजा के लिए लड़ाइयाँ लड़ने वाले योद्धा थे जो युद्धों और लड़ाइयों के वक़्त एकत्रित होकर अपने सर्वप्रमुख प्राधिकार के प्रति अपनी प्रतिबद्धता अभिव्यक्त करते थे और यह अनिवार्य और अपरिहार्य हुआ करता था। इस प्रकार की व्यवस्थागत प्रक्रिया ने राजनीतिक और सामरिक सोपानों की न केवल सम्भावनाएँ बनायीं बल्कि उसे ठोस रूप से आकार भी दिया। वंशानुगत क़ब्ज़े वाले गाँवों के संरक्षक राजपूतों के बीच एक शक्तिशाली वर्ग का उदय हुआ जिन्हें सामन्त, ठाकुर, राणा और नायक जैसे विभिन्न उपनामों से सम्बोधित किया जाता था जो विधिवत रूप से शिलालेख, लेखपद्धति दस्तावेज़ों (गुजरात, नौवीं से तेरहवीं शताब्दी) और सबसे

पहले आठवीं शताब्दी से भारत पर लिखे गये अरबी और फ़ारसी ऐतिहासिक ग्रन्थों में दिखाई देते हैं। राजा या राय ऐसे ही क्षत्रपों के संघ के केवल अध्यक्ष या मुखिया हुआ करते थे। उनकी शक्तियों का उनकी इस उपाधि की गरिमा और गौरव से प्रत्यक्ष रूप से या सीधा समानुपातिक सम्बन्ध था।

बहरहाल, दक्षिण भारत भी राजनीतिक व्यवस्था में इस प्रकार के कथित राजनीतिक विकेन्द्रीकरण से अछूता नहीं रहा, वहाँ भी कमोबेश ऐसी ही प्रक्रिया दृष्टिगत होती है जिन्होंने वहाँ बर्टन स्टीन द्वारा प्रतिपादित 'खण्डीय राज्य'[9] के शोध-प्रबन्ध को आधार प्रदान किया है। स्टीन राज्य के इस प्रकार के स्वरूप के उभार के लिए उस दक्षिण भारतीय आदिम कृषक समाज को रेखांकित करते हैं जिसमें 'कुलीन/आर्य' या स्वामी की कोई अवधारणा प्रचलित नहीं थी और जिसमें सिर्फ़ दो वर्णों जातियाँ-ब्राह्मण (पुजारी) और शूद्र (कृषक/खेतिहर), विद्यमान थीं और जिसमें क्षत्रिय (योद्धा) और वैश्य (व्यापारी) जैसी द्विज जातियों का अस्तित्व नहीं था। हालाँकि ऐसा प्रतीत होता है कि इस शोध-प्रबन्ध में जातियों के वर्गीकरण पर अधिक बल दिया गया है, सम्भवतः इसलिए इसे व्यापक स्तर पर स्वीकृति नहीं मिली और यह कथित प्रबन्ध दसवीं और ग्यारहवीं शताब्दी के चोल साम्राज्य के सन्दर्भ में तो अप्रासंगिक ही हो जाता है।[10]

चोल साम्राज्य ने श्रीलंका विजय (993 ई.) और मलय एवं सुमात्रा के अपने अभियानों में जिस प्रकार की सामरिक और नौ-सेना की शक्ति का प्रदर्शन किया, वह निश्चित रूप से आक्रामक लेकिन अतुलनीय और आकर्षक थी। चोल साम्राज्य की आर्थिक सशक्तता वस्तुतः आंशिक रूप से दक्षिण भारत की उस भूमिका के कारण थी जो उसने हिन्द महासागरीय समुद्री व्यापार के क्षेत्र में सुनिश्चित की थी। वस्तुतः भारतवर्ष का यह भाग लाल सागर/पनामा खाड़ी और दक्षिण-पूर्वी एशिया के लिए सुविधाजनक और सुगम पोतान्तरण का क्षेत्र था। घोड़ों पर जो राजशाही वर्चस्व था, वह ईरान से आयातित किया जाता था।[11] इससे चोल के उस दावे को ज़मीनी स्तर पर और बल एवं सशक्तता मिली कि उनकी सेना बंगाल के पाल शासक से भी अधिक मज़बूत है।

बहरहाल, दक्षिण भारत विषय हो और उन ब्राह्मण नियन्त्रित 'अनुदान ग्राम' (*ब्रह्मदेय*) ग्रामों के सभाओं की चर्चा न हो, जो ऐतिहासिक रूप से रेखांकित करने योग्य है और जो ग्यारहवीं-तेरहवीं शताब्दी के वास्तव में विस्तृत दस्तावेज़ हैं, कमोबेश असम्भव ही प्रतीत होता है। हालाँकि प्रत्येक को संक्षेप में यह सर्वदा ही स्मरण रखना चाहिए कि ऐसी कथित सभाओं (सभा, महाजन) का खेतिहरों

से नहीं बल्कि भू-स्वामियों के पारस्परिक सहयोग और कर उगाही करने वाले ठेकेदारों के समूह से ताल्लुक था। हालाँकि अभी तक यह स्थापित सत्य, तथ्य और निष्कर्ष नहीं है कि सभी सामान्य ग्रामों (उर) में ऐसी सभाएँ अस्तित्वमान थीं सिवाय खेतिहरों के बीच कर दायित्व के वितरण के।[12] शेष के लिए, सामन्तवाद दक्षिण भारत में उसी तरह प्रभावी और निर्णायक था, जैसे कि उत्तर भारत में।

सामाजिक धरातल पर भारतीय सामन्तवाद जातिगत व्यवस्थाओं में कुछ निश्चित बदलावों से सम्बन्धित रहा है। यह सम्भव प्रतीत होता है कि इस दौर में जातिगत व्यवस्था अपेक्षाकृत अधिक शुष्क और कठोर हो गयी और इसने अपने कालजयी, निर्णायक और मानक आकार को ग्रहण करना शुरू कर दिया था। सिन्ध में, ब्राह्मण वंश की स्थापना की गयी और उन्होंने जाटों में पशुपालक समुदाय पर अपमानजनक और अवमाननापूर्ण प्रतिबन्ध थोप दिये जो सम्भवतः मनुस्मृति से लिए गये थे। इस प्रकार के कथित व्यवहार तब भी बदस्तूर बने रहे जब अरबों ने 711 ई. से 714 ई. के बीच सिन्ध को फ़तह कर लिया।[13] अलबरूनी (1035 ई.) आठ अन्त्यजों में जुलाहों को अत्यधिक निम्नस्तरीय जाति के रूप में रेखांकित करते हुए यह कहते हैं कि ये वे जातियाँ हैं जो कथित चार जातियों वाले गाँवों और शहरों से बाहर ही रह सकती थीं।[14] लेकिन वे स्मृतियों और ब्राह्मण के स्रोतों पर अत्यधिक बल देते हैं; सम्भवतः वे तत्कालीन परिस्थितियों और परिवेश में जाति-व्यवस्था की कठोरता और निर्ममता के वास्तविक चित्र उकेरना चाहते हैं और हमें वास्तविकता से रू-ब-रू कराना चाहते हैं। सुप्रसिद्ध और अत्यन्त चर्चित प्राचीन कृति *पंचतन्त्र* की कहानी में एक जुलाहा विष्णु के मुखौटे को धारण करने में सफल होता है; यह कहानी वस्तुतः प्रकारान्तर से जुलाहे जाति के इस दावे को और पुख़्ता करने का प्रयास है कि वे उच्चतर पायदान वाले वैश्य जाति से ताल्लुक रखते हैं।

जाति-व्यवस्था की कठोरता और क्रूरता की एक और बानगी महिलाओं पर थोपे गये शोषणमूलक, अवमाननापूर्ण और अपमानजनक रीति-रिवाज़ों एवं प्रथाओं में देखी जा सकती है, इसका सबसे प्रासंगिक और उपयुक्त उदाहरण तथाकथित उच्च जातियों में बहुप्रचलित *सती* प्रथा अर्थात विधवाओं को ज़िन्दा जलाना था। *सती* प्रथा को व्यवहार में लाने का प्रथम ज्ञात दृष्टान्त हमें 316 ईसा पूर्व ईरान में प्राप्त होता है जिसमें एक भारतीय कप्तान (सेनापति/जहाज़ का संचालक) की विधवा को *सती* प्रथा की भेंट चढ़ा दिया गया था। सातवीं शताब्दी में प्रसिद्ध कवि बाण ने इसकी कटु आलोचना की लेकिन ग्यारहवीं शताब्दी तक आते-आते सुदूर दक्षिण को छोड़कर यह शासकों, योद्धाओं और कुलीनों के बीच सम्पूर्ण

भारतवर्ष में व्यापक स्तर पर प्रचारित-प्रसारित एवं बहुप्रचलित हो गया।[15] गुजरात के दस्तावेज़ों के उत्कृष्ट संग्रह लेखपद्धति के तथ्यानुसार जो महिला दासता के बाज़ार में बेची जा चुकी होती थी, वह वैधानिक रूप से अपनी जाति की वस्तुस्थिति और पारिवारिक सम्बद्धता को खो देती थी और उसे शारीरिक हिंसा और यातनापूर्ण भयावह परिस्थितियों के प्रदूषित परिवेश में सबसे गन्दे कार्यों समेत सभी प्रकार के कार्यों को करने के लिए अभिशप्त होना पड़ता था, फिर चाहे वह घर हो या खेत। वास्तव में वे किसी भी प्रकार के कार्यों को अपने स्वामी के अनुसार करने के लिए बाध्य थीं और उनकी स्वीकृति-अस्वीकृति के कोई मायने नहीं थे।[16] इस स्याह तस्वीर का पर्दाफ़ाश कुछ अपवादों से ही सम्भव हो पाया जिसमें महिलाओं ने अपनी ज़ंजीरों को तोड़कर एक मिशाल प्रस्तुत की। इस विषय में लोकप्रिय और सुप्रसिद्ध इतिहासकार कल्हण (1151) ने जयामती का उल्लेख किया है जिनके जैविक माता-पिता की प्रामाणिकता सन्दिग्ध थी या यों कहें कि नहीं ही थी और वे किसी नर्तकी के द्वारा पालित-पोषित हुई थीं। इसके अतिरिक्त वे अवसरानुसार अपने पुरुष साथी को बदलने के लिए कुख्यात थीं।

चित्र 1.2 : लिखती हुई स्त्री, खजुराहो

अन्ततोगत्वा वे कश्मीर के उच्छला/उक्काला महाराजा की रानी बनीं (1101-11) और अपने व्यवहार और बुद्धिमत्तापूर्ण चातुर्य से इस पद की न केवल गरिमा बढ़ायी बल्कि काफ़ी प्रतिष्ठा और सम्मान भी अर्जित किया।[17] इसके तदुपरान्त खजुराहो की उस प्रसिद्ध मूर्ति का उल्लेख करना भी समीचीन होगा जिसमें उसे लिखते हुए दिखाया गया है (दसवीं-ग्यारहवीं शताब्दी) (चित्र 1.2 देखें)।

जाति-व्यवस्था भी अपरिवर्तनीय नहीं थी, प्रतिरोध तथा क्षैतिज और लम्बवत सामाजिक गतिशीलता अस्तित्व में रहे। मसलन, *मनुस्मृति* (प्रथम शताब्दी ईसा

पूर्व) में कैवर्तों को बहिष्कृत जाति/चाण्डाल जाति के रूप में उल्लिखित किया गया था किन्तु ग्यारहवीं शताब्दी के दरम्यान विद्रोह फूट पड़ा और अन्ततः राजा बल्लाल सेन शासनकाल (1159-85) ने इसे 'स्वच्छ जाति' घोषित कर दिया।[18] जाटों में भी ऐसा ही रूपान्तरण दृष्टिगत होता है। सातवीं शताब्दी के दौरान सिन्धी जाटों में पशुपालकों के समुदाय को बहिष्कृत जाति के रूप में नामोल्लेखित किया गया था किन्तु ग्यारहवीं शताब्दी में वे अधिक मज़बूती से एकत्रित हुए और महमूद ग़ज़नी शासनकाल (998 ई.-1030 ई.) को न केवल चुनौती दी बल्कि नावों पर लड़ाइयाँ भी कीं। तत्कालीन सामाजिक परिवेश में जाटों को तब शूद्रों के रूप में सम्बोधित किया जाता था लेकिन अब वे उस प्रकार से सिन्ध में लम्बे समय तक बहिष्कृत जाति के रूप में नहीं बने रहे जो वे सातवीं शताब्दी में हुआ करते थे।[19]

## सन्दर्भ एवं टिप्पणियाँ

1. डी.डी. कोसाम्बी, *एन इंट्रोडक्शन टू द स्टडी ऑफ़ इंडियन हिस्ट्री*, बॉम्बे, 1956, पृ. 245 एफ.एफ.
2. देखें *ऐसेज़ इन इंडियन हिस्ट्री—टूवार्ड्स ए मार्क्सिस्ट परसेप्शन*, नयी दिल्ली, 1995, पृ. 131, इरफ़ान हबीब देखें।
3. देखें आर.एस. शर्मा, *इंडियन फ्यूडलिज़्म, 300-1000 ईसा (ए.डी.)*, दूसरा संस्करण, दिल्ली, 1980; *अर्ली मेडिवल इंडियन सोसायटी*, कोलकाता (कलकत्ता), 2001; और विशेषकर उनका अर्बन डिके इन इंडिया (लगभग 300-1000), नयी दिल्ली, 1987, देखें, जहाँ पुरातात्विक साक्ष्य का अध्ययन किया जाता है। और भी देखें बी.एन. एस. यादव, सोसायटी एंड *कल्चर इन नॉर्दर्न इंडिया इन ट्वेल्थ सेंचुरी*, इलाहाबाद, 1973, पृ. 20-25, एम. अतहर अली (*मुग़ल इंडिया*, नयी दिल्ली, 2006, पृ. 15) ने मंसूरा, जो कि अरब का एक शहर है, के सन्दर्भ में अपने मत को उद्धृत करते हुए कहा है कि ऐसा प्रतीत होता है कि आर.एस. शर्मा ने इसे नज़रअन्दाज़ किया है।
4. मुद्राशास्त्रीय साक्ष्यों के व्यापक सर्वेक्षण के लिए जॉन.एस. डेयेल, *लिविंग विदाउट सिल्वर : द मोनेटरी हिस्ट्री ऑफ़ अर्ली मेडिवल इंडिया*, दिल्ली, 1990 को देखें। इस सन्दर्भ से सम्बद्ध सामग्री का उल्लेख लल्लन जी गोपाल, *द इकॉनोमिक लाइफ़ ऑफ़ नॉर्दर्न इंडिया, लगभग ईसा (ए.डी.) 700-1200*, द्वितीय संस्करण (पुनःसंशोधित), दिल्ली, 1989, पृ. 215-21 में भी किया गया है।
5. इत्सिंग, *अ रिकॉर्ड ऑफ़ द बुद्धिस्ट रिलीज़न एज प्रैक्टिस्ड इन इंडिया एंड द मलय आर्किपेलैगो (671-695 ईसा)*, अनु. जे. टाकाकुसु, लन्दन, 1896, पृ. 61-62.

6. यू.एन. घोषाल, *कंट्रीब्यूशंस टू द हिस्ट्री ऑफ़ द हिन्दू रेवेन्यू सिस्टम,* कलकत्ता, 1929, पृ. 241, 259-60.

7. इस काल के दौरान वंश आधारित साम्राज्यों पर अभी तक किया गया उल्लेखनीय कार्य, एच.सी. रे, *द डायनास्टिक हिस्ट्री ऑफ़ नॉर्दर्न इंडिया,* दो भाग, कलकत्ता, 1931 है।

8. 'राजपुत्र' का यह संगठन (व्युत्पत्तिपरक अर्थ राजा का बेटा, युवराज) वस्तुतः उस *चचनामा* के उल्लेखनीय अवतरण से हमारे यहाँ लिया गया है जो अरब के सिन्ध-विजय से जुड़े अरबी घटनाचक्रों का फ़ारसी अनुवाद है जो कि 13वीं शताब्दी का है और जिसमें हमें यह बताया गया है कि सिन्ध का शासक दाहर, अरबों से हुए अन्तिम युद्ध, 712-713, में इब्न 'अल मुलुक (अरबी में राजाओं के बेटे) से घिर गया था जिनकी संख्या 5000 घुड़सवारों की आकलित की गयी है। (*चचनामा,* सम्पा. यू.एन. दोदपोटा, दिल्ली, 1939, पृ. 169)

9. बर्टन स्टीन, *पीज़ंट स्टेट एंड सोसायटी इन मेडिवल साउथ इंडिया,* दिल्ली, 1980.

10. इंडियन इकॉनोमिक एंड सोशल हिस्ट्री रिव्यू, XVIII (3-4), पृ.अ. 411-26, और डी.एन.झा., *इकॉनोमी एंड सोसायटी इन अर्ली इंडिया,* नयी दिल्ली, 1993, पृ. 118-44 में स्टीव की पुस्तक पर आर. चम्पकलक्ष्मी की समीक्षा देखें।

11. मार्को पोलो, *द बुक ऑफ़ सेर मार्को पोलो द वेनेतियन,* साथ में *द किंगडम्स एंड मार्वल्स ऑफ़ द ईस्ट,* अनु. एच. युले और एच. कोरडायर, भाग-II, लन्दन, 1921, पृ. 340 देखें। मार्को पोलो की सूचना, जो 1290 के दशक से सम्बन्धित द्रष्टव्य है।

12. अन्य/दूसरा पक्ष जानने के लिए वाई. सुब्रायालु को देखें : एन. करिश्मा (सम्पा.), सोशियो-कल्चरल चेंज इन विलेजेज़ इन द *त्रिचुरापल्ली डिस्ट्रिक्ट,* भाग-I, टोक्यो, 1983, पृ. 124 में आगे के विचार-विमर्श और सन्दर्भों के लिए इरफ़ान हबीब को देखें, : जे.एस. ग्रेवाल (सम्पा.), *द स्टेट एंड सोसायटी इन* मेडिवल इंडिया, नयी दिल्ली, 2005, पृ. 389-90, 374.

13. *चचनामा,* पृ. 214-216.

14. इ.सी. साचाउ, अनु. अलबरूनी'ज़ इंडिया, भाग-1, लन्दन, 1910, पृ. 101.

15. ए.एस. अल्तेकर, *द पोज़िशन ऑफ़ वुमेन इन हिन्दू सिविलाइज़ेशन,* बनारस, 1956, पृ. 124-130.

16. *लेख-पद्धति* से लिए गये ग़ुलामी-प्रथा से जुड़े दस्तावेज़ों का अनुवाद, के आय, *इंडियन हिस्टोरिकल रिव्यू* में पुष्पा प्रसाद द्वारा किया गया है, XV (1-2), (1988-89), पृ. 269-75, और लेख-पद्धति के उनके अनुवाद में, नयी दिल्ली, 2007, पृ. 158-164, सभी दस्तावेज़ 1230-31 ईसा के हैं।

17. कल्हण, *राजतरंगिणी*, अनु. एम.ए. स्टीन, लन्दन, 1900, I, पृ. 381 और II, पृ. 8.

18. आर.डी. बनर्जी, *द पलासी ऑफ़ बंगाल*, पुनर्मुद्रित, वाराणसी, 1973, पृ. 44-51; एच.सी.रे, *द डायनस्टिक हिस्ट्री ऑफ़ नॉर्दर्न इंडिया*, भाग-I, पृ. 361.

19. इरफ़ान हबीब को देखें, 'जाट्स ऑफ़ पंजाब एंड सिन्ध', *ऐसेज़ इन ऑनर ऑफ़ डॉ. गंडा सिंह*, सम्पा. एच. सिंह और एन.पी. बरिअर, पटियाला, 1876, पृ. 94-95.

# 1.2

# प्रौद्योगिकी

पूर्व आधुनिक समाजों के अध्ययन के क्रम में सभ्यता के इस निर्णायक पहलू पर ग़ौर करना प्रासंगिक और युक्तियुक्त होगा कि वह तकनीकी परिवर्तनों, बदलावों को लेकर किस सीमा तक सहिष्णु है और इस सन्दर्भ में उसकी प्रतिक्रिया कैसी और क्या है? इस विषय पर प्रकाश डालते हुए डी.डी. कोसाम्बी का कहना है कि 'भारतीय सामन्तवाद' की प्रविधि के दौरान भूमि से उत्पादन में सम्भवतः कमी आयी, कृषि करने के वैकल्पिक उन्नत तरीक़े वनोन्मूलन के पर्याप्त और सन्तोषजनक विकल्प नहीं बन सके।[1] इसी सहस्राब्दी के दौरान दक्षिण भारत में बर्टन स्टीन ने कृषि तकनीक को 'स्थिर और नियत कारक' के रूप में रेखांकित किया।[2] बहरहाल, अब हम इससे अवगत होने लगे हैं कि उपर्युक्त कथित वक्तव्य 600 वर्षों अर्थात् 600 ई. से लेकर 1200 ई. की अवधि के दौरान कृषि क्षेत्र की वस्तुस्थिति तथा कृषि तकनीक में आ रहे बदलावों के सही, उपयुक्त और युक्तियुक्त आकलन में वस्तुतः काफ़ी निराशावादी है।

बहरहाल, यह एक विचारणीय प्रश्न है कि प्राचीनकाल में भारतीय किसान हल के द्वारा जुताई कर कितनी फ़सलों की खेती कर पाते थे? वस्तुतः 1500 ई. के आस-पास तक भारत के अधिकांश भाग में एक वर्ष में दो फ़सलों की कटाई और उसका संग्रह कर पाने में समर्थ और सक्षम थे। सिंचाई कृषि तकनीक का महत्त्वपूर्ण नियामक बन गया था और उसकी भूमिका और उपादेयता दिन-प्रतिदिन बढ़ रही थी। मध्य और प्रायद्वीपीय भारत तंग घाटियों और ऊबड़-खाबड़ या लहरदार भू-भागों में तटबन्धों से बनाये गये जल-सम्भरण अथवा जलाशय के लिए सर्वाधिक उपयुक्त थे। सहस्राब्दी अर्थात 600 से 1500 ई. के क़रीब के बीच की अवधि के दौरान भारत जल सम्भरण से अभिप्रेरित सिंचाई के लिए

एक उपयुक्त और अति प्रासंगिक क्षेत्र बन गया था। मध्य भारत में राजा भोज के बृहद् और कथित रूप से महान जलाशय (11वीं शताब्दी) और कर्नाटक के 'गड्ढा' जलाशय यह संकेत या यों कहें कि सुस्पष्ट करते हैं कि कृषि क्षेत्र में कितने अत्यधिक और सघन प्रयास किये गये थे! कालान्तर में, 240 मीटर गहरे और 30 मीटर ऊँचे मिट्टी के तीन तटबन्ध इस क्षमता से बनाये गये थे कि वह 16-24 किलोमीटर लम्बे तालाब की जलापूर्ति कर सकें और जिसका निर्माण 20-20 टन के वज़न वाले अनेक पत्थरों से इसलिए किया गया था ताकि वह बृहद् और विशाल जलाद्वार के आधार को समर्थन दे सकें।[3] "कल्लनई बाँध (ग्रैंड एनीकट)" 300 मीटर लम्बा, 18 मीटर गहरा और 5.5 मीटर ऊँचा पक्का/चिनाई से निर्मित बाँध है जिससे कावेरी से सिंचाई के लिए अनेक नहरें निकाली गयी हैं। इस बाँध का निर्माण महान चोलों (ग्यारहवीं शताब्दी) अथवा उसके थोड़े दिनों के बाद किया गया था।

दरअसल, भारत में अधिकांशतः सिंचाई कुओं के द्वारा भूजल के दोहन से हुआ करती थी जो अभी भी बदस्तूर जारी है। इसके लिए चरखी चक्के/पहिये के ऊपर लगी रस्सी से बाल्टियों को ऊपर खींचने के लिए बैलों का उपयोग किया जाता था। जल-प्रवाह को निरन्तर बनाये रखने के लिए लोग रहट का उपयोग किया करते थे जिसे प्राचीन भाषा में अरघट्टा के रूप में सम्बोधित किया जाता था। छठी शताब्दी के दौरान जल को बाहर निकालने के लिए कुओं के ऊपर लगी चरखी में रस्सियों की माला डाली जाने लगी। इसके साक्ष्य इस शताब्दी के पुरालेखों में प्राप्त होते हैं, इसके अतिरिक्त बाणभट्ट द्वारा रचित *हर्षचरितम्* को भी प्रामाणिक और प्रासंगिक स्रोत के रूप में लिया जा सकता है। यान्त्रिक (मशीन) विकल्पों को व्यवहार में लाये बिना शारीरिक श्रम द्वारा इसे संचालित और सम्पन्न किया जाता था जैसा कि बारहवीं शताब्दी के राजस्थानी चित्र वल्लरी (मण्डोर) में प्रदर्शित किया गया है (चित्र. 1.3)।[4]

बहरहाल, अर्गला (ड्रॉ-बार) का सन्दर्भ लें, तो यह लोहे धातु से बनी ऐसी चीज़ थी जिसके साथ पशुओं को नियन्त्रित गति के साथ सिर्फ़ वृत्ताकार घूमने के लिए छोड़ दिया जाता था, ताकि इससे 'दमौनी' (फ़सल से भूसी निकालने की प्रक्रिया)

चित्र 1.3 : मण्डोर चित्र वल्लरी, गियर के बिना वाटर व्हील (जल-पहिया) को प्रदर्शित करते हुए, दो ऊँटों द्वारा खींची जा रही गाड़ी के साथ, 12वीं शताब्दी

अथवा अन्य विविध कार्य हो सकें। हालाँकि इसके साक्ष्य हमें प्राचीन लेखों में प्राप्त नहीं होते हैं, यहाँ तक कि पाँचवीं ईसा शताब्दी से पहले घूर्णनशील दस्ती चक्की (रोटरी हैंड मिल) का भी उल्लेख नहीं मिलता है। इस सन्दर्भ में प्रथम दृष्टान्त 'कुणाल' मठ का लिया जा सकता है जो उस समय तक्षशिला में था। साँड़ों द्वारा "भेदी (मोघ) के चारों तरफ़ घूमते हुए थ्रेशिंग का सर्वप्रथम प्राचीन लेख जो प्राप्य है उसे एल. गोपाल के आस-पास रेखांकित करते हैं और बाद में *अभिधानरत्नमाला* 950 ई. और *वैजयन्ती* (ग्यारहवीं शताब्दी) शब्दकोशों को इसके प्रामाणिक स्रोतों के रूप में चिह्नित करते हैं, जबकि *रामचरित* की रचना 1100 ई. के दौरान बंगाल में हुई थी और कुछ ही समय बाद स्पष्टीकरण में बैलों के वृत्ताकार घूर्णन के थ्रेसिंग का उल्लेख है...।[5] स्पष्टतः ही यह भारतीय कृषि तकनीक में निर्णायक नवाचार था और सम्भवतः यह भूमध्यसागरीय देशों या चीन से आयातित था जहाँ यह शताब्दियों से व्यवहार में लाया जा रहा था। एक बार ड्रॉ-बार के बारे में ज्ञात होने की देर थी, तदुपरान्त मवेशियों का प्रयोग चीनी और तेल के कारख़ानों में भी होने लगा। चीनी के कारख़ानों में मवेशियों के सर्वप्रथम प्रयोग का दृष्टान्त 1540 ई. में प्राप्य है लेकिन इस सन्दर्भ में लिखित और उत्कीर्ण साक्ष्य 1553 ई. में उपलब्ध होते हैं। इसकी सम्भावना अब बलवती है कि थ्रेशिंग के लिए पशुओं का व्यवहार दसवीं शताब्दी में शुरू हुआ था और कमोबेश उसी समय मवेशियों को चीनी और तेल के कारख़ानों के लिए शोषित और प्रताड़ित किया जाने लगा था। वास्तव में, यह सम्भव है कि 804 ई. के दौरान हिमाचल प्रदेश में एक मन्दिर को, जो तेल का कारख़ाना (*तैलोत्पिद* यन्त्र) दान में दिया गया था, वह पशुओं और मवेशियों द्वारा संचालित हो क्योंकि एक दस्ती चक्की के लिए एक शिलालेख की सम्भावना कमोबेश प्रतीत नहीं होती है।[6] घरेलू पशुधन में एक और दिलचस्प चीज़ जुड़ गयी जब एक कूबड़ वाले ऊँट को व्यवहार में लाने का प्रचलन शुरू हुआ, यह खेतों की जुताई में अत्यधिक कारगर और उपयोगी तो था ही, साथ ही साथ यह शुष्क एवं गरम देशों-प्रदेशों और भू-भागों में यातायात, आवागमन तथा सामानों को ढोने में भी अत्यन्त सुविधाजनक विकल्प था। पूर्व के समय में बैक्ट्रियन ऊँट ही व्यापक स्तर पर व्यवहार में लाये जाते थे; लेकिन 640 के दशक के दौरान चीनी विद्वान और यात्री जुआन ज़ांग (हेनत्सांग) ने यह ग़ौर किया कि सिन्ध में कूबड़ वाले ऊँट का प्रयोग किया जा रहा है।[7] भारत में आगे पशुओं के व्यापक और व्यवहारगत स्तर पर प्रचार-प्रसार के सबसे प्रासंगिक मूर्तिकलात्मक साक्ष्य और दृष्टान्त खजुराहो (दसवीं शताब्दी)

और मण्डोर चित्र वल्लरी (बारहवीं शताब्दी) हैं। दस्तकारी में, भारत ने प्राचीन काल में कपास-प्रसंस्करण के लिए दो महत्त्वपूर्ण उपकरणों को विकसित किया। एक तो 'कपास ओटनी' (कॉटन) था जिसका कार्य फ़ाइबर से बीजों को अलग करना था जो इसके रोलर के कारण ही सम्भव हो पाया था; सम्भवतः यही कारण है

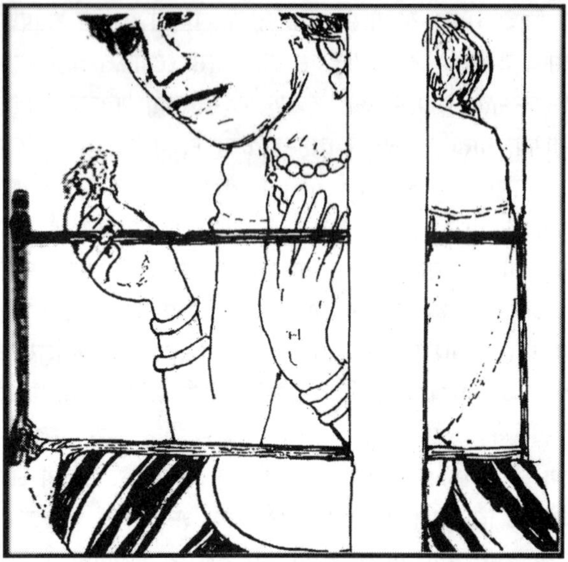

चित्र 1.4 : बिना 'गियर रोलर्स' वाले 'कॉटन जिन' पर काम करती हुई महिला, अजन्ता चित्रकला, 600 ई.

कि भारतीय कपास ओटनी (कॉटन जिन) को जोसेफ़ नींधम ने आधुनिक रोलिंग मशीनरी का पूर्वज माना है। यह अजन्ता गुफ़ाओं पर उकेरे गये एक महिला के 'फ्रेस्को' चित्र (फ्रेस्को म्यूरल पेंटिंग की एक तकनीक है जिसे ताज़ा रूप से बिछाये गये या गीले चूने के प्लास्टर पर निष्पादित किया जाता है। पानी का उपयोग शुष्क-पाउडर वर्णक के लिए प्लास्टर के साथ विलय करने के लिए वाहन के रूप में किया जाता है, और प्लास्टर की स्थापना के साथ, पेंटिंग दीवार का एक अभिन्न अंग बन जाता है।) के माध्यम से प्रदर्शित और अभिव्यक्त किया गया है (चित्र 1.4) यह अभी भी 'वर्म-गियरिंग' और 'क्रैंक-हैंडल' के बिना था, जिसे बाद की शताब्दियों में इसमें जोड़ा गया। दूसरा उपकरण तन्तु कर्षण (बो स्कच) है जो फ़ाइबर को उनसे पृथक करता है और जिसकी चर्चा *जातक* और *मिलिन्द्पन्हो* (ईसा के प्रारम्भिक वर्षों में) में की गयी है। तेरहवीं शताब्दी की

अवधि के दौरान चीन भारत से कपास ओटनी को व्यवहार में लाने को न केवल प्रेरित हुआ बल्कि इसे व्यापक स्तर पर आत्मसात् किया। जबकि 'बो स्कच' ग्यारहवीं शताब्दी में सिन्ध के रास्ते मुस्लिम देशों में प्रचारित-प्रसारित हुआ और पन्द्रहवीं शताब्दी की प्रविधि में यह पश्चिमी देशों में व्यवहृत होने लगा था।[8]

चित्र 1.5 : कोणार्क में निर्मित घोड़े की प्रस्तरप्रतिमा पर चमड़े से बने रक़ाब और काठी चित्र. 1.15 से विस्तृत विवरण

बहरहाल, अब यहाँ सामरिक क्षेत्र में आये तकनीकी बदलावों के सन्दर्भ में भी चर्चा करना प्रासंगिक होगा। इस तथ्य से सहमति जताने में किसी प्रकार का संकोच नहीं होना चाहिए कि सातवीं शताब्दी तक घोड़ों से खींचे जाने वाले रथ अप्रासंगिक और उपक्षेणीय हो चले थे और इसके स्थान पर घुड़सवारों की सेना पर अधिक बल देने का प्रचलन बढ़ रहा था। इसकी पुष्टि घुड़सवारों की मूर्ति के निर्माण में आ रही वृद्धि से भी होती है। दरअसल, ईसा के प्रारम्भिक वर्षों के दौरान जिस काठी के जीन के बहुप्रचलन से घुड़सवारों की विजय यूरोप में सम्भव हो पायी थी, उसका भारत में प्रचार-प्रसार बहुत देर से हुआ। खजुराहो में दसवीं शताब्दी की मूर्तियाँ, घुड़सवारों के कई चित्रणों के बावजूद, 'नतोदर और अवतल काठी' दिखाने में विफल रहती हैं, हालाँकि उसी तारीख़ की मूर्तिकला का एक टुकड़ा इसे प्रदर्शित करता है।[9]

लोहे के रक़ाब का प्रचार-प्रसार उसी तरह काफ़ी धीमा था। इसकी पुष्टि इस तथ्य से होती है कि यह कन्नौज (नौवीं शताब्दी), भुवनेश्वर (प्रारम्भिक ग्यारहवीं शताब्दी) और मण्डोर (बारहवीं शताब्दी) जैसे स्थानों में तराशे गये चित्रों में नहीं पाये गये हैं। हालाँकि लकड़ी के बने रक़ाब खजुराहो (दसवीं शताब्दी) और चमड़े के गोल रक़ाब प्रसिद्ध कोणार्क के घोड़े (1250 ई. के लगभग निर्मित) की प्रस्तरप्रतिमा पर प्राप्त हुए हैं (चित्र 1.5)। होयसल मूर्तिकला (बारहवीं-तेरहवीं शताब्दियों) में रक़ाब सभी स्थानों पर बहुप्रचलित हैं लेकिन लकड़ी और चमड़े के रक़ाब और निश्चित तौर पर लौह-निर्मित रक़ाब दुर्लभ हैं।[10] दूसरी तरफ़, लौह निर्मित रक़ाब नौवीं शताब्दी से इस्लामी देशों और तेरहवीं शताब्दी के शुरुआती वर्षों के बाद से दिल्ली सल्तनत की सेनाओं में सार्वभौमिक रूप से बहुप्रचलित थे।[11]

इसके अतिरिक्त, घुड़सवार सेना के लिए तीसरी चीज़ का आविष्कार किया गया, वह घोड़े की लौह निर्मित नाल थी। इसका प्रयोग और प्रचार-प्रसार सल्तनत काल के पूर्व के भारतीय साम्राज्यों में नहीं ही हो रहा था। इसके प्रमाणन हेतु मार्को पोलो के 1290 के दशक की अवधि के दौरान घोड़े की नाल ठोंकने वाले की अनुपलब्धता की ओर संकेत करने वाले वक्तव्य को उद्धृत किया जा सकता है, इस कथित नाल ठुकाई करने वाले व्यक्ति की अनुपलब्धता का प्रभाव यह हुआ कि घोड़ों की कार्यक्षमता की अवधि कम हो गयी।[12] हालाँकि, मार्को पोलो के समकालीन होयसल मूर्तिकला कर्नाटक में घोड़े की नाल का चित्रित होना प्रारम्भ हो गया था (देखें अध्याय 2.2)।

घुड़सवार सेना की इन तीनों कथित खोजों ने सुल्तानों की सेना में तीरन्दाज़ों की महत्त्वपूर्ण और निर्णायक भूमिका सुनिश्चित कर दी। लेकिन घुड़सवारों की भालेदारों से तीरन्दाज़ों में रूपान्तरण की प्रक्रिया परम्परागत भारतीय सेना के लिए काफ़ी धीमी थी जैसा कि होयसल मूर्तियों में देखा जा सकता है और यह पन्द्रहवीं शताब्दी ही थी जिसके दौरान विजयनगर के राजाओं ने सर्वप्रथम तीरन्दाज़ों की भर्ती करनी शुरू की थी।

अरबों ने सिन्ध पर 712 ई. में आक्रमण किया जो अन्ततोगत्वा 714 ई. तक समाप्त हुआ। इस युद्ध में अरबों ने हालिया आविष्कार/खोज ग्रीक आग (नेफ़्था) और प्रक्षेपास्त्रों (मंजनिक़) का प्रयोग किया जिससे विपक्षी पूरे तरीक़े से अनभिज्ञ थे, उसे व्यवहार में लाने का विषय तो दूर की कौड़ी थी।[13] सल्तनतकाल से पूर्व अगर भारतीय सेना ने अपने सामरिक साजो-सामान में इसे सम्मिलित करने का प्रयास किया हो, तो इसके सन्दर्भ में कोई सूचना अभी तक अनुपलब्ध है।

## सन्दर्भ एवं टिप्पणियाँ

1. कोसाम्बी, *इंट्रोडक्शन टू द स्टडी ऑफ़ इंडियन हिस्ट्री*, बॉम्बे, 1956, पृ. 228, 243.
2. बर्टन स्टीन, *पीज़ंट स्टेट एंड सोसायटी इन मेडिवल साउथ इंडिया*, दिल्ली, 1980, पृ. 16 एफएफ, 24.
3. ये बृहद् कार्य *गज़ेटियर ऑफ़ द बॉम्बे प्रेसीडेंसी* में वर्णित किये गये हैं, सम्पा. जेम्स कैम्पबेल, अन्य., बॉम्बे, 1874-75, भाग-XXII, पृ. 261.
4. सक्रिया और रहट पर शोध की वर्तमान वस्तुस्थिति पर, देखें इरफ़ान हबीब, 'जोसेफ़ नींधम एंड द हिस्ट्री ऑफ़ इंडियन टेक्नोलाजी', *इंडियन जर्नल ऑफ़ हिस्ट्री साइंस*, भाग 35(3), 2000, पृ. 252-257.
5. लल्लन जी गोपाल, 'टेक्नीक़ ऑफ़ एग्रीकल्चर इन अर्ली मेडिवल इंडिया (लगभग 700-1200)', *यूनिवर्सिटी ऑफ़ इलाहाबाद स्टडीज़* (एनशियंट इंडियन हिस्ट्री), इलाहाबाद, 1963-64, पृ. 36.
6. ड्रॉ बार और घूर्णनशील के इतिहास पर देखें, इरफ़ान हबीब, *इंडियन जंर्नल ऑफ़ हिस्ट्री ऑफ़ साइंस*, भाग 35(3), पृ. 247-52.
7. 'द कैमेल्स आर स्माल इन साइज़ एंड हैव ओनली वन हम्प' (सैमुअल बील, अनु., सू-यू- की, ऑफ़ 'हेनत्सांग', *बुद्धिस्ट रिकॉर्ड्स ऑफ़ द वेस्टर्न वर्ल्ड*, लन्दन, 1884, भाग-II, पृ. 272)
8. इरफ़ान हबीब, *इंडियन जर्नल ऑफ़ हिस्ट्री ऑफ़ साइंस*, भाग 35(3), पृ. 257-62, वर्म गियरिंग और क्रैंक, और स्कच बो के लिए।
9. विद्या प्रकाश, *खजुराहो : अ स्टडी इन द कल्चरल ट्रेडिशंस ऑफ़ चन्देला सोसायटी*, बॉम्बे, 1967, पृ. 88.
10. जीन डेलोचे, *मिलिट्री टेक्नोलॉजी इन होयसल स्कल्पचर*, नयी दिल्ली, 1989, पृ. 31.
11. इरफ़ान हबीब का सन्दर्भ देखें, 'टेक्नोलॉजिकल चेंजेज़ एंड सोसायटी, तेरहवीं और चौदहवीं शताब्दियाँ, '*स्टडीज़ इन द हिस्ट्री ऑफ़ साइंस इन इंडिया*, सम्पा. देवीप्रसाद चट्टोपाध्याय, नयी दिल्ली, 1982, भाग-II, पृ. 841.
12. एच. यूले और एच. कोरडियर, अनु., द *बुक ऑफ़ सेर मार्को पोलो*, एंड सी., लन्दन, 1921, भाग-II, पृ. 340.
13. 'मैंगोनेल' (शिलाप्रेक्षकों) का अरबों के द्वारा व्यवहार में लाने के लिए, देखें *चचनामा*, सम्पा. यू.एम. दाउदपोटा, दिल्ली, 1939, पृ. 105-106. युद्ध में, और नेफ़्था-फेंकने वाले के लिए, देखें पूर्वोक्त., पृ. 174. नेफ़्था अथवा ग्रीक आग (फ़ायर) छठी शताब्दी का एक बायज़ैंटाइन आविष्कार था।

## 1.3

# विज्ञान

पूर्व आधुनिककाल में शायद ही ऐसा सम्भव हुआ हो कि किसी विज्ञान सैद्धान्तिकी का विकास पहले दार्शनिक वैचारिकी में हुआ हो और फिर उसका व्यवहार सामान्य या दैनन्दिन जीवन के प्रभावित करने वाले सन्दर्भों में हुआ हो। भारत में अंकों के शून्य और दशमलव स्थानीय मान प्रणाली से सम्बन्धित सिद्धान्तकारों की संकल्पनाएँ ईसा की प्रारम्भिक प्रथम शताब्दियों में ही अस्तित्वमान हो रही थीं।[1] लेकिन इन कथित ऐसे अंकों का बहुप्रचलन छठी शताब्दी या उसके बाद के वर्षों में ही हो पाया। कोई भी स्थानिक मूल्य की अवधारणा का महत्त्व, उपयोगिता और उपलब्ध सुविधा की उपादेयता उस समय समझ सकता है जब हम रोमन में लिखे– CXXXVI और स्थानीय मान में लिखे– 136 की तुलना करते हैं। उसी प्रकार, शून्य को निरूपित करने के लिए भी हमारे पास विकल्प और सुविधा है; जहाँ रोमन में हम अस्सी को LXXX लिखते हैं, वहीं स्थानीय मान प्रणाली में इसे अपेक्षाकृत अधिक सुविधाजनक तरीके– 80 के रूप में निरूपित या अंकित कर सकते हैं, दरअसल भारतीय लिपि (ब्राह्मी लिपि की उत्तराधिकारिणी) में अंकों को भिन्न तरीके से प्रदर्शित/निरूपित कर सकते हैं, किन्तु नयी पद्धति का सिद्धान्त समान था जिसे अंग्रेज़ी भाषा में 'अरबी' अंकों के रूप में सम्बोधित किया जाता है।

भारतीय शिलालेख में जो सबसे पहला स्थानीय मान प्रणाली को व्यवहार में लाने का दृष्टान्त प्राप्त होता है वह गुजरात का मनकानी पट्ट है जिसकी तिथि दशमलव प्रणाली (= ईसा 595-6) के रूप में 346 निर्धारित की गयी है। आगामी प्रामाणिक उदाहरण मध्य भारत का एक शिलालेख है जिसकी तिथि 849 (= ईसा 791-2) अनुमानित की गयी है। नौवीं शताब्दी की प्रविधि में ये

अंक भारत के समस्त भागों में सामान्य रूप से प्राप्त होते हैं। शून्य सर्वप्रथम एक बिन्दु के रूप में आठवीं शताब्दी के एक पट्ट में दृश्यमान होता है और 870 ई. और 876 ई. की अवधि के दौरान यह पूर्ण वृत्ताकार के रूप में निरूपित किया जाता है। सातवीं शताब्दी के दौरान ही शून्य और स्थानीय मान, दोनों संस्कृत या संस्कृत विषयक शिलालेखों से प्राप्त होते हैं; इसके पहले इनके कोई साक्ष्य प्राप्त नहीं होते हैं।[2]

भारत की कथित अंकन सांकेतिक प्रणाली 718 ई. तक चीन में भी प्रचलित हो चली थी और इस्लामी देशों में अल-ख़्वारिज़्मी (825 ई. के आस-पास) ने इसका प्रारम्भिक प्रतिपादन किया। पश्चिमी यूरोप में यह बारहवीं शताब्दी तक अरबी अंकों के मार्फ़त पहुँची। सम्पूर्ण विश्व में गिनती को अपेक्षाकृत अधिक सुगम, सहज और सरल बनाने और विज्ञान एवं वाणिज्य के क्षेत्र में महत्त्वपूर्ण और अविस्मरणीय परिणामों में इसकी भूमिका को रेखांकित करने की शायद ही आवश्यकता हो, क्योंकि यह सर्वविदित और स्वाभाविक है!

भारतीय दशमलव अंकन प्रणाली स्वयं में भारतीय गणितीय परम्परा या विरासत की सघन सशक्तता की उपज है। यह परम्परा ब्रह्मगुप्त (598 ई. के आस-पास) और उसके *ब्रह्मस्फुट-सिद्धान्त* (628) के साथ अपनी पराकाष्ठा पर जा पहुँची। इस कृति या पुस्तक के गणितीय दृष्टिकोण से उच्चस्तरीय होने का स्पष्ट प्रमाण इसकी विषयवस्तु है, मसलन, वृत्तीय तत्त्वों और समकोण के नियमों के अनुप्रयोग, ठोस की प्रारम्भिक क्षेत्रमिति, छाया समस्याएँ, धनात्मक और ऋणात्मक समस्याएँ, कलन-विधि, करणी से सम्बन्धित समस्याएँ, सरल बीजगणितीय तादात्म्य, एकघातीय और द्विघातीय समीकरण के विस्तृत विवरण समेत 'वर्ग और घनमूल', तीन के नियम (समानुपात-अनुपात), ब्याज, शृंखला, ज्यामिति और संक्षेप में सरल एकघातीय और द्विघातीय समीकरण का विषय, इत्यादि।[3] इसमें से ऐसे अनेक विषय और क्षेत्र हैं (कुछ में ब्रह्मगुप्त एकमात्र हैं) जिसमें ब्रह्मगुप्त के कोई पूर्ववर्ती भारतीय गणितज्ञ नहीं हैं।

कालान्तर में, भारतीय लेखकों ने पूर्ववर्ती कार्यों को संवर्धित किया। बीजगणितीय प्रतीकों (जैसे कि शून्य, X, और ऋणात्मक) की विद्यमनता सर्वप्रथम हमें बख़्शाली पाण्डुलिपि (7वीं शताब्दी)[4] में प्राप्त होती है। महावीर पाण्डुलिपि (850 ई.) में ब्याज से जुड़ी अनेक गम्भीर और जटिल समस्याओं की चर्चा है। भास्कर द्वितीय अंकगणित के सन्दर्भ में अत्यन्त प्रसिद्ध और प्रासंगिक पुस्तक *लीलावती* के रचयिता हैं और उन्होंने *बीजगणित* नामक पुस्तक की भी सर्जना की है। बाद वाली पुस्तक में उन्होंने चिह्न परिपाटी से सम्बन्धित

आधुनिक सिद्धान्त का प्रतिपादन करने का प्रयास किया और पेलियन समीकरण $Nx^2+1 = y,^2 Nx^2+c = y^2$ के समाधान के लिए उस चक्रवाल विधि का अन्वेषण किया जो अंकीय सिद्धान्त के इतिहास में एक मील का पत्थर अथवा प्रकाश स्तम्भ है और जिसे निश्चित रूप से रेखांकित किया जाना चाहिए।[5] महावीर के समान ही वे भी ऋणात्मक संख्याओं के वर्गमूल की समस्या से अवगत थे। वस्तुतः अधिकांश भारतीय गणितज्ञ वर्ग, घनमूल, त्रिकोणमिति और बीजगणित से जुड़ी समस्याओं पर ही सक्रिय रूप से कार्य कर रहे थे, आठवीं शताब्दी से लेकर ग्यारहवीं शताब्दी की अवधि के दौरान यह अरब के देशों में प्रचारित-प्रसारित हो गया और बाद में अन्ततः मध्यकालीन यूरोप में भी यह केन्द्रीय विषय बनने लगा था।

गणितीय शोध को लेकर जो यह आग्रह था, वास्तव में वह सामान्य और दैनिक जीवन की समस्याओं को सुलझाने और उसे बेहतर बनाने की मनोवृत्ति से अभिप्रेरित था, आर्यभट्ट प्रथम ने अपनी ऐतिहासिक और सुविख्यात कृति *आर्यभट्टीय* (499 ई.) में गणितीय विधियों को खगोलीय समस्याओं के समाधान के लिए विस्तारित किया। दरअसल, यह एक प्रकार का नवाचार था कि गणितीय सूत्रों और विधियों का प्रयोग खगोलीय समस्याओं के समाधान के लिए व्यवहार में लाया जाये। वास्तव में आर्यभट्ट प्रथम ने गणित से जुड़े सिद्धान्तों को अर्द्धचक्रीय साँचे में ढाल दिया।[6] *पंचसिद्धान्तिका* और *बृहत्संहिता* के सर्जक और लेखक वराहमिहिर चन्द्र (छठी शताब्दी) और सौर ग्रहण की सही और समुचित व्याख्या के लिए आर्यभट्ट के सिद्धान्तों और नियमावली का समर्थन किया।

खगोलीय और गणितीय विषयों के सन्दर्भ में अपने पूर्ववर्तियों की तुलना में ब्रह्मगुप्त अपनी कृति *ब्रह्मस्फुट-सिद्धान्त* (628 ई.) में अपेक्षाकृत अधिक विस्तृत और व्यवस्थित थे। हालाँकि उन्होंने आर्यभट्ट के पृथ्वी के अपने अक्ष पर घूर्णन और ग्रहण सम्बन्धी सिद्धान्तों की आलोचना करके अपनी विद्वत्ता की साख और प्रतिष्ठा को प्रकारान्तर से धूमिल कर लिया। अपनी बाद की पुस्तक *खण्डखाद्यक* (665 ई.) इसमें ब्रह्मगुप्त, उद्‌भट विद्वान आर्यभट्ट द्वारा दिये गये खगोलीय नियतांकों का ही उपयोग करते हैं और आर्यभट्ट की अर्धरातिका प्रणाली का उपयोग करते हैं किन्तु उन्होंने अपेक्षाकृत अधिक सरल नियम प्रतिपादित किये हैं। उनकी ये दोनों कृतियाँ आठवीं शताब्दी में *सिन्धहिन्द* और *अरकन्द* के माध्यम से अरबी देशों में प्रचलित हो गयीं और इस प्रकार, इसने इस्लामी विश्व जगत में भारतीय खगोलीय सिद्धान्तों के प्रचार-प्रसार में अपनी महत्त्वपूर्ण भूमिका सुनिश्चित की। कालजयी अरबी कृति जिसमें भारतीय खगोलीय परम्परा और विरासत संरक्षित है,

वह अलबरूनी की *किताब-अल-हिन्द* है जो 1035 ई. के आस-पास की अवधि के दौरान पंजाब में रचित/सृजित हुई थी। यहाँ भी खगोल और गणित के क्षेत्र में ब्रह्मगुप्त अन्तिम ऐसे व्यक्ति या यों कहें कि प्राधिकारी थे जिनका रेखांकन और अनुशीलन प्रासंगिक, अनुपेक्षणीय और ज्ञातव्य था।[7]

हालाँकि ब्रह्मगुप्त के बाद भी कुछ महत्त्वपूर्ण कार्य हुए जिसमें भास्कर द्वितीय की उस कृति *सिद्धान्तशिरोमणि* (1150 ई.) का नामोल्लेख करना अनिवार्य और अपरिहार्य होगा जो ग्रहों की गति के लिए अर्द्धवृत्तीय सिद्धान्तों की विस्तृत रूप से चर्चा करती है। अस्तु!

यह अभी सुस्पष्ट नहीं है बल्कि बिना पुनरीक्षण किये अनुमानित करना दुष्कर भी है कि ईसा 600 से पूर्व भारतीय *आयुर्वेद* से सम्बन्धित कितना साहित्य उपलब्ध था! हालाँकि बोवर पाण्डुलिपि (चौथी शताब्दी) ने इसकी ओर संकेत किया है लेकिन इससे जुड़े अधिकांश परम्परागत विद्यालय और उनकी पाठ्य-पुस्तक शाखाएँ पहले ही संरचित और सृजित की जा चुकी थी।

बाद की अवधि में चिकित्सा कार्य काफ़ी गहनता से दिखाई देने लगे। सातवीं शताब्दी में आयुर्वेद से जुड़े 8 विषयों को समाहित करता हुआ एक संग्रह अस्तित्व में आया, उसके बाद वाग्भट्ट का *अष्टांगसंग्रह* और *अष्टांगहृदय संहिता* भी आये। नौवीं शताब्दी में मधवाकर ने निदान विज्ञान और विकृति विज्ञान पर एक प्रभावी और महत्त्वपूर्ण पुस्तक *रोगविनिश्चय* की रचना की। इसी समय दृढ़बाला ने *चरक-संहिता* को विस्तारित और पुनःसंशोधित किया। अन्य संग्रहों में चक्रपाणिदत्ता (1060 ई. के क़रीब) का संग्रह *चिकित्सासार-संहिता* का उल्लेख और रेखांकन करना अनुपेक्षणीय होगा जो कि वास्तव में उनके चिकित्सकीय आलेखों का संग्रह है।

वास्तव में आयुर्वेद का एक महत्त्वपूर्ण पहलू यह है कि यह दवा और परहेज, दोनों पर बल देता है और प्रारम्भिक शल्य-कार्य को मान्यता और तरजीह देता है। इसने स्पष्ट रूप से चिकित्सकों के लिए नैतिक-संहिता विकसित की। ऐसा प्रतीत होता है कि अन्धविश्वास ने इसके मूल के निर्धारण में एक छोटी-सी भूमिका निभायी है।[8]

*सुश्रुत* और *चरक-संहिता*, दोनों के अरबी अनुवाद हमें नौवीं शताब्दी के दौरान प्राप्त होते हैं और भारतीय आयुर्वेद ने उस अरबी आयुर्वेद में अपनी एक आंशिक लेकिन निश्चित भूमिका सुनिश्चित कर ली थी किन्तु उसका मूल फिर भी ग्रीक बना रहा। दक्षिण-पूर्वी एशिया में भी *सुश्रुत-संहिता* की चर्चा नौवीं शताब्दी के एक कम्पूचियन शिलालेख में मिलती है।

यदि खगोल विज्ञान आंशिक रूप से ज्योतिषीय अन्धविश्वासों से भरा हुआ था, तो कीमियाई विश्वासों (*रसविद्या*) ने इसी तरह रासायनिक जाँच की। भारतीय कीमियाइयों के लिए केन्द्रीय विषय और उद्देश्य संजीवनी अथवा अमृत की खोज थी और पारा एक ऐसी धातु थी जिसके अध्ययन के लिए सबसे अधिक प्राथमिकता दी जाती थी। 'रसा' शब्द का उल्लेख हमें नौवीं शताब्दी से प्राप्त होने लगता है और इस शताब्दी की सबसे महत्त्वपूर्ण रचना के रूप में नागार्जुन की *रसरत्नाकर* का उल्लेख कर सकते हैं।

प्रारम्भिक काल से प्राप्य संस्कृत साहित्य में यन्त्रों या मशीनी उपकरणों का उल्लेख मिलता है। वास्तविक और साथ ही पौराणिक रूप में लेकिन इस सन्दर्भ में भोज का *समरांगणसूत्रधार* (ग्यारहवीं शताब्दी) अपने वास्तविक और पौराणिक रूप में भी एक दुर्लभ अपवाद है। दुर्भाग्य से, यहाँ वर्णित यान्त्रिक उपकरण काफ़ी हद तक काल्पनिक हैं और जिन रासायनिक सिद्धान्तों पर उन्हें काम करना चाहिए था, उन्हें प्रायः अस्पष्ट छोड़ दिया गया है।[9]

मध्यकालीन भारत के सन्दर्भ में विज्ञान विषय हो और 1035 ई. के दौरान लाहौर में रची गयी सुप्रसिद्ध और रेखांकित करने योग्य अबू राइन अलबरूनी की पुस्तक *किताब-अल-हिन्द* (इण्डिका) का उल्लेख नहीं हो, यह कमोबेश असम्भव ही प्रतीत होता है। यह निश्चित रूप से लाभान्वित करने वाला क्षण था जब इस्लामी देश के एक बड़े वैज्ञानिक ने अपने बाध्यकारी निर्वासन का उपयोग पंजाब में संस्कृत भाषा को सीखने के निर्णय के रूप में लिया और निश्चित रूप से यह कहने में कोई अतिशयोक्ति नहीं है कि उन्होंने भारतीय विज्ञान, दर्शन और आस्थाओं-विश्वासों का विस्तृत अध्ययन किया और उसका समुचित और व्यवस्थित रूप में व्यापक स्तर पर प्रदर्शन किया। अलबरूनी महमूद गज़नी के आक्रमणों को लेकर इसलिए चिन्तित थे कि उन्हें ऐसा प्रतीत हो रहा था कि मुस्लिमों की आगे आनेवाली पीढ़ियाँ हिन्दुओं से जुड़ी परम्पराओं, पहलुओं और तौर-तरीक़ों के अध्ययन को लेकर शायद ही दिलचस्पी दिखायें; इसके विपरीत मुस्लिमों के बीच हिन्दुओं को लेकर असीम घृणा और नापसन्दगी प्रसारित हो जायेगी। फिर भी जितने ग्रन्थ और विद्वत्तापूर्ण सूचनाओं तक उनकी पहुँच हुई, वह आश्चर्यजनक है, अलबरूनी का अपना रवैया भी कम आश्चर्यजनक नहीं है, जिसकी जितनी सराहना या आलोचना की जाये, उतना ही कम है। वे हिन्दू वैज्ञानिकों की इसलिए भी प्रशंसा कर सकते थे क्योंकि उन्हें 'ईश्वर का वरदहस्त' प्राप्त था। उसी समय, उन्होंने आर्यभट्ट और वराह-मिहिर द्वारा प्रस्तावित ग्रहण-सम्बन्धी प्रस्तावित व्याख्याओं का विरोध करने के लिए ब्रह्मगुप्त

की कटु और कठोर आलोचना की। इतना ही नहीं, उन्होंने अपने पाठकों और विद्यार्थियों को सम्पूर्ण जगत् में दिन एवं रात्रि को सम्भव करने वाले पृथ्वी के अपने अक्षीय घूर्णन सम्बन्धी आर्यभट्ट के शोध को पढ़ने के लिए प्रेरित किया, यद्यपि यह बिना अनुमति के किया गया था! निश्चित रूप से अलबरूनी प्रस्तुत सभ्यताओं के पारस्परिक और अन्तःसम्बन्धों के इतिहास में एक अद्वितीय और निर्णायक स्थान के अधिकारी हैं।[10]

## सन्दर्भ एवं टिप्पणियाँ

1. एस.आर. सरमा, 'शून्य मैथेमैटिकल आस्पेक्ट', बेथिना बाउमर (सम्पा.), *कलातत्वकोश, लेक्सिकॉन ऑफ़ फंडामेंटल कांसेप्ट्स ऑफ़ द इंडियन आर्ट्स,* दिल्ली, 1992, पृ. 400-05.
2. भारतीय दशमलव पद्धति पर साक्ष्य के सारगर्भित इतिहास के लिए, देखें इरफ़ान हबीब, 'जोसेफ़ नींधम एंड द हिस्ट्री ऑफ़ इंडियन टेक्नोलॉजी', *इंडियन जर्नल ऑफ़ हिस्ट्री ऑफ़ साइंस,* भाग 35(3), 2000, पृ. 271-74.
3. ए. बेरिडाले कीथ, *ए हिस्ट्री ऑफ़ संस्कृत लिटरेचर,* ऑक्सफ़ोर्ड, 1928, पृ. 524.
4. तकाओ हायाशी, *द बख़्शाली मैनुस्क्रिप्ट, एन एनशियंट इंडियन मैथेमेटिकल ट्रिटीज़,* ग्रोनिनज़ेन, 1995.
5. एस.एन. सेन में : डी.एम. बोस, एस.एन. सेन और बी.वी. सुब्बरयप्पा, सम्पा., *कॉनसाइज़ हिस्ट्री ऑफ़ साइंस इन इंडिया,* नयी दिल्ली, 1971, पृ. 169 में देखें।
6. पी.सी. सेनगुप्ता, 'आर्यभट्ट, द फादर ऑफ़ इंडियन एपिसाइकलिक एस्ट्रानामी', पुनर्मुद्रित में : देवीप्रसाद चट्टोपाध्याय, सम्पा., *स्टडीज़ इन द हिस्ट्री ऑफ़ साइंस इन इंडिया,* भाग-II, नयी दिल्ली, 1982, पृ. 537-90.
7. ई.सी. साचाउ, अनु., *अलबरूनी'ज़ इंडिया,* लन्दन, 1910, पी.सी. सेनगुप्ता, 'ब्रह्मगुप्त का खण्डखाद्यक', देवीप्रसाद चट्टोपाध्याय में पुनर्मुद्रित, पृ. 602-18.
8. आयुर्वेदिक चिकित्सा और व्यवहार एक अच्छा समेकन है जो पुस्तकों पर आधारित है, जे. जॉली, 'फ़िज़िशियंस एंड थेरेपी' में अनु. में : देवीप्रसाद चट्टोपाध्याय, भाग-1, पृ. 175-208.
9. बी. राघवन, *यन्त्रास ऑर मैकेनिकल कांट्रीवांसेज़ इन एनशियंट इंडिया,* दूसरा संस्करण, बैंगलोर, 1956.
10. *अलबरूनी'ज इंडिया* जैसी उत्कृष्ट कृति का इ.सी. साचाउ के द्वारा अनुवाद किया गया है, 2 भाग, लन्दन, 1910 (प्रस्तावना की तिथि 1885), जिससे बेहतर अनुवाद अभी तक नहीं किया गया है। यह उस अनुवादक द्वारा सुस्पष्ट उल्लेखित किया गया है जिसका खुद का अरबी, संस्कृत और ग्रीक जैसी भाषाओं पर अधिकार था। उसकी प्रस्तावना वस्तुतः अलबरूनी के दृष्टिकोण और स्रोतों का अत्यन्त ही गम्भीर दस्तावेज़ है।

# 1.4

# धर्म

## ब्राह्मणवाद की विजय, 600 ई. से 1200 ई.

जब चीन देश के बौद्ध भिक्षु जुआन ज़ांग (ह्वेनत्सांग) (602-64) और इत्सिंग ने भारत भ्रमण किया, तो परिणामस्वरूप उन्होंने यह पाया कि भारतवर्ष में अभी भी बौद्ध धर्म ने थेरवाद और कालान्तर में महायान रूप में अपनी स्थिति सशक्त और बरकरार रखी है।[1] किन्तु ग्यारहवीं शताब्दी में अलबरूनी ने तत्कालीन परिस्थितियों में बौद्ध धर्म की वस्तुस्थिति और स्वरूप के सन्दर्भ में जो रूपरेखा प्रस्तुत की है, वह वास्तव में किंवदन्तियों और मिथकों पर आधारित है।[2] एपिग्राफ़िक अभिलेखों के अनुसार धार्मिक मठों, मन्दिरों एवं मस्जिदों को जो अनुदान दिये गये या धार्मिक संरचनाओं के अवशेष से जुड़े जो साक्ष्य प्राप्त हुए हैं, वे यह संकेत करते हैं कि इनकी स्थिति पूर्व की तुलना में अपेक्षाकृत अधिक बेहतर थी। वस्तुतः प्रत्येक स्तर और दृष्टिकोण से यह संकेत करता है कि इन परिस्थितियों में ब्राह्मण और सम्प्रदाय निरन्तर समृद्ध और संवर्धित होता जा रहा है और बौद्ध धर्म अवसान पर है। यहाँ तक कि चीनी यात्री, जहाँ बौद्ध धर्म अभी भी अस्तित्वमान और शबाब की ओर था, भारत में अपने पवित्र स्थलों की दयनीयता देखकर इस क़दर द्रवित, निराश और हताश हो उठे कि उन्होंने ग्यारहवीं शताब्दी के शुरुआती वर्षों के बाद आना ही बन्द कर दिया।[3]

ब्राह्मणवाद के सर्वाधिक सशक्त पहलुओं में से निःसन्देह रूप से एक यह था कि वह सामान्य जनों के लिए सामाजिक नियमों और प्रथाओं को *धर्मशास्त्र* के एक भाग के रूप में निर्धारित करता था जिसमें शायद ही बौद्ध धर्म कोई चुनौती अथवा प्रतिस्पर्द्धा प्रस्तुत कर सकता था। इस विधि या क़ानून (*मनुस्मृति*)

के मूल पाठ हमारी अवधि तक रचित किये जाते रहे। यहाँ तक कि अन्तिम पाठ को बृहस्पति-काल के दौरान आकार दिया गया जो आँकड़ों के अनुसार छठी या सातवीं शताब्दी आकलित किया जा सकता है। इस अवधि के दौरान मुख्य रूप से भाष्य और संग्रहों की रचना की गयी। *नारद-स्मृति* पर असहया (8वीं शताब्दी) ने, तो *याज्ञवल्क्य* पर विज्ञानेश्वर (ग्यारहवीं) ने भाष्य लिखा है। प्रारम्भिक स्मृतियों में से एक लक्ष्मीधर (12वीं शताब्दी के प्रारम्भिक वर्ष) की *स्मृति कल्पतरु* है। ये कृतियाँ भारतीय जाति-व्यवस्था के धार्मिक आधारों और कुछ निश्चित रीति-रिवाज़ों को समझने के लिए अतिप्रासंगिक और उपेक्षणीय हैं। हालाँकि सिद्धान्त और वैचारिकी उसके यथार्थ एवं व्यवहार से भिन्न और इतर हो सकते हैं, लेकिन ब्राह्मणवाद और जाति-व्यवस्था के बीच का सम्बन्ध और अधिक घनिष्ठ और अचल होते गये।[4]

ब्राह्मणवाद का एक और अन्य पहलू भक्ति और अध्यात्मवाद था। ईसा 600 के आस-पास वैष्णववाद ने अपने को ऐसे सम्प्रदाय के रूप में विकसित किया जिसमें विष्णु को ईश्वर के रूप में प्रतिष्ठित किया गया। जबकि उनके अवतारों ने आध्यात्मिक शिक्षाओं और मूर्तिपूजा के माध्यम से ऐसे भक्तिमय पारिस्थितिकी और पर्यावरण का निर्माण किया जिसमें असीम उत्कट उत्साह के साथ अनुरागमयी लालसा व्याप्त थी।[5] इस सम्प्रदाय का विकास चौथी शताब्दी के बाद से प्राप्त हुए शिलालेखों में सुस्पष्ट रूप से देखा जा सकता है। ग्यारहवीं शताब्दी में अलबरूनी ने यहाँ अद्वैतवाद के प्रबल होने के स्पष्ट संकेत दिये हैं, सम्भवतः अलबरूनी अब तक ज्ञात ऐसे प्रथम विद्वान थे जिन्होंने भगवद्‌गीता को हिन्दूवाद के दार्शनिक और नैतिक पाठ के प्रतिनिधि ग्रन्थ के रूप में रेखांकित किया है।[6] दक्षिण में वैष्णववादी आलवारों (छठी शताब्दी से नवीं शताब्दी) ने एक विशिष्ट आध्यात्मिक सम्प्रदाय को विकसित किया जो तमिल भाषा में गायन किया करते थे। इनके उत्तराधिकारी आचार्य के रूप में हुआ करते थे और ऐसे प्रथम आचार्य नाथमुनि[7] (10वीं शताब्दी) हुए जिन्होंने संस्कृत भाषा की महानतम रचनाओं में से एक जयदेव कृत *गीत-गोविन्द* से प्रेरित होकर कृष्ण की व्यक्तिगत दिव्यता और अलौकिकता जिस प्रकार भक्तों के हृदय में भक्ति की अलख भक्तों के हृदय में जगायी।

ब्राह्मणवादी व्यवस्था में शक्ति के प्रतिनिधि और सृजन एवं विध्वंस के प्रतीक शिव अपनी पत्नी पार्वती के साथ वैष्णववाद के प्रतिद्वन्द्वी और प्रतिस्पर्द्धी बदस्तूर बने रहे। यह सम्प्रदाय अनेक रूपों में रूपान्तरित हुआ। प्रथम

तो परम्परागत, रूढ़िवादी और पौराणिक शैववाद का रूप था। इससे अलग दूसरे प्राचीन एक और रूप पशुपति (पशुओं/मवेशियों के देवता) की पूजा होती थी और यह रूप लोगों के बीच तेज़ी से लोकप्रिय होता गया। दक्षिण में नयनारों (सातवीं-नौवीं शताब्दी) ने शैव पूजा के आस्तिकवादी स्वरूप पर बल दिया और अपने भक्तिमयी धार्मिक गानों में ऐसे आध्यात्मिक पाठ की सम्भावनाओं पर ज़ोर दिया जो जाति की वर्जनाओं और प्रथाओं को नकारता हो और इसकी ज़ंजीरें तोड़कर सभी को स्वयं में समाहित करने के विषय को प्राथमिकता देता हो।

प्रारम्भिक काल के प्रारम्भ से ही शैववाद ने पार्वती/दुर्गा के रूप में सृजन की मानवीय संकल्पना को मूर्त किया साथ ही साथ उन्हें तन्त्रवाद के अजस्र स्रोत के रूप में भी रेखांकित किया। शैव पूजकों का एक बड़ा भाग *आगम* में श्रद्धा रखता है जिसके मूल पाठ पाँचवीं शताब्दी की अवधि से रचे गये हैं और जो विशिष्ट तान्त्रिक प्रभावों को अभिव्यक्त और प्रदर्शित करता है। इन प्रभावों का यामलों द्वारा अनुसरण किया जाता है जो एक ऐसे नये देवसमूह में आस्था व्यक्त करते हैं जिसमें विभिन्न देवियाँ, शक्ति, सत्ता और ऊर्जा के विविध पहलुओं का प्रतिनिधित्व करती हैं। अनेक तान्त्रिक गतिविधियों को गुप्त रखने की प्रकृति की प्रवृत्ति वस्तुतः उन उच्चतर नैतिक और सदाचारपूर्ण तत्त्वों में से कुछेक को छिपाने या उससे अभिभूत करने की है जिसकी सराहना तान्त्रिक भी करते हैं और इसकी पुष्टि उनसे जुड़े मूल पाठों से भी होती है।[8]

यह काल ब्राह्मणवादी विचारों के लिए उन्नयन और उर्वरता का काल रहा है। वैदिक क्रियाओं और व्यवहार में आने वाले कर्मकाण्डों की अवधारणा का समर्थन करने वाले मीमांसा के प्रखर, प्रबल और ओजस्वी वक्ता कुमारिल भट्ट (700) ने बौद्ध धर्म के एक शास्त्र या ज्ञान केन्द्रित सम्प्रदाय होने के दावे की आलोचना की, उसकी संकल्पनाओं एवं सिद्धान्तों को भ्रामक बताया और उसका उपहास उड़ाया। सांख्य दर्शन में पदार्थ और आत्मा के द्वैत और पुनर्जन्म की स्वायत्त प्रक्रिया के सन्दर्भ में चर्चा की गयी है। इसकी सुस्पष्ट अभिव्यक्ति और व्याख्या वाचस्पति मिश्र (लगभग 850) ने अपनी प्रसिद्ध पुस्तक *सांख्यतत्त्वकौमुदी* में की है।[9]

इस अवधि के सर्वाधिक लोकप्रिय, सुप्रसिद्ध और प्रभावी दार्शनिक शंकराचार्य (लगभंग 750) हुए जिन्होंने द्वैतविहीनता (*अद्वैत*) और द्वैत के भ्रम (*माया*) के आधार पर ही संरचित एक चिन्तन प्रणाली से उपजे अनेक विरोधाभासी पूर्वानुमानों के माध्यम से वेदान्त की परम्परा को पुनर्जीवित और बहुप्रचलित किया। शंकराचार्य के लिए ज्ञान ही सर्वस्व था क्योंकि ईश्वर की वास्तविकता को इसके माध्यम से

ही समझा जा सकता है। कर्म केवल लौकिक संसार के लिए ही उपयोगी और उपादेय हो सकता है। ज्ञान के लिए एक उच्च सर्वेश्वरवाद और आचरण के लिए निम्न स्तर के भ्रम को स्थापित करके शंकराचार्य परम्परागत, पुरातन, और साथ ही रूढ़िवादी ब्राह्मणवादी व्यवस्था में निहित आस्थाओं और रीति-रिवाज़ों एवं प्रथाओं के बहुविध स्तरीकरण के बावजूद अपने सर्वोच्च सत्य एवं लक्ष्य को प्राप्त एवं समेकित करने में सक्षम थे। इसलिए, उन्होंने 'अनेकता में एकता' की वैचारिकी के स्वरूप को न केवल आकार दिया बल्कि उसके सुनिश्चितकरण के लिए यथोचित रूप से यथासम्भव प्रयास किये जिनमें उन्हें व्यापक स्तर पर सफलता प्राप्त हुई और उन्होंने इसे इस परम उद्देश्य से किया ताकि मध्यकालीन और आधुनिक हिन्दूवाद एकसूत्र में समन्वित होकर विकसित हो और अन्ततः यह एक अद्वैतवादी धर्म के रूप में प्रगति के पथ पर अग्रसर रहे। शंकराचार्य ने *ब्रह्मसूत्र* पर *भाष्य* की रचना की और साथ ही साथ उपनिषद् पर विविध भाष्य लिखे।[10] शंकराचार्य और उनके शिष्यों की इन कथित सकारात्मक, अर्थपूर्ण शिक्षाओं एवं दर्शन के प्रोत्साहन के गहन एवं सघन प्रयासों के बावजूद भारत में उनकी सार्वभौमिक स्वीकृति में वक़्त लगा जो कि स्वाभाविक था। उनके दार्शनिक मतों और वैचारिकता की जड़ें उत्तर भारत में पन्द्रहवीं और सोलहवीं शताब्दियों के दौरान ही जम सकीं।

शंकराचार्य के वेदान्त सम्बन्धी दार्शनिक मतों का सर्वाधिक तीव्र और तीख़ा प्रतिरोधी स्वर रामानुज (मृ. 1137) से आया जो उनकी ही तरह दक्षिण भारतीय थे। उन्होंने 'वेदान्त सार' और अपनी अन्य कृतियों में भक्ति के माध्यम को सर्व एवं सनातन आनन्दवाद और अपने आराध्य की भक्ति के सुख की प्राप्ति के लिए आत्मा के स्वतन्त्र अस्तित्व पर बल दिया। उन्होंने एक वैष्णव परम्परा को स्थापित किया जिसमें उनका अनुसरण मध्वाचार्य ने किया जिन्होंने द्वैतवाद के पाँच बुनियादी सिद्धान्तों अथवा शिक्षाओं को आकार दिया, और उनका अनुकरण वल्लभ (1376-1430) ने भी किया जिन्होंने वेदान्त और भक्ति को एक साथ समन्वित और समेकित किया तथा भक्त के गुरु की स्थिति और उसकी गरिमा पर अत्यधिक बल दिया ताकि वह उसे दिव्य बना सके।

बहरहाल, बौद्ध धर्म की दो महत्त्वपूर्ण शाखाओं—थेरवाद और महायान, दोनों इसके अवसान से बुरी तरह प्रभावित हुईं। महायान शाखा के अन्तर्गत अनिवार्य रूप से नास्तिक धर्म में परम दया की संकल्पना के लिए स्थान सुनिश्चित किया गया, मन्त्रों और मुद्राओं के प्रभावों पर अत्यधिक बल देने के कारण (उँगलियों

की स्थितियाँ) तान्त्रिक प्रवृत्तियाँ इस धर्म में घर करने लगीं और न केवल घर करने लगीं बल्कि समय के साथ यह और सघन होती चली गयीं। इससे सम्बन्धित सिद्धान्त, कर्मकाण्ड और सामग्री पहले से ही *गुह्यसमाज* और *मंजुश्रीमूलकल्प* (छठी शताब्दी) में उपस्थित और उपलब्ध थे। बोधिसत्व अवलोकितेश्वर, एक दिव्य व्यक्तित्व के रूप में उभरे और उनकी पत्नी तारा, करुणा की देवी, तेज़ी से लोकप्रिय हो गयीं। कालान्तर में तन्त्र-मन्त्र से प्रभावित महायान शाखा का रूप तिब्बती धर्म का एक प्रमुख आधार और स्रोत बना।

दूसरी तरफ़ संख्या के दृष्टिकोण से छोटी आबादी वाले जैनियों का इस अवधि के दौरान साहित्य और संस्कृति में योगदान रहा, वह निश्चित रूप से रेखांकित करने योग्य है। 'परिवर्तन ही स्थायी है और वह नित्य है' पर अत्यधिक बल देने वाले जैन दर्शन में हरिभद्र (आठवीं शताब्दी) और हेमचन्द्र (मृ. 1172) जैसे ओजस्वी और प्रभावशाली वक्ता हुए।

ब्राह्मणवादियों, बौद्धों और जैनियों की धार्मिक आस्थाएँ और मतों में व्यापक स्तर पर विभिन्नता थी लेकिन फिर भी इन कथित धर्मों के बीच सह-अस्तित्व की स्थिति शान्तिपूर्वक बनी रही किन्तु इसका अभिप्राय यह नहीं कि धर्म को आधार बनाकर अत्याचार, शोषण और उत्पीड़न नहीं हुआ; इस प्रकार के जुल्म से सर्वाधिक पीड़ित बौद्ध और जैन धर्म के अनुयायी हुए।[11] जब से बौद्धों और जैनियों ने भी व्यापक स्तर पर संस्कृत भाषा को व्यवहार में लाना प्रारम्भ किया, तब से वाद-विवाद की सम्भावनाएँ भी बढ़नी शुरू हो गयीं। विशेष पन्थ से सम्बद्ध धार्मिक संस्थानों के माध्यम से बड़े स्तर पर अपनी-अपनी शिक्षाओं के प्रचार-प्रसार की क़वायद शुरू होने लगी। इन कथित प्रकार के संस्थानों में नालन्दा का बौद्ध मठ सर्वाधिक प्रतिष्ठित और उच्चस्तरीय साख वाला संस्थान था जिसकी चर्चा ज़ुआन ज़ांग (ह्वेनत्सांग) (लगभग 640) ने विशेष रूप से की है। इसमें 'कुछ हज़ार' विद्वान थे जिसमें कई सौ अति सम्मानित और सुप्रसिद्ध थे।[12] यह मठरूपी विश्वविद्यालय तेरहवीं शताब्दी तक अस्तित्व में बना रहा और 1200 ई. में मुहम्मद बख़्तियार ख़िलजी के सैनिकों के हमले और नरसंहार के बाद अनेक राजनीतिक उथल-पुथल का सामना करते हुए भी बदस्तूर बना रहा।

## इस्लाम का आगमन

पूर्व मध्यकालीन भारत के धार्मिक स्वरूप में एक जो बड़ा परिवर्तन आया था उसका कारण भारतवर्ष में इस्लाम का आगमन था। अरब का प्रायद्वीपीय क्षेत्र खानाबदोश और कृषक आबादी, दोनों का निवास-स्थान था, हालाँकि यह जनसंख्या

के दृष्टिकोण से कम घनत्व, सीमित क्षेत्र तथा बाज़ार और बस्तियों वाला भूभाग था जिसमें (600 ईसा) के आस-पास मक्का सबसे समृद्ध हुआ करता था। ईसा की प्रथम शताब्दी से मानसून की जानकारी और उससे सम्बन्धित विभिन्न पहलुओं के सन्दर्भ में विस्तृत प्रामाणिक सूचना एवं उसके व्यवहार में लाने के परिणामस्वरूप लाल सागर के अन्तिम दाहिने छोर पर अवस्थित यमन से भारत के अरब सागर तक जहाज़ों को समुद्र के रास्ते ले जाना सम्भव हो गया। इसके पहले जलयानों को लाल समुद्र पर चढ़ना कठिन लगा करता था, वे यमन के बन्दरगाहों से लेवन्त (सीरिया और फिलिस्तीन) तक स्थलीय मार्ग के विकल्प का चयन करते थे तथा कारवाँ के रूप में आगे बढ़ा करते थे; और मक्का इसी रास्ते में पड़ता था। इस शहर के निवासी क़ुरैशी काफ़ी वर्चस्वशाली थे और वे ही पवित्र मन्दिर 'काबा' के व्यापार पर पूर्ण नियन्त्रण रखते थे; वस्तुतः इस पर उनका ही आधिपत्य स्थापित था। 'काबा' तत्कालीन परिस्थितियों में सगुण और मूर्तिपूजकों के लिए एक महत्त्वपूर्ण, लोकप्रिय और प्रसिद्ध तीर्थ-स्थल था। यहाँ एक सुप्रसिद्ध सुसम्मानित व्यक्ति एकान्त में योग और भक्ति कर रहा था और यह दावा कर रहा था कि उसे इल्हाम मिल रहे हैं जो वस्तुतः ईश्वरीय सन्देश/अल्लाह के पैग़ाम हैं। इसका प्रभाव यह हुआ कि उनके अनुयायियों की संख्या बढ़ती ही चली गयी। यह व्यापारी और कोई नहीं बल्कि 'अल्लाह के दूत' के रूप में सम्बोधित किये जाते रहने वाले मुहम्मद पैगम्बर (लगभग 570-632) थे और ये जो 'इल्हाम' थे, वे कालान्तर में इस्लाम के पवित्र धर्म-ग्रन्थ 'क़ुरान' के रूप में रूपान्तरित और प्रतिष्ठित हो गये।

इस्लाम धर्म अपनी प्रकृति में सघन रूप से एकेश्वरवादी है; इसका मुख्य आधार बुतपरस्ती को सिरे से न केवल ख़ारिज करता है बल्कि इसके उल्लंघन करने पर निर्मम और क़ठोर दण्डों का प्रावधान भी करता है और अल्लाह के सर्वशक्तिमान एवं सर्वोच्च प्राधिकार के रूप में अधिकृत करने पर अत्यधिक बल देता है और इसकी किसी भी क़ीमत पर अनुसरण करने की अनुपेक्षणीयता को रेखांकित करता है। अपने शुरुआती पैगम्बरों (*ओल्ड टेस्टामेंट* में नामोल्लेखित पैगम्बरों जिसमें यीशु मसीह भी सम्मिलित हैं) की शिक्षा में यह धर्म यहूदीवादी और ईसाई धर्म की परम्पराओं एवं रीति-रिवाज़ों से काफ़ी समानता रखता है और साथ ही शैतान और क़यामत या हश्र के दिन में भी अपनी आस्था व्यक्त करता है। यह सभी अनुयायियों को व्यक्तिगत रूप से अल्लाह के प्रति उसकी ज़िम्मेदारियों को न केवल सुनिश्चित करता है बल्कि उसके अनुपालन के लिए अनिवार्य रूप से पूर्वशर्त को भी निर्धारित करता है। इस धर्म में ऐसी मान्यता है कि पुनर्जन्म

के दिन अल्लाह न्याय, पुरस्कार और दण्ड देते हैं। ईसा 622 से ईसा 632 तक मुहम्मद/नबी मक्का के उत्तर में अवस्थित मदीना में एक बढ़ते हुए समुदाय (उम्मा) के नियन्त्रक थे और इसके लिए यह आवश्यक, अनिवार्य और अपरिहार्य था कि ऐसी नियमावली बनायी जाये जिसके सापेक्ष और अनुकरण की प्रवृत्ति में यहाँ के लोग अपना जीवन व्यतीत कर सकें। इसके कुछ बुनियादी तत्त्व 'इल्हाम' से लिए गये और कुछ नबी के वक्तव्यों और उन व्यवहारों (सुन्ना) के आधार पर बनाये गये जो कालान्तर में 'हदीस' के रूप में सम्बोधित किये जाते हैं। मुस्लिम विधि (शरिया) मूलतः क़ुरान, 'हदीस' और मौलवियों की व्याख्याओं एवं दृष्टान्तों की व्यावहारिकता के आधार पर संरचित है। इस सन्दर्भ में यह तथ्य ध्यातव्य है कि सन्दिग्ध रूप से इस धर्म में अभी भी एक स्थानीय अरबी परम्परा और रीति-रिवाज़ को बदस्तूर बनाये रखा गया था। निःसन्देह स्थानीय अरब प्रथा की निरन्तरता एक मज़बूत तत्त्व था, जैसे कि कुछ यहूदी अनुष्ठान (ख़तना, कोशर/हलाल मांस, सूअर के मांस पर प्रतिबन्ध इत्यादि), तयशुदा उत्तरदायित्वों के निर्वहन की पूर्ति के लिए एक उल्लेखनीय तनाव और कुछ सुधारवादी उपाय, सुधार के कुछ तत्त्व, जैसे कि—कन्या भ्रूण हत्या की निन्दा और एक बेटी को विरासत में हिस्सा सौंपना; हालाँकि केवल बेटे के आधे हिस्से का। इस्लामी क़ानून ने दासता और साथ ही बहुपत्नी की अनुमति देना जारी रखा, हालाँकि इसने दान पर ज़ोर दिया और दासों को मुक्त करना एक पुनीत कार्य माना।[13]

मुहम्मद के निधन के बाद उनके उत्तराधिकारियों (ख़लीफ़ाओं) ने अन्तःकलह के बावजूद न केवल अरब प्रायद्वीपीय क्षेत्रों को अपने अधिकार में कर लिया बल्कि पश्चिमी एशिया के अधिकांश भागों पर क़ब्ज़ा कर लिया। ईरान और मिस्र में जब ग़ैर-वंशीय ख़लीफ़ाओं (632-660) को उमैयद वंश के द्वारा अपदस्थ किया गया (660-750), तो विस्तार की एक नयी चेतना ने स्फूर्तता के साथ नयी करवट ली और इस नवीन विस्तारवादी लहर में अरब के सैनिकों ने स्पेन, उत्तरी अफ्रीका, और मध्य एशिया पर अपनी विजय-पताका के झण्डे गाड़ दिये। ईसा 711-14 की अवधि के दौरान सिन्धु घाटी (सिन्ध और दक्षिणी पंजाब) के अधिकांश क्षेत्र अरब साम्राज्य में अन्तर्भूत हो चुके थे। यह बहुत ही सम्भव है कि अरब मुस्लिम व्यापारी भारत के बन्दरगाहों पर पहले ही व्यवस्थित हो चुके थे, लेकिन यह सिन्ध की विजय ही थी जिसने भारत के पर्याप्त रूप से बड़े भू-भाग पर सशक्त मुस्लिम समुदाय को स्थापित किया।

सिन्ध को अपने आधिपत्य में लेने के दरम्यान अरब शासकों ने विजित ग़ैर-मुस्लिम लोगों के साथ सह-अस्तित्व की सम्भावनाओं को ठोस रूप से आकार

देने के लिए एक व्यवस्था अथवा प्रणाली ईजाद की। इस सन्दर्भ में *चचनामा* एक प्रासंगिक, यथोचित, उपयुक्त और रेखांकित करने योग्य पुस्तक है जिसके तथ्यों और प्रामाणिकता की पुष्टि अरब स्रोतों से भी होती है। इस पुस्तक में वर्णित तथ्यों के अनुसार सिन्ध में हिन्दुओं के साथ 'किताब/पुस्तक के लोग' (यहूदी और ईसाई) के अनुरूप व्यवहार करने की बात कही गयी, हिन्दुओं के प्रति और उनके धार्मिक स्थलों के प्रति सहिष्णुता के स्तर को बढ़ाने और उसे बरकरार रखने की घोषणा की गयी और उसे तब तक बदस्तूर बनाये रखने पर बल दिया गया जब तक कि हिन्दू, भूमिकर (ख़राज) और आर्थिक स्रोतों को दरकिनार करते हुए सभी मनुष्यों पर लगने वाले ग़ैर-इस्लामी कर (जज़िया) चुकाते रहें। राज्य के राजस्व-कोष से ब्राह्मणों को जो अनुदान दिये जा रहे थे, उसे भी बनाये रखा गया।[14] यहाँ तक कि गडरियों को पशुपालकों के रूप में सम्बोधित किये जाने वाले बहिष्कृत जाति सिन्ध के जाटों पर पूर्ववर्ती शासकों द्वारा जो प्रतिबन्ध थोपे गये थे, उसे अरब विजेता मुहम्मद बिन क़ासिम ने स्वीकृति प्रदान कर दी।[15] दूसरी तरफ़, नौवीं और दसवीं शताब्दी की अवधि के दौरान सिन्ध में *देवल-स्मृति* की रचना की गयी जो म्लेच्छों और मुस्लिमों के सम्पर्क में आने के बाद 'प्रदूषित' हुए लोगों की परिशुद्धि से जुड़े कर्मकाण्डों की रूपरेखा को प्रस्तुत करता है। जैसा कि अलबरूनी ने (लगभग 1035) अंकित किया था।[16] जैसा कि भारत के अन्य भागों में हो रहा था, सिन्ध में भी बौद्ध धर्म अवनति और अवसान के पथ पर था : सुप्रसिद्ध और महान मीरपुर ख़ास के बौद्ध स्तूप में जब कुछ बौद्ध अनुयायियों ने अरबी ढलाई वाले कुछ सिक्के छोड़ दिये, तो उस स्तूप में कोई ऐसा बौद्ध भिक्षु प्रत्यक्ष रूप से उपस्थित नहीं था जो उन सिक्कों को उठा सके।[17]

इस्लाम के भी अपने सामाजिक एवं राजनीतिक विप्लव और अन्तर्विरोध थे। सर्वप्रथम इसमें मुहम्मद/नबी के वंशजों विशेषकर उनके चचेरे भाइयों एवं बहनों और उनके दामाद अली को मिल रही सुविधाओं को लेकर दो वैचारिक ध्रुव बने और फिर यह अन्तर विचार और दृष्टिकोण के स्तर पर खाई और फिर दर्रे में तब्दील होते चले गये; इसका परिणाम यह हुआ कि इस्लाम भी दो फाड़ में बँट गया। समय के साथ इसमें सैद्धान्तिक और राजनीतिक मुद्दे भी जुड़ते चले गये। उत्तरी अफ्रीका और मिस्र में फ़ातिमी ख़िलाफ़त की स्थापना ने सिन्ध में 'शिया' गतिविधियों और कार्यकलापों को तेज़ कर दिया और दक्षिणी पंजाब में कमोबेश 950 मुल्तानियों ने फ़ातिमी ख़िलाफ़त से अपनी सम्बद्धता घोषित कर दी और इसमें उन्होंने अपनी प्रतिबद्धता व्यक्त करने का विनिश्चय किया। यहाँ के शासक 'क़ारामाती' के रूप में सम्बोधित किये जाते थे जो वस्तुतः इस्लाम की शिया शाखा

द्वारा परिभाषित पद था। 1010 ई. में महमूद ग़ज़नी (998-1030) ने मुल्तान को जीतने के दौरान इस समुदाय को कमोबेश समूल और प्रत्यक्ष रूप से विनष्ट कर दिया। हालाँकि शिया और इस्माइली समुदाय भारत में आगे तक बने रहे।

अपने बड़े आक्रमणों, हमलों और मन्दिरों को नष्ट करने के कारण महमूद ग़ज़नी भारतीयों के बीच नफ़रत का पात्र बना, जैसा कि अलबरूनी ने ज़ोर देकर प्रमाणित किया है।[18] हालाँकि यह सम्भव है कि अनेक हमले रूपी छापे अभी के समकालीन युद्धों के स्वरूप से भिन्न थे और वे कमोबेश आपदाओं के रूप में समझे जाते थे, तथा शासकों की प्रवृत्ति अक्सर लूट-पाट करने की होती थी।[19]

इस्लाम में जो दूसरी महत्त्वपूर्ण प्रगति हुई, वह सूफ़ीवाद या इस्लामी रहस्यवाद था। महमूद की शासनावधि के दौरान यह अपने शुद्धतम रूप में और शबाब पर था। परलोक में पुरस्कार की प्राप्ति के लिए अल्लाह के साथ पुण्यार्जन के धार्मिक तौर-तरीक़ों की बढ़ती प्रवृत्ति के प्रति स्वाभाविक प्रतिक्रिया के परिणामस्वरूप आठवीं शताब्दी की अवधि के दौरान इराक़ में इसने आकार ग्रहण करना शुरू किया और वक़्त के साथ इसने स्वयं को एक अनुपेक्षणीय पन्थ के रूप में स्थापित कर लिया। एक महिला सन्त 'राबिया अल बसरी' (मृ. 801), इसकी प्रणेता कही जा सकती है। यह अल्लाह की ख़िदमत करने के लिए बस एक ही वजह पर ज़ोर देता है एवं इसे ही वैध भी मानता है और वह है अल्लाह से प्रेम (इश्क़) और उसके प्रति श्रद्धा। इस इश्क़-ए-हक़ीक़ी में जज़्ब जन्नत की चाह और उसके लिए प्रयासरत होने को नैतिक रूप से सही नहीं माना गया, इसके स्थान पर *फ़ना* की अवधारणा पर अपेक्षाकृत अधिक बल दिया गया जिसके अन्तर्गत अल्लाह से एकाकार होने को सर्वोच्च प्राथमिकता दी गयी और इसके लिए स्वयं को विसर्जित करने की राह सुझायी गयी। यह विषय काफ़ी विवादित और बहस-मुबाहिसे का रहा है कि सूफ़ी की सृष्टि में क्या किसी भारतीय धर्म या पन्थ का योगदान रहा है? प्रसिद्ध सूफ़ी बायज़ीद बिस्तामी (मृ. 877) के गुरु वास्तव में एक सिन्धी अबू अली सिन्धी कहे जाते हैं और निर्वाण अथवा भक्ति की संकल्पनाएँ सिन्ध के रास्ते अरब जगत में प्रचारित-प्रसारित होने की सम्भावना को ख़ारिज नहीं किया जा सकता है। लेकिन इन सभी के लिए जो साक्ष्य है, वह बहुत कम मात्रा में हैं, इसलिए अपर्याप्त और निम्नस्तरीय भी हैं।

वस्तुतः ग्यारहवीं शताब्दी तक सूफ़ीवाद इस्लाम का एक महत्त्वपूर्ण और रेखांकित घटक बन चुका था। इसके अनेक और विविध पहलुओं पर जो पहला शुरुआती विस्तृत दस्तावेज़ लिखा गया, उसके रचयिता वही 'अली हुज्विरी' (मृ. 1071 ई. लगभग) हैं जिन्होंने ग़ज़नवी के पंजाब के लाहौर प्रवास के दौरान

फ़ारसी भाषा में *कश्फ़ अल-महज़ूब* लिखी। इस कृति के शब्द केवल इस बात की गवाही देते हैं कि आस्थाओं-विश्वासों और उनके प्रकार्यात्मक स्वरूप की व्यवस्थित व्यवस्था के रूप में सूफ़ीवाद एक परिपक्व पन्थ है और इसकी परिपक्वता की गुणात्मकता उच्चस्तरीय है; इसलिए इसे विशेष रूप से रेखांकित किया गया है बल्कि भारत में इस व्यवस्था के आने की सुस्पष्ट घोषणा भी की गयी है।[20]

## सन्दर्भ एवं टिप्पणियाँ

1. ज़ुआन ज़ांग के विवरण को सर्वाधिक सुव्यवस्थित और सारगर्भित रूप में थॉमस वाटर्स के द्वारा टिप्पणियों के साथ प्रस्तुत किया गया है, *ऑन युआन ट्रैवल्स इन इंडिया*, 629-645 ईसा, 2 भाग., लन्दन, 1905; और *शी जिंग* (इत्सिंग) के पुस्तक का अनुवाद *जे. टाकाकुसु* के द्वारा किया गया है, *रिकॉर्ड ऑफ़ द बुद्धिस्ट रिलिज़न इन इंडिया एंड द मलय अपीलेगो* (671-695 ईसा), लन्दन, 1896.
2. देखें ई.सी. साचाउ के निष्कर्षों का सन्दर्भ देखें, *अलबरूनी'ज़ इंडिया*, लन्दन, 1910, भाग-1, पृ. XIV-XIVII.
3. 990 से लेकर 1033 ईसा के बीच बोधगया में चीनी शिलालेखों की स्थापना में अत्यन्त वृद्धि हुई, लेकिन यह अन्तिम ही सिद्ध हुआ (प्रबोध चन्द्र बरुआ, इंडिया एंड चाइना : थाउज़ंड ईयर्स ऑफ़ कल्चरल रिलेशंस, बॉम्बे, 1944, पृ. 78-79, 86-92)
4. इस अवतरण में उद्धृत विधि सम्बन्धी कृतियों के लिए, देखें ए. बेरिडाले कीथ, *ए हिस्ट्री ऑफ़ संस्कृत लिटरेचर*, लन्दन, 1928, पृ. 445-49.
5. देखें सुवीरा जायसवाल, *द ओरिजिन एंड डेवलपमेंट ऑफ़ वैष्णविज़्म*, दिल्ली, 1967.
6. ई.सी. साचाउ (अनु.), *अलबरूनी'ज इंडिया*, I, पृ. 27-44.
7. एम.जी.एस. नारायणन और केशवन वेलुथाट, 'भक्ति मूवमेंट इन साउथ इंडिया', पुनर्मुद्रित डी.एन. झा में (सम्पा.), *द फ्यूडल ऑर्डर*, नयी दिल्ली, 2000, पृ. 385-90.
8. ए. एवलोन (सम्पा.), प्रिंसिपल्स ऑफ़ तन्त्र, दूसरा संस्करण, कलकत्ता, 1952.
9. देखें ए.सी. कीथ (उद्धृत), पृ. 472-91.
10. गोविन्द चन्द्र पाण्डेय देखें, *लाइफ़ एंड थॉट ऑफ़ शंकराचार्य*, दिल्ली, 1994, इस महान चिन्तक के सन्दर्भ में अत्यन्त विद्वत्तापूर्ण विवेचन के लिए।
11. उद्धृत रोमिला थापर देखें, *कल्चरल ट्रेडिशन इन अर्ली इंडिया*, दिल्ली, 1987, पृ. 15-19; डी.एन. झा को देखें, प्रोसिडिंग्स ऑफ़ द इंडियन हिस्ट्री कांग्रेस, 66वाँ *(शान्तिनिकेतन, 2005-06) सत्र*, पृ. 16-21.
12. थामस वाटर्स II, उद्धृत; पृ. 164-70.
13. एच.ए. आर. गिब्ब, *मोहम्मडनिज़मः हिस्टोरिकल सर्वे*, दूसरा भाग सम्पा., लन्दन, 1953, सम्भवतः अंग्रेज़ी में उपलब्ध विषय का सबसे बेहतर संक्षिप्त परिचय है। अभी हाल में इसके शीर्षक का नाम परिवर्तित करके 'इस्लाम' किया गया है

प्रकाशकों के द्वारा, प्रत्यक्ष रूप से यह 'प्राच्यवाद' जैसे शब्दों के विरुद्ध चल रहे हालिया (वर्तमान) मुख़ालफत के कारण है।

14. *चचनामा,* सम्पा., यू.एम. दाउदपोटा, दिल्ली, 1939, पृ. 206-14.

15. पूर्वोक्त, पृ. 214-16.

16. *देवल-स्मृति* के लिए देखें डेरेल एन. मैकलेन, *रिलिजन एंड सोसायटी इन अरब सिन्ध,* 1989, पृ. 78-82, अलबरूनी की टिप्पणियाँ *अलबरूनी'ज़ इंडिया* में हैं, अनु. ई.सी. साचाउ, II, पृ. 162-63.

17. हेनरी काउसेंस, *द एंटीक्यूटीज़ ऑफ़ सिन्ध विथ हिस्टोरिकल आउटलाइन,* कलकत्ता, 1929, पृ. 93.

18. ई.सी. साचाउ (अनु.), अलबरूनी'ज़ इंडिया, I, पृ. 22.

19. महमूद और शाही राजा त्रिलोचन पाल के बीच हुए युद्ध और साथ ही उसकी सहायता के लिए भेजी गयी कश्मीरी सेना से सम्बन्धित कल्हण के Restrained स्वर पर गौर करें। महमूद की विजय के तदुपरान्त यह प्रदेश "चाण्डालों से 'आच्छादित' हो गया जैसे कि टिड्डियाँ", लेकिन अन्यथा इसके अलावा विवरण में 'हम्मीर' या महमूद *(राजतरंगिणी, अनु., ए. स्टीन 1, लन्दन, 1900)* के ख़िलाफ़ किसी प्रकार के अपमानजनक और अवमाननापूर्ण शब्दों का व्यवहार नहीं किया गया है, अनु. ए. स्टीन, I, लन्दन, 1900, पृ. 270-273. रोमिला थापर की अत्यन्त अन्तर्दृष्टि रखने वाली किताब भी देखें, *सोमनाथ, द मेनी वायसेज़ ऑफ़ हिस्ट्री,* नयी दिल्ली, 2004; और मुहम्मद हबीब के पहले के निबन्ध, सुल्तान महमूद ऑफ़ ग़ज़नी, दूसरा संस्करण, अलीगढ़, 1951, संयोग से, 1003 में महमूद ने सीस्तान की मुस्लिम आबादी को अधीन रखने के लिए "विधर्मी भारतीय सैनिकों" का इस्तेमाल किया था (सी.ई. बोसवर्थ, द *ग़ज़नवी एडिनबर्ग,* 1963, पृ. 110).

20. सूफ़ी धार्मिक मान्यताओं में इस कृति की महत्ता का प्रतिपादन इस तथ्य से ही किया जा सकता है कि इसका अनुवाद सूफ़ी मामलों की जानकारी महान शख़्सियतों में से एक के द्वारा किया गया है, आर.ए. निकोलसन, लन्दन, 1936.

## 1.5

# साहित्य

### भाषा

अधिकांश पूर्व आधुनिक सभ्यताओं के अनुरूप ही इस काल में भी साहित्य और जन की भाषा अलग-अलग थी। साहित्य जिस प्रकार की भाषा में रचित हुआ करता था, वह भाषा लोगों द्वारा बोलचाल या दैनिक कार्यों में व्यवहार में नहीं लायी जाती थी। भारत में व्यापक स्तर पर अनेक क्षेत्रीय भाषाएँ बोली जाती थीं। 1318 ई. में अमीर खुसरो ने ऐसी 12 भाषाओं की सूची बनायी थी।[1] भारत की सबसे महान और कालजयी भाषा संस्कृत पण्डितों, पुजारियों, नौकरशाहों और साहित्यकारों की भाषा थी। सातवीं शताब्दी तक आते-आते समस्त भारतवर्ष में संस्कृत भाषा ने प्राकृत (मूलतः यह आम जनभाषा थी जिसका प्रयोग बोलचाल में किया करते थे) के विभिन्न रूपों को अपदस्थ कर दिया था। बारहवीं शताब्दी तक संस्कृत साहित्य, प्रशासन और विधि की प्रमुख और वर्चस्वशालिनी भाषा बनी रही। इसके बाद उसकी इस स्थिति में एक और साझीदार का आगमन हुआ और संस्कृत भाषा को उसका स्वागत करना ही पड़ा। वह भाषा थी—फ़ारसी। संस्कृत की ही तरह फ़ारसी भी पूरे तरीक़े से भारत के उच्च और आभिजात्य वर्ग की भाषा थी जो शासक वर्ग से सम्बन्धित थे और शिक्षित थे।

जब अरबों ने सिन्ध पर अपना आधिपत्य स्थापित कर लिया तो उनके शब्दकोश में स्वतः ही कुछ ईरानी तत्त्व सम्मिलित हो गये : भौगोलिक नाम, जैसे कि, सिन्धु के लिए मिहरन, अथवा ब्रह्मणाबाद (इसमें *आबाद* प्रत्यय ईरानी प्रभाव के रूप में देखा जाना चाहिए) जो कि सिन्ध की राजधानी के लिए व्यवहार में लाया जाता था; ये शब्द सुस्पष्ट रूप से इन प्रभावों को व्यक्त करते हैं। किन्तु

दो शताब्दियों तक खुद ईरान में अरबी आबादी फ़ारसी भाषा को व्यवहार में लाने के प्रति अति उत्साही थी, और यह दसवीं शताब्दी ही थी जिसकी अवधि के दौरान शास्त्रीय फ़ारसी साहित्य की रचना की गयी। फ़ारसी भाषा व्यावहारिक रूप से ग़ज़नवी साम्राज्य की आधिकारिक भाषा बन गयी, और ग्यारहवीं शताब्दी के उत्तरार्द्ध में भारत में फ़ारसी के एक बड़े और रेखांकित करने योग्य कवि मसूद साद सलमान हुए जो लाहौर के ग़ज़नवी साम्राज्य के दरबारी थे।

दक्षिण या द्रविड़ भाषायी परिधि के बाहर प्राकृत कुछ साहित्यिक बोलियों में (यह पहचाने जाने योग्य हैं, जैसे कि, महाराष्ट्रीय, शौरसैनी और मागधी) कमोबेश बनी रही और मुख्यतः एवं विशेषकर जैनियों के द्वारा व्यवहार में लाती जाती रही। इसी समय अर्थात छठी शताब्दी के दौरान साहित्यिक भाषाओं में एक नयी क़िस्म की भाषा अस्तित्वमान हो उठी जिसे अपभ्रंश के रूप में सम्बोधित किया जाता है और जो मूलतः और मौलिक रूप से प्राकृत एवं संस्कृत के साथ क्षेत्रीय बोलियों के मिश्रण से व्युत्पन्न हुई दिखती है।[2]

आधुनिक क्षेत्रीय भाषाओं की जड़ें ग्यारहवीं और बारहवीं शताब्दी के शिलालेखों और कुछ साहित्यिक कृतियों में ढूँढ़ी जा सकती हैं। उपर्युक्त कथन बंगाली, ओड़िया, गुजराती और मराठी एवं आद्य-हिन्दी बोलियों के सन्दर्भ में अत्यधिक और अपेक्षाकृत अधिक प्रासंगिक है। हालाँकि इन भाषाओं से सम्बन्धित साहित्य अपने प्रबलतम और व्यापक रूप में बहुत बाद की अवधि के दौरान ही प्रचारित-प्रसारित हो सका।

दक्षिण में भाषायी विकास को लेकर जो स्वरूप और प्रवृत्ति थी, वह निश्चित रूप से रेखांकित करने योग्य और विचारणीय थी। तमिल भाषा की सर्वप्रथम उपस्थिति दूसरी शताब्दी ईसा पूर्व के शिलालेखों (तमिल ब्राह्मी) में मिलती है और उसके तदुपरान्त यह *संगम* 'चंकम' में साहित्यिक भाषा के रूप में प्रतिष्ठित दिखती है। ईसा 600 से लेकर ईसा 1200 की अवधि के दौरान भी यह अपनी स्थिति काफ़ी हद तक बरकरार रखने में सफल रही, जबकि तत्कालीन परिस्थितियों में संस्कृत भाषा पुजारियों और औपचारिक दस्तावेज़ों एवं काग़ज़ातों में व्यापक स्तर पर व्यवहार में लायी जा रही थी और इस प्रकार की प्रवृत्ति निरन्तर बढ़ती ही जा रही थी। कन्नड़ और तेलुगु भाषा भी सर्वप्रथम शिलालेखों से ही प्राप्त होती है और ऐसा प्रथम शिलालेख छठी या सातवीं शताब्दी के दौरान पाया गया है जबकि तेलुगु भाषा के साहित्य का आविर्भाव ग्यारहवीं शताब्दी की प्रविधि में देखा जा सकता है अथवा दृष्टिगत होता है। द्रविड़ परिवार की एक अन्य महत्त्वपूर्ण और व्यापक स्तर पर बहुप्रचलित मलयालम भाषा चौदहवीं शताब्दी के दौरान साहित्यिक स्वरूप में ढलती हुई दिखती है।[3]

## संस्कृत साहित्य

कालिदास (लगभग 400) जैसी हिमालयी शख़्सियत के साहित्यिक साक्षात्कार से पूर्व ईसा 600 से लेकर ईसा 1200 तक की अवधि के दौरान संस्कृत साहित्य के पर्यवेक्षण और अनुशीलन-विश्लेषण पर विहंगम दृष्टि डालना प्रासंगिक, और कमोबेश अनिवार्य होगा जो संस्कृत साहित्य के सर्वाधिक समृद्ध कालखण्ड के रूप में रेखांकित है।[4]

प्रारम्भिक सातवीं शताब्दी का काल कुछ महत्त्वपूर्ण संस्कृत लेखकों और रचनाकारों का काल रहा है, हालाँकि कुछेक महत्त्वपूर्ण लेखकों और कृतियों का समुचित, उपर्युक्त और व्यवस्थित काल-निर्धारण निश्चित रूप से दुष्कर है। भर्तृहरि (मृ. लगभग 651 ई.) ने अपनी कृति *वाक्यपदीय* में संस्कृत व्याकरण की उच्चस्तरीय अभिव्यक्ति का प्रदर्शन किया है और साथ ही साथ उन्होंने गीतों और सूक्ति पद्यों के तीन शतकों की रचना की। दण्डी ने प्रणय और प्रेम से आच्छादित बृहद् *दशकुमारचरित* की रचना की जिसमें उन्होंने दस राजकुमारों की कहानी बयां की है। इसके अतिरिक्त उन्होंने काव्य के विज्ञान को केन्द्रीय विषय-वस्तु बनाकर *काव्यादर्श* का सृजन किया। सुबन्धु की *वासवदत्ता* एक अन्य बृहद् प्रेमगाथा है जिनकी शैली दण्डी की तुलना में अपेक्षाकृत अधिक जटिल और कठिन है।

किन्तु बाण से दुष्कर और कठिन लेखक सम्भवतः अन्य दूसरा कोई नहीं है। उनकी कृति *'हर्षचरित'* एक तरफ़ तो प्रणय एवं प्रेम से परिपूरित कृति है, तो दूसरी तरफ़ यह उनके आश्रयदाता हर्ष की जीवनी भी है। मधुर ध्वन्यात्मकता के साथ दोहरे अर्थ एवं अनुप्रास अलंकार से सुसज्जित शब्दों के प्रयोग ने उन्हें परवर्ती लेखकों के लिए एक मानक और आदर्श बना दिया। बाण की एक और अन्य प्रसिद्ध कृति *कादम्बरी* है जो एक प्रकार की लम्बी कहानी है और जिसमें एक कहानी के अन्दर दूसरी कहानी कही गयी है। अपनी लेखन शैली और कथाभिव्यक्ति में जटिलताओं के बावजूद बाण में चरित्र-चित्रण, भावनाओं को उकेरने और प्रकृति-चित्रण की प्रतिभा का उच्च कलात्मक स्तर विद्यमान है।

संस्कृत में सर्वप्रथम व्यापक स्तर पर बहुप्रचलित अमर सिंह कृत *अमरकोश* सम्भवतः आठवीं शताब्दी की रचना है। वामन (आठवीं शताब्दी का उत्तरार्द्ध) ने अपनी महान और मानक स्थापित करने वाली कृति *काव्यालंकार* में काव्य की प्राचीन और पूर्ववर्ती संकल्पनाओं को अपनी रीति और शैली के सिद्धान्त के आधार पर परिवर्द्धित और संवर्द्धित किया है। उनका अनुसरण भामह ने किया

जिन्होंने उपर्युक्त नाम से ही अपनी पुस्तक की भी रचना की किन्तु इसमें उन्होंने वर्गीकरण के अलग तौर-तरीक़ों को अपनाया और व्यक्तित्वों एवं गुणों को तरजीह दी। कश्मीर के आनन्दवर्द्धन (850 ई.) द्वारा उन्नत *ध्वनि-सिद्धान्त* के प्रभावी होने के साथ ही यह विवाद गहराता गया कि काव्य की आत्मा ध्वनि है या रस?

एक ऐतिहासिक महागाथा *विक्रमांकदेवचरित* के रचयिता कश्मीर के बिल्हण हैं जो इसलिए अधिक प्रासंगिक और निर्णायक हैं क्योंकि उन्होंने सही अर्थों में इतिहास लिखने वाले उस कल्हण के लिए सम्भावनाएँ और पृष्ठभूमि बनायी जिन्होंने कश्मीर के शासकों का वर्णक्रमिक और व्यवस्थित इतिहास *राजतरंगिणी* (1149) लिखा। कल्हण का इतिहास समुचित और सुस्पष्ट रूप से ईसा 850 से बिल्कुल सही है। इसके बाद से कल्हण ने अपने चरित्र-चित्रण में किसी प्रकार की अतिरेकता और अतिरंजना का प्रदर्शन नहीं किया है तथा चरित्र एवं परिस्थितियों का वस्तुपरक विश्लेषण किया है और निष्कर्षों को इस प्रकार से स्थापित किया है कि वे मध्यकालीन भारतीय ऐतिहासिक साहित्य में दुर्लभ या यों कहें कि अतुलनीय है सिवाय ज़िया बरनी (1357) को छोड़कर।

बहरहाल, भारत की उर्वर भूमि पर रचित 'वन्य जीवों की कहानियाँ' *पंचतन्त्र* विश्व साहित्य का हिस्सा बन गया। एक प्रारम्भिक संस्करण, सम्भवतः भारतीय संग्रह को, जिसे *तन्त्राख्यायिका* के रूप में जाना जाता है, छठी शताब्दी में ईरान में पहूलवी में अनुवादित और प्रस्तुत किया गया था, और 750 ई. में *कलिला वा डिमना* (गीदड़ों कराटक और दमनक) शीर्षक के तहत अरबी में अनुवाद किया गया था, जिससे अन्य भाषाओं के संस्करण व्युत्पन्न हुए। इन नैतिक उपदेशात्मक दन्तकथाओं और किंवदन्तियों की रचना (1100 ई. के आस-पास की अवधि के दौरान) में *टेक्स्टस सिंप्लिसिअर* के साथ भारत में आगे भी जारी रही। पूर्णभद्र संस्करण भी इससे ही अभिप्रेरित था, जबकि नारायण के *हितोपदेश* को बंगाल में संग्रहित किया गया जो *पंचतन्त्र* का ही एक अन्य संस्करण है।

प्राचीन भारत के उत्तरार्द्ध में संस्कृत साहित्य के स्वरूप के अनुशीलन और अंकन का पटाक्षेप जयदेव (रचनाकाल : लगभग 1175 ई.) कृत उस सुप्रसिद्ध कृति *गीत-गोविन्द* से करना अपेक्षाकृत अधिक श्रेयस्कर, युक्तियुक्त और उपयुक्त होगा जो वस्तुतः और मौलिक रूप से भगवान कृष्ण, राधा और गोपियों के गीत हैं। नृत्य-नाटक का रूप, इसकी भाषा, संगीत, मौलिकता, भक्ति की भावना की उच्चता और औदात्य को देखते हुए यह कहना कोई अतिशयोक्ति और अतिरंजना नहीं है कि यह एक अद्वितीय और अतुलनीय कृति है।

## सन्दर्भ एवं टिप्पणियाँ

1. अमीर ख़ुसरो, *न्हू सिपिहर* सम्पा. मोहम्मद वाहिद मिर्ज़ा, लन्दन, 1950, पृ. 179-180. भाषाएँ जिनको इन्होंने सूचीबद्ध किया है : सिन्धी, लाहौरी, कश्मीरी, गिबर (?), दाहुर समुन्दरी (कन्नड़), तिलंगी (तेलुगु), गुजर (गुजराती), मा'बड़ी (तमिल), गौडी, बंगाली, अवध (अवधी), और दिल्ली एवं उसके आसपास की भाषा। उन्होंने इन सभी भाषाओं को 'हिन्दवी' कहा है, ''जो आम आदमी अपने प्रत्येक कार्य के लिए व्यवहार में लाया करता था'', वह कहते हैं, "संस्कृत केवल ब्राह्मणों को ज्ञात थी।" सम्पादक का मत है (पृ. xxxi) कि अमीर खुसरो के अनुसार, केवल दिल्ली की भाषा 'हिन्दवी' या 'हिन्दुई' बोली जाती थी, यह वास्तव में ज़बान फिसलने वाली बात थी।
2. प्राकृत और अपभ्रंश पर देखें, ए. बेरीडेल कीथ, *ए हिस्ट्री ऑफ़ संस्कृत लिटरेचर*, लन्दन, 1928, पृ. 26-36.
3. विभिन्न आधुनिक क्षेत्रीय भाषाओं के सर्वप्रथम प्रकटीकरण से जुड़े एपिग्राफ़िक साक्ष्यों को सुव्यवस्थित रूप से एक साथ समेकित किया गया, रिचर्ड सालोमन, *इंडियन एपिग्राफ़ी*, नयी दिल्ली, 1998, पृ. 99-107.
4. उप-वर्ग में जिसका अनुसरण किया गया है, उसका मुख्य स्रोत है, ए. बेरीडेल कीथ, *ए हिस्ट्री ऑफ़ संस्कृत लिटरेचर*, लन्दन, 1928.

## 1.6

# कला

### वास्तुकला

सातवीं शताब्दी के बाद की अवधि के दौरान भारत में पत्थर से उत्कृष्ट वास्तुकला के निर्माण की प्रवृत्ति में पहले तेज़ी आयी और फिर, इसके विकास की बयार पूरे देश में बहने लगी। यह कथित प्रवृत्ति इतनी सघन और सकेन्द्रित थी कि अभी तक भी वास्तु के भग्नावशेष उन खम्भों, गुफ़ाओं और इमारतों के रूप में मिलते रहे हैं जो पत्थर को काट कर बनाये गये थे। इस प्रकार की स्थापत्य शैली एलोरा और एलीफ़ेंटा के रूप में अविस्मरणीय हैं लेकिन अभी हमारा केन्द्रीय विषय पत्थर से निर्मित स्थापत्य से है।[1]

पाँचवीं शताब्दी की प्रविधि में उत्तर भारत के भीतरगाँव ने एक नयी सम्भावना बनायी : वहाँ पक्की ईंटों से निर्मित एक मन्दिर और उसके साथ एक सीधा खड़ा खम्भा प्राप्त हुआ लेकिन द्वार के ऊपर सही मायनों में तोरण या मेहराब भी था। हालाँकि इससे बहुत कुछ सिद्ध नहीं हो पाया। यह केवल गुज़र गये ज़माने अर्थात 'अतीत' की स्मृतियों एवं स्मारक का ही प्रतिनिधित्व करता है। वस्तुतः तेरहवीं शती तक तोरण, मेहराब, गुम्बद साथ ही साथ सीमेंट का गारा भारतीय राजमिस्त्रियों के लिए अज्ञात ही रहा था। इसका परिणाम यह हुआ कि जब उन्होंने बड़े पैमाने पर निर्माण किया, तो उन्हें या तो ऊँची छतें रखने के लिए बाध्य होना पड़ा या दीवारों को शीर्ष पर मिलाने के लिए या भारी 'बीम' के वज़न को सहन करने के लिए मोटे खम्भे स्थापित करने को विवश होना पड़ा, वस्तुतः इस विषय में विकल्पहीनता की ही स्थिति दिखती है। इसलिए, तब बड़े ठोस पत्थरों और उसके खण्डों को व्यवहार में लाने का प्रचलन शुरू हुआ। इसकी बृहद्ता

या विशाल होने का अपरिहार्य प्रभाव यह हुआ कि इसका व्यवहार मूर्तिकला के सन्दर्भ में व्यापक स्तर पर होने लगा जिससे इस प्रकार की संरचनाएँ बृहद् स्तर पर अस्तित्व में आने लगीं और बहुप्रचलित होने लगीं।[2]

ब्राह्मणवादी व्यवस्था मूल्यों और मूल्यों से अभिप्रेरित एवं जनित मन्दिर इस परम्परा के प्रमुख प्रतिफल हैं और अविस्मरणीय स्मारकों के रूप में रेखांकित हैं। इसके परिसर में गर्भ-गृह की स्थापना की संकल्पना थी जिसमें आराध्य का प्रतिनिधिक प्रतीक अथवा मूर्ति प्रतिष्ठित हुआ करती थी और इसके ऊपर शिखर निर्मित हुआ करते थे। मन्दिर परिसर से मण्डप सटा हुआ करता था और कभी-कभी अन्तराल, अनुप्रस्थनीय पारगमन और बरामदे की भी व्यवस्था हुआ करती थी। इसी के समान स्थापत्य-कला का अनुसरण जैनियों ने भी अपने मन्दिर-निर्माण की कला में किया है। मन्दिर-स्थापत्य कला की इस समृद्ध और व्यापक परम्परा में दो शैलियों को चिह्नित किया गया है जिन्हें तथाकथित तौर पर 'भारतीय-आर्य' (उत्तर) और द्रविड़ शैली के रूप में सम्बोधित किया जाता है। 'आर्य' शैली में बने शिखर साधारण और पसलीनुमा प्रारूप के शिखर हैं, 'द्रविड़' शैली सीढ़ीदार हैं; 'आर्य' शैली की छतें सपाट या पिरामिडनुमा होती हैं, 'द्रविड़', सामान्यतः अधिक गोलाकार दिखता है। (चित्र 1.6)

चित्र 1.6 : मन्दिर के शीर्ष-निर्माण की 'द्रविड़' और 'आर्यन शैली', बादामी। बायें स्थित मन्दिर द्रविड़ शैली को इंगित करता है : फर्ग्युसन

चित्र 1.7 : कैलाश मन्दिर, एलोरा फर्ग्युसन के द्वारा रेखाचित्र

ये दोनों शैलियाँ दक्कन के चालुक्य शासन की प्रारम्भिक अवधि के दौरान उनकी स्थापत्य कला में प्रतिबिम्बित होती हैं। महाराष्ट्र के एलोरा में भारत की सबसे महान एवं भव्य भवन-संरचना 'कैलाश' शैव मन्दिर (8वीं शती) 'जीवित पत्थर' को काटकर बनायी गयी थी। इस सन्दर्भ में, यह तथ्य स्पष्ट कर देना श्रेयस्कर होगा कि 'जीवित पत्थर' वे पत्थर होते हैं जो पृथ्वी की संरचना के भाग होते हैं और उनसे जुड़े होते हैं (चित्र 1.7)। एक 90 मीटर×53 मीटर के क्षेत्रफल वाले आयताकार पत्थर को लम्बवत् रूप से काटकर 30.5 मीटर ऊँचे शिखर के ढाँचे को आकार दिया गया था और निश्चित रूप से यह कहा जा सकता है कि पत्थर काटने वालों ने 'द्रविड़ शैली' की प्रतिकृति के बरअक्स पत्थर निर्मित इमारती ढाँचे के प्रारूप का अत्यधिक सावधानी और सजगतापूर्वक अनुसरण एवं अनुकरण किया है।

दक्षिण में पल्लवी (पल्लव) वास्तुकला भी पत्थर को तराश कर निर्माण करने के काल (सातवीं शताब्दी) से संरचनात्मक निर्माण के काल (8वीं-9वीं शताब्दी) की ओर अग्रसर हो चली थी लेकिन इन दोनों की सृजनात्मक शैलियों में द्रविड़ शैलियों की शास्त्रीयता और शुद्धता की छाप थी। पत्थर तराश कर बनाये गये मन्दिरों के उत्कृष्ट उदाहरण चेन्नई के दक्षिण में स्थित मामल्लपुरम अथवा

महाबलीपुरम में बने 17 मन्दिर (रथ) हैं जिसका प्रतिनिधित्व भव्य और सर्वोत्कृष्ट शोर मन्दिर करता है। संरचनात्मक स्मारकों में सर्वाधिक रेखांकित करने योग्य कांची में अवस्थित कैलाशनाथ मन्दिर (लगभग 700) है।

चित्र 1.8 : तंजावुर का महान चोल मन्दिर : फर्ग्युसन

चोल शासकों ने भी मन्दिर-निर्माण में अत्यधिक रुचि दिखायी। उन्होंने अनेक मन्दिरों का निर्माण करवाया जिसमें वे दो सबसे गरिमामयी, भव्य और सर्वोत्कृष्ट कहे जा सकते हैं जो तंजावुर (लगभग 1000) और गंगैकोण्डचोलपुरम (लगभग 1025) में अवस्थित हैं और जो आकार में अपने सभी मन्दिरों की तुलना में बड़े और विशालकाय हैं, शिखर मन्दिर अपने आधार से 60 मीटर ऊँचा है (चित्र 1.8)। दूसरा मन्दिर भी बृहद् है जिसमें अनेक स्तम्भों वाले *मण्डप* और *चावदी* हैं; यह एक ऐसी प्रतिकृति और शैली थी जो बाद में व्यापक स्तर पर बहुप्रचलित हो गयी।

मन्दिरों के विकास और निर्माण के अन्तिम चरण में हमें पांड्य और उसके उत्तराधिकारी नज़र आते हैं, अब मन्दिरों की निर्माण शैली में एक नवीन प्रवृत्ति का समावेश होता है। दरअसल, कथित प्रवृत्ति यह है कि पांड्य के शासनकाल

में मन्दिरों के परिसर को मज़बूत दीवारों से घिरे एक आयताकार क़िले में तब्दील करने की क़वायद या यों कहें कि मुहिम सी चली जो प्रायः सकेन्द्रित हुआ करती थी और जिसके साथ खुला परिक्रमा पथ (प्राकारम) होता था। साथ ही साथ विशालकाय प्रवेश-द्वार भी होता था जिसे 'गोपुरम' कहा करते थे/हैं, इस प्रकार मन्दिर के पवित्र स्थान को परिसीमित किया गया जैसा कि तिरुवन्नामलाई (लगभग 1300) में है। इस प्रकार की उपर्युक्त कथित प्रवृत्ति का सर्वाधिक सघनतम और प्रबलतम रूप मदुरै और श्रीरंगम के महान मन्दिरों (तेरहवीं से चौदहवीं शताब्दी की अवधि के दौरान निर्मित) में देखा जा सकता है।

द्रविड़ शैली में दूसरी परम्परा की खोज होयसल शासकों ने की जो उनके अधीन बनाये गये मन्दिरों में प्रत्यक्ष रूप से प्रतिबिम्बित और प्रतिफलित हुई दिखती है। इस कथित दूसरी परम्परा से अभिप्रेरित निर्मित मन्दिरों में बेलूर और हालाबिड विशेष रूप से उल्लेखनीय हैं जो ग्यारहवीं और तेरहवीं शताब्दी की अवधि के दौरान निर्मित हुए हैं (चित्र 1.9)। एक ऊँचा मंच, क्षैतिज वर्गीकरण पर बल और शिखर की 'गढ़ी हुई बुनावट' इसकी कुछ महत्त्वपूर्ण विशेषताएँ और विशिष्टताएँ हैं।

'आर्यन शैली' में निर्मित मन्दिर के प्रारम्भिक प्रारूप और दृष्टान्त एहोल और बादामी (चालुक्य) से प्राप्त चालुक्यीय (चालुक्य वंश) वास्तुकला में परिलक्षित हुए लेकिन निर्माण से जुड़ी गतिविधियों के अत्यन्त कम होने के कारण, उड़ीसा ने बाजी मार ली और प्रथम स्थान पर प्रतिष्ठित हो गया। ईसा 750 से लेकर

चित्र 1.9 : मन्दिर, हालाबिड ('पुनर्नियोजित दृश्य' : फर्ग्युसन)

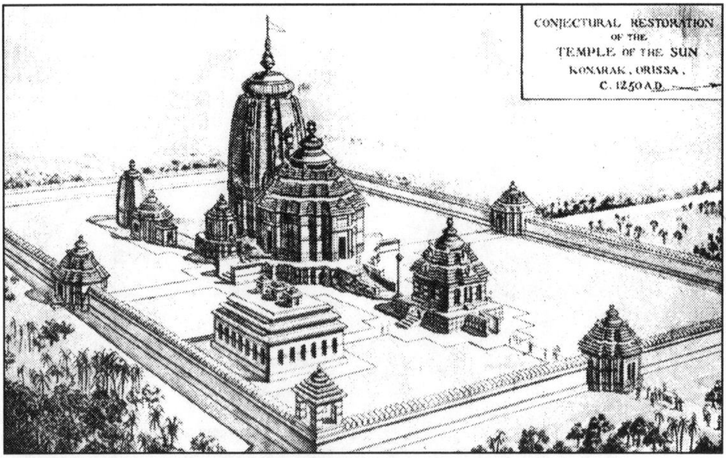


चित्र 1.10 : कोणार्क मन्दिर, मूल योजना : पर्सी ब्राउन

1250 की अवधि के दौरान बने मन्दिरों में सबसे महान लिंगराज मन्दिर है, इसका पवित्र स्थल सर्वाधिक प्रतिकृतियों और ठोस दीवारों से घिरा है। पुरी में अवस्थित जगन्नाथ मन्दिर (लगभग 1100) और भी अधिक प्रभावी अनुपात के साथ बनाया गया है, इसके गर्भ-गृह का पिरामिड 60 मीटर तक ऊँचा उठा हुआ है।

लेकिन उड़िया वास्तुकला की सबसे शानदार और महत्त्वपूर्ण उपलब्धि निश्चित और निःसन्देह रूप से कोणार्क का सूर्य-मन्दिर है (काला पगोडा) (लगभग 1250) है। इसकी बुनावट करने वाले ने सूर्य भगवान के रथ को देखा और अपनी परिकल्पना को साकार करने के लिए उसने 12 विशालकाय चक्कों को खोद कर न केवल उसकी रचना कर डाली बल्कि उसे अत्यन्त मनोरम और आकर्षक तरीक़े से व्यवस्थित भी किया और एक उच्चस्तरीय कलात्मक स्पर्श दिया। मीनार, जिसका ऊपर वाला भाग गिर गया है, असाधारण रूप से ऊँचा है, कोई 68 मीटर ऊँचा, और मन्दिर की इमारत, जिस पर खुदाई हुई है, वह कमोबेश सबसे कलात्मक और समृद्ध कही जा सकती है और इसमें कोई अतिशयोक्ति और कोई अतिरंजना नहीं है। (चित्र 1.10)

उत्तर भारतीय शैली के अन्य प्रारूप को मध्य भारत के खजुराहो के मन्दिरों में देखा जा सकता है जो वस्तुतः ब्राह्मणों और जैनियों के द्वारा बनाया गया है (9वीं-10वीं शताब्दी)। इस कथित उत्तर भारतीय प्रारूप में आकार की तुलना में लावण्यता और अनुपात को अपेक्षाकृत अधिक महत्त्व दिया गया है; सतह की

गुणवत्ता और उच्चकोटि की मूर्तिकला इस प्रारूप की विशिष्टता और विशेषता है। (चित्र 1.11)

चित्र 1.11 : महादेव मन्दिर, खजुराहो : फर्ग्युसन

## मूर्तिकला

ईसा 600 से लेकर ईसा 1500 की अवधि के दौरान भारत में जिस व्यापक स्तर पर पत्थरों से तराश कर इमारतें और मूर्तियों का निर्माण हुआ, उसके बरअक्स किसी भी अन्य सभ्यता को रेखांकित करना सम्भवतः आसान नहीं होगा। महान मन्दिरों का निर्माण पत्थरों की पट्टियों से किया गया, जिसकी बाहरी सतह या भाग के प्रत्येक वर्ग सेंटीमीटर को निर्माणकर्ताओं ने नक़्क़ाशीदार आकृतियों और छवियों के साथ आच्छादित करने या पाटने की कोशिश की।[3] अधिकांश मूर्तियाँ अपनी प्रकृति में धार्मिक थीं और प्रकारान्तर से पौराणिकता को व्याख्यायित करती थीं। (700 ई. के क़रीब आयोजित हुए) मूर्तिकला सम्मेलनों ने अत्यन्त विवरणात्मक और तफ़सील के साथ कुछ चीज़ें सुनिश्चित कीं; और जिसमें शैवों

और वैष्णवों से सम्बन्धित जटिल पौराणिकताओं और दन्तकथाओं की बाढ़ सी आ गयी जिसमें सरल और साधारण उन जातक कथाओं को निष्प्रभावी और अप्रासंगिक कर दिया जो बौद्ध मूर्तिकला को रूपांकित करती थीं।

चित्र 1.12 : नदी देवी (यमुना), कैलाश मन्दिर, एलोरा : सी. बर्कसन

उपर्युक्त कथित प्रतिबन्धों के बावजूद ब्राह्मण और जैन धर्म की अवधि के दरम्यान महान कलाओं, विशेषकर मूर्तिकला के क्षेत्र में, ने आकार लिया, जैसे कि कैलाश मन्दिर (8वीं शताब्दी) में जो समाहित है, इसलिए वह आकर्षक, मनोरम, हृदयग्राही और महान है। यहाँ हमारे पास प्रसिद्ध मूर्तियों की एक शृंखला हैः 'शिव तपस्वी', 'शिव नृत्य'; 'शिव' ने अपनी पत्नी पार्वती द्वारा राक्षस रावण को चेतावनी दी और 'नदी देवी' (चित्र 1.12) कई बेहतरीन मूर्तियों में देवता महेश्वरमूर्ति की प्रसिद्ध विशाल छवि है, उनके तीन सिर करुणा और ज्ञान (चित्र 1.13) का संकेत देते हैं। इन मूर्तियों में, भारतीय कला में अन्यत्र की तरह, मुद्रा के सूक्ष्म चित्रण और आँखों और होंठों को दिये गये हल्के स्पर्श द्वारा प्रभाव उत्पन्न किया गया है।

उत्तर भारत में बौद्ध मूर्तिकला बिहार और बंगाल के पालों के शासनकाल (आठवीं से बारहवीं शताब्दी) की अवधि के दौरान अपने अन्तिम चरण में थी

जो पर्याप्त रूप से अपनी उत्तम कला के लिए उल्लेखनीय है लेकिन दो बड़ी और प्रसिद्ध परम्पराओं ने कला के इतिहासकारों को आकर्षित किया और यह आकर्षण और सजगता उड़ीसा और खजुराहो के लिए अपेक्षाकृत अधिक रहा है।

चित्र 1.13 : एलीफ़ेंटा मूर्तिकला, भगवान महेश्वरमूर्ति : ए कुमारस्वामी

चित्र 1.14 : यशोदा मक्खन निकालते हुए, लिंगराज मन्दिर, भुवनेश्वर, ग्यारहवीं शताब्दी : के. सी. पाणिग्रही

चित्रों का समूह और व्यक्तित्वों की शोभा-यात्रा अनन्त है; उनमें भी कुछ ऐसे हैं जो अत्यन्त ही हृदयग्राही हैं जैसे कि जिस चित्र में यशोदा मक्खन निकाल रही हैं और जिसमें हिरणों के झुण्ड की मासूमियत का मार्मिक चित्रण (खजुराहो) है। कोणार्क में (लगभग 1250) एक घोड़े और हाथी की बृहद् और विशालकाय मूर्ति के द्वारा शक्ति के प्रदर्शन को ऐसी अभिव्यक्ति दी गयी है जिसका कमोबेश कोई सानी नहीं मिलता; निश्चित रूप से यह अभूतपूर्व और अतुलनीय है (चित्र 1.15)। अनेक भारतीय मन्दिरों में, दम्पतियों की दृढ़ आलिंगन अथवा सम्भोग करती हुई मैथुन की मूर्तियाँ, अलंकरण का सामान्य अंग हैं, परन्तु कोणार्क की मूर्तियाँ तो अत्यधिक स्पष्ट हैं। उड़ीसा और खजुराहो की मूर्तिकला में कामुकता एवं उत्तेजना की अभिव्यक्ति में स्वच्छन्दता है, उसे अपेक्षाकृत अधिक छूट दी गयी है; लेकिन न अश्लीलता और न ही अन्तहीन दोहराव ही पूरी कलात्मकता और उसके कौशल की स्वतःस्फूर्त अभिव्यक्ति में बाधा बनता है न अवरोध उत्पन्न करता है।

ऐसे ही स्वच्छन्द वासनामयी आवेग और कामुक लालसा को दक्षिण भारतीय मूर्तिकला विशेषकर शैव परम्परा में व्यापक स्तर पर अभिव्यक्ति मिली है; लेकिन इस प्रकार की कला में बढ़ती हुई जड़ता की प्रवृत्ति दृष्टिगत होती है। हालाँकि दक्षिण भारतीय मूर्तिकला की शैली में एक नया आयाम तब जुड़ा जब ताँबे और काँसे से निर्मित और सबसे आकर्षक नटराज (नृत्य करते शिव) की मूर्ति को उच्चस्तरीय कलात्मकता के साथ गढ़ा गया। नटराज की मूर्ति को गढ़ने में जिस धातु को व्यवहार में लाया गया, उसमें सबसे प्राचीन धातु की तिथि दसवीं शताब्दी नियत की गयी है।

**चित्रकला**

अजन्ता और बाघ की गुफ़ा की दीवारों पर अन्तिम चित्रकारी सातवीं शताब्दी की नियत की गयी और इस प्रकार प्राचीन भारतीय चित्रकला का उत्कृष्ट और कालजयी दौर बीतता हुआ प्रतीत होता है। मध्यकालीन परम्परा, जिसका प्रारम्भिक प्रतिनिधित्व एलोरा (आठवीं-नौवीं शताब्दी) में अजन्ता शैली के जीवित रहने के साथ मिलता है (चित्र 1.16), इसकी विशेषता तीव्ररेखाएँ, नुकीले कोणों, रंग के प्रारूपों की अनुपस्थिति और विभिन्न प्रकार के सौन्दर्यीकरण की ओर झुकाव है। मध्यकालीन हिन्दू चित्रकारी के अवशिष्ट चिह्न यह संकेत करते हैं कि आठवीं शताब्दी के पश्चात कुछ 'प्राविधिक' पतन हुआ। बाह्य रेखाएँ तीव्र हो गयीं और प्रारम्भिक काल की सुकुमार बनावट का अभाव हो गया, परन्तु

कृतियाँ अब भी महत्त्वपूर्ण हैं। इस काल की प्रायः कोई भी चीज़ सुरक्षित रूप में अवशिष्ट नहीं है जिसका सफलता से पुनर्निर्माण किया जा सके, परन्तु जो कुछ अब तक देखा गया है, वह यह सिद्ध करता है कि भित्ति-चित्रकारी की परम्परा

चित्र 1.15 : घोड़े की प्रस्तरप्रतिमा, कोणार्क : रुस्तम जे. मेहता

चित्र 1.16 : एलोरा चित्रकला। नृत्य करते हुए शिव : पुरातात्विक सर्वेक्षण

मुसलमानों के आक्रमण तक चलती रही। तंजौर, तिरुमलाई और अन्य दक्षिण भारतीय मन्दिरों में अभी भी भित्ति-चित्रकला में मध्यकालीन चित्रकला के तत्त्व अधिक प्रबल और सशक्त हैं।[4] गैर-भित्ति चित्रकला ताड़ के पत्तों पर बची रही, यह चित्रकला पालकालीन पूर्वी भारत और नेपाल में तेरहवीं शताब्दी तक चलती रही। अन्त में, हमारे पास गुजरात के लघुचित्र (शुरुआत, 1100) हैं, आमतौर पर जैन तालपत्रों (ताड़-पत्ती पांडुलिपियों) के रूप में, जहाँ शैली अपने चरम पर पहुँती हुई दिखती है (उदाहरण के तौर पर, पार्श्वचित्र में दो आँखों को प्रदर्शित किया गया है जिसमें एक का प्रक्षेपण है)।[5]

## संगीत और नृत्य

इस प्रविधि में भारतीय शास्त्रीय संगीत और नृत्य अपने परिपक्व और शुद्धतम रूप में निखर कर सामने आया। भारतीय संगीत में कभी भी संकेतक अथवा राग की प्रणाली को विकसित नहीं किया गया था ताकि इसका अधिकांश मुखर माध्यमों से प्रसारित किया जा सके, और इसलिए इसका अधिकांश प्रारम्भिक इतिहास इस प्रकार से खो गया है जिसे किसी भी सूरते-ए-हाल में न बदला जा सकता है और न ही दुबारा प्राप्त किया जा सकता है। संगीत से जुड़ी महत्त्वपूर्ण जानकारियाँ और सूचनाएँ हमें *नाट्यशास्त्र* (तीसरी शताब्दी) में मिलती हैं, लेकिन संगीत से सम्बन्धित विस्तृत और व्यापक दस्तावेज़ बहुत बाद में रचे गये, जैसे कि शारंगदेव की कृति *संगीतरत्नाकर* (13वीं शताब्दी का प्रारम्भिक काल), दामोदर की रचना *संगीतदर्पण* और फ़ारसी भाषा में *घुनयतुल मुनया* (1374-75), जो कि किसी अज्ञात की रचना है, उल्लेखनीय है।

नाट्यशास्त्र में नृत्य से जुड़ी नियमावली का भी ज़िक्र है लेकिन भारतीय शास्त्रीय संगीत की विभिन्न और विविध भंगिमाओं और शारीरिक मुद्राओं के लिए हमारे साक्ष्य के स्रोत मुख्यतया मूर्तियाँ ही हैं जहाँ नृत्य की मुद्राओं और भंगिमाओं के सभी रूप बहुतायत से बिखरे पड़े हैं। नृत्य-कला के सबसे सर्वोत्कृष्ट रूप शाही न्यायालयों और मन्दिरों में संरक्षित हैं। नृत्य को अपना पेशा बनाने वाली महिलाएँ और वेश्याएँ प्रायः एक ही हुआ करती थीं और *देवदासी* अथवा मन्दिरों की वेश्याओं का एक बड़ा वर्ग विद्यमान था।[6]

## सन्दर्भ एवं टिप्पणियाँ

1. प्राचीन और मध्यकालीन दौर की भारतीय स्थापत्य शैली के आधारभूत वर्गीकरण का अधिकांश जेम्स फर्ग्यूसन के द्वारा स्थापित किया गया था अपनी पुस्तक में:

*हिस्ट्री ऑफ़ इंडियन एंड ईस्टर्न आर्किटेक्चर,* मूल संस्करण, 1876, एक दूसरा पुनःसंशोधित संस्करण के साथ., सम्पा. आइ. बर्गीज़ और आर.पी. स्पाइर्स, लन्दन, 1910, 2 भागों में, पर्सी ब्राउन, *इंडियन आर्किटेक्चर (बुद्धिस्ट एंड हिन्दू पीरियड्स),* बॉम्बे, 1956, प्रमुख स्मारकों का विवेचन करते हैं।

2. देखें कृष्णा देव, 'स्ट्रक्लचरल प्रिंसिपल्स इन टेम्पल आर्किटेक्चर' में : ए.के. बाग (सम्पा.), *हिस्ट्री ऑफ़ टेक्नोलॉजी इन इंडिया,* नयी दिल्ली, 1997, पृ. 539-55.
3. मूर्तिकला पर प्रकाशित पुस्तकों का आकार काफ़ी बड़ा है। वी.ए. स्मिथ का सन्दर्भ लिया जा सकता है, *हिस्ट्री ऑफ़ फाइन आर्ट्स इन इंडिया एंड सीलोन,* दूसरा संस्करण के. द बी. कार्डिंगटन के द्वारा पुनःसंशोधित, ऑक्सफ़ोर्ड, 1930, और एस. क्रेमरिश, *इंडियन स्कल्पचर,* कलकत्ता, 1933.
4. अजन्ता के बाद के भित्ति-चित्रों को कृष्णा चैतन्य में सर्वे किया गया है, *ए हिस्ट्री ऑफ़ इंडियन पेंटिंग्स : द म्यूरल ट्रेडिशन,* नयी दिल्ली, 1976, पृ. 60-75.
5. पाल और जैन शाखाओं के लिए देखें डगलस बैरेट एंड बसिल ग्रे, *पेंटिंग ऑफ़ इंडिया,* पेरिस/क्लीवलैंड, 1963, पृ. 53-56.
6. ए.एल. बाशम, *द वंडर दैट वाज़ इंडिया,* न्यूयॉर्क, 1959, पृ. 184-186.

# भाग 2

# सल्तनतकालीन भारत (1200-1500)

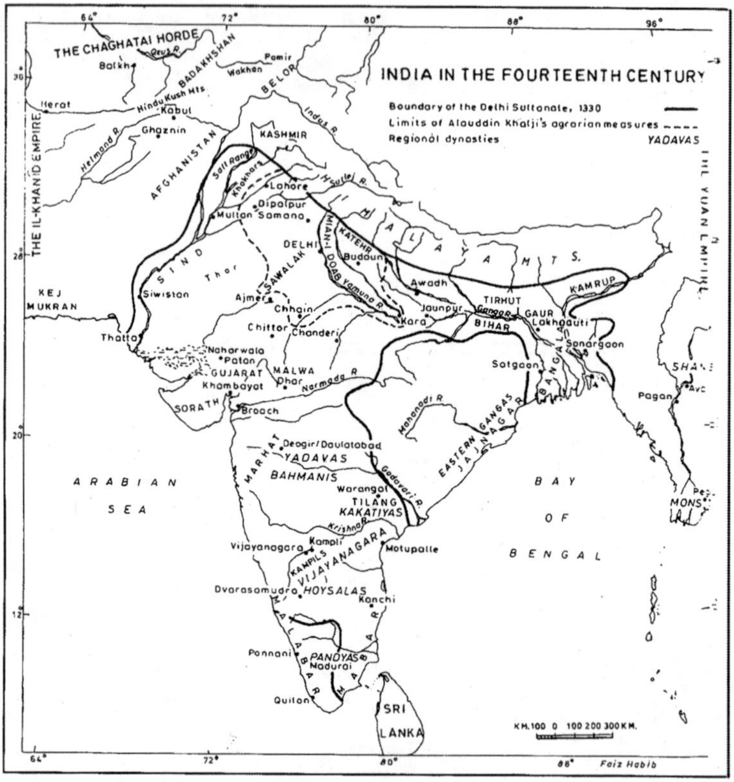


मानचित्र : चौदहवीं शताब्दी में भारत

## 2.1

# राजव्यवस्था, अर्थव्यवस्था, समाज

### राज्य

दिल्ली सल्तनत मुइज़्ज़ुद्दीन मुहम्मद गौरी (मृ. 1206) के विजय अभियानों का ही प्रतिफल और परिणाम था और यह कहने में किसी प्रकार का संकोच नहीं होना चाहिए कि दिल्ली सल्तनत की इबारत पहले ही लिखी जा चुकी थी। मुइज़्ज़ुद्दीन गौरी का साम्राज्य महमूद ग़ज़नी (998-1030)[1] के साम्राज्य का 'उत्तराधिकारी' साम्राज्य था। इन कथित दोनों साम्राज्यों की कार्य-प्रणाली से दिल्ली सल्तनत भी अभिप्रेरित हुई और न केवल अभिप्रेरित हुई बल्कि बहुत-सी प्रणालियों को अपनी शासन-प्रणाली में आत्मसात भी किया जिसमें 'इक़्ता' वेतन के रूप में किसी भू-भाग के राजस्व का हस्तान्तरण एवं सैन्य-प्रभार और 'ख़राज़' भूमि-कर, नामोल्लेखनीय है। इक़्ता प्राप्त करने वाले अधिकारियों को मुक्ति, वली, अमीर तथा कभी-कभी मलिक के रूप में सम्बोधित किया जाता था; इनसे सुल्तान यह अपेक्षा करता था कि वह उगाही किये गये कर से शाही सेवा के लिए अपने सैनिक तैयार करे और उसके लिए प्रतिबद्ध एवं तत्पर रहे। इसके अतिरिक्त सुल्तान उनसे यह माँग रखा करता था कि वे अन्य अधिशेष राजस्व (फ़वाज़िल) शाही ख़ज़ाने में जमा करें। कुछ भू-भाग प्रत्यक्ष रूप से सुल्तान के प्रशासनिक भाग थे और उसी के द्वारा संचालित होते थे। इस प्रकार की भूमि को 'ख़ालिसा' के रूप में सम्बोधित किया जाता था। यह उन संग्रहित करों में सम्मिलित नहीं था जिसका भुगतान वे करते थे चाहे वह नक़दी में हो या फिर अतिरिक्त कार्यभार, अधिकारियों, सैनिकों और शहंशाह के स्वयं के सैनिकों के द्वारा हो *(हश्म-ए-क़ल्ब)*।

कर के स्रोतों, निरकुंशता की केन्द्रीयता की सघनता का स्तर और सैन्य-शक्ति की प्रभावोत्पादकता के सन्दर्भ में सुल्तान अपने उन पूर्ववर्ती उत्तर भारतीय शासन-प्रणाली और राज्यव्यवस्था से इतर नहीं थे जिनके लिए 'सामन्त' शब्द को व्यवहार में लाने से बचा जाता है।[2] हालाँकि यह भी एक सत्य है कि उत्तर भारत में सुल्तानों के वर्चस्वशाली होने के बावजूद, शुरुआत में, कमोबेश पूरी तेरहवीं शताब्दी की अवधि के दौरान उनके क़िले के आस-पास के क्षेत्र मद्रास अथवा बाग़ी या बग़ावती रहे और देश के शेष सुदूर भागों को सुल्तान के अधीनस्थ सहायक प्रमुखों के हवाले कर दिया गया था जिसे उन्होंने बख़ूबी निभाया। इन कथित सहायक प्रमुखों को 'राणा' या 'रावत' के रूप में सम्बोधित किया जाता था। लेकिन इस सदी के अन्त तक आते-आते परिस्थितियाँ परिवर्तित होने लगीं। अलाउद्दीन ख़िलजी (शासनावधि, 1296-1316) के शासनावधि के दौरान गुजरात और मध्य भारत को अपने अधीनस्थ किया गया। इसके तदुपरान्त दक्कन और दक्षिण भारत के अधिकांश भाग, जहाँ देवगिरि के यादवों (महाराष्ट्र), वारंगल के कैकट्यों (आन्ध्र प्रदेश), द्वारसमुद्र के होयसलों (कर्नाटक), मदुरै के पाण्ड्यों (तमिलनाडु) का शासन था, को अपने अधीन किया गया। इस प्रकार, मौर्य साम्राज्य (तीसरी-चौथी ईसा पूर्व) के बाद यह पहला ऐसा साम्राज्य बना जो सही मायनों में अखिल भारतीय था। इतना ही नहीं इस कथित साम्राज्यवादी अथवा विस्तारवादी प्रवृत्ति का समुचित सामंजस्य और समन्वय राजकोषीय समृद्धि से भी था। ये दोनों एक-दूसरे के प्रत्यक्ष रूप से समानुपातिक थे। भूमि-कर को एक बड़े क्षेत्र पर तत्परता से लागू किया गया जो कि उत्पादन का आधा हिस्सा हुआ करता था। वंशानुगत मध्यस्थों (जिन्हें चौधरियों के रूप में सम्बोधित किया जाता था) और ग्राम प्रधान *(ख़ोट)* को व्यापक स्तर पर कम करने के प्रयास किये गये। अन्न पर जो कर लगाया जाता था (कृषकों को अन्न के द्वारा भुगतान करने को भी सम्मिलित किया गया है), वह अपनी कुल मात्रा में इतनी बड़ी होती थी कि इसे आपूर्ति और माँग के सिद्धान्त के माध्यम से नियन्त्रित किया जाता था, अलाउद्दीन ख़िलजी अपनी राजधानी दिल्ली में किन्हीं भी वस्तुओं के मूल्यों को कम या नियन्त्रित करने में सक्षम और समर्थ था।[3]

अलाउद्दीन ख़िलजी के उत्तराधिकारियों की शासनावधि के दौरान भी विस्तारीकरण और केन्द्रीकरण की प्रवृत्ति और स्तर बदस्तूर बनी रही। बंगाल को फिर से अपने अधीन किया गया (1324 ई.) तथा ग़ियासुद्दीन तुग़लक़ (1320-24) और मुहम्मद तुग़लक़ (1324-51) के शासन की अवधि में भारतीय प्रायद्वीप के सुदूर दक्षिण भाग को भी विजित किया गया। कुलीनों (अमीरों) पर नियन्त्रण

सख़्त करने की क़वायद ने इक़्तादारों के भीतर सैन्य-शासन से राजस्व-प्रभार को अलग कर दिया गया। कर के अत्यधिक भार ने विभिन्न कृषक विद्रोहों/बग़ावतों को आकार दिया विशेषकर दिल्ली (1332-34) के दोआब के क्षेत्र में। इन परिस्थितियों और एक अकाल ने मुहम्मद तुग़लक़ को किसानों को ऋण की आपूर्ति के आधार पर दिल्ली क्षेत्र और दोआब में कृषि विकास की एक सबसे दिलचस्प योजना का सहारा लेने के लिए न केवल प्रेरित किया बल्कि इसके लिए सहमत भी किया।[4]

मुहम्मद तुग़लक़ के शासनकाल के अन्तिम वर्षों में राजनीतिक संकट तेज़ हो गया, कई क्षेत्रों में सैन्य अधिकारियों (*एमीरन-ए-सदा*) ने विद्रोह कर दिया, और सल्तनत टूटने लगी। मदुरै या मकर (तमिलनाडु) और बंगाल पहले अलग हुए; और तब भारतीय प्रायद्वीप में विजयनगर साम्राज्य और बहमनी सल्तनत की स्थापना हुई, पहले की स्थापना 1346 ई. में हुई और बाद वाली की 1347 ई. में। हालाँकि फ़िरोज़ तुग़लक़ (1351-88) के शासन की अवधि के दौरान दिल्ली सल्तनत को कुछ स्थायित्व मिला और इसलिए मिला क्योंकि फ़िरोज़ तुग़लक़ (1351-88) ने कुलीनों (अमीरों) को कुछ ठोस रियायतें दीं, जैसे कि उन्हें न केवल भू-राजस्व अधिकार दिये बल्कि उनके प्राधिकारों को व्यावहारिक रूप से वंशानुगत बना दिया। फ़िरोज़ तुग़लक़ के सुपुर्द-ए-खाक़ होने के बाद की स्थिति ने स्वतन्त्र राज्यों के उभार की सम्भावनाओं के मार्ग को प्रशस्त किया (जौनपुर, गुजरात, मालवा और खानदेश)। इस प्रकार के विकेन्द्रीकरण की अन्तिम परिणति अपने चरम पर तब और पहुँच गयी जब मध्य एशिया के बर्बर और निर्मम विजेता तैमूर ने दिल्ली पर हमले किये (1398 ई.)। इससे एक शून्य पैदा हुआ लेकिन कुछ अनिश्चितताओं के बाद सैयद वंश (1414-51) और फिर लोदियों (1451-1526) ने उत्तर भारत के एक बहुत बड़े भाग पर अपना वर्चस्व स्थापित कर लिया लेकिन पानीपत में बाबर की विजय (1526) ने अन्ततः इस वंश को विनष्ट कर दिया और इसके दीर्घावधि तक महान मुग़ल साम्राज्य के बनने और बने रहने की नींव रखी।

दिल्ली सल्तनत के उत्तराधिकारी राज्यों ने अपने-अपने क्षेत्रों में इसके कुछ बुनियादी और आधारभूत संस्थानों को अपनी शासन-प्रणाली में बनाये रखा। एक तो अत्यधिक भूमि-कर *(माल)* था; और दूसरा सैन्य प्रभार के साथ भूमि हस्तान्तरण *(इक़्ता)* था जो अब विभिन्न नामों से प्रचलित हो गया था जैसे कि, दिल्ली सल्तनत के उत्तरार्द्ध में *वज्ह, सरकार,* दक्कन संल्तनत में *मुक़सा* और राजस्थान में *पट्टा*।

ऐसा प्रतीत होता है कि विजयनगर साम्राज्य में दिल्ली सल्तनत के प्रशासनिक और सैन्य तकनीकों को अपनाने के लिए एक उत्साही प्रवृत्ति और आग्रह था। उन्होंने इसका सचेत और सजग रूप से परीक्षण-निरीक्षण करके इसे अपनाया; यह उसके बहमनी साम्राज्य और अन्य स्थानीय शक्तियों के विरुद्ध सफलता में प्रतिबिम्बित और व्याख्यायित होता है। यह न केवल विजयनगर शासकों द्वारा इस्तेमाल की जाने वाली उपाधियों में से एक, 'हिन्दू प्रमुखों का सुल्तान' में स्पष्ट था, बल्कि *नयनकार* प्रणाली या व्यवस्था में भी, जो कि सल्तनत के *इक़्ता* से प्रेरित प्रतीत होता है। राजा अपने कर-सम्बन्धी अधिकारों को उन 'नायकों' में निर्देशित करता था जो सेनापति होने के साथ-साथ स्थानीय प्रशासनिक प्राधिकार के रूप में भी कार्यरत रहा करते थे और उन्हें अपने कर संग्रह का एक हिस्सा शाही राजकोष में जमा करने के लिए निर्देशित किया जाता था। विजयनगर साम्राज्य की आर्थिक सशक्तता का मुख्य आधार अत्यधिक भूमि-कर था जिसके आकार की व्यापकता को टी.वी. महालिंगम द्वारा संग्रहित आँकड़ों में सुस्पष्ट और प्रत्यक्ष रूप से देखा जा सकता है।[5] वास्तव में, एन. कराशिमा ने यह स्थापित किया कि तमिल राज्यों का विजयनगर साम्राज्य के अधीन होने के तदुपरान्त वहाँ करों में बेहताशा वृद्धि हुई और सम्भवतः ऐसा मालूम होता है कि तमिलनाडु में अब तक ज्ञात कृषक विद्रोह उन दमनकारी वित्तीय और अन्य दूसरी नीतियों के कारण ही प्रस्फुटित हुए थे जो 1429 ई. में स्थापित विद्रोही शिलालेखों में स्पष्ट रूप से दर्ज हैं।[6] वस्तुतः मुहम्मद तुग़लक़ की शासनावधि के दरम्यान जो घटित हुआ था, प्रकारान्तर से यह उसका ही दुहराव था।

## अर्थव्यवस्था और समाज

दिल्ली सल्तनत ने 'भारतीय सामन्तवाद' से विरासत के रूप में मिले अनेक सामाजिक संस्थानों के स्वरूप में कमोबेश हस्तक्षेप एवं फेरबदल नहीं ही किया। ग्रामीण समुदाय और जाति-व्यवस्था को यथावत ही रखने का प्रयास किया गया और उसे 'विकृत' करने की कोई कोशिश नहीं की गयी; सम्भवतः ऐसा इसलिए किया गया क्योंकि वे सामाजिक व्यवस्था में स्थायित्व के तत्त्व को अपेक्षाकृत अधिक प्राथमिकता और तरजीह दे रहे थे; इस प्रकार, एक प्रकार से वे कृषक-शोषण को ही प्रोत्साहित कर रहे थे। सैद्धान्तिक रूप से यद्यपि किसान स्वतन्त्र *(हुर)* थे लेकिन वास्तविक और सही मायनों में वे अतिरिक्त आर्थिक प्रतिबन्धों से विमुक्त नहीं हुए थे। बहरहाल, दिल्ली सल्तनत की स्थापना

महत्त्वपूर्ण आर्थिक बदलावों के साथ हुई। एक ऐसा ही बदलाव का सम्बन्ध भूमि-कर के भुगतान से सम्बन्धित था जिसमें यह प्रावधान किया गया कि भूमि-कर को चुकाने में नक़दी को अपरिहार्य और अनिवार्य कर दिया गया था, साथ ही साथ भूमि-कर की दर में इस प्रकार की वृद्धि की गयी कि वह किराये के स्तर तक पहुँच जाये। इससे 'प्रेरित' व्यापार व्यापक स्तर पर विस्तारित हुआ जिसके परिणामस्वरूप खाद्यान्न और अन्य ग्रामीण उत्पादों की ढुलाई शहरों की ओर की जाने लगी। इससे शहरों के विकास का एक नया दौर सम्भव हो पाया। चौदहवीं शताब्दी के दौरान दिल्ली और दौलताबाद (देवगिरि), दो बड़े नगरों के रूप में विकसित और सुप्रसिद्ध हुए और निश्चित रूप से उनकी गणना विश्व के बड़े नगरों में की जाती थी; इसके अतिरिक्त अन्य बड़े शहर भी विकसित हो रहे थे जिसमें मुल्तान, कड़ा, अवध (अयोध्या), ग़ौर, काम्बे (खम्भात), और गुलबर्ग नामोल्लेखनीय थे। विजयनगर साम्राज्य की राजधानी विजयनगर (तब इसकी जनसंख्या 60,000 आकलित की गयी थी) को तो 1520 ई. में आये एक पुर्तगाली यात्री ने रोम जैसा बड़ा बताया था। सिक्कों/मुद्राओं के साक्ष्य काफ़ी नाटकीय तरीक़े से परिवर्तनशील रहे हैं, जैसे कि, दिल्ली सल्तनत ने तेरहवीं शताब्दी की शुरुआत से ही सोने, चाँदी के साथ-साथ ताँबे के सिक्कों की ढलाई शुरू कर दी थी, इससे वाणिज्य में तो तेज़ी आयी ही और प्रचुर मात्रा में अर्थ-विनिमय भी हुआ।[7] भारत की पश्चिमी सीमाओं पर मंगोल के विजय-अभियानों के बावजूद इस अवधि के दौरान भारत के विदेशी–स्थलीय और समुद्री, दोनों प्रकार के व्यापारों में काफ़ी उन्नति हुई। विशाल आकार वाले चीनी 'जंक' रोंकाक (चीन में इस्तेमाल होने वाले एक प्रमुख तने के साथ एक सपाट तल वाला नौकायन पोत) को दक्षिण भारतीय बन्दरगाह पर बुलाया जाता था विशेषकर लाल मिर्च के लिए; आलम यह था कि 1405 ई. से लेकर 1433 ई. के बीच की अवधि के दौरान सुप्रसिद्ध और लोकप्रिय चीनी नौसेना अध्यक्ष (एडमिरल) चिंग हो के जहाज़ प्रायः ही वाणिज्यिक उद्देश्यों के लिए मालाबार का चक्कर लगाया करते थे। उसी प्रकार, फारस की खाड़ी से ईरान के जहाज़ और लाल सागर से अरबों के जहाज़ मालाबार बन्दरगाह पर तब तक आते जब तक कि वर्ष 1498 के बाद से पुर्तगालियों ने व्यापार में हिंसात्मक हस्तक्षेप करना शुरू नहीं कर दिया। यह एक स्थापित तथ्य है और इसे बल देकर रेखांकित किया ही जाना चाहिए कि भारत सोने और चाँदी का बड़ा, प्रमुख और केवल आयातक था।[8]

बाहरी सम्पर्कों ने तकनीकी प्रसार की प्रक्रिया में अहम और महत्त्वपूर्ण भूमिका निभायी (अध्याय 2.2 देखें) जिसके फलस्वरूप शिल्पकारी/दस्तकारी उत्पादन

प्रभावित हुआ। चरखा सबसे पहले चौदहवीं शताब्दी की अवधि के दौरान व्यवहार में आने लगा था, सूत कातने की अभियान्त्रिकी ने उसके उत्पादन करने की क्षमता को छः गुणा तक बढ़ा दिया, इसने अवश्य ही सूत के उत्पादन को व्यापक तौर पर बढ़ाया होगा और इसके बाद करघे में पैडल के प्रयोग की शुरुआत ने उसी प्रकार कताई में तेज़ी लायी होगी। रेशम के कीड़ों का पालन करने वाला व्यवसाय पन्द्रहवीं शताब्दी तक बंगाल में प्रचलित होने लगा था। तेरहवीं शताब्दी के दौरान दिल्ली में काग़ज़ बनाने का व्यवसाय बहुप्रचलित हो चुका था। तेरहवीं शताब्दी की प्रविधि में दिल्ली और इसके पड़ोसी प्रदेशों में शराब-आसवन का बड़ा उद्योग भी स्थापित हो चुका था। भवन-निर्माण की गतिविधियाँ भी एक नये मुकाम पर पहुँच गयी थीं और वह इसलिए सम्भव हुआ था क्योंकि इसमें बड़े स्तर पर ईंटों और गारे का प्रयोग होने लगा था, साथ ही साथ मेहराबदार की तकनीक अपनाने से भी इस क्षेत्र को अत्यधिक प्रोत्साहन मिला।

हालाँकि इन विकासीय प्रक्रियाओं और गतिविधियों के साथ-साथ इसकी एक उलट तस्वीर भी मौजूद थी। यद्यपि भारतीय सामाजिक धारा में ग़ुलामी पूर्व से ही समाहित थी लेकिन तेरहवीं और चौदहवीं शताब्दी की अवधि के दौरान यह ठोस रूप से बलवती होती चली गयी और इसका स्तर और प्रवृत्ति, दोनों व्यापक तौर पर सघन होती चली गयीं। इसका प्रमुख और प्रासंगिक कारण यह था कि ग़ुलामों को युद्ध जैसी स्थितियों में तो इस्तेमाल किया ही जाता था साथ ही साथ करों के भुगतान नहीं करने की स्थिति में भी उसका विनिमय कर लिया जाता था। उनसे घरेलू सेवाओं के साथ-साथ दस्तकारी/शिल्पकारी के कार्यों को भी अनिवार्यता और निर्ममता के साथ लिया जाता था। चौदहवीं शताब्दी के प्रारम्भिक वर्षों के दौरान दिल्ली के बाज़ार में घरेलू कार्यों के लिए एक महिला ग़ुलाम की क़ीमत एक दुधारू भैंस से अधिक नहीं थी। सुल्तान फ़िरोज़ तुग़लक़ इस बात के लिए भी जाना जाता था कि उसके पास 1,80,000 ग़ुलाम थे जिनमें 12,000 ग़ुलाम शिल्पियों के रूप में कार्य करते थे। उसके वजीर ख़ान जहाँ मक़बूल के पास क़रीब 2000 महिला ग़ुलाम थीं।[9]

बहरहाल, कुछ सीमा तक ग़ुलाम आधारित अथवा केन्द्रित श्रमिक व्यवस्था ने नये और उन्नतिशील दस्तकारी/शिल्पकारी के लिए जाति आधारित श्रमिक व्यवस्था के अभाव से उत्पन्न शून्य और अभाव को नाकाम बनाने में अहम भूमिका निभायी। लेकिन हिन्दू राजगीरों/राजमिस्त्रियों ने शिलालेखों को बनाने और अरबी स्मारकों पर भित्ति-चित्रों को उकेरने में जिस कला और कौशल का परिचय दिया,

वे निश्चित रूप से अपनी कला के पद-चिह्न छोड़ गये हैं; वस्तुतः यह इस तथ्य की स्थापना करता है कि ज़्यादा वक़्त नहीं लगा जब जाति आधारित श्रमिक भी नये तकनीक के प्रयोग के अनुरूप ढालने में सक्षम, समर्थ और सफल हो गये।[10]

बहरहाल, यह एक निर्विवादित तथ्य होना चाहिए कि थोड़े और मामूली बदलावों की अनुमति देने के अतिरिक्त सुल्तानों ने जातिगत व्यवस्था और उसकी असमानताओं को व्यावहारिक रूप से नहीं छुआ, यही प्रवृत्ति व्यापक स्तर पर महिलाओं के सन्दर्भ में भी बनी रही। चूँकि इस्लाम बेटियों को अपने माता-पिता की सम्पत्ति में अधिकार की अनुमति देता है और विधवा-विवाह को भी मान्यता प्रदान करता है; इसलिए *सती* प्रथा और विधवा के शोषण-दमन मुस्लिम संस्कृति और प्रथा के लिए अज्ञात ही रहे और कभी भी उनके रीति-रिवाज़ों का हिस्सा नहीं बन सके। हालाँकि इस्लामी विधि और *धर्मशास्त्र* में, बहुविवाह और अप्रतिबन्धित उपपत्नीत्व (रखैल प्रथा) के सन्दर्भ में साम्य और मतैक्य दिखता है। इतना ही नहीं, ये महिलाओं के बाध्यकारी एकान्तवास, पर्दा-प्रथा और मासिक धर्म के होने से पहले ही शादी करने पर अत्यधिक बल देता है। महिलाओं की हीनता और निम्नता को सामान्य तौर पर क़ुरान की आयतों में देखा जा सकता है जिसमें इस प्रकार की कथित प्रवृत्ति को सुस्पष्ट रूप से प्रदर्शित किया गया है।[11] यह नैतिकता के ठेकेदारों के बीच आम और सामान्य प्रवृत्ति थी जैसा कि अमीर खुसरो और इसके आयतों में देखा जा सकता है, मसलन, महिलाओं से यह अपील की गयी कि वह अपने आपको कताई और इसके जैसे कार्यों में खुद को मशगूल रखें और घर के बाहर न निकलें।[12] यह एक तथ्य है कि इल्तुतमिश की बेटी रज़िया (1236-40) जब अपने अधिकारों के अनुसार सत्ता में रूढ़ हुई, तो इससे कई बड़े षड्यन्त्रों का जन्म हुआ—यद्यपि इस प्रकार की अवधारणा परवर्ती इतिहासकारों के बीच अधिक प्रचलित हुई बनिस्बत समकालीन इतिहासकारों के। हालाँकि, इस्लाम में महिलाओं के पढ़ने और लिखने पर रोक लगाने की बात नहीं ही कही गयी है, इसकी पुष्टि पन्द्रहवीं शताब्दी की एक चित्रकारी से भी होती है जिसमें एक छोटी लड़की को लड़कों के साथ अपने शिक्षक के समक्ष पढ़ते हुए दिखाया गया है (चित्र 2.1)।[13]

ऐतिहासिक सिद्धान्तों में विद्यमान और उपस्थित पदों और परिभाषाओं के बरअक्स तेरहवीं-चौदहवीं शताब्दी के दौरान की सामाजिक संरचनाओं और स्तरीकरण का अनुशीलन-विश्लेषण कर उसकी विशेषताओं और प्रवृत्तियों को निर्धारित एवं रेखांकित करना सरल और सहज नहीं है। नगरीकरण और उसके विस्तार ने, जिसमें नक़दी/पैसों को व्यापक स्तर पर व्यवहार में लाया जा रहा था

चित्र 2.1 : विद्यालय में बच्चे, *मिफ़्ताह उल फुज़ाला*, बीआर. पुस्तकालय एमएस, पन्द्रहवीं शताब्दी। बच्चे और विद्यालय के शिक्षक के बीच लड़की को रेखांकित करें/गौर करें।

और व्यापार में वृद्धि हो रही थी, इसे बुनियादी और आधारभूत तौर पर 'भारतीय सामन्तवाद' से इतर कर दिया, उसके विभेद को सुस्पष्ट कर दिया। कर-भुगतान का निर्धारित शुल्क कार्ल मार्क्स के 'एशियाई प्रारूप' से सामंजस्य और समन्वय स्थापित करने पर बल देता है बशर्ते कोई आगामी प्रारूपों के कुछ अन्य पहलुओं को नज़रअन्दाज़ करने के लिए तैयार हो, जैसे कि, मुख्य रूप से उदार और अस्थिर शहरों में कर-भुगतान।[14] दिल्ली सल्तनत के तीन दशकों की प्रविधि में नक़दीकरण की प्रक्रिया में तेज़ी आयी और इन दशकों में शहर भी ख़ूब विकसित हुए। इसलिए, यह अधिक सुरक्षित और श्रेयस्कर होगा कि हम लोगों ने जिस अर्थव्यवस्था और राजव्यवस्था की प्रणाली का वर्णन किया है, उसे किसी निश्चित परिभाषा और साँचे में ढालने से बचें और यही युक्तियुक्त और उपयुक्त होगा।

## सन्दर्भ एवं टिप्पणियाँ

1. दिल्ली सल्तनत और इसके समकालीन राज्यों के राजनीतिक इतिहास के लिए, देखें मोहम्मद हबीब और के.ए. निज़ामी (सम्पा.), *ए काम्प्रेहेंसिव हिस्ट्री ऑफ़ इंडिया, भाग-V (द दिल्ली सल्तनत)*, नयी दिल्ली, 1970. पीटर जैकसन भी देखें, *द दिल्ली सल्तनत : ए पॉलिटिकल एंड मिलिट्री हिस्ट्री*, कैम्ब्रिज़, 1999। प्रशासनिक पक्ष पर, देखें आर.पी. त्रिपाठी, *सम आस्पेक्ट्स ऑफ़ मुस्लिम एडमिनिस्ट्रेशन*, दूसरा पुनःसंशोधित संस्करण, इलाहाबाद, 1956.

2. डब्ल्यू.एच. मोरलैंड, *एग्रेरियन सिस्टम ऑफ़ मुस्लिम इंडिया*, कैम्ब्रिज़, 1929, पृ. 217-23.

3. देखें, इरफ़ान हबीब, 'प्राइस रेग्युलेशन ऑफ़ अलाउद्दीन खिलजी : ए डिफेंस ऑफ़ ज़िया बरनी', *इंडिया इकॉनोमिक एंड सोशल हिस्ट्री रिव्यू* XXI(4), 1984, पृ. 393-414.

4. देखें, इरफ़ान हबीब, 'एग्रेरियन इकोनॉमी', में : तपन रायचौधुरी और इरफ़ान हबीब, *द कैम्ब्रिज़ इकॉनोमिक हिस्ट्री ऑफ़ इंडिया*, I, कैम्ब्रिज़, 1982, पृ. 63-66.

5. देखें टी.वी. महालिंगम, *एडमिनिस्ट्रेटिव एंड सोशल लाइफ़ अंडर विजयनगर*, मद्रास, 1940, पृ. 195-202. नायक व्यवस्था के लिए, पृ. 41-56, 90-98, कर के लिए।

6. नोबुरो कराशिमा को देखें, *टूवार्ड्स ए न्यू इकॉनोमिक फॉर्मेशन : साउथ इंडियन सोसायटी अंडर विजयनगर रूल*, दिल्ली, 1992, पृ. 123, 142-44, 148-53, तमिल प्रदेश में कराधान में वृद्धि के लिए, और पृ. 142-53 (अध्याय के सह-लेखक सुब्बरमालू हैं) किसानों के विद्रोह के लिए।

7. दिल्ली सल्तनत के मुद्राशास्त्रीय प्रणाली पर मानक पुस्तक डब्ल्यू.एच. नेल्सन राइट, *द कोयनेज़ एंड मेट्रोलॉज़ी ऑफ़ द सुल्तानज़् ऑफ़ दिल्ली*, दिल्ली, 1936 है।

8. साइमन डिग्बे को देखें, 'द करेंसी सिस्टम' में : *कैम्ब्रिज़ इकॉनोमिक हिस्ट्री ऑफ़ इंडिया, I*, उद्धृत, पृ. 93-101, जहाँ ज़्यादा ध्यान भारत द्वारा सोने और चाँदी के आयात और उनके स्रोतों पर दिया गया है।

9. इरफ़ान हबीब, 'स्लेवरी' में : *कैम्ब्रिज़ इकॉनोमिक हिस्ट्री ऑफ़ इंडिया*, I, उद्धृत, पृ. 89-93.

10. पुष्पा प्रसाद देखें, *संस्कृत इंसक्रिप्शंस ऑफ़ दिल्ली सल्तनत, 1191-1526*, दिल्ली, 1990, पृ. xxviii-xxx.

11. मुस्लिम विधि और मुस्लिम समुदाय की प्रथाओं में महिलाओं की स्थिति पर, देखें रूबेन लेबी, *द सोशल स्ट्रक्चर ऑफ़ इस्लाम*, दूसरा संस्क., कैम्ब्रिज़, 1957, पृ. 91-134. क़ुरान की आयतें II, 233, और II, 228 हैं।

12. अमीर खुसरो, *हश्त बहिश्त*, सम्पा. एम. सुलेमान अशरफ़, अलीगढ़, 1336/1918, पृ. 28, इसामी, *फ़ुतुह-उस सलातिन*, सम्पा. ए.एस. उषा, मद्रास, 1948, पृ. 134.

13. इलस्ट्रेटेड एमएस ऑफ़ महमूद शादियाबादी, *मिफ़्तहु अल फ़ुज़ाला*, संकलित 1469, ब्रिटिश पुस्तकालय Or. 3299, एफ़. 278बी.

14. एशियाई सन्दर्भों में मार्क्स की अवधारणा पर, देखें इरफ़ान हबीब में : इक़बाल हुसैन (सम्पा.), *कार्ल मार्क्स ऑन इंडिया*, नयी दिल्ली, 2006, पृ. xx-xxv.

## 2.2

# प्रौद्योगिकी

पचास वर्ष पूर्व डी.डी. कोसाम्बी ने 'इस्लामी हमलावरों' को यह श्रेय दिया था कि उन्होंने नयी तकनीक के प्रचार-प्रसार और आत्मसात करने की प्रक्रिया में आ रही बाधाओं को तोड़ा था।[1] इस अन्तर्दृष्टि की पुष्टि और प्रोत्साहन के सन्दर्भ में कुछ तकनीकी उपकरणों के इतिहास पर पी.के. गोडे के महत्त्वपूर्ण और अग्रणी कार्य का उल्लेख किया जा सकता है जिसके माध्यम से कुछ निर्णायक तकनीकों के बढ़ते ज्ञान के द्वारा अब यह लगभग सिद्ध हो चुका है कि ये उपकरण भारत में कमोबेश उसी समय व्यवहार में आने शुरू हुए थे जब हमलावर सेनाओं का आगमन हुआ था।

उदाहरण के लिए, यह व्यावहारिक रूप से निश्चित है कि 'फ़ारसी पहिया', या गियर वाले सक़िया ने इस अवधि में अपना स्वरूप प्राप्त किया। जैसा कि हम लोगों ने अध्याय 1.2 में देखा है, अरघट्टा या नोरिया (ऊर्ध्वाधर पहिये पर तीलियों के सिरों पर बर्तनों के साथ) सक़िया या छठी शताब्दी तक बर्तन की माला (माला) वाले कुएँ के चक्के के रूप में तब्दील हो गया था। इसे बैलों द्वारा तभी घुमाया जा सकता था जब एक ऊर्ध्वाधर पहिया, एक ड्रॉ बार लेकर बैलों को वृत्ताकार चलाया जाया करता था (चित्र 2.2)। पश्चिमी एशिया में ऐसे गियरिंग उपकरणों का उल्लेख ग्यारहवीं शताब्दी के एक विवरण में अन्तर्निहित है और बारहवीं शताब्दी के बग़दाद लघुशिलालेख में दर्शाया गया है। भारत में इसके प्रचार-प्रसार में दो-तीन शताब्दियों का समय और लगा, बाबर (मृ. 1530) पंजाब में व्यवहार में लाये जा रहे इस उपकरण (अब जिसमें गियरिंग और माला, दोनों सम्मिलित हैं) का पूरा विवरण देता है।[2] 'फ़ारसी पहिये' ने सिन्धु घाटी के क्षेत्र में सिंचाई के लिए कुएँ के प्रयोग को काफ़ी प्रोत्साहित किया और इसमें वृद्धि की जिसमें उन्नीसवीं शताब्दी तक यह काफ़ी हद तक सीमित रहा।

चित्र 2.2 : गियर के साथ सक्रिया ('फ़ारसी पहिया') साँवाला के द्वारा बनायी गयी चित्रकारी। पेंटिंग से, अकबर का चित्र-कारख़ाना/चित्रशाला—चित्र-विनिर्माण केन्द्र।

सीमेंट करने की प्रक्रिया के दौरान व्यवहार में लायी जा रही नयी सामग्री और इमारतों को बनाने की नयी तकनीकों ने भी अधिक प्रभावी बाँधों और तटबन्धों के निर्माण को सम्भव बनाया। इससे लम्बी-लम्बी नहरें निकालने की क्षमता भी विकसित हुई जो कि पहले की अवधि के दौरान भारतीय मैदानों की विशेषता नहीं हुआ करती थी, विशेषकर, फ़िरोज़शाह तुग़लक़ ने सतलज, घग्गर और कालिन्दी जैसी नदियों से नहरों का जाल बिछा दिया। उसने यमुना से दो नहरें निकालीं जिसे प्रकारान्तर से आधुनिक पश्चिमी यमुना नहर का 'पूर्वज' कहा जा सकता है।[3]

ज़िप्सम और चूने के गारे ने नील-निष्कर्षण अर्थात् नील निकालने की प्रक्रिया को व्यापक तौर पर बेहतर बनाया। ऐसा इसलिए हुआ क्योंकि अब आन्तरिक भागों को जलरोधी बनाया जा सकता था और इसमें नील के बड़े कुण्ड बनाये जा सकते थे। पन्द्रहवीं शताब्दी से पहले ऐसे किसी भी कुण्ड के साक्ष्य प्राप्त नहीं किये जा सकते और स्वाभाविक तौर पर ये प्राचीन स्थलों से तो पूर्ण रूप से ग़ायब और अनुपलब्ध हैं।[4]

एक अन्य क्षेत्र जहाँ नयी तकनीक या प्रौद्योगिकी कृषि उत्पादन को प्रभावित कर सकती थी, वह आसवन की प्रक्रिया थी जो शराब और इत्र, दोनों को

निकालने के लिए व्यवहार में लाया जाता था। ईसा की प्रारम्भिक शताब्दियों के दौरान पुरातत्ववेताओं ने गान्धार (उत्तर पश्चिमी पाकिस्तान) में चल रहे भट्ठियों को खोद निकाला है, लेकिन एक विशिष्ट प्रकार की भट्ठी ('मूर' के सिर के साथ) पश्चिम एशिया से प्राप्त हुई जो तेरहवीं शताब्दी के उत्तरार्ध की थी। अब दिल्ली के आस-पास गन्ने से शराब निकालने के लिए भट्ठियाँ स्थापित की जाने लगी थीं। पन्द्रहवीं शताब्दी से बंगाल में तीख़े शराब के उत्पादन के लिए चावल और नारियल-पानी (ताड़ी) का आसवन किया जा रहा था।[5]

हालाँकि भारत का प्राकृतिक और अर्ध कृत्रिम तरीक़े से उत्पादित रेशम (एरी, मूगा, तासर) का प्राचीन इतिहास रहा है, लेकिन रेशम पालन अपने संस्थागत, समुचित और प्रत्यक्ष तौर पर बंगाल सल्तनत (पन्द्रहवीं शताब्दी) के पहले प्रचलन में नहीं आया था। यह कला सीधे तौर पर चीन या ईरान से आयातित थी; यह स्पष्ट नहीं है, लेकिन आगे आने वाली दो शताब्दियों में बंगाल विश्व के सबसे बड़े निर्यातकों में से एक बन गया।

हमारे समय के दौरान दो चीनी आविष्कारों—कताई करघा और पाँवदान (ट्रेडल लूम) ने भारत के बड़े और प्रमुख उद्योगों में से एक-वस्त्र उद्योग में उत्पादन को बहुत लाभान्वित किया। इसके साथ-साथ एक तीसरी चीज़ भी थी जिसने इस उद्योग को सकारात्मक रूप से प्रभावित किया, वह कपड़ा-छपाई थी, हालाँकि आंशिक तौर पर यह स्वदेशी क़िस्म का आविष्कार था।

कताई करघा सबसे पहले ईसा की पहली शताब्दी के दौरान चीन में प्रचलन में आया लेकिन चीन से बाहर इसका प्रसार क़रीब एक सहस्राब्दी तक रुका रहा। चौदहवीं शताब्दी के बीच में एशिया और ईरान के रास्ते यह भारत पहुँचा, और शीघ्र ही यह देश के विभिन्न भागों द्वारा अपना लिया गया। इसका सन्दर्भ हमें सबसे पहले 1350 ई. की एक भारतीय पुस्तक *(इसामी फ़ुतुह का सलातिन)* में मिलता है, और चित्र के रूप में इसकी पहली उपस्थिति पन्द्रहवीं शताब्दी के उतरार्द्ध में प्राप्त होती है (चित्र 2.3)। इसी से जुड़ी बुनाई में जो तेज़ी और बेहतरी आयी, उसमें करघे में पाँवदान के प्रयोग की अहम या यों कहें कि निर्णायक भूमिका रही जिसका सबसे पहले वर्णन भारत में 1468-69 के दौरान होता हुआ दिखता है और उसी शब्दकोश में होता है जिसमें कताई करघे का चित्र भी उल्लिखित है।

हालाँकि प्राचीन भारत में मृण्यमूर्तियाँ प्राप्त होती हैं, लेकिन जहाँ तक कपड़े की छपाई के सन्दर्भ में इनके व्यवहार का सवाल है, इसकी बहुत कम सम्भावना है कि इनकी क्षणभंगुरता और मुलायमियत को देखते हुए इनका इस्तेमाल कपड़े

चित्र 2.3 : चरखा कताई-मशीन का प्रथम ज्ञात भारतीय चित्रण,
*मिफ़्ताह उल फ़ुज़ाला*, बीआर. पुस्तकालय एमएस, पन्द्रहवीं शताब्दी

की छपाई के लिए किया जा सकता था। इस व्यवहार से सम्बन्धित किसी लिखित साक्ष्य का भी अभाव है, जब तक कि हम चौदहवीं शताब्दी में प्रवेश नहीं कर जाते हैं। वस्त्रों के सन्दर्भ में छिप्पा (कपड़ा छपाई) और छप्पा (मुहर) जैसे शब्दों की उपस्थिति ब्लॉक प्रिंटिंग की उपस्थिति को दृढ़ता से प्रमाणित करती है। यह कला तेज़ी से प्रचारित-प्रसारित हुई, और सोलहवीं शताब्दी तक 'छींट' भारतीय वस्त्र उद्योग का एक प्रमुख क़िस्म बन गया था।[6]

एक नया शिल्प, जिसके प्रचलन में आने में बेवजह देरी हुई, वह काग़ज़-निर्माण था। यह कल्पना से बाहर का विषय है कि भारतीय लिखने के लिए क्यों ताड़ के पत्ते, छाल और कपड़े का प्रयोग करते रहे जबकि वे यह देख रहे थे भारत में चीनी यात्री ये जिंग (671-95) धड़ल्ले से काग़ज़ का प्रयोग कर रहा था। बहरहाल, तेरहवीं शताब्दी आते-आते दिल्ली में काग़ज़ निर्माण शुरू हो गया; और चौदहवीं शताब्दी में तो यह इतना सस्ता हो गया था कि हलवाई इसका प्रयोग मिठाइयों को बाँधने में करने लगे थे।[7]

धातु-कर्म में टिन की परत चढ़ाने की कला चौदहवीं-पन्द्रहवीं शताब्दी के दौरान प्रचलित हुई। इस तकनीक ने खाना बनाने के बर्तनों और खाद्यान्नों को संग्रहित करने के लिए पीतल के बर्तनों की अपेक्षा सस्ते ताँबे के बर्तनों के बहुप्रचलन को

प्रोत्साहित किया। जस्ता के व्यवहार में एक प्रमुख धातु-कर्म प्रगति देखी गयी। प्राचीन काल के दौरान जवार की खानों में जस्ता का खनन किया जाता था, लेकिन यह ताँबे, सीसा और चाँदी के अयस्कों से मिला हुआ था। इस प्रकार प्राचीन काल में पीतल (ताँबे और जस्ता का मिश्रधातु) के निर्माण से सम्बन्धित साक्ष्य आंशिक रूप से ही प्राप्त होते हैं। लेकिन चौदहवीं शताब्दी तक जवार में आसवन द्वारा जस्ता को अलग करना शुरू कर दिया गया था। यह अभी तक स्पष्ट नहीं है कि यह प्रक्रिया चीन में व्यवहार में आ रही प्रक्रिया से पहले की है या नहीं। अबुल फ़ज़ल ने जस्ता को एक ऐसा बिल्कुल नया आविष्कार माना जिसके बारे में प्राचीन लोग अनभिज्ञ थे।[8]

तेरहवीं शताब्दी के दौरान एक नयी तकनीक के अस्तित्व में आने और फिर उसके प्रचारित-प्रसारित एवं बहुप्रचलित होने से भवन-निर्माण उद्योग के क्षेत्र में बड़ा परिवर्तन और रूपान्तरण हुआ। प्राचीन भारतीय पत्थर और ईंट से निर्मित वास्तुकला या स्थापत्य पूरी तरह से शहतीरी थी। ढाँचे पर छत के निर्माण या ढलाई को खम्भों पर 'बीम' रख के किया जाता था या दीवारों को इस प्रकार से ढलुआँ बनाया जाता था जिससे वे ऊपर जाकर मिलने पर एक बुर्ज या शीर्ष बना सके। जैसा कि हमने अध्याय 1.6 में देखा है, ऐसी वास्तुकला बृहद् इमारतों के निर्माण में बड़े पत्थरों के टुकड़ों की माँग करती थी और ईंटों के प्रयोग को हतोत्साहित अथवा कम करती थी, विशेषकर जब से सीमेंट के गारे का प्रयोग होना शुरू नहीं हुआ था लेकिन जैसे ही सल्तनतकाल आया, उसके साथ चापाकार, गर्भ-गृह, गुम्बद और जिप्सम एवं चूने के गारे के प्रयोग के साथ एक समवेत प्रौद्योगिकी अथवा तकनीक भी अस्तित्व में आयी जिसमें ईंटों और रोड़ियों को व्यवहार में लाने की व्यापक सम्भावनाएँ विकसित हुईं। इसने केवल अविस्मरणीय और लोक संरचनाओं को ही नहीं बल्कि शहरी मध्य वर्ग के आवासीय और बाज़ार-स्थलों से सम्बन्धित अवसंरचना को पूरे तरीक़े से बदल डाला।

संगमरमर और मिट्टी के बर्तन हालाँकि सिन्धु घाटी सभ्यता और कुषाणकाल में प्राप्त हुए थे लेकिन मात्रात्मक आधार पर यह अवश्य ही कहा जा सकता है कि प्राचीन भारत में ये दुर्लभ थे लेकिन नयी तकनीकों के आगमन के साथ, तेरहवीं शताब्दी से 'नीली, डायपर और बैंडेड' टाइलें और मिट्टी के बर्तनों का निर्माण भारत में किया जाने लगा।[9]

वेधशाला में प्रयुक्त कुछ ऐसे निश्चित उपकरण थे जैसे कि बहुद्देशीय तारेक्षवेधयन्त्र और धूप घड़ी, दोनों में काफ़ी और तेज़ी से सुधार आया, इन

उपकरणों और यन्त्रों को भारत में बनाया भी जाने लगा और उसका व्यवहार भी किया जाने लगा। फ़िरोज़ तुग़लक़ ने दिल्ली में एक ऊँचे बुर्ज पर एक वेधशाला स्थापित की जिसमें धूपघड़ी और अन्य उपकरणों के साथ एक ऐसा खगोलीय-यन्त्र स्थापित था जिसके बारे में कहा जाता है कि वह 'अलेक्जेंड्रिया'/सिकन्दरिया (यह उपकरण हेलेनिस्टिक मूल का बताया गया था) के तर्ज़ पर बनाया गया था।[10] खगोलीय-यन्त्र और धूप घड़ी, दोनों ऐसे उपकरण थे जिसका समुद्री-यात्रा में भी महत्त्व था; और तेरहवीं शताब्दी से 'भारतीय समुद्रों' में (तैरती सूई) चीन में निर्मित चुम्बकीय कम्पास प्रचलित होने लगा था।[11]

जैसा कि हमने अध्याय 1.2 में देखा है, घोड़े वाले रथ, नीचे की ओर घोड़े की जीन, लोहे के रक़ाब और जूतों जैसे तीन प्रकार के उपकरणों जैसे नवाचारों ने उत्तर भारत में सल्तनत की सेनाओं को प्रभावी और मज़बूत होने में काफ़ी सहायता की। अब ये उपकरण भारत के प्रायद्वीपीय भागों में भी अपनाये जाने लगे थे। घोड़े की नाल का सर्वप्रथम उल्लेख हमें तेरहवीं शताब्दी के उत्तरार्ध के बीच की अवधि के दौरान होयसल की मूर्तिकला में देखने को मिलता है, हालाँकि यह प्रारम्भिक अवस्था की मूर्तिकला में देखने को नहीं मिलता है। लोहे के रक़ाब होयसल काल से सम्बन्धित घोड़ों में दर्शाये गये हैं लेकिन ये लकड़ी और चमड़े के रक़ाब हैं जो अभी भी सामान्य और व्यापक तौर पर प्रदर्शित किये गये थे। जीन का आकार बहुत कुछ अवतल क़िस्म का था जिसका प्रदर्शन होयसल की मूर्तिकला में अच्छे तरीक़े से केवल 1250 ई. के बाद ही दिखता है।[12]

शोरा आधारित आतिशबाज़ी की कला से सम्बन्धित उपकरणों का आविष्कार चीन में पहले ही हो चुका था लेकिन भारत में यह 1400 ई. के बाद से ही व्यवहार में आना शुरू हुआ और पन्द्रहवीं शताब्दी के दौरान दक्कन और सम्भवतः उत्तर भारत में भी बारूद से चलने वाले राकेट का प्रयोग किया जा रहा था।[13] 1526 ई. में हुई पानीपत की प्रथम लड़ाई में बाबर ने तोपों और बन्दूक़ों का प्रयोग बहुत ही प्रभावी और ख़तरनाक तरीक़े से किया था; इसमें अत्यन्त प्रभावी विशेषज्ञता को उसने तुर्की के ओटोमन साम्राज्य से सीखा था।

## सन्दर्भ एवं टिप्पणियाँ

1. डी.डी. कोसाम्बी, *एन इंट्रोडक्शन टू द स्टडी ऑफ़ इंडियन हिस्ट्री*, बॉम्बे, 1956, पृ. 340.
2. इरफ़ान हबीब, *मेडिवल टेक्नोलॉजी : एक्सचेंज बिटवीन इंडिया एंड द इस्लामिक वर्ल्ड*, अलीगढ़, 1985, पृ. 2-7.

3. देखें आभा सिंह, *'इर्रिगेटिंग हरियाणा'* में *मेडिवल इंडिया*-1, सम्पा. इरफ़ान हबीब, नयी दिल्ली, 1972, पृ. 49-52.
4. द इंडिगोवट्स बयाना (पूर्वी राजस्थान) में है और अन्य मध्यकालीन नील उत्पादकों का सर्वेक्षण प्रो. इक़्तिदार आलम ख़ान द्वारा किया गया है, देखें उनका 'प्री मॉडर्न इंडिगोवट्स ऑफ़ बयाना', *एनवायरनमेंटल डिज़ायन : द गार्डन एज ए सिटी*, सम्पा. ए. पेट्रसिओली, रोम, ति.न., पृ. 92-98.
5. इरफ़ान हबीब, *मेडिवल टेक्नोलॉजी : एक्सचेंजेज, एंड सी., पृ. 9-14, और 'जोसेफ़ नींधम एंड द हिस्ट्री ऑफ़ इंडियन टेक्नोलाजी', इंडियन जर्नल ऑफ़ हिस्ट्री ऑफ़ साइंस,* भाग-35(3), 2000, पृ. 265-70.
6. कपड़ा उद्योग/वस्त्र उद्योग से सम्बन्धित तीन आविष्कारों के सन्दर्भ में इरफ़ान हबीब में चर्चा की गयी है, *मेडिवल टेक्नोलॉजी, एक्सचेंजेज,* एंड सी., उद्धृत, पृ. 7-9, 21-24, जहाँ विस्तृत विवरण प्राप्त किया जा सकता है।
7. पूर्वोक्त, पृ. 14-15.
8. इरफ़ान हबीब, *'जेम्स नींधम, एंड सी'*, पृ. 270-71. अबुल फ़ज़ल का वक्तव्य आईन-ए-अकबरी में उद्धृत हुआ है, सम्पा. एच. ब्लोचमैन, *स.सू.* भा., कलकत्ता, 1867-77, भाग-I, पृ. 35.
9. देखें कुलदीप के. *बाण में : मैन एंड एनवायरनमेंट,* पुणे, XXXI(2), 2006, पृ. 90-95.
10. अज्ञात, *सीरत-ए-फ़िरोज़शाही,* ख़ुदा बख़्श पुस्त. एमएस, पटना, 1999 का फ़ोटो-संस्करण, पृ. 302-05; शम्स सिराज अफिफ, तारीख़-ए-फ़िरोज़शाही, सम्पा. विलायत हुसैन, स.सू. (Bib.) भारत कलकत्ता, 1891, पृ. 254-60.
11. एक उर्दू किताब में साक्ष्य का गहन अध्ययन किया गया है, सैयद सुलेमान नदवी, *अरबों की जहाज़रानी,* आज़मगढ़, 1935, पृ. 148-52. उद्धृत. जोसेफ नींधम, *साइंस एंड सिविलाइज़ेशन इन चाइना,* IV(1), कैम्ब्रिज़, 1962, पृ. 247.
12. जीन डोलचे को देखें, *मिलिट्री टेक्नोलॉजी इन होयसल स्कल्पचर 'ट्वेल्थ एंड थर्टींथ सेंचुरी'*, नयी दिल्ली, 1989, पृ. 30-31, 48.
13. देखें. इक़्तिदार ए. ख़ान, *गनपाउडर एंड फ़ायरआर्म्स : वारफेयर इन मेडिवल* इंडिया, दिल्ली, 2004, पृ. 17-58; और वही भी, में *इंडियन हिस्टोरिकल रिव्यू* (दिल्ली), IV(1), 1977, पृ. 20-29.

# 2.3

# विज्ञान और शिक्षा

1035 ई. के आस-पास जब अलबरूनी ने लाहौर में भारतीय विज्ञान, धर्म और रीति-रिवाज़ों के अपने गम्भीर और अति-प्रशंसनीय कार्य के बारे में लिखा, तो उनके लेखन और विवेचना में जिस प्रकार का अतुलनीय एवं तार्किक विवेक और युक्तियुक्त आलोचनात्मक दृष्टिकोण देखने को मिला, उसके सन्दर्भ में हम पहले ही (देखें अध्याय 1.3) टिप्पणी कर चुके हैं। अगली दो शताब्दियों के दौरान इस्लाम के अन्दर भी एक बदलाव और रूपान्तरण हुआ जिससे तर्क और विज्ञान को हिक़ारत और विद्वेष की भावना से देखा जाने लगा। इस सन्दर्भ में निर्णायक और प्रस्थान-बिन्दु को प्रायः उससे माना जाता है ज़ब अल-ग़ज़ाली (मृ. 1111) ने 'दार्शनिकों' की गम्भीर आलोचना की या यों कहें कि धज्जियाँ उड़ानी शुरू कर दीं और उसके बाद उसके लेखन की लोकप्रियता बढ़ती ही गयी।

जब हम मुहम्मद गौरी के विजय अभियानों (लगभग 1200) के बाद उत्तर भारत में अरबी और फ़ारसी शिक्षा के प्रचार-प्रसार के परिणामों के बारे में विचार-विमर्श करते हैं, तो इसके लिए यह आवश्यक प्रतीत होता है कि यह वैचारिक बदलाव लोगों के मस्तिष्क में हो। अरबी विज्ञान के विविध अनुशासनों की व्यापक शिक्षा के विविध पहलुओं से हम अवगत हो गये थे लेकिन यह बढ़ती बौद्धिकता धार्मिक प्रतिबन्धों के परिवेश में हो रही थी। दिल्ली के प्रसिद्ध सूफ़ी सन्त निज़ामुद्दीन (लगभग 1324) ने ग्रहों की गति के स्वचालित होने के वैज्ञानिकों के दावे को विधर्मी होने के रूप में निन्दा की और इतिहासकार ज़िया बरनी (1357) ने मुहम्मद तुग़लक़ (शासनकाल : 1324-51) की पवित्र ग्रन्थों के निर्देशों से श्रेष्ठ होने के तथाकथित दावे और वैज्ञानिकों एवं दार्शनिकों के साथ संगति रखने के लिए कटु आलोचना की।

अतएव, यह कोई आश्चर्य का विषय नहीं है कि भारतीय विज्ञान में जो बुनियादी (आधारिक) और मौलिक कार्य हुए, वे तेरहवीं से लेकर पन्द्रहवीं शताब्दियों के बीच हुए। जिन दो क्षेत्रों में व्यापक रुचि दिखाई गयी, वह खगोल और चिकित्सा का क्षेत्र था।

भारतीय खगोलविज्ञानी अब ज्ञान के एक ऐसे समृद्ध कोश को बनाने में समर्थ और सक्षम थे जिसमें ग्रीकों की विरासत थी और ऐसे उन ठोस संशोधनों को सम्बद्ध किया गया था जो अरब में किये गये थे। इससे एक सैद्धान्तिकी और वैचारिक ज्ञान भी विकसित हुआ जिसके परिणामस्वरूप, जैसा कि पहले उल्लिखित किया जा चुका है, अधिक उत्कृष्ट श्रेणी के उपकरण अस्तित्व और प्रचलन में आये, जैसे कि, तारेक्षवेधयन्त्र और धूप घड़ी। अन्धविश्वास ने भी खगोलीय जानकारियों की प्यास बुझायी। जैसा कि हमें बताया गया है कि दिल्ली में अलाउद्दीन ख़िलजी के शासनकाल के दौरान (1296-1316) कोई भी सम्मानित और सम्भ्रान्त व्यक्ति किसी ज्योतिष के सलाह के बिना कोई भी बड़ा क़दम, जैसे कि धार्मिक रीति-रिवाज़, शादी, या यहाँ तक कि शादी का प्रस्ताव, नहीं उठाया करता था। इसका परिणाम यह हुआ कि प्रत्येक मुहल्ले में एक ज्योतिष का 'जन्म' हो गया, लेकिन कुछ कुलीन और अग्रणी व्यक्तियों ने ख़ुद को खगोलीय ज्ञान प्राप्त करने के लिए प्रेरित एवं प्रतिबद्ध किया, जबकि खगोल-विज्ञानी अपनी ओर से खगोलीय घटनाओं और वेधशाला के उपकरणों को प्रयोग में लाने की विशेषज्ञता हासिल करते रहे जिसमें वे काफ़ी सफल हुए।[1]

अलबरूनी ने अरबी भाषी लोगों को भारतीय (हिन्दू) खगोलीय (और ज्योतिषी) परम्परा से साक्षात्कार कराने में बहुत योगदान दिया। चौदहवीं शताब्दी में फ़िरोज़ तुग़लक़ ने कुछ महत्त्वपूर्ण कृतियों का अनुवाद फ़ारसी भाषा में किया। इनमें प्रत्यक्ष तौर पर संस्कृत भाषा में एक ज्योतिष सम्बन्धी पुस्तक थी जिसे फ़ारसी में *दलाइल-ए-फ़िरोज़शाही* शीर्षक से प्रस्तुत किया गया, इनके साथ इस प्रकार की सामग्री लिए दो अन्य पुस्तकें भी थीं जिनके संस्कृत शीर्षकों को ढूँढ़ना कठिन है।[2]

अलबरूनी ने आर्यभट्ट द्वारा प्रतिपादित पृथ्वी के अपने अक्षीय घूर्णन के सिद्धान्त पर टिप्पणी करते हुए इसे 'सबसे कठिन प्रश्न' बताया था।[3] अमीर ख़ुसरो ने स्पष्ट रूप से अपनी काव्य कल्पना में इस धारणा का एक से अधिक बार उल्लेख किया है। स्वाभाविक और निश्चित तौर पर इसने सूर्य के चारों तरफ़ पृथ्वी की उस वार्षिक गति के सन्दर्भ में किसी प्रकार की जानकारी या सूचना नहीं दी जिसकी खोज का श्रेय अकेले पोलैंड निवासी कॉपरनिकस (मृ. 1543) को जाता है।[4]

चिकित्सा के क्षेत्र में 'ग्रीक' अनुशासन अथवा शाखा (जैसा कि अरबी और फ़ारसी किताबों में संरक्षित और विकसित किया गया) दिल्ली दरबार में काफ़ी प्रभावी बन गया। यहाँ भी फ़िरोज़ तुग़लक़ सुल्तानों के बीच अग्रणी और प्रमुख नाम था, उसने चिकित्सा पर एक बृहद् ग्रन्थ-*'तिब्ब-ए-फ़िरोज़शाही'* को तैयार करवाया जिसका निरीक्षण वह ख़ुद करता था।[5] उसने एक अस्पताल *(दारू शिफ़ा)* को बनवाया जिसमें आम लोगों का इलाज हुआ करता था। वास्तव में फ़िरोज़ ने एक नयी तकनीक अपनायी जिसमें उसने मानसिक रूप से बीमार लोगों को एकत्रित कर उन्हें इलाज के लिए अस्पताल में नज़रबन्द कर दिया।[6]

उसका एक और रेखांकित करने योग्य प्रयास आयुर्वेदिक प्रणाली का उपयोग था। सुल्तान की राजधानी दिल्ली में मिल्हण (तेरहवीं शताब्दी) ने आयुर्वेदिक उपचार पर संस्कृत भाषा में एक उल्लेखनीय पुस्तक *'चिकित्सामृत'* लिखी, बरनी दिल्ली में आयुर्वेदिक चिकित्सकों का उल्लेख चौदहवीं शताब्दी की शुरुआत में करते हैं जैसे कि 'माहचन्द्र, चिकित्सक', और नागोरी ब्राह्मण और जयति (जैन)।[7] जब सुल्तान महमूद ख़िलजी ने माण्डू (मालदा) में 1442-43 के दौरान एक अस्पताल बनवाया, तो उसने आदेश दिया कि दवाइयाँ 'इस्लामी' और 'ब्राह्मणवादी', दोनों प्रकार के चिकित्सकों के द्वारा निर्देशित की जायेंगी और दी जायेंगी।[8] पन्द्रहवीं शताब्दी में वाग्भट्ट की एक पुस्तक का अनुवाद मुहम्मद 'अस्वी' ने फ़ारसी भाषा में किया। आख़िरकार 1512-13 ई. में एक अफ़ग़ान कुलीन मियाँ मुआं ने संस्कृत भाषा के सभी प्रमुख आयुर्वेदिक पुस्तकों के आधार पर फ़ारसी भाषा में एक *मदानुष शिफ़ा-ए सिकन्दरशाही* लिखा जो कि एक प्रकार का संग्रह था और जिसमें सबसे प्रमुख व्यक्तित्वों (सुश्रुत, चरक और बारह अन्य) का उल्लेख भुवाह ने अपनी प्रस्तावना में किया है। उनकी इस पुस्तक में मुख्यतः दो प्रकार के तर्क प्रतिबिम्बित और परिलक्षित होते हैं, पहला तो यह है कि ग्रीक चिकित्सा *(हिक्मत-ए-यूनान)* भारतीय परिवेश के मुफ़ीद नहीं थी और दूसरा यह कि इस चिकित्सा प्रणाली में जिन औषधीय पौधों का उल्लेख किया गया, वे या तो भारत में पहचाने नहीं जा सके अथवा प्राप्त नहीं हो सके।[9]

अरब और फ़ारसी की शिक्षाओं द्वारा भारत में प्रचारित-प्रसारित विज्ञान की विभिन्न शाखाएँ अपनी प्रकृति में धर्मनिरपेक्ष कही जा सकती थीं और इसमें एक उल्लिखित और सम्बद्ध करनेवाली चीज़ इसका ऐतिहासिक लेखन और अध्ययन (हिस्ट्रोग्राफ़ी) रहा। साक्षियों के गन्तव्यों, आख्यानों और दस्तावेज़ों का कच्चा संग्रह *'चचनामा'*, (मूल रूप से यह नौवीं शताब्दी के दौरान अरबी भाषा में लिखा

गया था जिसका अनुवाद तेरहवीं शताब्दी में फ़ारसी भाषा में किया गया) जिसमें अरबों द्वारा सिन्ध पर विजय का विवरण है, आधुनिक शोधार्थियों के लिए व्यापक तौर पर उपयोगी है। लेकिन यहाँ इसके बाद की ऐतिहासिक इतिवृत्तात्मकता के लेखन में सुबोधता एवं स्पष्टता और तार्किकता ग़ायब है। ये दोनों गुण मिन्हाज़ सिराज जूज़्जानी की उस *तबक़ात-ए-नासिरी* में प्रचुर मात्रा में उपलब्ध हैं जो 1260 ई. के दौरान दिल्ली में लिखी गयी थी और जो कि वास्तविक अर्थों में एक विश्व इतिहास है, लेकिन अनिवार्य रूप से हालिया समकालीन विश्व का इतिहास। तेरहवीं शताब्दी के मंगोल साम्राज्य का भौगोलिक 'वैविध्य' वाकई में रेखांकित करने योग्य है, और वैसा ही लेखक का शोध है जिसने सुल्तान इल्तुतमिस (1210-36) के पच्चीस उच्चाधिकारियों के जीवनीपरक दास्तानों को प्रकाश में लाने का कार्य किया।

ज़िया बरनी एक अलग प्रकार के इतिहासकार थे जिनका *तारीख़-ए-फ़िरोज़शाही* (1357) दिल्ली सल्तनत का इतिहास है और यह वहाँ से शुरू होता है जहाँ मिन्हाज़ सिराज ने अपना ऐतिहासिक आख्यान का अन्त किया था। बरनी अपने समकक्षों से अलग हैं क्योंकि वह वंश और सियासत की तुलना में जीवन के विविध पहलुओं को जैसे कि अर्थव्यवस्था, समाज, बौद्धिकता और धर्म को अधिक प्राथमिकता देते हैं। वह इस मामले में भी नये हैं कि वह घटनाओं के सन्दर्भ में अपने ख़ुद के विशिष्ट ऐतिहासिक सिद्धान्त को व्यवहार में लाते हैं। यह सिद्धान्त निरंकुश तानाशाही, स्थापित कुलीनता, और ऊपर से ग़ैर-कुलीन वर्ग के बीच के त्रिकोणीय सम्बन्ध पर आधारित था। बरनी को ऐसा प्रतीत होता था कि अधिक्रम या सोपान का सिद्धान्त राज्यव्यवस्था में कमज़ोर हो रहा था और उपर्युक्त तीनों तत्त्वों के बीच व्याप्त तनाव को स्थायी रूप से कभी समायोजित नहीं किया जा सकता था। इसके परिणामस्वरूप जो उथल-पुथल हुई, उसने त्रासदी को बार-बार हवा दी। 'सम्प्रभुता पर विचार' पर भी बरनी ने एक पुस्तक–*फ़तावा-ए-जहाँदारी* लिखी जिसके अत्यधिक शब्दाडम्बर और धार्मिक बयानबाज़ी कुछ महत्त्वपूर्ण विचारों और अन्तर्दृष्टियों की अभिव्यक्ति में बड़ी बाधा बनते हैं, उदाहरण के तौर पर, इस्लामी राजशाही में वंशानुगत उत्तराधिकार को दी गयी निर्मलता और पवित्रता की कमी।[10]

एक अलग श्रेणी में ठक्कर फेरू जो कि दिल्ली में टकसाल के प्रधान थे, ने 1290 ई. से 1318 ई. की अवधि के दौरान अपभ्रंश भाषा में निबन्धों का एक संग्रह लिखा जो माप-विद्या, फ़सल की पैदावार, सिक्का, रत्न, धातु, वाणिज्यिक

अंकगणित इत्यादि से सम्बन्धित आँकड़े उपलब्ध करवाता है। ऐसे आँकड़े और सूचनाएँ मुद्राशास्त्रीय इतिहास के पुनर्निर्माण और तत्कालीन परिस्थितियों के वाणिज्यिक परिवेश को समझने के लिए अति प्रासंगिक और बहुमूल्य हैं।

गत अवधि के दौरान जो बहुत अधिक बौद्धिक गतिविधियाँ प्रभावी और प्रबल हो रही थीं, उसका स्थान इस प्रविधि में धार्मिक सिद्धान्तों, रीति-रिवाज़ों, विधिक भाष्यों और सूफ़ियों की पुस्तकों ने ले लिया। इस क्षेत्र में उल्लेखनीय बौद्धिक योग्यता कम प्रकाश में आयी। चौदहवीं शताब्दी में लोकप्रिय कृतियों की छोटी-सी सूची है जिसमें मुख्य तौर पर ग़ज़ाली जैसे धर्मशास्त्रियों की पुस्तकों, या सूफ़ी लेखकों जैसे कि हुज्विरी और शहाबुद्दीन सुहरावर्दी, या अभी हाल के दौरान भारत में रचित शेख हमीदुद्दीन नाग़ोरी जैसे उपाख्यानों या दिल्ली के शेख निज़ामुद्दीन के संवादों को स्थान दिया गया है।[11]

इस्लामी दुनिया से प्रेरित होकर उसकी कुछ निश्चित प्रणालियों और परम्पराओं को अपनाया गया। सबसे प्राथमिक स्तर पर *मक़तब* था जहाँ एक विद्यालय का अध्यापक बच्चों को पढ़ना और लिखना सिखाता था (चित्र 2.1)। उच्चतर स्तर पर विभिन्न विषयों को एक विद्वान के निर्देशानुसार *(दर्स)* व्यक्तिगत स्तर पर छात्रों से पढ़वाया जाता था (चित्र 2.1)। अगर कोई छात्र एक अध्यापक के साथ एक और एक से अधिक पुस्तकों को पढ़ने में सक्षम हो जाता था, तो पगड़ी बाँधने के

चित्र 2.4 : फ़िरोज़ तुग़लक़ का *'मदरसा'*, हौज़ ख़ास, दिल्ली : पुरातात्विक सर्वेक्षण

समारोह का आयोजन किया जाता था।[12] उच्च शिक्षा का अधिक संस्थागत रूप *'मदरसा'* था (व्युत्पत्तिपरक अर्थ दर्स या निर्देश का स्थान) जो ग्यारहवीं शताब्दी

के दौरान मध्य एशिया और ईरान में व्यापक तौर पर स्थापित किया गया था, जहाँ से यह अन्य इस्लामी देशों में फैल गया। सामान्य तौर पर, *'मदरसा'* की एक इमारत हुआ करती थी, जहाँ शिक्षकों द्वारा व्यक्तिगत तौर पर निर्देश दिये जाते थे। वहाँ आवासीय छात्रों के लिए कुछ कमरे की व्यवस्था, एक पुस्तकालय और मस्जिद का प्रावधान हुआ करता था। फ़िरोज़ तुग़लक़ ने दिल्ली में एक बहुत बड़े *मदरसे* का निर्माण करवाया जिसकी आलीशान इमारत अभी तक खड़ी है (चित्र 2.4); ज़िया बरनी के अनुसार ऐसा प्रतीत होता है कि यहाँ शिक्षण मुख्य तौर पर "क़ुरान-टीका, पैगम्बर के उपदेशों, और इस्लामी धर्मशास्त्र (फ़िक़ह) तक सीमित था।"[13] इस बात पर ज़ोर दिया गया है कि सिकन्दर लोदी (1489-1517) ने अपने साम्राज्य के सभी क्षेत्रों के शहरों के *मक़तबों* और *मदरसों* में शिक्षकों की नियुक्तियाँ कीं और सम्भवतः उनके लिए भूमि या नक़द के अनुदान की व्यवस्था की।[14]

दरअसल काग़ज़ के प्रयोग में आने से यह सुविधा हुई कि इसने किताबों के नक़ल की सुविधा दी और इसके व्यापार को प्रोत्साहित किया। इसने व्यक्तिगत स्तर पर और व्यापक रूप से किताबों को संग्रहित करने को सम्भव बनाया। सुल्तानों और कुलीनों के पास बृहद् पुस्तकालय थे। ऐसे ही कुछ पुस्तकालय कम-से-कम विद्वानों के लिए उपलब्ध थे। जैसा कि हमें बताया गया है, फ़िरोज़ तुग़लक़ ने खगोल और नक्षत्र (तारेक्षवेधयन्त्र) विज्ञान से सम्बन्धित पुस्तकों को शाही पुस्तकालय *(किताब-ख़ाना-ए-ख़ास)* में जमा करवाया और यह इच्छा व्यक्त की कि ये उन सभी के लिए उपलब्ध हों जो इसका उपयोग करना चाहते हैं।[15]

## सन्दर्भ एवं टिप्पणियाँ

1. ज़िया बरनी, *तारीख़-ए-फ़िरोज़शाही*, सम्पा. सैयद अहमद खान अन्य., कलकत्ता, 1862, पृ. 363.
2. अज्ञात, *सीरत-ए-फ़िरोज़शाही*, खुदा बख़्श पुस्तकालय एमएस फोटो संस्क., पटना, 1999, पृ. 301.
3. एडवर्ड सी. सचाउ (अनुवा.), अलबरूनी'ज इंडिया, लन्दन, 1910, भाग-I, पृ. 276-77.
4. देखें हालाँकि, इक्तिदार हुसैन सिद्दीकी, 'साइंस एंड साइंटिफिक इन्स्ट्रूमेंट्स इन द सल्तनत ऑफ़ देलही', *प्रोसिडिंग्स ऑफ़ द इंडियन हिस्ट्री कांग्रेस*, 54वाँ (मैसूर 1993) सत्र, पृ. 139.
5. अज्ञा:..., *सीरत-ए-फ़िरोज़शाही*, पृ. 351.

6. पूर्वोक्त, पृ. 336, 338। चिकित्सक द्वारा अस्पतालों में दवाइयाँ मुफ़्त में बाँटी जाती थीं, पूर्वोक्त में इस अस्पताल के बारे में विस्तृत विवरण व्यापक तौर पर वर्णित है, पृ. 235-42, और अफिफ, *तारीख़-ए-फ़िरोज़शाही,* स.सं., कलकत्ता, 1891, पृ. 357-59.
7. बरनी, *तारीख़,* पृ. 363.
8. शिहाब हाकिम, *मा'सिर-ए-महमूद-शाही,* सम्पा. नूरुल हसन अंसारी, दिल्ली, 1968, पृ. 64.
9. मियाँ मुआं, *मादानु शिफ़ा-ए सिकन्दरशाही,* लिथो (स्पजीव.), लखनऊ, 1877, पृ. 3.
10. इरफ़ान हबीब देखें, 'बरनी'स थ्योरी ऑफ़ द हिस्ट्री ऑफ़ द देलही सल्तनत', *इंडियन हिस्टोरिकल रिव्यू,* VII, (1-2) (1980-81), पृ. 99-115, और 'ज़िया बरनी'ज विजन ऑफ़ द स्टेट', मेडिवल हिस्ट्री जर्नल, II (1) (1999), पृ. 19-36.
11. बरनी, *तारीख,* पृ. 346.
12. निज़ामुद्दीन (मृ. 1325) अमीर हसन सिज्ज़ी में अपनी शिक्षा को प्रतिबिम्बित हुआ मानते हैं, फवादुल फवाद, सम्पा. एम. लतीफ मलिक, लाहौर, 1966, पृ. 95-96.
13. बरनी, *तारीख़,* पृ. 564.
14. रिज़कुल्लाह मुश्ताक़ी, वक़ीअत-ए-मुश्ताक़ी, सम्पा. इक़्तिदार हुसैन सिद्दीकी, रामपुर, 2002, पृ. 18.
15. अज्ञा., *सीरत-ए-फ़िरोज़शाही,* पृ. 320.

# 2.4

# धर्म

## इस्लाम

गौरी के विजय अभियानों और दिल्ली सल्तनत की स्थापना के तदुपरान्त मुस्लिम समुदाय का विस्तार पंजाब, सिन्ध और पूर्व की मुस्लिम बसावटों के बाहर तेज़ी से होना प्रारम्भ हो गया। इसी प्रकार की प्रक्रिया चौदहवीं शताब्दी के दौरान तुंगभद्रा नदी के उत्तरी दक्कन में भी चल रही थी। पूर्वी बंगाल में भी प्रारम्भिक, सम्भवतः 14वीं-15वीं शताब्दी के दौरान बड़ी संख्या में धर्मान्तरण हुए।

हमारे पास आश्चर्यजनक रूप से इस बारे में थोड़े से ही विश्वसनीय साक्ष्य उपलब्ध हैं कि धर्मान्तरण कैसे और किस वर्ग से हुए और इसका परिणाम यह हुआ कि इस परिप्रेक्ष्य में अनुमानों के लिए काफ़ी सम्भावनाएँ पैदा कर दीं। समकालीन लेखक जब धर्मान्तरण को विश्लेषित और व्याख्यायित करते हैं तो वे वंश या परिवार की तुलना में व्यक्तिगत सन्दर्भों को ही अपेक्षाकृत अधिक महत्त्व देते हैं। धर्मान्तरित हुए लोगों का बड़ा स्रोत, जो कि अच्छे तरीक़े से लिपिबद्ध है, युद्धबन्दियों और ग़ुलामों का था। इसमें ग़ुलामों को भी ऊँचे पद बख़्शे गये, जैसे कि ख़्वाजा जहाँ मक़बूल मूल रूप से आन्ध्र प्रदेश के कैकट्य वंश से ताल्लुक रखने वाले एक कुलीन थे लेकिन युद्धबन्दी और धर्मान्तरण के पश्चात वे मुहम्मद तुग़लक़ और फ़िरोज़ तुग़लक़ के वजीर नियुक्त किये गये। हालाँकि ऐसे ग़ुलाम बड़ी तादाद में घरेलू सेवक/नौकर और श्रमिक ही बने रहे। इसके अतिरिक्त, कुछ आज़ाद लोगों ने भी अपने मूल धर्म को छोड़कर दूसरे धर्म के चयन का विकल्प चुना, जैसे कि, 1317 ई. में, एक मुस्लिम ग़ुलाम को उसके भाई के पास ले जाया गया जो कि स्पष्ट और प्रत्यक्ष रूप से आज़ाद था और उसके समक्ष यह प्रस्ताव रखा गया कि उसके पास शेख़ निज़ाममुद्दीन से इस्लाम

में दीक्षित होने का सौभाग्यशाली अवसर है, हालाँकि उसने उनके मंसूबों पर पानी फेर दिया![1] जबकि इसका कोई ऐसा साक्ष्य अभी तक व्यावहारिक रूप से उपलब्ध नहीं है कि किसी आज़ाद व्यक्ति को ज़बरन धर्मान्तरण के लिए बाध्य किया गया हो (हालाँकि दासता धर्मान्तरण के साथ, वास्तव में बल के एक कार्य का परिणाम है)। हालाँकि यह भी एक सत्य है कि ऐतिहासिक अभिलेखों में बाध्यकारी धर्मान्तरण को कोई चुनौती देने का साक्ष्य उपलब्ध नहीं है। इस बात के भी कोई सबूत मौजूद नहीं हैं कि सूफ़ियों ने किसी प्रकार की प्रचारक गतिविधियों को संस्थागत अथवा सांगठनिक तौर पर प्रोत्साहित किया हो, हालाँकि बाद में सूफ़ी धर्म को अपनाने की किंवदन्तियाँ प्रचलित हुईं। हमें यह भी निश्चित तौर पर रेखांकित करना चाहिए कि केवल तुर्क और ईरान के आप्रवासी ही मुस्लिम नहीं थे बल्कि भारत में मुस्लिमों की संख्या में पंजाब, अफ़ग़ानिस्तान और सिन्ध जैसे क्षेत्रों से ताल्लुक रखने वाले लोग अधिक थे। वस्तुतः तुर्क और ईरान के आप्रवासन से उपमहादेश के अन्य भागों में भी मुस्लिमों की संख्या में इज़ाफा हुआ।

1200 ई. से रूढ़िवादी इस्लामी धर्मशास्त्र, जिसके प्रवक्ता *उलेमा* और *दानिशमन्द* (विद्वान) थे, ने व्यापक स्तर पर उस रहस्यवाद के साथ शान्ति, सामंजस्य और समन्वय स्थापित कर लिया था जिसके समर्थक और पुरोधा सूफ़ी और *दरवेश* थे। सूफ़ी सामान्य तौर पर धर्मशास्त्र की व्यावहारिकता का उसी तरह सम्मान करते थे, जिस प्रकार 'उलेमा' पीर के प्रति पूर्ण आत्मसम्मान अथवा अधीनस्थता के सिद्धान्त से अभिप्रेरित *सूफ़ियों* के व्यवहारों और आचार-विचार को सहन करते थे। हालाँकि 'समां' अल्लाह को सम्बोधित करता हुआ सामूहिक और लोक प्रेमगीत था लेकिन इसने सूफ़ियों की सभाओं में विवाद पैदा किया और यह हमेशा विवादास्पस्द रहा।

सूफ़ीवाद के अन्दर उसके भक्तों और अनुयायियों की तुलना में *शेख़* अथवा *पीर* को सर्वोच्च प्राधिकार के रूप में अधिकृत करने की बढ़ती प्रवृत्ति ने सूफ़ियों के बीच विभिन्न सिलसिलों अथवा व्यवस्थाओं के निर्माण की सम्भावनाएँ बनायीं। ये *सिलसिले* सामान्यतया तब बनाये गये जब किसी व्यक्ति विशेष 'पीर' ने किसी विशेष क्षेत्र या भूभाग को आवंटित करते हुए ख़लीफ़ा को उत्तराधिकारी या प्रभारी बनाया। ये ख़लीफ़ा बदले में *बाईत* या अनुयायियों की निष्ठा अथवा राजनिष्ठा प्राप्त करते थे और अपने 'पीरों' की मृत्यु के बाद खुद ही अपने ख़लीफ़ाओं की नियुक्तियाँ किया करते थे। *खानक़ाह* सूफ़ी गतिविधियों का केन्द्र हुआ करता था। यहाँ पीर निर्देश दिया करते थे, संवाद किया करते थे, *समां* की सभाओं को

आयोजित किया जाता था और उनके चुने हुए सहायक ताबीज़ों के लिए 'पर्चियों' के उत्कीर्ण का कार्य किया करते थे; और साथ ही साथ यहाँ 'लंगर' की व्यवस्था की जाती थी। इन सबों के लिए धन की व्यवस्था स्वेच्छापूर्वक लेकिन अवांछित उपहारों के माध्यम से होती थी जिन्हें *फ़ुतूह* कहा जाता था। अनेक सूफ़ियों ने इस तयशुदा या नियमित उपहारों और भूमि-अनुदानों को घृणा की दृष्टि से देखा लेकिन अन्यों को विशेष रूप से कोई गुरेज नहीं था।[2]

13वीं और 14वीं शताब्दियों की अवधि के दौरान *सूफ़ियों* के बीच दो सबसे प्रभावी 'सिलसिले' या 'व्यवस्था' *सुहरावर्दी* और *चिश्ती* थे जो क्रमशः मुल्तान और दिल्ली एवं अन्य स्थानों पर थे। चिश्ती 'सिलसिले' का सबसे सुप्रसिद्ध दरवेश (महात्मा) *शेख़ निज़ामुद्दीन औलिया* हुए जिन्होंने अपने संवादों (1307-22) में, जो अमीर हसन सिज्ज़ी के *फ़वादुल फ़वाद* में संग्रहित हैं, जिसमें वाहदत-अल-वुजूद के पहले की अवधि के दौरान के सूफ़ीवाद का उत्कृष्ट और कालजयी प्रदर्शन किया है।

सूफ़ीवाद वाहदत-अल-वुजूद के सिद्धान्तों और मानकों के अनुरूप तब होता चला गया जब इब्न अल-'अरबी' (मृ. 1240) के विचार पहले जलालुद्दीन रूमी (1207-73) और अब्दुर रहमान ख़ाँ जामी (1414-92) की फ़ारसी कविताओं और तब भारत में अशरफ जहाँगीर सिमनानी (पन्द्रहवीं शताब्दी के प्रारम्भिक वर्षों की अवधि) के प्रयासों से अत्यधिक और अप्रत्याशित रूप से प्रभावी होने शुरू हो गये। इस सन्दर्भ में यह तथ्य द्रष्टव्य और रेखांकित करने योग्य है कि *वाहदत-अल-वुज़ूद* भारतीय इस्लामी परम्परा में उसी दौर में प्रभाव और प्रमुखता प्राप्त कर रहा था जब शंकराचार्य की *वेदान्त* शाखा का अद्वैतवाद अपनी प्रभावोत्पादकता में चरम की ओर अग्रसर था। शंकराचार्य के विचारों के प्रचार-प्रसार और बहुप्रचलन में वक़्त लगा, इसकी पुष्टि इस तथ्य से होती है कि इसको अकबर के दरबार में काफ़ी या यों कहें कि दीर्घावधि तक 'नोटिस' (संज्ञान) तक नहीं लिया गया। यह मान्यता सर्वप्रथम 17वीं शताब्दी के शुरुआती वर्षों के दरम्यान जहाँगीर के दरबार में ही सम्भव हो पायी।[3]

भारत में इस्लाम का सबसे महत्त्वपूर्ण पहलू यह था कि इसे हिन्दूवाद के साथ उसके दीर्घकालीन सहअस्तित्व को इसके बहुत ही शुरुआती वर्षों में मान्यता और स्वीकृति मिल गयी थी; यह और भी महत्त्वपूर्ण इसलिए भी था क्योंकि ऐसा तमाम और अत्यधिक हिंसा, विजय-अभियानों एवं लूट-पाट के बावजूद सम्भव हो पाया था। विजेता मुइज़्ज़ुद्दीन गौरी (मृ. 1206) ने अपने भाइयों के कुछ सोने के

सिक्कों पर देवी लक्ष्मी की तस्वीर पर मुहर लगायी थी (देखें चित्र 2.5)। दिल्ली सल्तनत के अन्तर्गत उच्चस्तरीय कुलीनों (अमीरों) में मुस्लिमों का दबदबा था,

चित्र 2.5 : 'लक्ष्मी' ग़ौर के सुल्तान ग़ियासुद्दीन के सिक्के,
बारहवीं शताब्दी का उत्तरार्द्ध : डेयेल

या विशेषित कुछ तब—के जैसे कि 'ब्रह्मदेय' के विशेषाधिकार से विभूषित लोग बुरे तरीक़े से प्रभावित हुए जब सल्तनत काल में उनके क्षेत्रों को अपने अधीन किये जाने के तदुपरान्त करों में रियायत की सुविधा देने के अधिकार को उनसे छीन लिया गया।[4] हालाँकि ग्रामीण क्षेत्रों में 'राजा' अथवा शासक अभी भी अधिकांश हिन्दू ही थे; इतना ही नहीं चौदहवीं शताब्दी में तो वे सुल्तानों के गवर्नर और सेनापति नियुक्त किये जाने लगे। 1325 ई. में तो मुहम्मद तुग़लक़ ने अपने सभी अधिकारियों को जैन धर्म के पुजारियों के संरक्षण में जाने के लिए अनिवार्य रूप से एक फ़रमान जारी किया। वह खुद *होली खेला* करता था और प्रायः ही योगियों से संवाद स्थापित करता रहता था।[5]

अनेक मन्दिरों को वस्तुतः या तो अपवित्र किया गया या फिर उनका विध्वंस कर दिया गया, विशेषकर सैनिक अभियानों के दौरान लेकिन अनेक मन्दिर बनते भी रहे और उनमें से कुछ तो आधिकारिक संरक्षण में भी बने।[6] 1350 ई. के दशक की प्रविधि में इतिहासकार बरनी ने थोड़ी कड़वाहट के साथ यह रेखांकित किया और इस ओर ध्यान आकृष्ट करवाया कि मुस्लिमों के झण्डाबरदारों-सुल्तानों ने 'हिन्दुओं, मंगोलों, बहुदेववादी और किसानों' के प्रति सम्मान प्रकट किया, उन्हें मसनद पर बैठाया, उन्हें अन्य तरीक़ों से भी सम्मानित किया और हिन्दुओं को कर चुकाने (*जज़िया-ओ-ख़राज़*) के तदुपरान्त अपने मन्दिरों को बनाने और उत्सवों को मनाने की इजाज़त दी गयी, इतना ही नहीं उन्हें मुस्लिम नौकरों को

रखने की भी अनुमति दी गयी तथा साथ ही साथ मुस्लिम शासकों की राजधानी के ठीक पास में अपनी उपाधियों (राय, राणा, ठाकुर, शाह, मेहता, पण्डित इत्यादि) को व्यवहार में लाने के निर्बाध अधिकार दिये गये।[7] वास्तव में इस प्रकार की प्रवृत्ति साम्राज्यों के बीच पारस्परिक थी, जैसे कि विजयनगर साम्राज्य में मुस्लिम अधिकारियों और सैनिकों ने अपनी सेवाएँ दीं, और जब राणा कुम्भा ने चित्तौड़ में 15वीं शताब्दी की अवधि के दौरान विजय-स्तम्भ (चित्र 2.6) बनवाया, तो उन्होंने इस बात का ध्यान रखा कि उत्कृष्ट अरबी सुलेख में कई बार 'अल्लाह' नाम से उकेरी गयी देवताओं की मूर्ति हिन्दू देवताओं की मूर्ति हो।

चित्र 2.6 : राणा कुम्भा का विजय स्तम्भ, चित्तौड़ : कनिंघम

## हिन्दूवाद

यह प्रश्न प्रायः ही उठाया जाता है कि इस्लाम ने हिन्दूवाद में निहित आस्थाओं और विश्वासों के विकास को किस सीमा तक प्रभावित किया! इस्लाम की उपस्थिति में हिन्दूवाद में अद्वैतवाद की सम्भावनाओं को आकार देने में सहयोगी की भूमिका थी ही नहीं क्योंकि भारतवर्ष में अद्वैतवाद पूर्व से ही विद्यमान था

जैसा कि अलबरूनी ने भगवद्गीता और अमीर ख़ुसरो में अद्वैतवाद की सशक्त उपस्थिति दर्ज करते हुए 1318 ई. में ज़ोर देकर कहा कि हिन्दुओं ने केवल एक ईश्वर में विश्वास किया, वस्तुतः हिन्दू केवल एक ईश्वर में विश्वास करते थे, बिना किसी सहयोगी के, उनकी तुलना उस ईसाई धर्म के साथ की जिसने पवित्र आत्मा और पुत्र को उसके साथ जोड़ा।[8] लेकिन सम्भवतः इस्लाम धर्म के सहअस्तित्व ने हिन्दू धर्म में अद्वैतवाद की केन्द्रीय भूमिका सुनिश्चित करने और उस हद तक द्वैत में सांख्य दर्शन के प्रभाव को कम करने में सहायता की (देखें, अध्याय 1.4)। हालाँकि यह कहना अनिश्चित और एक सीमा तक युक्तियुक्त नहीं होगा कि मुस्लिम समुदाय में निहित समानता की सैद्धान्तिकी ने भारतीय समाज की जाति-व्यवस्था के लिए आलोचनात्मक और निन्दात्मक परिवेश की सम्भावनाओं को बल दिया। यह सन्देह और शुबहा इसलिए पैदा होता है क्योंकि मुस्लिमों में जो सामाजिक सोपान और 'क़ानून' व्यवहार में लाये जा रहे थे, वे सशक्त रूप से स्थापित संस्थान थे और वास्तव में इस अवधि के दौरान मुस्लिम जाति-व्यवस्था की मुखर और प्रखर आलोचना की गयी; अगर कोई इस सन्दर्भ में अन्वेषण या शोध करता है, तलाश करता है, तो इसे निरर्थक प्रयास ही कहा जायेगा।

हालाँकि एक स्तर पर इस्लाम के प्रभाव से वे लोग भी स्पन्दित हो रहे थे, उसका अनुभव कर पा रहे थे जो इसके बाहर और इतर थे, यह धर्म की अवधारणा है। अरबों और ईरानियों के लिए भारतवर्ष हिन्द और भारतीय 'हिन्दू' थे लेकिन भारत में मुस्लिम समुदाय के उद्भव के तदुपरान्त 'हिन्दू' नाम उन लोगों के लिए प्रयुक्त होने लगा जो मुस्लिम नहीं थे और यह स्वाभाविक भी था। ऐसा प्रतीत होता है हिन्दुओं के बीच अपनी आस्थाओं और विश्वासों के एक साझा ढाँचे की परिकल्पना की चेतना पनपी। 15वीं शताब्दी से वे अपने को समवेत रूप से इसी सम्बोधन को व्यवहार में लाया करते थे।[9] इसलिए, विभिन्न ब्राह्मणवादी वैचारिकी या दर्शनों के उपदेशों और संस्कारों के मौजूदा परस्पर विरोधी समूहों से शुरू होकर, उन्हें अन्तिम पारस्परिक समझौते की दृष्टि से चयन, संश्लेषण और ज़ोर के बदलाव पर बल देने की प्रवृत्ति पैदा हुई। एक व्यापक रूप से पहचाने जाने योग्य विश्वास के रूप में विशाल ब्राह्मणवादी परम्परा का 'हिन्दू धर्म' में परिवर्तन, इस प्रकार काफ़ी हद तक अपनी शर्तों पर था, हालाँकि कुछ हद तक विदेशी मूल प्रेरणा हो सकती थी, वास्तव में, जैसे कि, इसका स्वयं/ख़ुद का नाम।

कुछ निश्चित और दार्शनिक ग्रन्थों के संग्रह/समेकन ने हिन्दूवाद को एक व्यापक दृष्टि प्रदान करने में सहायता की। न्यायशास्त्र में, मिथिला (उत्तरी बिहार)

ने अग्रणी भूमिका निभायी और इस कथित भूमिका को सुनिश्चित करने में चण्डेश्वर की *स्मृतिरत्नाकर* (लगभग 1325) और वाचस्पति की *विवादचिन्तामणि* (लगभग 1500) की अहम भूमिका थी। दक्षिण भारत में लिखी गयी माधव की *सर्वदर्शसंग्रह* (लगभग 1375) में 16 दर्शनों और प्रणालियों को इस प्रकार प्रस्तुत किया गया जिसमें कि उन समस्त वैचारिकी के सभी रूपों एवं प्रारूपों और धर्मशास्त्र के सिद्धान्त विन्यस्त हो सके जिन्हें कालान्तर में हिन्दूवाद के रूप में सम्बोधित किया गया। दर्शन की इन कथित सोलह शाखाओं में वेदान्त महत्ता की दृष्टि से सर्वाधिक उपयुक्त, युक्तियुक्त और प्रासंगिक है।

यह कोई आश्चर्य का विषय नहीं है कि एक नये और अलग प्रकार के अद्वैतवाद की सम्भावनाएँ बननी शुरू हो गयी थीं जिसकी स्वीकृति आम जनमानस के बीच व्यापक स्तर पर थी। 13वीं शताब्दी की अवधि के दौरान वीरशैव या लिंगायत के कर्नाटक सम्प्रदाय ने गुरु 'बसव' (ज. 1125) के साथ इतिहास के निर्माण की नींव रखी। उनकी प्रणाली या पन्थ में केवल एक ईश्वर की परिकल्पना की गयी *(परशिव)*, जातीय विशिष्टता को नकारा गया, महिलाओं की अच्छी वस्तुस्थिति के लिए अनुकूल परिवेश और सम्भावनाएँ परिकल्पित की गयीं तथा साथ ही साथ पुजारीवाद पर ब्राह्मणों का वर्चस्व अब अतीत की बात हो गयी। लिंगायत मत से जुड़े गुरुओं और महात्माओं ने जिस प्रकार व्यापक और बृहद् स्तर पर कन्नड़ भाषा का प्रयोग किया, वस्तुतः वह इस बात का द्योतक था कि इस मत की जनवादिता और लोकप्रियता कितनी विराट और विस्तारित है।[10] ऐसी ही समानान्तर लेकिन कम संगठित प्रवृत्ति अथवा लहर तमिलनाडु में भी चल रही थी जिसके पुरोधा सिद्धार्स थे और जो एक ईश्वर के राग को तमिल भाषा में गाया करते थे, साथ ही साथ वे जाति-व्यवस्था, ब्राह्मण और आत्माओं के स्थानान्तरगमन या चक्र की आलोचना और निन्दा किया करते थे।

दो व्यक्तित्वों ने भक्ति को दक्षिण भारत से उत्तर भारत लाने में निर्णायक और महत्त्वपूर्ण भूमिका निभायी, हालाँकि उनके इस सन्दर्भ के बारे में लोगों को थोड़ा कम ज्ञात है। उनमें से एक थे महाराष्ट्र के शिंपी या छीपा व्यवसायी नामदेव (मृ. 1350) जो कि समर्पित भाव से एक अद्वैतवादी थे और जिन्होंने मूर्तिपूजा और जातीय भेदभाव का कड़ा और पुरज़ोर विरोध किया।[11] यही कारण है कि कालान्तर में वे कबीर परम्परा के अग्रदूत के रूप में रेखांकित किये जाने लगे; उस कबीर के जो उत्तर भारत के अद्वैतवादी गुरु के रूप में प्रख्यात और लोकप्रिय थे। रामानुज के ब्राह्मण अनुयायी रामानन्द (लगभग 1450), जो वाराणसी में उपदेश

देते थे, ब्राह्मणवादी परम्परा में सोलहवीं शताब्दी की शुरुआत के अधिकांश प्रमुख अद्वैतवादी प्रचारकों के उपदेशक बन गये (इनके शिष्यों की परम्परा में कबीर भी थे जिसके लिए अध्याय 3.4 देखें)।

दूसरी प्रसिद्ध और प्रभावी परम्परा जो इस अवधि के दौरान विकसित हुई, वह सिद्ध-नाथों की परम्परा थी जो गोरखपुर (10वीं-12वीं शताब्दी?) और इसके पहले तक जाती है। इसने विभिन्न शैव, शाक्त सम्प्रदाय और यौगिक विश्वासों को एक प्रकार से तान्त्रिक रहस्यवाद से सम्बद्ध कर दिया, जो भिक्षुओं और योगियों के द्वारा प्रचारित-प्रसारित किया जाता था।

## सन्दर्भ एवं टिप्पणियाँ

1. अमीर हसन सिज्ज़ी, *फवादु-अल-फवाद*, सम्पा. लतीफ़ मलिक, लाहौर, 1966, पृ. 305-08.
2. देखें मोहम्मद हबीब के मुख्य निबन्ध देखें, उनके *पॉलिटिक्स एंड सोसायटी ड्यूरिंग द अर्ली मेडिवल पीरियड*, सम्पा. के.ए. निज़ामी, भाग-I, नयी दिल्ली, 1974, पृ. 251-433 में पुनर्मुद्रित भारतीय सूफ़ी पर दो शुरुआती/प्रारम्भिक विस्तृत पुस्तकें : सैयद अतहर अब्बास रिज़वी, *ए हिस्ट्री ऑफ़ सूफ़िज़्म इन इंडिया*, भाग-I, 1600. ई. तक, नयी दिल्ली, 1997, और रिआज़ुल इस्लाम, *सूफ़िज़्म इन साउथ एशिया : इम्पैक्ट ऑन फ़ोर्टींथ सेंचुरी मुस्लिम सोसायटी*, कराची, 2002.
3. जहाँगीर, *तुज़ुक-ए-जहाँगीरी*, सम्पा. सैयद अहमद, गाज़ीपुर/अलीगढ़, 1863-64, पृ. 176.
4. वारंगल (आन्ध्र) के. कैकट्य साम्राज्य को अधीनस्थ करने के पश्चात अनुदानों के पुनः बहाल करने की शिकायतों को स्थानीय शासक, पोल्या नायक के विलसा अनुदान, (लगभग 1340) में दर्ज किया गया है। देखें *साइनथिया टलबोट* (Cynthia Talbot) में : रिचर्ड एम. एटन (सम्पा.), *इंडिया'ज़ इस्लामिक ट्रेडिशंस, 711-1750*, नयी दिल्ली, 2003, पृ. 87 एफएफ. अनुदानों को रद्द करने की ऐसी घटनाएँ भी घटित हुआ करती थीं, जहाँ एक हिन्दू युवराज अपना क्षेत्र दूसरे के हाथों खो देता था। विजयनगर साम्राज्य कृष्णराय के गवर्नर कोंडाविदु ने अनुदान का उल्लंघन किया तो उसे गायों की हत्या के पाप का अभिशाप लगा, यदि उड़ीसा या तेलंगाना के राजाओं ने अनुदान का उल्लंघन किया होता, तो उनके क्षेत्र को ज़ब्त कर लिया जाता और उसे ऐसा करने पर सूअर का मांस खाना पड़ता था अगर वह तुर्क (मुसलमान) शासक होता था (*एपिग्राफिया इंडिका*, VI, पृ. 230-39).
5. जैनों के पक्षों में फ़रमानों दस्तावेज़ों के विवरण सहित बी.डब्ल्यू. रॉबिन्सन की सूची जो कि एडमंड द अनगर के निजी संग्रह से सम्बन्धित है, को पुनरुत्पादित

यानी कि फिर से प्राप्त किया जा सकता है, *इस्लामिक पेंटिंग एंड द आर्ट्स ऑफ़ द बुक*, लन्दन, 1976, पृ. 283-4 और प्लेट 150. मुहम्मद तुग़लक़ के होली खेलने और योगियों से संवाद के लिए, देखें 'इसामी, सम्पा. ए.एस. उषा, मद्रास, 1958, पृ. 515. मुहम्मद तुग़लक़ के दरबार में जोगियों (योगियों) पर भी देखें इब्न बतूता. *रिहाला*, बेरूत, 1964, पृ. 544-45; अनुवा. महदी हुसैन, बड़ौदा, 1976, पृ. 165-6.

6. एटन *एसेज ऑन इस्लाम एंड इंडियन हिस्ट्री*, नयी दिल्ली, 2000, पृ. 94-132 पर अपने लेखों में 'टेम्पल डिसक्रेमेशन एंड इंडो-मुस्लिम स्टेट्स' को विषय बनाते हैं। सल्तनत काल में मन्दिर निर्माण के साक्ष्य अनेक शिलालेखों में संकलित हैं, जैसे कि 1296 में काशी (वाराणसी) में बनाया गया मन्दिर (पुष्पा प्रसाद, *संस्कृत इन्सक्रिप्शंस ऑफ़ द दिल्ली सल्तनत, 1911-1526*, दिल्ली, 1990, पृ. 144-52); 1295-98 की अवधि के दौरान बोधगया में महाबोध मन्दिर के पुनर्निर्माण के लिए (*एपिग्राफ़िका इंडिका*, XI, पृ. 188-20; 1326 XXXII, पूर्वोक्त पृ.165-70, और XXXIII, पृ. 71-76) 1328 ई. में तुग़लक़ अधिकारी द्वारा बतीगढ़ (दमोह जिला, म.प्र.) में 'गोमाता' के निर्माण के लिए (पूर्वोक्त., XIX-XXIII, पृ. 97, शिला.सं. 685); 1352 ई. में गया में एक मन्दिर-निर्माण के लिए (ए. कनिंघम, *आर्किओलाजिकल सर्वे रिपोर्ट्स*, III, पृ. 128); और 1358 में ललितपुर में एक मन्दिर-निर्माण के लिए (पूर्वोक्त., पृ. 175-76).

7. बरनी, *फ़तवा-ए-जहाँदारी*, भा.का. (लन्दन) एम.एस., आई.ओ. 1149, एफएफ. 118बी-120बी।

8. अमीर खुसरो, न्हू *सिपिहर*, सम्पा. एम. वाहिद मिर्ज़ा, 1950, पृ. 164-65.

9. 1354 के पेनकोंडा शिलालेख में विजयनगर साम्राज्य के शासक बुक्का I को 'हिन्दू-राय सूरत्रणा', 'हिन्दू रायमों का सुल्तान', यह विशेष कालान्तर के शिलालेखों यहाँ तक कि 16वीं शताब्दी तक पाया जाता है। 1438-39 का एक जैन शिलालेख (सदरी) कहता है, मेवाड़ के राणा कुम्भा ने अपनी सैन्य-सहायता से (हिन्दू सूरत्रणा), 'हिन्दू सुल्तान' की उपाधि अर्जित की थी। इन दोनों शैलियों में जिस प्रकार हिन्दू शब्द को व्यवहार में लाया गया है वह इसके बारे में नफ़रत फैलाने वाला है।

10. देखें विजया रामास्वामी देखें, *डिविनिटी एंड डेविमोस : वुमेन एंड वीरशैविज़्म, दिल्ली*, 1996.

11. गुरु अर्जन (मृ. 1606) सिंह द्वारा संकलित *गुरु ग्रन्थ साहिब* में नामदेव के दोहे संकलित हैं, और यह प्रदर्शित करता है कि 16वीं शताब्दियों के निर्गुणपन्थियों में नामदेव शुरुआत में ही प्रतिष्ठित हो चुके थे।

## 2.5

# साहित्य

दिल्ली सल्तनत की स्थापना ने संस्कृत साहित्य को सही मायनों में प्रभावित नहीं किया।[1] भारतवर्ष में इस्लाम के बलात प्रवेश और उसके प्रभावों के सन्दर्भ में यह एक ऐसा महत्त्वपूर्ण तथ्य है जिसका स्मरण सर्वदा ही रखना चाहिए और साथ ही साथ इसका रेखांकन भी अनुपेक्षणीय और अवश्य ज्ञातव्य है। संस्कृत में लिखे शिलालेख पूर्व की ही भाँति स्थापित होते रहे। 1276 ई. में पालम-बावली शिलालेख शास्त्रीय संस्कृत में लिखा गया है और जिसमें यह अभिव्यक्त किया गया है कि ग़ियासुद्दीन बलबन के सुल्तान होने के कारण भगवान विष्णु सभी चिन्ताओं को त्यागकर दूध के सागर में शान्ति से सोते हैं।[2] हालाँकि यह भी एक तथ्य और सत्य है कि कथित संस्कृत भाषा अब सृजनात्मकता के स्थान पर अलंकारपूर्ण, आडम्बरपूर्ण और विद्वत्तापूर्ण हो चली थी और इसकी विषयवस्तु मुख्यतया धर्म और विधि थे जिसे माधव और वाचस्पति के रचना-कर्म में देखा जा सकता है। अरबी और फ़ारसी का थोड़ा बहुत ही प्रभाव अभी तक महसूस किया गया था, हालाँकि पन्द्रहवीं शताब्दी के उतरार्द्ध में श्रीवर ने अपने *कथाकौतुक* में पारम्परिक संस्कृति प्रेम-गीतों के रूप में युसुफ़ और जुलेख़ा की कहानी बयां की है, इसमें अन्तिम सर्ग को शिव को समर्पित किया गया है। यह कश्मीर के उस प्रसिद्ध सुल्तान ज़ैनुल अबिदिन (लगभग 1420-70) के संरक्षण में रचित किया गया था जिसकी शासनावधि और प्रोत्साहन से भत्तावतारा ने फ़िरदौसी के *शाहनामा* को आधार और प्रारूप बनाकर कश्मीर के शासकों के इतिहास *ज़ैनविलास* की रचना की। जोनराज (मृ.1459) और श्रीवर ने कल्हण की *'राजतरंगिणी'* को बदस्तूर बनाये रखा लेकिन प्रत्यक्ष रूप से वे इसमें विफल रहे लेकिन फिर भी निश्चित रूप से यह कहा जा सकता है कि वे अपने गुरु की अन्तर्दृष्टि और शैली के अनुकरण में पुरज़ोर रूप से प्रयासरत रहे।

भारत में फ़ारसी का प्रवेश इसके शास्त्रीय रूप कविता के माध्यम से हुआ, जबकि गद्य की परम्परा पहले ही विकसित हो चुकी थी। बदले में हालाँकि भारत ने भी फ़ारसी साहित्य में कुछ महत्त्वपूर्ण योगदान दिये।

उस दौर में फ़ारसी के बड़े कवि और शख़्सियत अमीर ख़ुसरो थे। एक ऐसा कवि जिसने अपनी ग़ज़लों में गीतों को नयी ऊँचाइयाँ प्रदान कीं। कहने की आवश्यकता और अनिवार्यता भी नहीं है कि उनके गीत महान थे और फ़ारसी कविताई की दृष्टि से अमीर ख़ुसरो एक अज़ीम शख़्सियत थे। वह अपनी कृति *एजाज़-ए-ख़ुसरवी* में सभी प्रकार के कृत्रिम गद्यों को प्रभावित कर सकते थे। उन्होंने पाँच मसनवी या प्रेम-कहानी (पंज गंज) और एक समकालीन ऐतिहासिक प्रेम-कहानी *देवल रानी-ख़िज्र ख़ाँ* लिखी। उन्होंने अनेक ऐतिहासिक कृतियों जिसमें उनके गद्य भी सम्मिलित हैं, की रचना की। इन कृतियों में *ख़ज़ाइन-उल-फ़ुतूह* और कवितामयी न्हू *सिपिहर* नामोल्लेखनीय हैं जिसमें क्रमशः सुल्तान अलाउद्दीन ख़िलजी (1296-1316) और क़ुतुबुद्दीन मुबारक ख़िलजी (1316-20) का वर्णक्रम से लिखा हुआ इतिहास है। इस विषय पर बहस-मुबाहिसा हो सकता है कि अमीर ख़ुसरो ने बहुत कुछ लिखा और अपने संरक्षकों के बदलने से उनकी दृष्टि भी परिवर्तित हो जाया करती थी किन्तु अभी भी उनकी प्रतिभा को व्याख्यायित और उद्‌घाटित करती अनेक कृतियाँ मौजूद हैं। तुर्की मूल का होने के बावजूद व्यावहारिक रूप से वे भारतवर्ष के पहले राष्ट्रकवि कहे जा सकते हैं। उन्होंने अपनी कृति न्हू *सिपिहर* में भारत की जलवायु, इसकी भाषा विशेषकर रेखांकित करने योग्य संस्कृत, इसका व्याकरण, इसकी कला, इसके संगीत और यहाँ तक कि यहाँ के वन्य-जीवों की भी प्रशंसा करते हैं। वे अपनी गीतों में संगीतात्मकता को उत्पन्न करने की उपलब्धि को प्राप्त करने में भी समर्थ और सक्षम थे।[3]

अमीर ख़ुसरो के विपरीत उनके समकालीन आमिर हसन ने उनकी तुलना में कम लिखा, लेकिन उनके गीतों ने भी काफ़ी प्रतिष्ठा पायी। अमीर ख़ुसरो को समर्पित निम्नलिखित कविता वास्तव में उनकी ही है :

हर क़ौम रास्ता राही, दीनी व किबला गाही।
मन किबला रास्त कर्दम बर सिम्त कुज कलाही।।

आमिर हसन ने भी *फ़वादुल फ़वाद* में सूफ़ी सन्त निज़ामुद्दीन के अपने अभिलेखों में सरल और प्रभावी गद्य का प्रशंसनीय मुज़ायरा पेश किया है।

इसके अतिरिक्त, प्रवाहमयी और प्रभावोत्पादक गद्य के मामले में बहुत ही कम भारतीय इतिहासकार ऐसे हैं जिसकी तुलना ज़ियाउद्दीन बरनी से की जा

सकती है। अपने *तारीख़-ए-फ़िरोज़-शाही* (पूर्ण, 1357) में जहाँ लेखन नियन्त्रित और विषयवस्तु सजगता और सतर्कता से व्यवस्थित किया गया है, चाहे वह प्रशंसा की अधिकता हो या निन्दा की, सामान्यतः पाठकों को प्रफुल्लता और आनन्द से भर देती है। वे मुहावरेदार वाक्यांशों को ऐसे और इस तरह प्रयोग करते हैं मानो वे संवाद अथवा किसी प्रकार की बातचीत के अंश हों, और फिर भी वे संक्षिप्तता और सटीकता के साथ वर्णन करने में समर्थ होते हैं लेकिन जहाँ कहीं भी विषयवस्तु के विश्लेषण में तार्किक विश्लेषण की अनिवार्यता और अपरिहार्यता होती है, वे अवश्य ही प्रासंगिक और युक्तियुक्त शैली का अनुसरण करते हैं। हालाँकि अनुचित और अनुपयुक्त रूप से विस्तृत एवं लम्बे *फ़तावा-ए-जहाँदारी* में, यही प्रचुरता अनेक अवसरों पर अनेक दुहरावों के कारण अपना सौन्दर्य खोती हुई दिखती है।

अलाउद्दीन ख़िलजी के समकालीन फ़खरुद्दीन क़व्वास ने भारत में सबसे पहले मिलने वाला फ़ारसी शब्दकोश *फ़रहान-ए-क़व्वास* लिखा। एक अन्य बहुत ही दिलचस्प शब्दकोश *मिफ़्ताह उल फ़ुज़ाला* को मुहम्मद शादियाबादी ने मालवा में 1468-69 की अवधि के दौरान संकलित किया जिसमें रोज़मर्रा की ज़िन्दगी, उपकरणों आदि की चीज़ों को इंगित करने वाले शब्दों पर ध्यान केन्द्रित किया गया है। ब्रिटिश लाइब्रेरी (पुस्तकालय), लन्दन में एक दुर्लभ पाण्डुलिपि को सोदाहरण व्याख्यायित किया गया है। यह शब्दकोश हिन्दवी के पर्यायवाची शब्दों को देने के उन व्यवहारों को जारी रखता है जो पहले ही क़व्वास में मौजूद हैं; अतएव, यह सुस्पष्ट है कि इसकी सहायता से एक पर्याप्त रूप से व्यापक और विस्तृत फ़ारसी-हिन्दी शब्दकोश को तैयार किया जा सकता है।

इस काल की अवधि के दौरान अपभ्रंश भाषा साहित्य में शनैः-शनैः साहित्य में शिथिलता और कमी नज़र आयी। इस प्रविधि में दो कृतियाँ विशेष रूप से रेखांकित करने योग्य हैं और इसने अपनी विषय-वस्तु की संवेदना और शिल्प-कौशल से आकर्षित किया : प्रथम तो अब्दुर्रहमान या अद्दहमान कृत *सन्देशरासक* (12वीं शताब्दी) है जिसमें अपने प्रेमी के विरह में दग्ध होती एक महिला की कहानी को कलात्मक अभिव्यक्ति दी गयी है। दूसरी उल्लेखनीय कृति 1290 ई. से 1320 ई. के बीच की अवधि के दौरान दिल्ली में रचित ठक्कर फ़ेरु का निबन्ध-संग्रह है जिसमें उन्होंने सिक्कों, आभूषणों, अंकगणित, इत्यादि को महत्त्वपूर्ण विषय बनाया है और इसकी महत्ता इसी से प्रतिपादित की जा सकती है कि इसे आर्थिक इतिहास के एक प्रमुख साहित्यिक स्रोत के रूप में रेखांकित

किया गया है। अपभ्रंश और प्राकृत के महाराष्ट्री रूप में जैन रचनाएँ अभी तक बदस्तूर महत्त्वपूर्ण बनी रहीं।

यह महत्त्वपूर्ण रूप से उल्लेखनीय है कि इस दौर के फ़ारसी ग्रन्थों और पुस्तकों में हिन्दवी शब्द या हिन्दी का प्रयोग किसी भी स्थानीय बोली अथवा भाषा के लिए उदासीनता के साथ किया गया है और इसका वर्तमान हिन्दू या उर्दू से कोई बाबस्ता नहीं है।

इस अवधि के दौरान भारतीय क्षेत्रीय साहित्य भी उभर रहा था। इसके बीच जो सर्वप्रथम ज्ञात साहित्य प्राप्य है वो सामान्यतया धार्मिक गीतों और धर्म निरपेक्ष प्रकृति के *रास* के रूप में है और जो पहले मौखिक रूप में बहुप्रचलित हुए तदुपरान्त इन्हें लिपिबद्ध किया गया। उदाहरण के तौर पर, गुजरात में *रास* वज्रसेना (लगभग 1170) के पश्चात विकसित रूप में सामने आया और नरसिंह मेहता (मृ. 1481) ने कृष्ण को सम्बोधित करते हुए आध्यात्मिक गीतों की रचना की। राजस्थान में *पृथ्वीराज रासो* की रचना हुई जिसका श्रेय चन्दबरदाई को दिया जाता है; इस कथित रचना की विषयवस्तु पृथ्वीराज और उसकी मुइज़्ज़ुद्दीन गौरी से हुई लड़ाइयाँ हैं और अभी जो *पृथ्वीराज रासो* की प्रति प्राप्य और उपलब्ध है, वह पन्द्रहवीं शताब्दी या उसके बाद की प्रतीत होती है, हालाँकि अभी भी इसमें पहले के अपभ्रंश के अवशेष विद्यमान हैं और उन्हें सहज ही रेखांकित किया जा सकता है।[4]

उत्तर-भारतीय भाषाओं के बनिस्बत द्रविड़ भाषा में साहित्य का स्वरूप अधिक विस्तारित और व्यापक था। इस भाषा के साहित्य में परिपक्वता भी अपेक्षाकृत अधिक थी। वस्तुतः यह कथित विस्तार और परिपक्वता इन भाषाओं में महाकाव्यों के पहले के स्वरूप द्वारा प्रदर्शित की गयी है। *रामायण* का तमिल रूपान्तरण कम्बन ने ग्यारहवीं शताब्दी में किया, पम्पा द्वितीय, जो कि एक जैन थे, ने इस महाकाव्य का कन्नड़ में रूपान्तरण बारहवीं या तेरहवीं शताब्दी में किया; और यही कार्य रंगनाथ ने तेलुगु में तेरहवीं शताब्दी के दौरान किया। इसके अतिरिक्त, नयनश्य ने ग्यारहवीं शताब्दी के दौरान *महाभारत* को तेलुगु भाषा में रूपान्तरित करने का कार्य किया, तो विल्लीपुतुर ने तमिल में यह चौदहवीं शताब्दी में किया; जबकि नारनप्पा ने पन्द्रहवीं शताब्दी में। मलयालम भाषा में वस्तुतः प्रथम साहित्य *रामचरित* को माना जा सकता है जो *रामायण* पर ही आधारित था और इसकी रचना चौदहवीं शताब्दी की अवधि के दौरान निर्धारित की गयी है। धार्मिक और आध्यात्मिक कविताई के अलावा, धर्मनिरपेक्ष साहित्य भी काफ़ी

प्राप्य है, उदाहरण के तौर पर विश्वप्रसिद्ध हास्यपूर्ण कविताओं की रचना का श्रेय तमिल कवि कलमेकम को जाता है।

## सन्दर्भ एवं टिप्पणियाँ

1. एच.ए. मेहेंडले और ए.डी. पुसालकर, में : आर.सी. मजूमदार (सम्पा.), *द हिस्ट्री एंड कल्चर ऑफ़ द इंडियन पीपुल*, भाग-VI (*द दिल्ली सल्तनत*), बॉम्बे, 1960, पृ. 464.
2. देखें पुष्पा प्रसाद, *संस्कृत इन्सक्रिप्शंस ऑफ़ देलही सल्तनत, 1191-1526*, दिल्ली, 1990, पृ. 3-15, पालम शिलालेख के लिए इस भाग में इस अवधि के उन संस्कृत शिलालेखों को संकलित किया गया है जो दिल्ली और उत्तर प्रदेश में पाये गये हैं।
3. अमीर ख़ुसरो पर दो मानक पुस्तकें उपलब्ध हैं : मोहम्मद हबीब, *हज़रत अमीर ख़ुसरो ऑफ़ देलही*, बॉम्बे, 1927, और मोहम्मद वाहिद मिर्ज़ा, *द लाइफ एंड वर्क्स ऑफ़ अमीर ख़ुसरो*, कलकत्ता, 1935.
4. देखें दशरथ शर्मा की टिप्पणियाँ, *अर्ली चौहान डायनस्टीज़*, दिल्ली, 1959, पृ. 339-42; और अज़ीज अहमद में : रिचर्ड एम. एटन (सम्पा.), *इंडिया'ज' इस्लामिक ट्रेडिशंस*, नयी दिल्ली, 2003, पृ. 41-42.

2.6

# कला

## वास्तुकला

बारहवीं शताब्दी की समाप्ति आते-आते भारतीय वास्तुकला में एक इतर लेकिन नयी और विशिष्ट परम्परा का सूत्रपात हुआ : वह तथाकथित परम्परा 'अरबी' थी। इसकी प्रमुख विशेषता मेहराब और गुम्बद तो थे ही साथ ही साथ सीमेंट के गारे का प्रचलन भी था; इसका परिणाम यह हुआ कि वास्तुकला में एक अलग प्रकार का हल्कापन, सुघड़ता और लावण्यता का समावेश हुआ और एक ऐसी वास्तुकला अस्तित्व में आयी जिसका पूर्व की 'शहतीरी शिल्प कला' से कोई सहज और सरल साम्य नहीं था। वास्तव में, इस नये वास्तुकला में प्रकाश और अन्तरिक्ष के प्रति प्रेम तो ज़ाहिर किया ही गया था साथ ही साथ 'सरल और साधारण तीव्रता' को स्थापत्य में तरजीह दी गयी थी; वस्तुतः यह पूरा का पूरा कलात्मक स्थापत्य भारतीय संस्कृति के उस वास्तुकला से कमोबेश पूर्णतः भिन्न था जिसमें *आडम्बर और अलंकार को अत्यधिक* प्राथमिकता दी गयी थी।[1]

'सारसेनिक या अरबी' वास्तुकला के प्रारम्भिक चरण ने उन मानदण्डों को रेखांकित और प्रदर्शित किया जो स्थानीय स्थापत्य कला ने विदेशी अभिकल्पों (डिज़ायन) के लिए न केवल निर्धारित किया था बल्कि उसका अनिवार्य रूप से अनुसरण करने के लिए बाध्य भी किया था। कुब्तौल इस्लाम की इमारत ('इस्लाम का गुम्बद' *वल्ग*, क़ुव्वत-उल-इस्लाम), मस्जिद (दिल्ली) (1190) (चित्र 2.7) और अढ़ाई दिन का झोपड़ा (अजमेर) (13वीं शताब्दी का प्रारम्भिक दौर) को इस प्रकार अपनी स्थापत्य कला के अनुरूप मेहराबों को निर्मित करने के विकल्प को त्याग कर 'झूठे या अनुपयुक्त' गुम्बदों को अपनी वास्तुकला में

विवश होकर जगह देनी पड़ी। फिर भी, ऊँचाई तो अभी भी प्राप्त की जा सकती थी। क़ुव्वत-उल-इस्लाम के बाहरी भाग में मुअज़्ज़िन की मीनार, जो अब क़ुतुब मीनार के नाम से प्रसिद्ध है, ऐसे ही बनाया गया था (चित्र 2.8)। हालाँकि साधारणतया मीनार का निर्माण मस्जिद के अहाते में ही किया जाता था, परन्तु अपनी ऊँचाई के कारण क़ुतुब मीनार इबादत के लिए बुलाये जाने के उपयोग के लिए अनुपयुक्त थी। मूल रूप से यह चार मंजिले वाली मीनार थी जिसकी ऊँचाई 72.5 मीटर थी; चौदहवीं शताब्दी में फ़िरोज़शाह तुग़लक़ के संरक्षण में इसकी मरम्मत की गयी और इसमें फ़िरोज़शाह तुग़लक़ ने पाँचवीं मंज़िल भी जोड़ दी और इस प्रकार इसकी ऊँचाई को 74 मीटर (379 क़दमों के साथ) तक बढ़ा दिया गया। इसकी ऊँचाई और जिस कोण से इसके खम्भों पर धारियाँ उकेरी

चित्र 2.7 : क़ुव्वत-उल-इस्लाम मस्जिद, दिल्ली, आन्तरिक दृश्य : पुरातात्विक सर्वेक्षण

गयी हैं और जिस प्रकार इसकी मंज़िलों को एक-दूसरे से पृथक प्रदर्शित करने के लिए जैसी स्थापत्य कलाकारी को प्रदर्शित किया गया है और ऊपर की ओर जिस प्रकार से सामान्य और कलात्मक ढलवाँ को आकार दिया गया है, वह सब

समवेत होकर वास्तुकला की ऐसी निपुणता, भव्यता और गरिमा का प्रदर्शन करते हैं जो निश्चित तौर पर रेखांकित करने योग्य है और अविस्मरणीय है।

वास्तुकला का दूसरा चरण ऐसे कलाकारों का है जो वास्तविक, उपयुक्त और युक्तियुक्त मेहराबों और गुम्बदों के निर्माण में दक्ष थे। वस्तुतः सही रूप में मेहराब का प्रचलन सर्वप्रथम सुल्तान बलबन (मृ.1287) के मक़बरे में हुआ था और उसी प्रकार सही मायनों में गुम्बद की प्रभावी और आकर्षक अभिव्यक्ति 'अलाई दरवाज़ा' (1310 ई.) में हुई है (चित्र 2.9)।

चित्र 2.8 : कुतुब मीनार, दिल्ली : पुरातात्विक सर्वेक्षण

चौदहवीं शताब्दी के मध्यकालीन दौर के दरम्यान दिल्ली में तुग़लक़ाबाद शहर की स्थापना की गयी/बसाया गया था। यहाँ ग़ियासुद्दीन तुग़लक़ (मृ.1324) के मक़बरों, जो कि लाल बलुआ पत्थर और संगमरमर का आकर्षक और अद्‌भुत मेल है, में दीवारों को इस प्रकार पीट-पीट कर निर्मित किया गया था

चित्र 2.9 : अलाई दरवाज़ा, दिल्ली, क़ुतुब मीनार के पार्श्व में
इसके निचले भाग पर गौर करें : पुरातात्विक सर्वेक्षण

चित्र 2.10 : 'स्वर्ण मस्जिद', गौर : आबिद अली ख़ान

जिससे संगमरमर की दीवारें गुम्बद की ओर जाती हुई दिखती हैं। यह मुल्तान में शाहरुख़-ए-आलम (लगभग 1324) के मक़बरे से कुछ मिलती-जुलती है। फ़िरोज़शाह तुग़लक़ के शासन की अवधि के दौरान दिल्ली में बृहद् स्तर पर निर्माण हुआ। यह कहना अधिक उपयुक्त होगा कि अन्य सुल्तानों की तुलना में फ़िरोज़शाह तुग़लक़

चित्र 2.11 : सिदी सैयद मस्जिद का आवरण, अहमदाबाद लगभग 1515 ई. : पर्सी ब्राउन

(शासनावधि : 1351-88) के संरक्षण में दिल्ली में अपवादस्वरूप व्यापक तौर पर निर्माण हुए, हालाँकि कुछ अवसरों पर तो यह काफ़ी प्रभावी और आकर्षक था, किन्तु सामान्यतया यह एकरेखीय, सरल और एक ही लीक का अनुसरण और अनुकरण करने वाली कला थी। हालाँकि ताज़गी की चमक बरकरार दिखती है जैसे कि अशोक स्तम्भ को आधार प्रदान करने के लिए सीढ़ीनुमा पिरामिड का निर्माण किया गया है जिसे फ़िरोज़शाह ने हिमालय के नज़दीक से इसके मूल स्थान से मँगवाया था।

15वीं शताब्दी की अवधि के दौरान अनेक प्रान्तीय और स्थानीय शैलियाँ विकसित हुईं, जैसे कि शर्क़ी (जूनापुर में केन्द्रित), बंगाल (गौर), मालवा (माँडू) और गुजरात (अहमदाबाद) (चित्र 2.10 और 2.11)। गुजरात शैली, जिसमें पारम्परिक और देशी शहतीरी वास्तुकला के तत्त्व प्रत्यक्ष तौर पर प्रतिबिम्बित हो रहे थे, ने अपनी कलात्मक विशिष्टताओं और विशेषताओं से मुग़ल साम्राज्य की वास्तुकला और पत्थर स्थापत्य कला को भी काफ़ी प्रभावित किया और जिसे निश्चित तौर पर रेखांकित किया जाना चहिए। भारतीय प्रायद्वीप में बहमनी वास्तुकला, जिसके प्रमुख और अविस्मरणीय स्मारक गुलबर्ग और बिदर (कर्नाटक) में हैं, कालान्तर में गोलकुण्डा और बीजापुर की प्रान्तीय शैली में रूपान्तरित हो गयी। गुलबर्ग का जामा'

चित्र 2.12 : जामा' मस्जिद, गुलबर्ग : पर्सी ब्राउन

मस्जिद (लगभग 1400) अपने 63 छोटे-छोटे गुम्बदों के साथ मुख्यतया इसलिए प्रसिद्ध है कि इसमें 2854 वर्ग किलोमीटर जैसे बड़े भू-भाग की छतबन्दी की गयी है (चित्र 2.12)। कश्मीर ने अपनी शैली को बाहरी प्रभावों से मुक्त रखा है और स्वयं को स्वछन्द और स्वायत्त रखा है; इस शैली के मुख्य तत्त्वों में अनिवार्य रूप से लकड़ियों की संरचना है जिसकी प्रमुख विशेषता पिरामिडनुमा छतबन्दी है।[2]

सामान्यतः निःसंकोच यह कहा जा सकता है कि सल्तनतकाल के दौरान अनेक ऐसे मन्दिरों का निर्माण नहीं किया गया जो अविस्मरणीय स्मारकों के रूप में रेखांकित किये जा सकें। शाही संरक्षण की प्रवृत्ति अब मस्जिदों की ओर हो चली थी। लेकिन यह रेखांकित करना चाहिए और निश्चित रूप से और अपरिहार्य रूप से भी द्रष्टव्य है कि 1295-98 की अवधि के दरम्यान अराकान (म्यांमार) के शासक ने बोधगया के महाबोधि मन्दिर का व्यापक स्तर पर मरम्मत करने का कार्य किया (अध्याय 2.4 की पाद-टिप्पणी संख्या 6 को भी देखें।) पन्द्रहवीं शताब्दी के उत्तरार्द्ध में ग्वालियर के शासक मान सिंह ने भव्य और आकर्षक रूप से पत्थर को तराशने की तकनीक का प्रयोग करते हुए, 'शहतीर तकनीक' की तर्ज़ पर, विशालकाय क़िलेनुमा महल 'मान मन्दिर' का निर्माण किया। चौदहवीं शताब्दी के मध्यकालीन दौर से 1565 ई. तक की अवधि के दरम्यान शक्तिशाली साम्राज्य की राजधानी विजयनगर (हम्पी, कर्नाटक) में अनेक स्मारकों के निर्माण हुए और इतने व्यापक स्तर पर हुए कि स्मारकों के एक समूह ने आकार ले लिया। यहाँ मन्दिरों को द्रविड़ शैली

चित्र 2.13 : विरूपाक्ष मन्दिर, विजयनगर : ए.वर्ग़ीज़

चित्र 2.14 : हाथी का अस्तबल, विजयनगर : पुरातात्विक सर्वेक्षण

चित्र 2.15 : 'लोटस महल', विजयनगर

चित्र 2.16 : कुतुब मीनार के धारीदार खम्भों पर नक़्क़ाशी और सुलेखन : पुरातात्विक सर्वेक्षण

में बनाया गया है जिसमें पत्थरों का प्रचुर और व्यापक व्यवहार किया गया है (चित्र 2.13)। धार्मिक अथवा पूजनीय स्थलों में और इसके आस-पास के परिसर हालाँकि मेहराबदार तकनीक (वास्तविक और आभासी, दोनों प्रकार के मेहराब

और गुम्बद) को व्यवहार में लाया गया जो अपनी विशिष्टता लिए हुए हैं, जैसे कि विशालकाय हाथियों की क़तार अस्तबल के रूप में (चित्र 2.15)। एक असामान्य रूप से महत्त्वाकांक्षी परियोजना तुंगभद्रा नदी के ऊपर शहतीर के साथ एक ही पत्थर से निर्मित शिलाखण्ड से सेतुबन्ध का निर्माण था, जिसका वर्तमान में एक ही भाग अवशेष के रूप में मौजूद है।[3]

चित्र 2.17 : चित्र वल्लरी, सोमनाथपुरा : डेलोचे काठी, रक़ाब और घोड़े की नाल को रेखांकित करें। गौर क़रें।

## मूर्तिकला और चित्रकला

'सारासेनोसियन या अरबी' शैली से अभिप्रेरित और निर्मित इमारतों में, मूर्तिकला में, उस केन्द्रीय और निर्णायक प्रवृत्ति का नितान्त अभाव दिखा जिसमें मुखौटे या अग्रभाग को अलंकृत किया जाता था और यह प्राचीन भारतीय वास्तुकला की एक प्रमुख विशेषता थी। वस्तुतः यह इस दौर में मानव जाति और जानवरों के विरुद्ध पूर्वाग्रहों के कारण था जो सम्भवतः छवियों के विचारोत्तेजक होने के लिए था। केवल अरबी 'सुलेखन', ज्यामितीय और पुष्प रूपांकनों को भवनों और इमारतों की सजावट के लिए पत्थरों पर उकेरा गया। हालाँकि पत्थरों पर किये गये ये कथित कार्य प्रायः ही या सामान्यतया कला और कौशल के अप्रतिम और अद्वितीय उदाहरण हैं और वास्तुकला के डिज़ाइन (अभिकल्प) का हिस्सा हैं और निश्चित रूप से कला के वास्तविक स्वरूप और स्तर को प्राप्त करते हुए दिखते हैं। डिज़ाइन (अभिकल्प) में जो सटीकता हासिल की जा सकती थी, वह क़ुतुब मीनार के खम्भों पर की गयी नक़्क़ाशी और सुलेखन में देखी जा सकती

है (चित्र 2.16)। वस्तुतः यह एक सन्दर्भ में एक मानक के रूप में चिह्नित किया जा सकता है।

मन्दिरों में मूर्तिकला के कार्यों में कमोबेश वही तत्त्व बने रहे जो पूर्वस्थापित थे और पारम्परिक मानक के रूप में चले आ रहे थे। इनमें से सभी को महान कला के दर्जे में तो नहीं रखा जा सकता लेकिन निश्चित रूप से होयसल मूर्तिकला मनुष्यों और जानवरों, दोनों के बीच पारस्परिक सम्बन्धों और उसकी गत्यात्मकता को प्रदर्शित करती है और इसमें वह काफ़ी हद तक कमोबेश सफल भी रही है (चित्र 2.17)। धातु से मूर्ति बनाने की प्रक्रिया भी तब बहुप्रचलित थी

चित्र 2.18 : अपनी दो रानियों के साथ विजयनगर के कृष्णदेव राय, सोलहवीं शताब्दी : ए. कुमार स्वामी

जिसमें नटराज के रूप में शिव को प्रेमपूर्वक चित्रित किया जाता रहा। कला में धर्मनिरपेक्षता के तत्त्व का भी समावेश था; और विजयनगर के महाराजा कृष्णदेव और उनकी दो पत्नियों की अनूठी छवियों को ताँबे की मूर्तियों में गढ़ा गया है जो तिरुपति में सुरक्षित और संरक्षित हैं (चित्र 2.18)।

मूर्तिकला को लेकर मुस्लिमों की जो मनोवृत्ति और रवैया था, उसकी तुलना में वे चित्रकला को लेकर अपेक्षाकृत अधिक सहज और उदार थे या यों कहें कि

कम सख़्त थे। वास्तव में देखा जाये तो भारत के बाहर मुस्लिमों के बीच दीवारों पर, विशेषकर निजी भवनों और इमारतों पर, भित्तिचित्र बनाने की पहले से ही परम्परा रही थी। सचित्र पाण्डुलिपियों का सिनो-मंगोल के प्रभाव के कारण 13वीं शताब्दी से मिलना शुरू हुआ। मालवा में एक महत्त्वपूर्ण और इसलिए द्रष्टव्य शाखा विकसित हुई जहाँ *मिफ़्ताह उल फ़ुज़ाला* (1468-69) नामक शब्दकोश समेत पाण्डुलिपियों को व्यापक और विस्तारित तरीक़े से चित्रित किया गया : इन रेखाचित्रों में जिस प्रकार की शुद्धता और सटीकता है, वह निश्चित रूप से प्रशंसनीय है (चित्र 2.1 और चित्र 2.3)।

गुजरात और राजस्थान में लघु चित्रकला की एक शाखा पहले से ही परम्परा में थी जो वास्तव में मुख्यतया जैन धर्म की सचित्र पाण्डुलिपियों के सन्दर्भ में व्यवहृत होती रही। इस परम्परा में एक परिपाटी निश्चित तौर पर रेखांकित की जा सकती है कि लेखाचित्र/रेखाचित्र में आकृतियों के ऊपर दोनों आँखों को स्थापित किया जाया करता था, उनमें से एक आँख का प्रक्षेपित होना अनिवार्य रूप से सुनिश्चित किया जाता था। इस विषय में चित्रकार को समुचित और पर्याप्त रूप से सुनिश्चित होना अनिवार्य रूप से अनुपेक्षणीय था कि उसका उद्देश्य क्या है और वह किस विषयवस्तु को लेकर चित्रकारी कर रहा है, जैसा कि 1540 ई. की जैन धर्म से सम्बन्धित चित्रकारी में चीनी मिल को दर्शाया गया है, प्रदर्शित किया गया है।

## संगीत और नृत्य

सुप्रसिद्ध इतिहासकार बरनी जलालुद्दीन ख़िलजी (1290-96) के दरबार को याद करते हुए हर्षातिरेक से भर उठते हैं और "फ़काई की बेटी और नुसरत ख़ातून" को याद करते हुए कहते हैं जिस प्रकार फ़का'ई की बेटी और नुसरत ख़ातून ने गायन किया और जिस प्रकार महिला नृत्यांगनाओं, जैसे कि, नुसरत की बेटी और मिहर अफ़रोज़ ने नृत्य का मुज़ायरा पेश किया; उसके सौन्दर्य, प्रणयशील एवं कामुक मुद्राओं और नज़रों ने दर्शकों को न केवल सम्मोहित किया बल्कि अगर यह कहा जाये कि उसे इस क़दर सम्मोहित किया कि गोया वे समाधिस्थ हो, तो कोई अतिशयोक्ति नहीं होगी।[4] यद्यपि यह स्पष्ट नहीं है कि गायन और नृत्य में इन दोनों महिलाओं ने ईरानी शैली का अनुसरण किया या भारतीय शैली का? तथापि भारतीय शैली की सम्भावना अपेक्षाकृत अधिक बलवती प्रतीत होती है और इस विकल्प को प्राथमिक बनाने का आधार वस्तुतः बरनी का यह कथन है

कि जिसमें यह कहा गया है कि तेरहवीं शताब्दी के उत्तरार्द्ध के दौरान इन दोनों महिलाओं को भारतीय दरबारियों द्वारा फ़ारसी (*पारसी*) और *भारतीय (हिन्दी)* में इसलिए प्रशिक्षित किया गया था ताकि वे दिल्ली दरबार के लिए उपयुक्त और स्तरीय हो सकें।[5] दरबारी कवि अमीर ख़ुसरो तो 1318 ई. में भारतीय संगीत की उत्कृष्टता को रेखांकित करते हुए उसे समकालीन वैश्विक संगीत का सिरमौर बताते हैं।[6] दरबारी या शाही संरक्षण में भारतीय संगीत के नियम और पारिभाषिक शब्दावली को फ़ारसी भाषा में लिपिबद्ध करने का कार्य प्रारम्भ किया गया और अब तक उपलब्ध ऐसी पहली रचना *घुनयतुल मुनया* है जो किसी अज्ञात की रचना है और (1374-75) की अवधि के दौरान रची गयी है। इसमें संस्कृत के अनेक श्लोकों का भी उल्लेख किया गया है।[7]

## सन्दर्भ एवं टिप्पणियाँ

1. ताराचन्द, *एनफ्लुएंस ऑफ़ इस्लाम ऑन इंडियन कल्चर*, दूसरा संस्करण, इलाहाबाद, 1963, पृ. 24.
2. दिल्ली एवं अन्य अनेक सूबों में पूर्व मुग़लकालीन इमारतों का पर्याप्त और सुव्यवस्थित सर्वेक्षण पर्सी ब्राउन में प्राप्त किया जा सकता है, *इंडियन आर्किटेक्चर (इस्लामिक पीरियड), बॉम्बे*, 1951.
3. विजयनगर साम्राज्य के स्मारकों के फ़ोटोग्राफ़्स, जो कि 1856 में लिये गये थे, से एक सबसे दिलचस्प अल्बम बना जिसे 1983 में 'विजयनगर' शीर्षक से प्रकाशित किया गया था, सम्पा. नागराज राव, मैसूर, 1988. नगर के स्मारकों का संक्षिप्त लेकिन सारगर्भित विवरण के लिए, देखें अनिला वर्गीज़, हम्पी, नयी दिल्ली, 2002
4. बरनी, *तारीख़-ए-फ़िरोज़शाही*, स.सू. (बिब.) भा., कलकत्ता, 1862, पृ. 199.
5. पूर्वोक्त पृ. 156-57.
6. अमीर खुसरो, न्हू *सिपिहर*, सम्पा. वाहिद मिर्ज़ा, लन्दन, 1950, पृ. 170-71.
7. इस दिलचस्प किताब को शाहब सरमदी के द्वारा समुचित रूप से पर्याप्त एवं प्रसंगानुकूल व्याख्या के साथ सम्पादित एवं अनुवादित किया गया है (बॉम्बे, 1978), (नयी दिल्ली, 2003)।

# भाग 3

# मुग़लकालीन भारत (1500-1750)

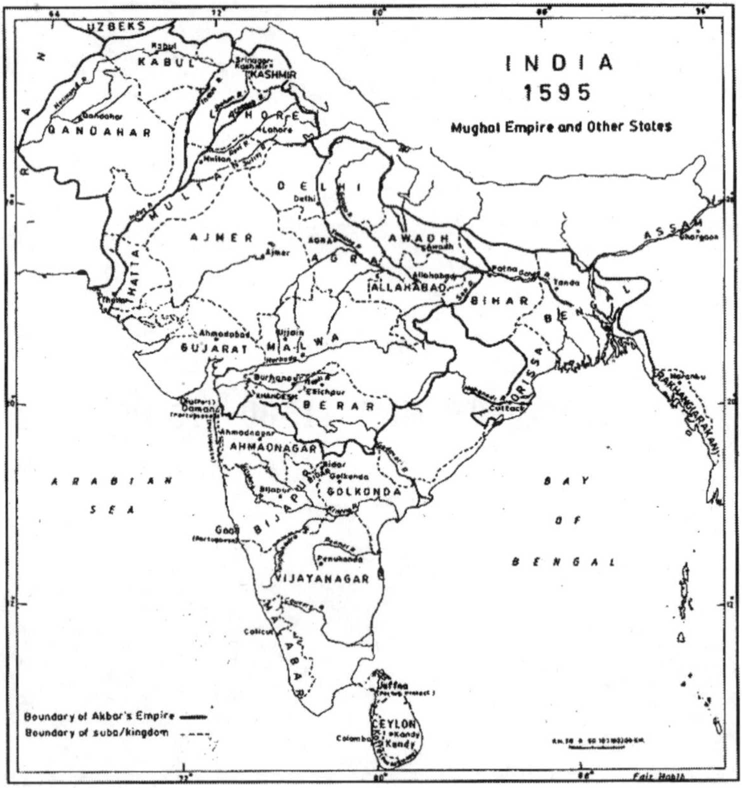


मानचित्र : भारत, 1595, मुग़ल साम्राज्य और अन्य राज्य

## 3.1

# मुग़ल साम्राज्य

पन्द्रहवीं शताब्दी की समाप्ति के तदुपरान्त भारतवर्ष अनेक छोटे-छोटे साम्राज्यों में विभक्त हो गया। उत्तरी भारत में लोदी वंश ने जौनपुर राज्य को अपने साम्राज्य में समाविष्ट अथवा समाहित कर लिया था जबकि सुल्तान सिकन्दर (1489-1517) के अधीन साम्राज्य सिन्धु से लेकर बिहार तक विस्तारित था। इसी सुल्तान ने राजधानी को दिल्ली से आगरा स्थानान्तरित किया था। दूसरा शक्तिशाली राज्य, जो कि अपनी सशक्तता के कारण रेखांकित करने योग्य और द्रष्टव्य है, गुजरात (राजधानी : अहमदाबाद) था जो तब सुप्रसिद्ध सुल्तान महमूद बेग़ड़ा (1459-1511) के शासनाधीन था; उसने पड़ोसी मालवा राज्य को गुजरात के अधीनस्थ होने पर विवश कर दिया था (1531-1602)। इसके अतिरिक्त, भारत के सुदूर उत्तरी छोर पर अवस्थित कश्मीर राज्य अपनी स्वायत्तता, सम्प्रभुता और स्वतन्त्रता को बनाये रखने में अभी तक सफल रहा था। राणा संग्राम सिंह (1508-28) के शासन में मेवाड़ राज्य राजस्थान में सर्वाधिक शक्तिशाली राज्य था। पूर्वी छोर बंगाल में भी अलाउद्दीन हुसैन शाह (1493-1519) के शासन के दौरान लम्बे समय से शान्ति स्थापित थी। उसकी राजधानी ग़ौर थी।

दक्षिण भारत के कभी शक्तिशाली, बेहद मज़बूत और सशक्त रहे बहमनी राज्य, जिसका अधिकांश भू-भाग महाराष्ट्र, आन्ध्र प्रदेश एवं एक भाग कर्नाटक से भी था, का अवसान हो रहा था और अन्ततः यह साम्राज्य पूर्णतः बिखर गया; इतना ही नहीं इस साम्राज्य को निज़ामशाह (अहमदनगर), इमाद शाह (बेरार), आदिलशाह (बीजापुर), बारिदशाह (बीदर) और क़ुतुबशाह (गोलकुण्डा) के बीच बाँट लिया गया। इसके अतिरिक्त, दक्षिण भारत में कर्नाटक, तमिलनाडु और आन्ध्र प्रदेश के एक भाग से मिलकर बने विजयनगर साम्राज्य का सुप्रसिद्ध

महाराजा कृष्णदेव राय (1509-29) भव्य और आलीशान स्मारकों के साथ-साथ एक महान सिंचाई प्रणाली को अपनी विरासत के रूप में छोड़ गया; यह उसकी ऐसी देन थी जिसे निश्चित और अनिवार्य रूप से रेखांकित और उल्लिखित किया जाना चाहिए।[1]

पन्द्रहवीं शती का मध्यकालीन दौर उत्तर भारत में वर्चस्व की लड़ाई से विशेषित रहा है। इसके पहले भाग में बाबर और हुमायूँ (1526-40) के नेतृत्व में मुग़ल साम्राज्य की स्थापना को रेखांकित किया जा सकता है और दूसरे भाग में मुख्य तौर पर सूर वंश (1540-56) के आधिपत्य तथा मुग़लों के सिंहासनच्युत होने या सत्ता से बेदख़ली को उल्लिखित किया जा सकता है। बाबर मध्य एशियाई विजेता तैमूर के वंश से ताल्लुक रखता था, हम उसके जीवन के विविध पहलुओं को उसकी मातृभाषा चग़ताई तुर्की में लिखे गये उत्कृष्ट एवं अप्रतिम संस्मरणों में तलाश कर सकते हैं।[2] उज़बेकों द्वारा फरग़ना से खदेड़ दिये जाने के पश्चात उसने स्वयं को काबुल (1504) में स्थापित किया और अनेक अनुरूप-प्रतिकूल घटनाओं-परिघटनाओं से उत्पन्न झंझावातों से भरे लम्बे वर्षों के बाद उसने भारत पर आक्रमण किया और पानीपत (1526) की प्रथम लड़ाई में विजय प्राप्त कर लोदी साम्राज्य को उखाड़ फेंका। इसके बाद उसने अत्यन्त ही सशक्त और तुलनात्मक रूप से अत्यधिक सुसज्जित राणा संग्राम सिंह के नेतृत्व वाले महासंघ को खनवा (1527 ई.) के युद्ध में पराजित किया। उसने इन दोनों युद्धों में बन्दूक़ों, मस्कटों और तोपख़ानों का अभूतपूर्व रूप से अत्यधिक प्रभावी प्रदर्शन किया। उसके पुत्र हुमायूँ (1530-40, 1555-56) ने अपने तूफ़ानी अभियानों में गुजरात के बहादुरशाह (1526-37) से मिली चुनौती को स्वीकार करते हुए न केवल उसे परास्त ही किया बल्कि मालवा और गुजरात (1535) को अपने अधीन होने को विवश कर दिया लेकिन वह शेरशाह से पराजित हो गया और यह पराजय वास्तव में एक बहुत बड़ी पराजय थी : उसे युद्धभूमि में शेरशाह के हाथों न केवल हार का सामना करना पड़ा बल्कि देश से निर्वासित होने को विवश और बाध्य होना पड़ा।

शेरशाह सूरी (1540-45) मालवा समेत कच्छ से लेकर बंगाल तक की भौगोलिक सीमा तक अपना साम्राज्य स्थापित और उसे विस्तारित करने में सफल रहा, हालाँकि उसमें गुजरात सम्मिलित नहीं था। वह स्वयं को अप्रत्याशित और अपवादस्वरूप एक सक्षम एवं समर्थ प्रशासक के रूप में परिभाषित या यों कहें कि अनुवादित करने में सफल रहा। उसने प्रशासनिक कार्यप्रणाली में केन्द्रीकरण की प्रवृत्ति अपनायी लेकिन बड़ी सैनिक टुकड़ियों को बनाने एवं बनाये रखने के लिए दाग़ प्रणाली और चेहरे के चलन को प्रारम्भ किया, राजस्व के समुचित

निर्धारण के लिए भूमि का आकलन किया, उसने सड़कों को निरापद बनाने पर बहुत ज़ोर दिया, लुटेरों और डाकुओं के ख़िलाफ़ वह सख़्त कार्रवाई किया करता था। उसने मुद्रा प्रणाली में सुधार किया और 'त्रिधातुवाद' की प्रणाली का प्रचलन शुरू किया जिसमें मुद्राओं को सोने, चाँदी और ताँबे में ढाला गया, मूल और वास्तविक रूप से 178 अन्न का वज़न शुद्ध चाँदी के एक सिक्के (रुपया) के बराबर था। वस्तुतः यह शेरशाह का एक आविष्कार था। अपने प्रशासन में स्थानीय भाषा 'हिन्दवी' को व्यवहार में लाने का निर्णय वास्तव में हमें उसकी व्यावहारिक प्रवृत्ति और वैचारिक-प्रक्रिया के उच्चस्तरीय होने का प्रमाण देता हुआ दिखता है। हालाँकि उसके सैनिकों और उमराओं में अधिकांशतः भारत में रह रहे अफ़ग़ान ही थे लेकिन निश्चित रूप से उसने आबादी के अन्य तबकों—हिन्दू और मुस्लिम, दोनों से सामंजस्य और सहयोग का तादात्म्य स्थापित करने और गठबन्धन बनाने के अथक और उल्लेखनीय प्रयास किये। उसके कार्यों को व्यापक तौर पर उसके उत्तराधिकारी इस्लाम शाह (1545-54) के द्वारा जारी रखा गया। हालाँकि सशक्त और प्रभावी अफ़ग़ान 'कुलीनों' (उमराओं) के साथ निरन्तर संघर्ष के कारण जल्द ही सूरी साम्राज्य का विघटन हो गया।[3]

अन्ततः मुग़लों के सौभाग्य के दिन आये : 1555 ई. में हुमायूँ ईरान और अफ़ग़ानिस्तान के निर्वासन से भारत लौटा। हालाँकि उसी वर्ष ही उसकी मृत्यु हो गयी लेकिन शूरों की अन्तिम आशाएँ भी पानीपत के द्वितीय युद्ध (1556) में न केवल धूमिल हो गयीं या यों कहें कि समाप्त ही हो गयीं। इस प्रस्थान-बिन्दु से, अब मुग़ल साम्राज्य (1556-1605) के नेतृत्व में हुमायूँ के बेटे और उत्तराधिकारी, महान अकबर उत्तर भारत में अपनी विस्तारवादी नीति को तेज़ी से बढ़ाने और प्रोत्साहित करने के लिए पूर्णतः तैयार था।

हालाँकि दक्षिण भारत में वर्चस्व की लड़ाई और संघर्ष अपेक्षाकृत निर्णयात्मक और निश्चयात्मक कहे जा सकते थे। विजयनगर के महाराजा सदासेव राय (1546-67) की शासनावधि के दौरान वास्तविक शक्ति उनके मन्त्री 'राम राजा' में सन्निवेशित थी। 'राम राजा' ने बहमनी के उत्तराधिकारी राज्यों के बीच असहमतियों और फूट का इस्तेमाल करते हुए उनके ऊपर अपमानजनक शर्तों को लाद दिया लेकिन दक्कन के सल्तनतों द्वारा उसके लिए परिस्थितियाँ तब विपरीत, विषम और प्रतिकूल बना दी गयीं जब तालीकोट या राक्षस तांगड़ी (1565) की लड़ाई हुई जिसमें राम राजा खुद ही खेत रहे किन्तु विजेताओं के बीच कलह और फूट के बदस्तूर बने रहने के कारण विजयनगर साम्राज्य अराविदु राजवंश के नेतृत्व में बना रहा लेकिन उन्होंने अपनी राजधानी पेनुगोण्डा स्थानान्तरित कर दी।[4]

बहरहाल, इसी समय एक नयी शक्ति का अभ्युदय हुआ जो भारतीय बन्दरगाहों और समुद्री वाणिज्य-व्यापार के लिए अपेक्षाकृत अधिक विध्वंसक था बनिस्बत मौजूदा राजनीतिक शक्तियों के। 1498 ई. में पुर्तगाली नाविक वास्को डि गामा अपने तीन जहाज़ों के साथ कालीकट बन्दरगाह पर उतरा और यह एक ऐसी घटना थी जिसने शीघ्र ही पुर्तगाली भारतीय साम्राज्य की नींव रख दी; इस साम्राज्य का 'अधिकेन्द्र' गोवा में था जिसे अल्बुकर्क़ी (अल्बुक़र्क़) द्वारा 1510 ई. में विजित किया गया था[5], पुर्तगालियों को हालाँकि मालाबार तट पर अत्यन्त उत्साही और सम्भवतः इसलिए तीव्र प्रतिरोध का सामना करना पड़ा। यह कथित प्रतिरोध 1583 ई. में लिखी गयी ज़ैनुद्दीन मख़दूम की *तुहफ़त-अल-मुजाहिद्दीन* में दर्ज है।[6]

## अकबर की पादशाही/अकबर का शासनकाल

अकबर के शासनकाल की अवधि के दौरान सैन्य कार्यवाहियों और घटनाओं-परिघटनाओं पर अगर विहंगम दृष्टिपात किया जाये, तो यह सहज ही सुस्पष्ट हो जाता कि वह एक महान विजेता और शासक था।[7] 1568 ई. में अकबर ने चित्तौड़ (मेवाड़ का मुख्य क़िला) की चूलें हिला दीं और इसकी राजस्थान में अपनी श्रेष्ठता और प्रभुता स्थापित करने में महती या यों कहें कि निर्णायक भूमिका थी तो निश्चित रूप से यह अतिशयोक्ति नहीं है। इसके तदुपरान्त उसने 1572-73 की अवधि के दरम्यान गुजरात को फ़तह कर लिया और इसके बाद तो विजय अभियानों का एक लम्बा सिलसिला चल पड़ा जिसके दौरान बंगाल (1576), काबुल (1585), कश्मीर (1586), सिन्ध (1591) उड़ीसा (1592) और कान्धार (1595) पर भी अकबर ने अपना आधिपत्य स्थापित किया। अकबर अपने साम्राज्य की सीमाओं को हिन्दूकुश की पहाड़ियों तक विस्तारित करने में सफल रहा और इसके बाद तो उज़बेकों और सफ़वदियों को भी उससे ख़तरा महसूस होने लगा।

अपने शासनकाल के अन्तिम दशक की अवधि के दौरान अकबर ने दक्कन में अपनी सैन्य गतिविधियों को विस्तारित किया। इसका परिणाम यह हुआ कि 1596 ई. में बेरार को मुग़ल साम्राज्य में समाविष्ट कर लिया गया और उसी प्रकार, 1600 ई. में अहमदनगर और 1601 ई. में खानदेश को अधीनस्थ कर लिया गया। उसकी मृत्यु तक साम्राज्य में यद्यपि सर्वत्र शान्ति बनी रही तथापि अहमदनगर में मुग़ल साम्राज्य को कुछ दुश्वारियों और कठिनाइयों का सामना करना पड़ा जहाँ इथोपियाई सेनापति मलिक अम्बर निज़ामशाही वंश के प्रतिनिधि के तौर पर बग़ावत और प्रतिरोध को संगठित करने और उसकी प्रखर और मुखर अभिव्यक्ति में भी सफल रहा।

अकबर केवल एक विजेता नहीं था वरन् उसने मुग़ल साम्राज्य को एक अत्यन्त व्यवस्थित प्रणाली और केन्द्रीकृत ढाँचा प्रदान किया जिसने हालाँकि उसकी सफलता में कम ही योगदान दिया लेकिन यह सापेक्षिक रूप से दीर्घावधि के लिए अत्यन्त प्रासंगिक और उपादेय था।[8] 1574 ई. में उसने अमीरों/उमरावों/कुलीनों, नौकरशाही और सैन्य विभाग को एक सूत्र में समन्वित कर दिया और सभी अधिकारियों को एक अंकीय या संख्या पर आधारित पद-*मनसब* से नवाज़ा जो न्यूनतम 10 से लेकर 5000 तक था और इसकी उच्चतर संख्या की वस्तुस्थिति पद, वेतन और सैन्य दल के आकार का संकेतक थी।

सैद्धान्तिक तौर पर प्रत्येक अधिकारी नीचे से ऊपर की ओर उन्नति कर सकता था या किसी भी कर्तव्य या कार्यालय के लिए निर्देशित हो सकता था लेकिन व्यावहारिक रूप से सरकार में सभी अधिकारी, बहुत छोटे या विशुद्ध रूप से धार्मिक मामलों को छोड़कर, *मनसब* ही हुआ करते थे। अब से प्रोन्नति या अवनति मनसब के बढ़ाने या घटाने के रूप में किये गये। अकबर के शासनकाल के अन्तिम वर्षों में एक दूसरे पद *(सवार)* को आकार दिया गया जो वस्तुतः धारक के सैन्य दल को अलग से स्पष्ट करता था और उससे यह अपेक्षित होता था कि वह इसकी देखभाल और हेतु के लिए उसका भुगतान भी किया जाता था।

राज्य सेवाओं के स्वरूप में इस प्रकार की कथित प्रणाली और व्यवस्था के सूत्रपात से अकबर को अपने उमरा वर्ग को अनेक एवं विभिन्न 'नृजातीय' लोगों से युक्त कर निर्मित करने में बड़ी सहायता मिली। उसके शासनकाल के प्रारम्भिक दौर में मुग़लकालीन उमरा वर्ग में मुख्यतः तूरानियों (मध्य एशिया) और ख़ुरासानियों (फ़ारसी-पर्शियन) का दबदबा था। 1561 ई. से अकबर ने राजपूत राजाओं; और युवराजों को अपने उमरा वर्ग में स्थान सुनिश्चित करना प्रारम्भ कर दिया; उन्हें अपने पूर्वजों की विरासत पर प्रभुत्व के अधिकार प्रदान किये गये लेकिन इसके एवज़ में उन्हें भुगतान करना होता था जो उसके प्रारम्भिक *मनसब* के अनुसार सुनिश्चित होता था। उसी समय, हिन्दू बुद्धिजीवियों और कायस्थों (लेखा का कार्य करने वाली जाति) को भी प्रोत्साहित किया गया; इसका सबसे प्रामाणिक और प्रसिद्ध उदाहरण उसका वित्त मन्त्री टोडरमल और शेख़ज़ादे (भारतीय मुस्लिम) थे जो उच्च पदस्थ अधिकारी थे। साम्राज्य की विस्तारवादी नीति के समान और नियत गति से बदस्तूर बने रहने के प्रभावस्वरूप अकबर इसके लिए प्रेरित हुआ कि वह उमरा या कुलीन वर्ग को विभिन्न 'नृजातीय लोगों' और उनकी विशिष्टताओं से युक्त करने एवं उसको सम्मिलित करने अर्थात

उमरा वर्ग को बहुसांस्कृतिक बनाने की प्रक्रिया को आकार इस प्रकार देना था कि परम्परागत और प्राचीन उमरा वर्ग के बीच वैमनस्य और नफ़रत के बीज न पड़ें। सभी उमराओं को अपने सख़्त और कठोर नियन्त्रण में लेने और इसके लिए उनकी जागीरों को छीनकर उन्हें नक़द वेतन के भुगतान करने तथा अपने साथ सैन्य पक्ष को बनाने एवं उसे बनाये रखने के साथ-साथ शाही सेना के प्रति उनकी प्रतिबद्धता और तत्परता को सुनिश्चित करने के उसके प्रयासों (1574-75 से प्रारम्भ) ने 1580 ई. में उमराओं के एक वर्ग के बग़ावती होने में अत्यन्त ही प्रमुख और महत्त्वपूर्ण या यों कहें कि निर्णायक भूमिका अदा की। इसका दमन भी कुछ छूटों को निर्धारित करने के कारण ही सम्भव हो सका जिसमें जागीरों की व्यवस्था पूर्ववत कर दी गयी; यह निश्चित रूप से रेखांकित करने योग्य है हालाँकि यह अब नियमित रूप से हस्तान्तरणीय हो चली थी।

1580 ई. तक साम्राज्य केन्द्रीय और सूबे के प्रशासन की प्रणाली की प्रक्रिया को आत्मसात कर चुका था। इस प्रकार के सांगठनिक प्रशासन की महत्त्वपूर्ण चारित्रिक विशेषता इसके आदेशों और फ़रमानों की द्वैतता की वह शृंखला थी जो बादशाह के द्वारा जारी/निर्गत कर दी जाती थी। शाही दरबार में तीन महत्त्वपूर्ण मन्त्री पदस्थापित थे, जैसे कि दीवान-ए-आलिया (वित्त मन्त्री, जो जागीर पर नियन्त्रण के भी प्रभारी थे), मीर बख़्शी (मनसब की नियुक्ति, सैन्य दल की जाँच और खुफ़िया विभागों के मन्त्री) और सद्र-ए-सुदूर (राजस्व अनुदानों के प्रभारी मन्त्री)। सूबों में ऐसे ही अधिकारियों की नियुक्ति होती थीं लेकिन वे शाही दरबार में नियुक्त अपने विभागों के प्रभारियों के अधीनस्थ हुआ करते थे (दीवान, बख़्शी और सद्र) और जो सीधे तौर पर अपने शाही प्रमुखों के प्रति ही जवाबदेह होते थे, न कि अपने सूबे के उस सिपहसालार/नाज़िम के प्रति जो कि बादशाहों के प्रसादपर्यन्त नियुक्त किये जाते थे और प्रत्यक्षतः उनके प्रति ही उत्तरदायी होते थे। प्रत्येक सूबा 'सरकारों' में विभक्त होता था जो फ़ौजदारों और क़ानूनगो (शाही राजस्व समाहता) के क्षेत्राधिकार के अन्तर्गत समाहित था। परगना के स्तर या छोटे उप-ज़िला के स्तर पर भी स्थानीय प्रशासन प्रणाली विकसित करने के प्रयास किये गये; ये तीन अधिकारी अपनी प्रकृति में अर्धवंशानुगत प्रकृति के अधिकारी थे : पहला तो क़ानूनगो (राजस्व अभिलेखों के रख-रखाव/संरक्षण) था और दूसरा चौधरी था जो अपने स्तर पर राजस्व के संग्रह के लिए उत्तरदायी था। तीसरा पद क़ाज़ी (न्यायाधीश) का था जिसे एक अर्थ में न्यायाधीश कहा जा सकता है। प्रशासन के सभी स्तरों पर फ़ारसी मानक

और व्यावहारिक भाषा थी सिवाय गाँव से सम्बन्धित लेखाओं को जिसके लिए स्थानीय भाषा को व्यवहार में लाया जाता था।

राजस्व प्रशासनिक व्यवस्था को पुनःसंगठित किया गया था : ख़ालिसा शरीफ़ जहाँ करों का संग्रह शाही राजकोष के लिए किया जाता था और दूसरा प्रकार, 'जागीर' था जहाँ मनसबदार अथवा ज़ागीर-धारक वेतन के एवज़ में करों का संग्रह किया करता था। जागीर नियमित रूप से हस्तान्तरित/स्थानान्तरित किये जाते थे; किसी एक अवधि के दौरान एक भूमि ख़ालिसा हो सकती थी और दूसरी प्रविधि में इसे जागीर घोषित किया जा सकता था। ज़ागीर का कार्य आधिकारिक रूप से अपेक्षित कुल आय के आधार पर आकलित किया जाता था जिसके लिए 'नक़दी' या 'जमा' शब्द को व्यवहार में लाया जाता था (बाद में जमा दमी)। अकबर के प्रशासन के अधिकांश सांख्यकीय प्रयास अधिक वास्तविक और यथार्थवादी जमा आँकड़ों को तैयार करने के लिए किये गये थे जो अन्ततोगत्वा 1579-80 के दौरान नियत कर दिया गया था और जिसे तथाकथित तौर पर *'जमा-ए-दहसाला'* के रूप में सम्बोधित किया गया; वस्तुतः यह पूर्व के दस वर्षों के दौरान संग्रहित करों के आँकड़ों पर आधारित था। जागीर और ख़ालिसा भूमि में करों के संग्रह या अन्य विषयों में भी, नियमावली कमोबेश समान ही थी; और अकबर के प्रशासन ने माप के क्षेत्र का विस्तार करने और विभिन्न इलाक़ों के लिए प्रत्येक फ़सल के लिए अलग से प्रति बीघा (0.24 हेक्टेयर) नक़द की अनुसूची भी स्थापित करने का प्रयास किया।

अकबर हालाँकि औपचारिक तौर पर शब्दों के ज्ञान से अनभिज्ञ था लेकिन उसके व्यक्तित्व की विशेषता दर्शन, वास्तुकला, चित्रकला और संगीत जैसे विषयों के प्रति उत्साही एवं उत्कट उत्सुकता और जिज्ञासा थी, इतना ही नहीं वह युद्ध और प्रशासन जैसे मसलों पर भी अत्यधिक दिलचस्पी रखता था। उसकी धार्मिक मनोवृत्ति ने उसे *सुलह-ए-कुल* 'पूर्ण शान्ति' जैसे धार्मिक सिद्धान्त को आकार देने के लिए प्रेरित किया जो स्रष्टा और उसकी सृष्टि की अस्मिता/पहचान पर आधारित था और इस विषय पर भी आधारित था कि सभी धार्मिक मतान्तर वस्तुतः भ्रामक ही हैं। इस परिप्रेक्ष्य से सम्प्रभु या बादशाह को विभिन्न पन्थों के व्यक्तियों/अनुयायियों के प्रति उदार होने में ईश्वर की तरह कार्य करने के लिए प्रेरित किया गया था। इसने धार्मिक नीति के लिए युक्तिकरण/विवेक/तार्किकता से युक्त ऐसे आधार के अस्तित्व को आकार देने की अनिवार्यता पर बल दिया जिसमें धार्मिक सहिष्णुता, एक जातीयता और धार्मिक रूप से मिश्रित कुलीनता का गठन था; हालाँकि अकबर पहले से ही अनुभवजन्य आधारों पर इसका अनुसरण कर रहा था।

ग़ैर-मुस्लिमों पर लगनेवाला कर–*जज़िया* को 1564 ई. में समाप्त कर दिया गया जो वस्तुतः मुस्लिमों से इतर अन्य लोगों पर लगने वाला व्यक्तिगत कर था; हालाँकि 1575 ई. के दौरान कुछ वर्षों के लिए इसे फिर से लागू किया गया किन्तु अन्ततः 1580 ई. में इसकी पूर्णरूपेण समाप्ति कर दी गयी। साम्राज्य और बादशाह के प्रति लोगों में आस्था को और अधिक सशक्त एवं सघन करने के लिए *झरोखा दर्शन* (बादशाह का प्रातः दर्शन) जैसे नवाचार को व्यवहार में लाया गया। इसमें बादशाह को अपनी जनता के लिए अलसुबह दर्शन की परम्परा की शुरुआत की गयी। इसने अकबर के उन विश्वासों और व्यवहारों के सन्दर्भ में अपने मतों और विश्वासों की मुखर और प्रखर अभिव्यक्ति में व्यवधान नहीं डाला जिन्हें वह ग़लत, असमान और अप्रासंगिक मानता था : वह मूर्तिपूजा को नापसन्द करता था और उसने ग़ुलामों के व्यापार, बाध्यकारी *सती* प्रथा और बाल-विवाह को वर्जित/निषेधित कर दिया।[9]

अकबर के शाही संरक्षण में आगरा का लाल क़िला और फतेहपुर सीकरी को बनाया गया जहाँ मुग़ल वास्तुकला के मुख्य तत्त्वों को उकेरा गया। उसने मुग़ल चित्रकला की शैली विकसित की जिसमें फ़ारसी शैली की परम्परागत और बुनियादी विशेषताओं को व्यापक स्तर पर संशोधित किया गया और ऐसा उसके द्वारा यथार्थवाद, भारतीय चित्रकला और बाद में, पुनर्जागरण के चित्रकला-तकनीकों को अधिक प्रमुखता या यों कहें कि उस पर अधिक बल देने के कारण ही सम्भव हो पाया। महान फ़ारसी कवि 'उर्फी' और प्रख्यात एवं कालजयी संगीतकार तानसेन उसके दरबार के नवरत्नों में से थे। उसके वजीर अबुल फ़ज़्ल ने *अकबरनामा* और *आईन-ए-अकबरी* लिखा जो अपनी विस्तृत ऐतिहासिक, भौगोलिक और सांख्यकीय सूचनाओं के लिए अत्यन्त महत्त्वपूर्ण, प्रासंगिक और अनिवार्य रूप से अनुपेक्षणीय है।[10] इसके अतिरिक्त, अकबर ने तार्किकता, वैज्ञानिकता, शैक्षणिक पाठ्यक्रम का पुनरीक्षण और तकनीकी आविष्कारों से जुड़ी गतिविधियों को प्रोत्साहित किया।

## अकबर के बाद मुग़ल साम्राज्य

अकबर की मृत्यु के उपरान्त उसके उत्तराधिकारियों के रूप में जहाँगीर (1605-27), शाहजहाँ (1628-58) और औरंगज़ेब (1659-1707) का नामोल्लेख सुस्पष्ट रूप से किया जा सकता है किन्तु साथ ही साथ यह निश्चित रूप से स्पष्ट होना चाहिए कि उत्तराधिकारी के रूप में व्यक्तित्व अथवा शख़्सियत के स्तर पर ये शासक अपनी शासन-प्रणाली और स्वभाव में बहुधा भिन्न थे।[11] हालाँकि इन सभी शासकों की अवधि के दौरान भी मुग़ल साम्राज्य की विस्तारवादी नीति बदस्तूर बनी रही; यद्यपि इसकी तीव्रता में कमी साफ़ देखी जा सकती थी।

जहाँगीर को अकबर से विरासत के रूप में प्राप्त दक्कन की सीमा को बरकरार रखने में अनेक दुश्वारियों का सामना करना पड़ा और उसने अनुभवजन्य परिस्थितियों के आधार पर इसे कठिन पाया, मसलन, अहमदनगर का मलिक अम्बर (मृ. 1626) के रूप में उसके समक्ष एक दुर्धर्ष विपक्षी मुँह बाये खड़ा था लेकिन (1636 ई.) तक अन्ततः अहमदनगर के साम्राज्य को नेस्तनाबूद कर दिया गया और 1656-57 की अवधि के दौरान दो अलग-अलग युद्धों में गोलकुण्डा और बीजापुर को आधिपत्य में ले लिया गया। इस बीच इन दोनों साम्राज्यों ने विजयनगर साम्राज्य को पूर्णरूपेण विनष्ट कर दिया था और इस क़दर कर दिया था कि उन्होंने इसके एक बहुत बड़े भाग को आपस में बाँट लिया था। इसमें भी बड़ा भाग बीजापुर को प्राप्त हुआ था, लेकिन शीघ्र ही अब ये मुग़ल साम्राज्य की विस्तारवादी महत्त्वाकांक्षाओं की भेंट चढ़ने वाले थे। बीजापुर को अन्ततोगत्वा 1686 ई. में मुग़ल साम्राज्य में समाविष्ट कर लिया गया और गोलकुण्डा को इसके अगले वर्ष समाहित कर लिया गया। पूरब में वर्तमान बांग्लादेश को जहाँगीर की शासनावधि में मुग़ल साम्राज्य के नियन्त्रण में ले लिया गया। औरंगज़ेब के शासन के प्रारम्भिक वर्षों की अवधि के दौरान अहोम साम्राज्य (1662-63) से असम और अराकान (1666) से चिटगाँव को अपने मुग़ल साम्राज्य के क़ब्ज़े में ले लिया गया।

यह केवल अफ़ग़ानिस्तान ही था जहाँ मुग़ल अपनी स्थिति को सुधारने और संवर्धित करने में विफल रहे। 1662 ई. में कन्धार को उन्होंने ईरान के हाथों खो दिया और (1638 ई.) में इसे पुनः वापिस ले लिया गया लेकिन फिर (1649 ई.) वे इससे महरूम हो गये। फ़ारसियों को खदेड़ने के तीन महँगे अभियान (1649, 1652, 1653) व्यर्थ साबित हुए। उत्तर में उज़बेकों से उत्तरी अफ़ग़ानिस्तान (1646-1647) को जीतने का एक महत्त्वाकांक्षी अभियान भी असफल रहा और वास्तव में कहा जाये, तो मुग़ल हिन्दूकुश के उत्तर में एक छोटे से क्षेत्र को बनाये रखने में मुश्किल से सक्षम थे।

17वीं शताब्दी के दौरान न केवल मुग़ल बादशाहों ने अपनी विस्तारवादी नीति को पहले की तरह बनाये रखा बल्कि विरासत या यों कहें कि वसीयत के रूप में प्राप्त हुए प्रशासनिक ढाँचे और सिद्धान्तों में नाम-मात्र के फेरबदल किये, वास्तव में बुनियादी तौर पर इनका स्वरूप और कलेवर पूर्ववत ही रहा। शाही नियन्त्रण बनाये रखा गया और उसी प्रकार *जागीर* और *मनसब* भी। केवल औरंगज़ेब के शासन की समाप्ति के वर्षों के दौरान *मनसब* के अनुदान से

सम्बन्धित संकट उठ खड़ा हुआ क्योंकि *मनसब* के भुगतान के लिए अपरिहार्य *जागीर* कम उपलब्ध थे। उमराओं की बहुसांस्कृतिक प्रकृति को बनाये रखा गया, हालाँकि ईरानी तत्त्व जहाँगीर के शासनकाल के दौरान प्रभावी हो उठे थे और ऐसा वस्तुतः मूल रूप से फ़ारसी और राजनीतिक रूप से नूरजहाँ (मृ.1645) के अत्यधिक प्रभावी होने के प्रभावस्वरूप हो पाया था। राजपूतों की ज़मीन थोड़ी जरूर खिसकी लेकिन फिर भी वे महत्त्वपूर्ण बने रहे। धार्मिक नीति में आमूल-चूल रूपान्तरण औरंगज़ेब ने किये और यह उसके धार्मिक उग्रता और पूर्वाग्रह से प्रेरित था। 1679 ई. में *जज़िया* कर को दुबारा थोपने को उसके धार्मिक भेदभाव के स्तर को मापने का पैमाना माना जा सकता है और यह निश्चित रूप से उल्लिखित किया जाना चाहिए। हालाँकि औरंगज़ेब ने भी *मनसबदारों* के रूप में राजपूतों की नियुक्ति के पूर्वप्रचलन को बरकरार रखा और यह स्पष्ट ही द्रष्टव्य है कि उसके शासनकाल के दौरान कुलीनों/उमराओं में मराठों का एक बड़ा वर्ग विद्यमान था।[12]

बहरहाल, जहाँगीर अपने संस्मरणों, प्रकृति-बोध और चित्रकला के संरक्षण के लिए, तो शाहजहाँ भव्य इमारतों, विशेष रूप से ताजमहल और शाहजहानाबाद (दिल्ली) जैसे शहर के लिए अविस्मरणीय हैं। औरंगज़ेब की शासनावधि के दौरान दरबारी संस्कृति अपसंस्कृति की ओर बढ़ चली जिसके प्रमुख कारणों के रूप में कुछ तो उसकी सैन्य-नीति और कुछ रूढ़िगत एवं अप्रासंगिक पूर्वाग्रही विचारों को रेखांकित किया जा सकता है।

## मराठा और मुग़ल साम्राज्य का उत्तरार्द्ध

17वीं शती के बीच की अवधि के अन्तिम वर्षों में मराठा शासक शिवाजी के उद्भव ने राजनीतिक रूप से महत्त्वपूर्ण, परिवर्तनकारी और असाधारण स्थितियाँ पैदा कीं। पश्चिम महाराष्ट्र में मुग़ल और बीजापुर के क्षेत्रों के बीच के सीमावर्ती क्षेत्रों में शिवाजी ने अपनी स्वतन्त्रता और स्वायत्तता कायम करना प्रारम्भ कर दिया था। 1664 ई. में सूरत से उसके निष्कासन अथवा बर्ख़ास्तगी ने उसे मुग़लों के साथ समझौता करने पर विवश कर दिया और कहने की आवश्यकता नहीं है कि यह व्यर्थ ही साबित हुआ; 1674 ई. में शिवाजी ने रायगढ़ में सिंहासनारूढ़ होने की घोषणा की। 1680 ई. में जब उनकी मृत्यु हुई, तो उस समय तक उसने एक साम्राज्य की स्थापना कर दी थी जिसमें कोंकण, घाट, करावली और तमिलनाडु का एक अलग भाग समेत पश्चिमी तटीय भू-भाग सम्मिलित थे। उसकी सफलता में

कृषक-सैनिकों *(बर्गी)* की कुशलता और वीरता की अहम और निर्णायक भूमिका थी; इसमें निश्चित रूप से शिवाजी द्वारा उनको जिस प्रकार और जिस रणनीति से व्यवहार में लाया गया, वह सराहनीय तथा उल्लेख करने योग्य है। उसने *चौथ* की प्रणाली की शुरुआत की जिसमें तत्कालीन शासक से हमले या आक्रमण से सुरक्षा के लिए शुल्क के तौर पर कर लिया जाता था और यह किसी क्षेत्र के कुल राजस्व का एक चौथाई भाग हुआ करता था। अपने *स्वराज्य* (साम्राज्य) में उसने दक्कन की सल्तनतों के आधार पर नियमित प्रशासनिक ढाँचा को बनाने का कार्य प्रारम्भ किया लेकिन इसके अन्दर कराधान किसी भी प्रकार से कमतर या निम्नतर नहीं था।[13]

शिवाजी की मृत्यु ने उसकी उस राजव्यवस्था और प्रशासनिक ढाँचे पर ग्रहण लगा दिया जिसकी स्थापना उसने की थी। उनके पुत्र शम्भुजी को पहले तो औरंगज़ेब द्वारा हिरासत में ले लिया गया और तदुपरान्त उसकी हत्या कर दी गयी (1689 ई.)। 1690 के दशक के दौरान जब मुग़ल सेना ने तमिलनाडु के मराठा साम्राज्य को वहाँ से बेदख़ल किया, तो उनका अन्य पुत्र राजाराम (मृ.1700) भाग खड़ा हुआ। फिर भी, मराठा शक्ति को राजाराम की विधवा ताराबाई के शासनकाल में संजीवनी मिली, पुनर्जीवन मिला, इस समय मराठा साम्राज्य विभिन्न मराठा क्षत्रपों अथवा सरकारों के क्षेत्राधिकार में था और वे अपने अधीन क्षेत्रों में कठोरतापूर्वक चौथ वसूला करते थे तथा इस प्रकार अपने संसाधनों को समृद्ध करते थे, जो भी क्षेत्र, प्रदेश, या राज्य चौथ का भुगतान करने में असफल रहते या उनके दिशा-निर्देशों के प्रति अवज्ञापूर्ण होते, तो मराठा उनके क्षेत्रों में अन्तहीन लूटपाट करते, इस प्रकार करते कि सभी कुछ तितर-बितर कर देते *(मुल्कगिरि)*। 1681 ई. से दक्कन में औरंगज़ेब के निरन्तर पड़ावों के बाद जब 1707 ई. में उसकी मृत्यु हुई, तो उसके सभी 'कार्य' व्यर्थ हो गये और इस स्तर पर हो गये कि वह बेतुके और अप्रासंगिक लगने लगे, जैसे कि दक्कन में अपनी सामरिक और सैनिक वस्तुस्थिति को सबल करने के उसके तथाकथित सकारात्मक और फलदायी प्रयास उसकी मृत्यु के उपरान्त उस समय हवा में उड़ गये जब मराठा सैनिकों ने उसके (मुग़लों) सैनिकों पर बारम्बार घेरा डाला और उन्हें निस्सहाय एवं शक्तिहीन अनुभव करने को अभिशप्त कर दिया।

परम्परागत रूप से या यों कहें तो कोई अतिशयोक्ति नहीं होगी कि मध्यकालीन इतिहास में ऐसी रूढ़िगत मान्यता रही है कि मुग़ल साम्राज्य का अवसान या विघटन औरंगज़ेब की मृत्यु (1707 ई.) से होना प्रारम्भ हुआ। हालाँकि

इस कथित विघटन के लक्षण विशेषकर तत्कालीन कृषि संकट और *जागीरदारी* में बढ़ती समस्याओं में देखे गये, यहाँ तक कि उत्तर भारतीय क्षेत्रों में तो ये काफ़ी पहले से ही दृष्टिगत होने लगे थे जो कि मराठों के हमलों से कहीं दूर थे। मुग़लों ने संचित असन्तोष और आक्रोश को कम करने के लिए कुछ छूटों की घोषणा की। *जज़िया* कर को (1713 ई.) में समाप्त कर दिया गया; बहादुरशाह (1707-12) ने शिवाजी के पोते साहू (मृ. 1748) को इसलिए रिहा कर दिया; क्योंकि वे मराठों को शमित करना चाहते थे। यह शुद्ध रूप से उनकी शक्ति को शिथिल करने की क़वायद थी। राजपूत राजाओं को उच्च पद और यहाँ तक कि शासकीय पद भी प्रस्तावित किये जाने लगे। हालाँकि इससे दरबार में मतभेद पैदा हुए जो उत्तराधिकार के लिए लड़ी गयी प्रत्येक लड़ाई में दो विभिन्न और परस्पर विरोधी दावेदारों के संघर्ष से और अधिक अभिप्रेरित हुआ। मुहम्मदशाह के शासनकाल के दौरान केन्द्रीय नियन्त्रण कमज़ोर होता चला गया, यहाँ तक कि अनेक प्रदेशों के निज़ाम स्थानान्तरण के शाही फ़रमानों की अवहेलना करने लगे। कालान्तर में यह प्रवृत्ति और सघन होती चली गयी और इसका परिणाम यह हुआ कि वे स्वायत्त होने लगे और स्वयं को स्वतन्त्र घोषित करने लगे। यह दक्कन के वायसराय और बंगाल एवं अवध के सन्दर्भ में अत्यधिक प्रभावी और प्रासंगिक था।[14]

इन 'परिवर्तनकारी' शक्तियों ने मुग़लों की सैन्य शक्ति को कमज़ोर किया। बन्दूक़ों के बढ़ते प्रयोग के बहुप्रचलन ने तीरन्दाज़ों की महत्ता को कम किया और साथ ही साथ सैन्य संगठन में *मनसबदारी* प्रथा की प्रासंगिकता और औचित्य पर गम्भीर प्रश्न उठाये। काफ़ी लम्बे संघर्ष के बाद मराठे गुजरात और मालवा पर अपना आधिपत्य स्थापित करने में सफल हुए (1737 ई.), हालाँकि बादशाह की 'बादशाहत' के वरदहस्त का सम्मान नाममात्र के लिए ही सही लेकिन किया गया। इसके शीघ्र बाद ही फ़ारसी हमलावर नादिरशाह (1739) के आक्रमण से साम्राज्य की चूलें हिल गयीं, उसकी नींव डगमगा गयी : दिल्ली को फ़तह कर लिया गया और इसके ख़ज़ाने को जम कर लूटा गया, इसे खण्डित और तितर-बितर कर दिया गया और सिन्धु के उस पार *(सूबा-काबुल)* पर जो मुग़ल प्रभुत्व था, उसने उसे गँवा दिया। इस बड़े झटके ने मुग़ल साम्राज्य के विघटन की गति को और तेज़ कर दिया। पंजाब में सिख उठ खड़े हो रहे थे, दिल्ली के पूर्वी क्षेत्र में रोहिल्ला सरदारों ने अपना डेरा जमा लिया था, तो जाटों ने भी अपने शासक सूरजमल (1756-63) के नेतृत्व में अपनी स्वतन्त्रता और स्वायत्तता की घोषणा

कमोबेश कर ही डाली थी, दक्षिण भारत के सुदूर राज्यों में जो भी शेष नियन्त्रण था, वह भी व्यावहारिक रूप से समाप्त हो गया था।

18वीं शताब्दी का पहला दशक मराठा शक्ति के उद्भव और उत्थान की कहानी था किन्तु इसका श्रेय शिवाजी की वंशानुगत परम्परा (छत्रपति) को नहीं दिया जा सकता बल्कि यह उनके मुख्यमन्त्रियों-पेशवाओं की उपलब्धि थी जो अपनी प्रकृति में वंशानुगत हो चला था। सक्षम पेशवाओं की एक उत्तराधिकारी परम्परा—बालाजी विश्वनाथ (1714-20), बाजीराव (1720-40) और बालाजी बाजीराव (1740-61) और माधव राव (1761-72) ने सरदारों पर अपना एकाधिकार थोप दिया और विजित क्षेत्रों का शासन स्वयं के द्वारा नामांकित व्यक्तियों के हाथों सौंप दिया और उन्होंने निरन्तर उन क्षेत्रों का विस्तार किया जहाँ दो अलग-अलग कराधान—*चौथ* और *सरेशमुखी* (जो समवेत कुल राजस्व का एक-तिहाई भाग था) लागू किये। इस प्रकार की व्यवस्था में पेशवा दो सम्प्रभु प्राधिकारों—छत्रपति और पादशाह के प्रति अपनी प्रतिबद्धता व्यक्त कर रहे थे लेकिन वास्तविक रूप से देखा जाये तो ये दोनों स्वायत्त और स्वतन्त्र थे। इससे अधिक वे स्थानीय ज़मींदार की परम्परा से अधिक जान पड़ते थे जिसमें मराठा नेताओं की भरमार थी और प्रत्येक अपने आप में कमोबेश वंशानुगत हो चला था या फिर किसी विशेष परिवार द्वारा संचालित हो रहा था। इसने कालान्तर और दीर्घावधि में न केवल केन्द्रीय/केन्द्रीकृत शक्ति का शिथिलीकरण किया बल्कि सैन्य शक्ति को भी बुरे तरीक़े से प्रभावित किया। इस परम्परागत या रूढ़िगत हो चुकी कमज़ोरी की चरमोत्कर्ष परिणति उस पराजय में प्रतिबिम्बित होती है जो उन्हें पानीपत की तीसरी लड़ाई (1761 ई.) में अफ़ग़ान शासक अहमदशाह अब्दाली के हाथों मिली। मुग़ल बादशाह ने 1771 ई. से 1803 ई. तक अपना नियन्त्रण बनाये रखा, यह वही वर्ष या जिसमें मराठों ने अंग्रेज़ों के सामने घुटने टेक दिये और इस प्रकार, दिल्ली को खो दिया। बहरहाल, किसी व्यवस्थित प्रणाली की कमी के बावजूद मराठा प्रशासन ने विविध स्थानीय तत्त्वों से सामंजस्य स्थापित करने की क्षमता दिखायी। अधिकांश क्षेत्रों में प्रशासन की मुख्य भाषा के रूप में फ़ारसी जारी रही और एक बड़े पैमाने पर उदारवादी धार्मिक नीति का अनुसरण किया गया।[15]

## मुग़ल साम्राज्य : प्रकृति और विघटन

दो-ढाई दशकों के राजनीतिक इतिहास की संक्षिप्त रूपरेखा खींचने के तदुपरान्त यह माकूल और श्रेयस्कर वक़्त भी होगा कि हम मुग़ल साम्राज्य की राजनीतिक

अवसंरचना/संरचना की प्रकृति और इसमें निहित आन्तरिक तनावों और उससे उत्पन्न दबाव तथा इसके कारणों का अनुशीलन-विश्लेषण करें।

क्या मुग़ल साम्राज्य उस अर्थ और सन्दर्भ में राज्य था जिस अर्थ में यूरोपीय राज्य थे? क्या मुग़ल साम्राज्य और यूरोपीय राज्यों में वास्तविक अर्थों में कोई समानता थी? यह विषय काफ़ी लम्बे समय से विवादास्पद रहा है; निश्चित रूप से उन दिनों से जब फ्रेंच यात्री फ्रांस्का बर्नियर (यात्रा 1656-68) ने भारत की यात्रा की थी। इस सन्दर्भ में बर्नियर का यह वक्तव्य और विश्वास था कि यूरोपीय राज्यों की मुख्य कार्यप्रणाली निजी सम्पत्ति की रक्षा थी, जबकि भारत में ही नहीं बल्कि पूरे एशिया में ऐसी स्थिति नहीं थी। यहाँ सम्प्रभु सत्ता स्वयं ही भू-स्वामी हुआ करता था और राज्य का प्रमुख कार्य निजी सम्पत्तियों को विनष्ट करना था। इसलिए, वह एशियाई अर्थव्यवस्था और समाज में व्याप्त विडम्बनाओं, विद्रूपताओं, और ख़ामियों के लिए राज्य की इस कार्यप्रणाली की प्रकृति को ज़िम्मेदार मानते हैं और इसके लिए विशेष रूप से उन *जागीरदारों* एवं राजस्व-कृषकों को रेखांकित करते हैं जो कठोर एवं निर्मम शोषण करते हैं क्योंकि वे सम्प्रभु सत्ता से प्राप्त इस अधिकार को अस्थायी मानते थे और उनका विश्वास था कि यह राजस्व अधिकार केवल सम्प्रभु सत्ता के प्रसादपर्यन्त है और यह किसी भी क्षण समाप्त किया जा सकता है।[16] हालाँकि मुग़ल बादशाह ने सार्वभौमिक भूस्वामी होने का दावा नहीं किया, भू-कर का एक बड़ा आकार ऐसा होता था जिसमें कि कृषि-अधिशेष के बड़े भाग की खपत हो जाये। व्यवहार में परिणाम यह था कि केवल कर-संग्रह जैसे उद्देश्य के लिए राज्य को विस्तार से कृषि की स्थितियों से परिचित होना था और सुधार का प्रयास करना था, एक ऐसी चिन्ता जो समकालीन यूरोपीय राज्यों में मौजूद नहीं थी जहाँ ये कार्य अनिवार्य रूप से बड़े सम्पत्ति के मालिकों द्वारा किये गये थे या किये जाते रहे थे। इस सीमा तक मार्क्स द्वारा मुग़ल साम्राज्य को कर लगान पर आधारित 'एशियाई निरंकुशता' की एक प्रणाली मानना उचित था जिसमें मुख्य रूप से सिंचाई और अन्य साधनों द्वारा कृषि का संरक्षण कमोबेश अनिवार्य था। यह निश्चित रूप से मुक्त बाज़ार *(लैसेफेयर)* के सिद्धान्त को अपनाने वाले राज्यों से अलग था।[17] लेकिन राजकोषीय व्यवस्था के बाहर मुग़ल राज्य ने कृषि, शहरी भवनों और व्यापारिक पूँजी के गौण दावों पर आधारित सम्पत्ति-अधिकारों की संरचना पर बहुत कम हस्तक्षेप किया। इसके वैधानिक संचालन इंग्लैंड में संसद और ट्यूडर राजशाही की तुलना में कहीं अधिक आडम्बरहीन और तुलनात्मक और प्रत्यक्ष रूप से अधिक प्रत्यक्ष सहज एवं सरल थे क्योंकि बादशाह धार्मिक और

परम्परागत मान्यताओं और विधियों में परिवर्तन करने का कार्य नहीं ही किया करते थे। केवल जहाँ धार्मिक हितों एवं विश्वासों में टकराव की स्थिति बनती, वहाँ राज्य के पास एक सीमा तक विवेकाधिकार को व्यवहार में लाने का विकल्प उपलब्ध होता, जैसे कि अकबर एवं जहाँगीर के शासन के दौरान कुछ स्थानों पर हिन्दू मान्यताओं के अनुसार गो-हत्या पर प्रतिबन्ध लगाया गया, औरंगज़ेब के द्वारा इस्लाम विधि के अनुसार हिन्दुओं पर *जज़िया* कर को थोपा गया और जिसने मन्दिरों को विनष्ट करने में अपने बल और शक्ति का प्रयोग किया। एक रेखांकित करनेवाला जो अपवाद था वह बाध्यकारी *सती* प्रथा को वर्जित करना था जो वस्तुतः किसी धर्म पर निषेधाज्ञा लागू करने के बनिस्बत मानवीय मूल्यों को प्राथमिकता और पुनः प्रत्याख्यायित करने की प्रेरणा अधिक था।

मुग़लों ने जिस प्रकार के साम्राज्य की स्थापना की थी और अपने शासनावधि की प्रविधि में इसे जिस प्रकार का कलेवर और स्वरूप को आकार दिया था, उसकी प्रकृति क्या थी? इस सन्दर्भ में हालिया दिनों के दौरान प्रश्न उठते रहे हैं। इसके प्रत्युत्तरों को अगर समेकित और निष्कर्षित रूप में देखा जाये, तो यह प्रस्तावित किया गया है कि अधिकार के नाम मात्र के दावों और शक्ति के वास्तविक प्रयोग के बीच एक व्यापक विसंगति थी। वास्तविक अर्थों में यह समझौते, सामंजस्य और समन्वय पर निर्भर था।[18] हालाँकि समझौता और समन्वय किसी भी राजनीतिक प्रणाली के लिए स्वाभाविक ही है किन्तु ऐसा प्रतीत होता है कि मुग़ल साम्राज्य की प्रणाली या व्यवस्था और इसके सामान्यीकरण या सार्वभौमीकरण में भी 'रियायत की रवायत' की सम्भावना को शेष बनाये रखा गया, मसलन, ज़मींदारी व्यवस्था में सरदारों को उनके धारण करने वाली भूमि के आधार पर और जो शाही प्राधिकार या सत्ता के लिए निश्चित तौर पर और पूर्णरूपेण तत्पर रहा करते थे और प्रवर्तनीय थे, उन्हें *मनसब* प्रदान करना था। कोई भी दिल्ली, आगरा, लाहौर एवं इसके इर्द-गिर्द बसे केन्द्रीय क्षेत्रों और 'सुदूर सीमावर्ती क्षेत्रों' में अन्तर नहीं देख सकता था। दरअसल, दरबार की ख़बरों (अख़लबारात) के माध्यम से यह प्रदर्शित और स्थापित करने का प्रयास किया जाता था कि बादशाह अपने पड़ोसी राज्यों के साथ-साथ सुदूर क्षेत्रों के विषय में भी चिन्तित हैं। इसके लिपिबद्ध साक्ष्य उपलब्ध हैं कि सिन्ध और बेरार में उसी प्रकार भूमि स्थानान्तरित की जाती थी जैसे कि आगरा सूबे में। ना ही कोई ही इस बात की तस्दीक कर सकता था कि इन केन्द्रीय और सुदूर क्षेत्रों में कराधान भिन्न-भिन्न थे। ये कथित वक्तव्य निश्चित रूप से मुग़ल साम्राज्य के

लिए प्रासंगिक और युक्तियुक्त रूप से उपयुक्त थे जब तक कि 18वीं शताब्दी के पूर्वार्द्ध में यह अवसान और विघटन के ढर्रे पर चलता नहीं चला गया।

मुग़ल साम्राज्य के विघटन में अनेक कारकों को रेखांकित किया जा सकता है। इस सन्दर्भ में प्रायः ही यह तर्क दिया जाता है कि यह कोई अलहदा परिघटना-घटना नहीं थी बल्कि उसी समय ओटोमान साम्राज्य, सफ़ादियों और उज़बेक का भी उसी प्रकार विघटन हुआ जैसा कि मुग़ल साम्राज्य का, इनके सौ वर्षों के पश्चात चीन के चिंग साम्राज्य का भी वही हश्र हुआ। अगर बार्थोल्ड इन साम्राज्यों के उद्भव में बारूद की निर्णयात्मक भूमिका मानते हैं, तो कोई भी यह तर्क दे सकता है कि शाही सेनाओं द्वारा आग्नेयशास्त्रों के संवर्धन और उसके प्रसार के प्रति उदासीनता तथा घुड़सवार सेवाओं की अप्रासंगिकता और अप्रचलन जैसे ही वे उचित और युक्तियुक्त कारण कहे जा सकते हैं जिसके परिणामस्वरूप एशिया में उनकी श्रेष्ठता समाप्त होती चली गयी। यूरोप की बढ़ती आर्थिक सशक्तता ने भी इन साम्राज्यों के व्यापार और आर्थिक स्थायित्व पर कुठाराघात किया होगा; इसके प्रभावों की पड़ताल हो रही है और अभी भी सम्बद्ध सन्दर्भ में गहन अध्ययन हो रहे हैं।

सबसे बड़ा हितों का टकराव मुग़ल शासक वर्ग और ज़मींदारों के बीच था। मुग़ल शासक वर्ग जहाँ साम्राज्य की निरंकुश प्रणाली का हिस्सा था और कर-लगान के खपत के बड़े हिस्से के लिए उत्तरदायी था, वहीं ज़मींदार एक वंशानुगत वर्ग था जिसकी उत्पादन और वितरण में परम्परागत हिस्सेदारी की दावेदारी थी। यह हिस्सा उनके द्वारा कर-संग्रह में सहायक की भूमिका के लिए था। पहले वर्ग में जहाँ अधिकांश लोग मुस्लिम वर्ग से ताल्लुक रखते थे, वहीं दूसरे वर्ग में अधिकतर हिन्दू धर्म के अनुयायी थे। दोनों वर्ग अपने हितों के तुष्टिकरण के लिए सशस्त्र शक्ति से युक्त थे। मुग़लशाही नीति व्यापक तौर पर ज़मींदारों को एक कनिष्ठ सहयोगी के रूप में बनाये रखने की थी जो कि कृषि के दोहन के साझा हितों पर आधारित थी जिसमें ज़मींदार कर-संग्रह में प्रभावी उपकरणों के तौर पर व्यवहार में लाये जा सकते थे। उनको रियायतें देना अथवा अपने साथ सह-अस्तित्व बनाये रखना वस्तुतः उनके आज्ञापूर्ण बने रहने के बाध्यकारी उपाय थे। इसलिए, इस दृष्टिकोण से मुग़ल धार्मिक नीति को आंशिक तौर पर एक साधन के रूप में देखा जा सकता है। ज़मींदार हिन्दुओं में सर्वाधिक महत्त्वपूर्ण वर्ग था जिसके साथ या तो सामंजस्य स्थापित किया जा सकता था या फिर उसका दमन किया जा सकता था। इन दो शक्तिशाली वर्गों के बीच के सम्बन्ध की प्रकृति अस्थायी थी और ज़मींदारों ने अपनी सशस्त्र सेनाओं को उन सभी अवसरों पर आधिपत्य/

वर्चस्व स्थापित करने के लिए निर्देशित किये जो उनके संसाधनों को और भी समृद्ध कर बढ़ा सकते थे।[19]

मुग़ल सत्ता की किसी भी निर्बलता, निःशक्तता और कमज़ोरी के प्रकाश में आने का प्रभाव एवं परिणाम ज़मींदारों की उनके प्रति वफ़ादारी या प्रतिबद्धता में बदलाव लाता और जो 'पाला बदलना' जैसे मुहावरे को चरितार्थ करता था। इसके अलावा अगर कोई कृषि संकट उत्पन्न होता या गहराता; तो दरिद्र और ग़रीब कृषकों से कर-संग्रह वसूलना दुष्कर हो जाता, तो ज़मींदार सूबे के कर-संग्रह के प्रयासों का विरोध करते, उनकी मुख़ालफ़त करते, यहाँ तक कि वे इसे अपनी हिस्सेदारी के बिना पर अदा किया हुआ मानते और इसे सूबे को मानने को बाध्य करते जिसमें वे कमोबेश सफल भी हो जाते। वस्तुतः ऐसी कथित परिस्थितियों में ज़मींदारों की उपर्युक्त कथित भूमिका पहले की तुलना में कहीं अधिक हो चली या यों कहें कि 'प्रायः' ही हो चली थी तो कोई अतिरंजना नहीं होगी।

ऐसे कृषि-संकट[20] की परिस्थितियों ने सम्भवतः औरंगज़ेब की शासनावधि के प्रारम्भिक वर्षों में आकार लेना शुरू किया। इस सन्दर्भ में बर्नियर ने अपनी आँखों देखा हाल कहा कि कृषक क्षेत्र पर अनवरत और निरन्तर दबाव बढ़ा जा रहा था जिसके लिए उसने जागीर हस्तान्तरण की प्रणाली को उत्तरदायी माना। वह अपने निदान और अनुशीलन-विश्लेषण में अकेले नहीं थे बल्कि ख़ुद औरंगज़ेब द्वारा रसिकदास (1666) को भेजे गये फ़रमान कृषि क्षेत्र में आ रही गिरावट और दमनकारी कराधान की रूपरेखा खींचता है। ऐसी समस्या को केन्द्रीय समस्या का विषय बनाते हुए औरंगज़ेब ने मुहम्मद हाशिम (1668-69) को फ़रमान भेजा था जिसमें इस सन्दर्भ में विचार और उपयुक्त नीति-रणनीति को व्यवहार में लाने पर बल दिया गया था। ऐसी परिस्थितियाँ कृषि-विद्रोहों को भी जन्म दे सकती थीं जो संख्या में अनेक और प्रसार में व्यापक हो सकती थीं।

दरअसल किसी को उन साक्ष्यों के अनुशीलन-विश्लेषण करने की आवश्यकता है जो यह पड़ताल करे कि बाद के दिनों में विद्रोहों ने मुग़ल साम्राज्य को किस सीमा तक प्रभावित किया और साम्राज्य के उत्तरार्द्ध की प्रविधि में इस विषय की भी जाँच करें कि क्या इनकी जड़ें उन दो कारणों में निहित थीं जिसका वर्णन हमने ऊपर किया है। मराठा विद्रोह व्यापक तौर पर ज़मींदारों की बग़ावत थी जिसमें *सरदार* स्थानीय प्रधानों के वर्ग से ताल्लुक रखते थे जो वास्तविक अर्थों में वंशानुगत अधिपति या राजा थे *(देसाई, देशमुख)*; और *चौथ* एवं *सरेशमुखी* उनके ज़मींदार होने के पुख़्ता ठोस तर्क ज़मींन, आधार और मूल थे। केन्द्रीकृत शासन

को स्थापित करने में मराठों की विफलता में इसकी व्यापक, अहम और इसलिए निर्णयात्मक भूमिका रही लेकिन *बर्गियों* की नियुक्तियों में कथित कृषि-संकट ने मराठा सरदारों के लिए सकारात्मक और अनुकूल परिस्थितियाँ बनायीं। इस सन्दर्भ में तत्कालीन परिस्थितियों का जायज़ा लेते हुए समकालीन भीमसेन (1700) कहते हैं, ''कृषकों ने उन्हें अपने घोड़े और हथियार दिये और मराठा बागियों के साथ हो लिए।'' मराठा सरदारों और मुग़ल *जागीरदारों* के राजकोषीय माँग से कृषि संकट और गहराया, सुस्पष्ट हुआ और इसलिए अनुपेक्षणीय रूप से समस्याग्रस्त हुआ। यहाँ तक कि मध्य भारत में उभर रहे *बुन्देलों* की बग़ावत को उत्तर भारत में कोई भी पहचान सकता था। आगरा के पास जाट-विद्रोह ऐसा प्रतीत होता है कि वह ज़मींदार के नेतृत्व में व्यापक स्तर पर जातिगत विद्रोह के रूप में तब्दील हो गया, रूपान्तरित हो गया। इसकी सर्वाधिक सशक्त शख़्सियत सूरजमल, जैसा कि हमें बताया गया है, ने "ज़मींदार की वेशभूषा धारण की।"

अन्य कृषक विद्रोहों के व्यापक प्रचार-प्रसार यहाँ तक कि लोगों के बीच एक हद तक प्रचलित होने के लिए भी जाति की तुलना में धर्म की अपेक्षाकृत अधिक प्रभावी भूमिका थी। अभिप्राय यह कि विद्रोह के पक्ष में धर्म अधिक निर्णयात्मक और प्रभावोत्पादक हो सकता था। इसलिए, 1672 ई. के दौरान हरियाणा में कृषकों और 'सूक्ष्म' यानी कि 'लघु' व्यापारियों के एक समुदाय के तीव्र विद्रोह का सम्बन्ध कबीर से जुड़े एक ऐसे वर्ग से ताल्लुक रखता था जिसे उग्र एकेश्वरवादी कहा जा सकता है। गुरु गोविन्द सिंह (1676-1708) के नेतृत्व में पंजाब में जो विद्रोह फूटा उसका एक बड़ा भाग जाट कृषकों का था। सम्भवतः इसलिए 1709 ई. में बन्दा बहादुर युद्धस्थल में हिन्दू की निम्न/पिछड़ी जातियों से आनेवाले असंख्य लोगों से बनी ऐसी सेना, जो मानो चींटियों और टिड्डियों का दल हो, को नेतृत्व देने में सफल हो सके और जो उनके लिए अपने प्राणों का त्याग करने में तनिक भी संकोच नहीं करते थे। यहाँ भी धर्म एकेश्वरवादी ही था जिसमें अपने *गुरु* के प्रति असीम श्रद्धा थी और जिसने निम्न जातियों को एक-दूसरे में पिरो कर, समन्वित कर सम्बद्ध कर रखा था। बहरहाल, सतनामियों को कुचल दिया गया और अधिकांशतः को इतिहास से बाहर कर दिया गया। सिखों को अन्ततः विजय प्राप्त करनी थी; लेकिन उनकी जीत वस्तुतः आंशिक तौर पर उनके अतीत को नकारने जैसी बात थी। अधिकांशतः निम्न और पिछड़ी जातियों से आने वाले उनके नेता ज़मींदार की उपाधि से विभूषित होने की आकांक्षा और महत्त्वाकांक्षा रखते थे। जैसे कि पंजाब के महान शासक रणजीत

सिंह (1839 ई.) ने महाराजा की उपाधि को धारण किया था और जो किसी भी राजपूत युवा या राजा की महत्त्वाकांक्षा की पराकाष्ठा हो सकती थी।

वास्तव में औपनिवेशिक आधिपत्य स्थापित होने से पूर्व 18वीं शताब्दी 'ज़मींदारी ढर्रे' पर ही गतिमान थी और भविष्य में भी इसके बदस्तूर बने रहने की आशंका बलवती थी; इस प्रकार भविष्य की सम्भावनाएँ भी 'ज़मींदारी शताब्दी' के अनुकूल बनती जा रही थीं क्योंकि मुग़ल साम्राज्य तीव्र गति से अवसान पर था, साथ ही साथ स्थानीय शक्तियों के केन्द्रों का उभार हो रहा था जिसकी निर्भरता ज़मींदारों पर बढ़ती जा रही थी, जैसे कि पहले निज़ामी परम्परा और उसी प्रकार मराठा महासंघ के सरदार, जाट और सिख सैनिक नेताओं को ज़मींदारी व्यवस्था की शासन-प्रणाली के अन्तर्गत अंगभूत करना। यहाँ तक कि जब उन्होंने सम्प्रभुता/सत्ता और पूरी राजकोषीय प्रणाली को नियन्त्रण में ले लिया, तो विजयी सरदारों ने केन्द्रीय प्राधिकार को ख़ारिज कर दिया और अपने उत्तराधिकार के किसी प्रकार के अधिकार को सिरे से निरस्त कर दिया। स्वाभाविक रूप से आमन्त्रित अस्थायित्व और राजव्यवस्था की सीमाओं ने ऐसी सम्भावनाओं को आकार दिया और उससे ऐसी परिस्थितियाँ उपजीं जिसने अंग्रेज़ों के विजय-अभियानों को काफ़ी सरल बना दिया। यह प्रक्रिया पलासी (1757 ई.) के युद्ध के साथ प्रारम्भ हुई और अगले आने वाले 50 वर्षों की अवधि के दौरान इसने अपने चरमोत्कर्ष को प्राप्त कर लिया।

## सन्दर्भ एवं टिप्पणियाँ

1. पिछले दो पैराग्राफ़ अथवा अवतरणों के लिए देखें मोहम्मद हबीब और के.ए. निज़ामी (सम्पा.), *ए काम्प्रेहेन्सिव हिस्ट्री ऑफ़ इंडिया*, भाग-V (*द दिल्ली सल्तनत*), नयी दिल्ली, 1970.
2. बाबर के संस्मरणों का अंग्रेज़ी में अनुवाद एनेट बेवरिज़ ने किया है, 2 भाग, लन्दन, 1921, और व्हीलर एम. थैकसटन, न्यूयॉर्क, 1996.
3. 16वीं शताब्दी के पूर्वार्द्ध में उत्तरी भारत के तीन मुख्य शासकों की मानक आधुनिक जीवनियाँ हैं। एल.एफ. रसब्रुक विलियम्स, *एन एम्पायर—बिल्डर ऑफ़ द सिक्सटींथ सेंचुरी* (बाबर), लन्दन, 1918; ईश्वरी प्रसाद, *लाइफ़ एंड टाइम्स ऑफ़ हुमायूँ*, बॉम्बे, 1956; एंड के क़ानूनगो, *शेरशाह एंड हिज़ टाइम्स*, बॉम्बे, 1965.
4. देखें एच. हेरास को, *साउथ इंडिया अंडर द विजयनगर एम्पायर : द अरैविडु डायनेस्टि*, दिल्ली, 1980.
5. प्राचीन वैचारिकी के लिए देखें व्हाइटवे, *द राइज़ ऑफ़ पुर्तगीज़ पावर इन इंडिया*, लन्दन, 1895 : अभी हालिया सर्वेक्षण सी.आर. बाक्सर के द्वारा किया गया है, *द पुर्तगीज़ सीबोर्न एम्पायर, 1415-1825*, न्यूयॉर्क, 1969.

6. अनु. एस. मुहम्मद हुसैन नयनार, पुनर्मुद्रित सम्पा., कालीकट, 2006.

7. अकबर की सबसे आधुनिक एवं विस्तृत जीवनी ए.एल. श्रीवास्तव, *अकबर द ग्रेट*, 3 भाग, आगरा, 1962 है। शिरीन मुसवी, *एपिसोड्स इन द लाइफ ऑफ़ अकबर : कंटेम्परारी रिकॉर्ड्स एंड रिमिनिसेंसेज़*, एनबीटी, नयी दिल्ली, 1994.

8. अकबर के प्रशासनिक मानकों के विभिन्न पहलुओं पर, देखें इब्न हसन, *द सेंट्रल स्ट्रक्चर ऑफ़ द मुग़ल एम्पायर एंड इट्स प्रैक्टिकल वर्किंग आप टु द ईयर 1657*, लन्दन, 1936; पी. सरन, *प्रॉविंशियल गवर्नमेंट ऑफ़ द मुग़ल्स (1526-1658)*, इलाहाबाद, 1941; अब्दुल अज़ीज़, *द मनसबदारी सिस्टम एंड द मुग़ल आर्मी*, लाहौर, 1945; शिरीन मूसवी, 'द इवोल्यूशन ऑफ़ द *मनसब* सिस्टम अंडर अकबर', *जेआरएएस*, 1981, पृ. 173-85; इरफ़ान हबीब, *एग्रेरियन सिस्टम ऑफ़ मुग़ल इंडिया*, 1556-1707, दूसरा पुनःसंशोधित संस्क., नयी दिल्ली, 1999, पृ. 230-363.

9. देखें एस. मूसवी, 'द रोड टू सुलह-ए-कुल' इरफ़ान हबीब में (सम्पा.), *रिलीज़न इन इंडियन हिस्ट्री*, नयी दिल्ली, 2007, पृ. 167-76; एम. अतहर अली, *मुग़ल इंडिया : स्टडीज़ इन पॉलिटी, आइडियाज़ एंड कल्चर*, नयी दिल्ली, 2006, पृ. 158-72; और इक़्तिदार ए. खान, 'अकबर' स पर्सनालिटी ट्रेट्स एंड वर्ल्ड आउटलुक', इरफ़ान हबीब में, (सम्पा.) *अकबर एंड हिज इंडिया*, नयी दिल्ली, 1997, पृ. 79-96; एंड इरफ़ान हबीब, 'अकबर एंड सोशल इनइक्वाटीज़', *प्रोसीडिंग्स ऑफ़ द इंडियन हिस्ट्री कांग्रेस, वारंगल (1992-93) सत्र*, पृ. 300-10.

10. *अकबरनामा* को एच. बेवरिज़ के अनुवाद में पढ़ा जा सकता है, 3 भाग, कलकत्ता, 1897-21, और '*आईन-ए-अकबरी* को एच. ब्लोचमैन के अनुवाद में (पुनःसंशोधित डी. सी. फिल्लोट), भाग-I, कलकत्ता, 1927 और 1939, और एच.एस. जैरेट्ट (पुनःसंशोधित जे. सरकार), भाग-II और III, कलकत्ता, 1949, 1948. इन अनुवादों में तकनीकी मुहावरों को जिस प्रकार प्रस्तुत किया गया है, वह प्रायः असन्तोषजनक है।

11. तीन बादशाहों की मानक जीवनियाँ हैं : बेनी प्रसाद, *हिस्ट्री ऑफ़ जहाँगीर*, पाँचवाँ संस्क., इलाहाबाद, 1962, बनारसी प्रसाद सक्सेना, *हिस्ट्री ऑफ़ शाहजहाँ ऑफ़ देहली*, इलाहाबाद, 1958; और जदुनाथ सरकार, *ए हिस्ट्री ऑफ़ औरंगज़ेब*, 5 भाग; पहला संस्क., कलकत्ता, 1912-24. सरकार ने *ए शार्ट हिस्ट्री ऑफ़ औरंगज़ेब*, 1618-1707, दूसरा संस्क., कलकत्ता, 1954 भी प्रकाशित किया।

12. औरंगज़ेब के शासनाधीन उमराओं/कुलीनों और प्रशासनिक, दोनों की संरचना के लिए, देखें एम.अतहर अली, *द मुग़ल नोबिलिटी अंडर औरंगज़ेब*, दूसरा संस्क., एक नये परिचय के साथ, दिल्ली, 1997.

13. देखें जदुनाथ सरकार, *शिवाजी एंड हिज़ टाइम्स*, पाँचवाँ संस्क., कलकत्ता, 1952, देखें, मराठा शासक की ठोस एवं प्रामाणिक जीवनी के लिए ए.आर. कुलकर्णी, *महाराष्ट्र इन द एज ऑफ़ शिवाजी*, दूसरा संस्क., पुणे 2002, शिवाजी की नीतियों के अपेक्षाकृत अधिक लोकप्रिय समीक्षा के लिए।

14. देखें सतीश चन्द्र, *पार्टीज़ एंड पॉलिटिक्स एट द मुग़ल कोर्ट, 1707-40*, अलीगढ़, 1959 और ज़हीरुद्दीन मलिक, *द रीजन ऑफ़ मुहम्मद शाह (1719-48)*, बॉम्बे, 1977.

15. इस प्रविधि के अवधि के दौरान के मराठों का राजनीतिक इतिहास एस.जी. सरदेसाई में अंकित है, *ए न्यू हिस्ट्री ऑफ़ द मराठा पीपुल*, II, बॉम्बे, 1948. उनकी सैन्य और प्रशासनिक व्यवस्था के सन्दर्भ में एस.एन.सेन में चर्चा की गयी है, *एडमिनिस्ट्रेटिव सिस्टम ऑफ़ द मराठा*, दूसरा संस्क., कलकत्ता, 1952, एंड ईडियम, *द मिलिट्री सिस्टम ऑफ़ मराठाज*, दूसरा संस्क, बॉम्बे, 1958. आन्द्रे विंक को भी देखें, *लैंड एंड सावरनिटि इन इंडि : एग्रेरियन सोसायटी एंड पॉलिटिक्स अंडर द ऐटींथ-सेंचुरी मराठा स्वराज्य*, कैम्ब्रिज़, 1986.

16. फ्रांस्वा बर्नियर, *ट्रेवल्स इन द मुग़ल एम्पायर, 1656-68*, अनु. ए. कांस्टेबल, दूसरा संस्क., पुनःसंशोधित. वी.ए. स्मिथ, लन्दन, 1916.

17. देखें भारत पर कार्ल मार्क्स, सम्पा. इक़बाल हुसैन, नयी दिल्ली, 2006, पृ. XXV-XXXI जहाँ विषय पर मार्क्स की टिप्पणियों के सन्दर्भ में ढूँढ़ा जा सकता है।

18. एम. अतहर अली ने निबन्ध में इस दृष्टिकोण का श्रेय सी.ए. बेयले, आन्द्रे बिंक और फ्रैंक पर्लिन को दिया है, 'द मुग़ल पॉलिटी : ए क्रिटिक ऑफ़ रिविज़निस्ट अप्रोचेज़', अपने *मुग़ल इंडिया* में, पृ. 82-93, जहाँ सन्दर्भ दिये गये हैं।

19. (देखें) उद्धृत अबुल फ़ज़ल देखें, *अकबरनामा*, सम्पा. आग़ा अहमद अली और अब्दुर्रहीम, कलकत्ता, 1873-87, भाग-II, पृ. 63.

20. इस बिन्दु के आगे यह भाग इरफ़ान में प्रस्तुत किये गये साक्ष्य पर अत्यधिक निर्भर है, *एग्रेरियन सिस्टम ऑफ़ मुग़ल इंडिया*, दूसरा संस्क., पृ. 364-405.

# 3.2

# अर्थव्यवस्था

## जनसंख्या

प्रथम अखिल भारतीय जनगणना वर्ष 1872 में सम्पन्न हो पायी थी, इस गणना के पूर्व जनसंख्या का आकार और उसकी वृद्धि के दर में कोई भी अनुमान करना कठिन है। हालाँकि डब्ल्यू.एच. मोरलैण्ड ने अबुल फ़ज़ल के *आईन-ए-अकबरी* (1595) में उल्लिखित बृहद् और समृद्ध आँकड़ों के आधार पर भारत की जनसंख्या 1 करोड़ आकलित की थी (स्वतन्त्रता के पूर्व का भारत-1947) लेकिन इसमें सुधार की आवश्यकता प्रतीत होती है और कमोबेश इसे 12.5 करोड़ किया जाना चाहिए क्योंकि डब्ल्यू. एच. मोरलैण्ड के आधारभूत आँकड़ों में भारत के क्षेत्रफल को समुचित, व्यवस्थित और युक्तियुक्त विधि से परिमाणित नहीं किया गया है। सबसे हालिया परीक्षणों और अनुमानों में कथित उपर्युक्त जनसंख्या के आँकड़ों को संशोधित करते हुए इसे 13.6 करोड़ से लेकर 15 करोड़ के बीच अनुमानित किया गया है।[1]

अगला प्रश्न यह है कि जनसंख्या को अनुमानित और आकलित करने के प्रयास की प्रासंगिकता क्यों और क्या है? सन् 1857 में स्थानीय स्तर पर किये गये जनगणना और उसके अनुमानों के आधार पर : पी.सी. महालनोबिस और डी. भट्टाचार्य 20.7 करोड़ की संख्या प्रस्तावित करते हैं।[2] ऐसा प्रतीत होता है कि विगत दो सौ वर्षों के दौरान (1600-1800) भारतीय जनसंख्या-वृद्धि का चक्रवृद्धि मिश्रित दर क़रीब 0.2 फ़ीसदी रहा होगा। यह दर, हालाँकि सामान्य है, किन्तु यूरोपीय देशों में जो दर आकलित की गयी थी उसकी तुलना में यह किसी भी दृष्टिकोण से कम अथवा निम्नतर नहीं कही जा सकती।[3]

पूर्व आधुनिक विश्व के अन्य भागों के समान ही भारत में भी जनसंख्या-वृद्धि की दर कम या निम्न रहने का मुख्य कारण मृत्यु-दर ही थी। 1872-81 की अवधि के दौरान पुरुषों की जीवन-प्रत्याशा दर 23.67 जबकि स्त्रियों की 25.58 वर्ष थी।[4] आगे आनेवाले दशकों में भी इस दर में कमी आयी, औपनिवेशिक परिस्थितियों को इसके लिए धन्यवाद लेकिन बाद के आने वाली दो शताब्दियों में जीवन प्रत्याशा काफ़ी अधिक थी जो कि कमोबेश अविश्वसनीय था। अकाल जो कि प्रायः महामारी से अभिप्रेरित होते थे, समय-समय पर जनसंख्या के एक बहुत बड़े भाग के 'काल-कवलित' होने के प्रमुख कारण थे। 17वीं शताब्दी के दौरान 1671 का बिहार, और 1702-04 का दक्कन और 1630-32 के गुजरात एवं दक्कन के अकाल ने सम्भवतः लाखों लोगों को मृत्यु के गर्त में धकेल दिया। वस्तुतः उस शताब्दी के दौरान विभिन्न क्षेत्रों में छोटे-छोटे अकाल फूटते रहे जिसमें मृत्यु-दर औसत से अधिक थी।[5] सामान्य दिनों में भी बीमारियों और महामारियों ने भी अपना प्रभाव डाला। 17वीं शताब्दी के दौरान मथुरा में तत्कालदर्शियों के विवरण के अनुसार प्रत्येक दस में से चार ग्रामीण चेचक के दंश से पीड़ित थे। उत्तर भारत (पंजाब से आगरा) 1615 से लेकर 1616 की अवधि के दौरान ख़ूँख़ार प्लेग की विभीषिका से आक्रान्त रहा। सिन्ध ने 1659-60 और 1696-97 की अवधि के दौरान मौत का ताण्डव देखा, तो दक्कन ने 1703-04 में।[6]

## कृषि

सम्भवतः वर्तमान जनसंख्या के 7वें भाग की आबादीवाला तब के भारत का बहुत बड़ा भाग वनों और झाड़-झंखाड़ (वनोपजों) से आच्छादित था। 1780 ई. के आस-पास रनेल के मानचित्र के अध्ययन से यह सहज ही सुस्पष्ट होता है कि उस समय का पूर्वी भारत का भूभाग कितने बृहद् और व्यापक स्तर पर वनों से ढँका हुआ था!![7] देश के विभिन्न हिस्सों में वनों और जंगली जैसे कि जंगली हाथियों जानवरों के आवासों की दर्ज की गयी श्रेणियों के प्रत्यक्ष सन्दर्भ, 1600 के आसपास और भी अधिक व्यापक वन क्षेत्र के विस्तार की ओर संकेत करते हैं।[8]

वन अनेक व्यवसायों के स्रोत थे और इसलिए जब आनेवाले समय के दौरान इसके विस्तार में आती गयी कमी के कारण इससे जुड़े व्यवसाय अथवा रोज़गार या तो ग़ायब होते चले गये या कम होते चले गये। चारकोल, जलावन, इमारती लकड़ी, लाह, शहद, चमड़ा मिलकर एक समूह के रूप में एक 'समेकित' अर्थव्यवस्था की संरचना करते थे, इसलिए मैडिसन का यह आकलन कि जनजातीय

क्षेत्रों का कुल विस्तार कुल श्रमबल का 10 फ़ीसदी था, अविवेकी नहीं बल्कि तर्कसंगत ही लगता है।[9]

हालाँकि वन आधारित अर्थव्यवस्था प्राथमिक प्रकृति की थी और यह दस्तकारी एवं विनिर्माताओं/उत्पादकों के वन्य उत्पादकों की माँग पर निर्भर करता था। इमारती लकड़ियों की माँग बढ़इयों, लकड़ी तराशों, जहाज़ बनाने वालों के लिए उपयोगी था, तो लाह-बर्तन निर्माता के लिए, जंगली रेशम की उपयोगिता जुलाहों और रीलरों के लिए थी तो चारकोल लौह-खदान श्रमिकों और लोहार के लिए उपादेय था। दरअसल, आधुनिक इतिहास के उत्पादों के आगमन के बाद की तुलना में उत्पादकों/निर्माण और वन के बीच का सम्बन्ध बहुत अधिक निकट था।

अगर 16वीं और 17वीं शताब्दी में वनों और झाड़-झंखाड़ (वनोपजों) का विस्तार बहुत ही बृहद् था, तो कृषि योग्य भूमि का आकार तुलनात्मक रूप से छोटा था, हालाँकि समकालीन जो बाद के समय के साथ तुलना करने में असमर्थ थे, के विचार गहरे जाकर यह था कि भारत एक सघन कृषि करनेवाला देश है। *आईन-ए-अकबरी* में उल्लिखित आँकड़ों के माध्यम से हम इस कथित सन्दर्भ में तुलनात्मक अध्ययन की सम्भावना को आकार दे सकते हैं; इसमें निहित आँकड़े कुछ क्षेत्रों के लिए किये गये सकल बुवाई से सम्बन्धित हैं। (द्विफ़सली बोये गये क्षेत्र की गणना दो बार हुई है।) ये आँकड़े हमें 1595 और अधिक हालिया समय की तुलना करने में सक्षम बनाते हैं। 1595 ई. के दौरान गुजरात में बोया गया क्षेत्र 50 फ़ीसदी था जो कि 1910 के आस-पास भी समान था, जबकि उत्तर प्रदेश और पंजाब में यह क्रमशः 50 फ़ीसदी और 40 फ़ीसदी था।[10] यह अनुमानित किया गया है कि 1595 ई. में बोये गये कुल क्षेत्र का आकार छोटा निरूपित किया गया, जिस भूमि को जुताई के लिए चयन किया गया था वह आगे आनेवाले 400 वर्षों की तुलना में कहीं अधिक उत्पादक था। और इसके अलावा उस समय मवेशियों के लिए चरागाह भूमि का आकार भी कहीं अधिक बड़ा और उपलब्ध था जिससे कि उनके भोजन और पोषण सम्बन्धी समस्याओं का निराकरण सहज ही हो जाया करता था। 20वीं शताब्दी के प्रारम्भिक वर्षों की तुलना में मुग़लकालीन भारत में औसत उपज/हेक्टेयर कहीं अधिक थी बशर्ते कृषि तकनीक का चर नियत हो आकलित किया जाये।

ऐसा प्रतीत होता है और सम्भवतः यह है ही कि 1600 से लेकर 1900 के बीच की अवधि के दौरान कृषि तकनीकों में परिवर्तन बहुत मामूली ही रहा। 1900 ई. के दौरान भारतीय कृषि में खाद का प्रयोग बहुत ही कम हुआ करता

था जैसे कि 1600 ई. में। सिंचाई के मामले में स्थितियाँ थोड़ी सुधरीं क्योंकि 19वीं शताब्दी में ब्रिटिशों ने नहर-पद्धति की संरचना विकसित की।[11] हालाँकि यह प्रगति अभी भी मामूली ही थी क्योंकि नहर सिंचित भूमि का अनुपात भारत के कुल फ़सली क्षेत्र के बरअक्स बहुत ही कम था और इसमें भी इस कथित प्रकार की सिंचित भूमि की सिंचाई की व्यवस्था पूर्व से ही व्यवस्थित थी फिर चाहे वह पुरानी नहरों के द्वारा हो या कुओं के माध्यम से हो। वस्तुस्थिति यह थी कि जलधारा और झील को अवरुद्ध करके ऊपर बाँध बनाये गये और उससे नहरें निकाली गयीं। यह व्यवस्था सिंचाई के लिए दक्षिण भारत और दक्कन में ख़ूब कारगर रही; मुग़लों ने भी इस क्षेत्र में कुछ उत्कृष्ट कार्य किये, जैसे कि, उत्तर भारत में पश्चिमी यमुना नहर।[12] महान नदी घाटियों में जलोढ़ मिट्टी से बने मैदानों में सिंचाई के लिए 1600 ई. की ही तरह 1900 ई. में भी कुओं से जल की निकासी की जाती थी क्योंकि तब आज की तुलना में भूजल स्तर सतह के काफ़ी क़रीब हुआ करता था; और यह निकासी मुख्यतया तीन महत्त्वपूर्ण उपकरणों से की जाती थी जो क्रमशः उत्तोलक (लीवर), चरखी और एक ऐसे उपकरण को व्यवहार में लाया जाता था जो आकृति में वृत्ताकार हुआ करता था और उनमें जल की निकासी के लिए बर्तनों की शृंखला या माला सम्बद्ध हुआ करती थी। उपर्युक्त उल्लिखित तीन उपकरणों में से अन्तिम दो के अनुप्रयोग में पशुओं को व्यवहार में लाया जाता था किन्तु फिर भी कृषि-क्षेत्र का बृहद् भाग अनिवार्य रूप से वर्षा पर निर्भर बना रहा।

उगाई जा रही फ़सलों की संख्या काफ़ी बड़ी थी। *आईन-ए-अकबरी* (1595) में वसन्त ऋतु के 19 फ़सलों के लिए राजस्व दर की चर्चा की गयी है जो आगरा के सभी मण्डलों में उगाई जाती थीं, और शरद ऋतु की फ़सल की 25 फ़सलें, जो सभी मण्डलों में उगाई जाती हैं, या सभी में एक या दो अन्य मण्डलों तक ही सीमित है। फ़सलों की समान संख्या अन्य प्रान्तों के लिए भी दर्ज की गयी है। 17वीं शताब्दी में पहली बार तम्बाकू और मक्के की फ़सलों का उत्पादन हुआ और मिर्च एवं मूँगफली का बाद में। 15वीं शताब्दी के पूर्व बंगाल में रेशमी कीड़ों का पालन अज्ञात था। लेकिन मुग़लकाल की अवधि के दौरान इसमें अप्रत्याशित और अभूतपूर्व प्रगति हुई, यही कारण है कि 17वीं शताब्दी के उत्तरार्द्ध के आते-आते विश्व व्यापार में बंगाल एक प्रमुख निर्यातक बन गया। फलों में अनानास 16वीं शताब्दी के दरम्यान प्रचारित-प्रसारित हुआ, और पुर्तगालियों ने स्वदेशी आमों की क़िस्म को विकसित करना शुरू किया। आलू, टमाटर और अमरूद बाद में आये।

दूसरी तरफ़, मुग़लकालीन भारत की एक अत्यन्त महत्त्वपूर्ण वाणिज्यिक फ़सल, नील की खेती अब नहीं की जाती है।[13]

कृषि देहाती/चरागाही क्षेत्र से बहुत ही सम्बद्ध था, जब से बैलों को जुताई और जल-निकासी में व्यवहार में लाया जाना शुरू हुआ, तब से वे कृषि-कार्यों में प्रासंगिक या यों कहें कि निर्णायक बने रहे। 1900 ई. की अपेक्षा झाड़-झंखाड़ के बृहद् विस्तार ने इस आवश्यकता को जन्म दिया कि मवेशियों की बड़ी तादाद को बरकरार रखा जाये और जनसंख्या के प्रति व्यक्ति रखा जाये; और यह उस तत्कालीन समय में गेहूँ के मुक़ाबले घी के सस्ते होने में प्रतिबिम्बित होता है।[14]

सामान्य तौर पर कृषि व्यक्तिगत स्तर पर की जाती थी, और इस काल में सामूहिक खेती के कोई साक्ष्य उपलब्ध नहीं होते। वस्तुतः समाज में निहित वर्ग-विभेदीकरण का स्तर उच्चस्तरीय था, इसलिए ऐसे लोग थे जो भूमि के बड़े हिस्से के स्वामी थे, अनेक फ़सलों का उत्पादन करते थे, श्रमिकों और नौकरों की सेवा लेते थे और उन्हें इसके लिए नक़दी एवं सहानुभूतिपरक संरक्षण देते थे। ये तथाकथित उच्च कृषक प्रायः ग्रामों के प्रधान या सर्वेसर्वा हुआ करते थे, इन्हें ज़मींदारों की श्रेणी के सम्बोधन के रूप में वर्गीकृत कर दिया गया था। ये वो लोग थे जो अपनी भूमिका में एक तरफ़ तो भूस्वामी थे और दूसरी ओर राजस्व संग्रह में जिनका कार्य मध्यस्थता का था। ग्रामीण समाज के सबसे निचले पायदान पर एक बहुत बड़ा वर्ग भूमिहीनों का था जिसका एक बड़ा भाग 'अछूतों' का था, जो प्रायः जातिगत सोपान की व्यवस्था से *बाध्यकारी निर्वासित* थे और साथ ही साथ उन्हें भूमि-अधिकार (सिर्फ़ जीवन जीने भर के लिए भूमि रखने का अधिकार था, वह भी ऐसे मामले बहुत कम ही दृष्टिगत होते हैं) एवं कृषि कार्यों को करने से वंचित रहने को विवश कर दिया गया था। वे आबादी में कुल ग्रामीण जनसंख्या के चौथाई थे। कृषि श्रमिकों के बनने और बने रहने में केवल धन या पैसे का प्रभाव और सूदखोरी ही निर्णायक शक्ति नहीं थे बल्कि रीति-रिवाज़ की प्रणाली और उसकी प्रभावी शक्ति तथा भारतीय परम्परा में उसके किसी भी हाल में सम्मान करने की एक अनूठी और अनोखी विशेषता ने इसे स्थायित्व प्रदान किया और यह ही इसकी संचालक शक्ति थी (अध्याय 3.3 देखें)।[15]

अगर रूढ़ियाँ और रीति-रिवाज़ इस व्यापक स्तर पर सम्प्रभु थीं, तो इससे किसी को यह निष्कर्ष नहीं निकालना चाहिए कि ग्रामीण भारत वस्तु-वस्तु विनिमय वाली (अर्थात ग़ैर-मौद्रिकरण) अर्थव्यवस्था थी। वस्तुतः बाज़ार के लिए कृषि उत्पादों का अधिकांश 'अभिप्रेरित' था, यह इसलिए था क्योंकि भू-राजस्व का

भुगतान नक़दी में करने की बाध्यता थी। कर भुगतान और नक़दी का जो जोड़ था मुग़लकालीन भारत में स्तरीय रूप से प्रचारित-प्रसारित था; और बहुप्रचलित था इसने परोक्ष रूप से और अनिवार्य रूप से भी यह सुनिश्चित किया कि कृषकों या मध्यस्थों (जैसे कि ज़मींदार) को कर माँगों के भुगतान के लिए फ़सलों का विक्रय करना ही होगा।[16]

भारतीय अर्थव्यवस्था का मूल तत्त्व वस्तुतः भूमि-कर था। अपने बड़े आकार में प्रायः यह कुल उत्पादन के मूल्य का आधा हुआ करता था—वस्तुतः यह अधिशेष का एक बहुत बड़ा भाग हुआ करता था; यह अर्थव्यवस्था में उसी प्रकार था जैसे कि निजी सम्पत्ति पर लगान का किराया हो (देखें अध्याय 3.1)।[17] कर का आकार उत्पादकता के साथ परिवर्तित होता रहता था। लेकिन मुग़ल कर-निर्धारण/कराधान की प्रणाली इस प्रकार पर्याप्त रूप से व्यवस्थित थी कि इस प्रकार के निश्चित और सामान्य वक्तव्य सम्भव थे।

भूमि-कर *(माल, ख़राज़)* सैद्धान्तिक रूप से कुल वास्तविक उत्पादन में एक हिस्सा था, और इसलिए, सरल व्यवस्था में, यह फ़सल काटने पर लिया गया फ़सल का ही एक हिस्सा था। जब ऐसा विभाजन *(गल्ला-बख़्शी, भोली या बँटाई)* नुक़सान के बिना नहीं किया जा सकता था और बड़े क्षेत्रों से सम्बन्धित प्रशासन द्वारा मुश्किल से राजस्व का आकलन प्रत्येक फ़सल के तहत भूमि को मापकर *राई* की गणना करके किया जा सकता था। कटाई के समय प्रति/इकाई के उत्पादन की दर से जिसे कटाई के एक नमूने के तौर पर आकलित किया जाता था और उसके तदुपरान्त आकलित भूमि को *राई* से गुणा कर सकल उत्पादन में कर का हिस्सा निर्धारित किया जाया करता था। यह विधि *कनकूत* के रूप में सम्बोधित की जाती थी। शेरशाह (1540-45) ने *राई* या मानक फ़सल-उत्पादन से सम्बन्धित एक और व्यवहार को सुनिश्चित किया जिससे कि किसान इससे पहले ही अवगत हो जायें कि किस विशेष फ़सल के लिए उन्हें कितना कर देना है? कर अभी भी वस्तु के रूप में बताया गया था, और इसे स्थानीय क़ीमतों पर विनिमय द्वारा नक़दी में परिवर्तित किया जाना था। अकबर ने *ज़ब्ती* प्रणाली को इसके अन्तिम रूप में परिवर्तित या प्रख्यापित किया : अब फ़सल के अनुसार क्षेत्र की प्रत्येक इकाई (बिग़हा) पर नक़दी राजस्व दर नियत थी, और साल दर साल लागू विभिन्न इलाक़ों के लिए इन दरों वाली अनुसूचियों को *'दस्तूर'* कहा जाता था। *ज़ब्ती* प्रणाली पंजाब से लेकर अवध तक एक बड़े भाग में लागू थी, हालाँकि यहाँ तक कि इन क्षेत्रों में भी सार्वभौमिक रूप से व्यवहार में नहीं लाया

जा सका था; और वार्षिक राजस्व माँग की सामान्य तौर पर पुनरावृत्ति होती थी, थोड़े बहुत परिवर्तनों के साथ, तथाकथित *नस्क़* व्यवस्थाओं के तहत, पूरे गाँव पर और वह भी बिना किसी माप के। दक्कन में राजस्व जोत की मात्रा पर आधारित था। कश्मीर में प्रत्येक गाँव से निश्चित किये गये अनाज के एक भाग को लिया जाता था; बंगाल में हर गाँव के लिए एक राशि निश्चित कर दी गयी थी जिसे समय-समय पर अविलम्बित निरीक्षण के माध्यम से परिवर्तित किया जाता था। सत्रहवीं शताब्दी के दौरान इसमें कुछ बदलाव हुए। 1650 ई. में मापने की प्रणाली को दक्कन में भी लागू किया गया, जबकि अगर सन्दर्भ फ़सल के सामान्य बँटवारे का नहीं हुआ अर्थात बटाई न हुआ तो उत्तर भारत में ज़ब्ती की तुलना में *कनकूत* अधिक प्रभावी हो चला था।[18]

जब मुग़ल शासन क्षीण होने लगा, तो अंग्रेज़ों को विरासत में मिला भूमि-कर का स्तर उच्च बना रहा। अब जेम्स मिल (1831) नये नियमों के बिना पर यह दावा करेंगे कि पूरे विश्व में भारतीयों पर सबसे हल्का और कम कर लगा था अर्थात वे करदाता के रूप में कम पैसे का भुगतान करते थे। जेम्स मिल अब नये शासकों की ओर से दावा करेंगे कि वे भारतीयों पर दुनिया में सबसे हल्के कर लगाने वाले लोग थे, क्योंकि भारत में ब्रिटिश सरकार कर से नहीं बल्कि लगान से वित्तपोषित होती थी।[19] भू-स्वामी होने के अपने दावे के साथ राजा द्वारा भूमि-कर को सही अर्थों में लगान बताना वास्तव में पुरानी प्रणाली है जिसे 16वीं और 17वीं शताब्दियों के दौरान यूरोपीय यात्रियों ने क्रमवार तरीक़े से सुनिश्चित किया, बर्नियर इसके सबसे महत्त्वपूर्ण नियामक थे।[20] हालाँकि इस प्रकार के दावों के प्रति इसके आधिकारिक इतिहासकारों ने सहमति नहीं जतायी है, जैसे कि, अबुल फ़ज़ल जिसने भूमि कर को अनिवार्य रूप से 'सम्प्रभुता का मुआवज़ा' माना (दस्तमाज़िद-ए-जहानबानी),[21] फिर भी इसका आकार अधिशेष-विनियोग में महत्त्वपूर्ण था। विशाल मुग़ल शासक वर्ग और उसके आश्रितों की ज़रूरतों की पूर्ति फली-फूली शहरी अर्थव्यवस्था की स्थापनाओं पर टिकी हुई थी जिसका मुख्य आधार भूमि-कर था। इस बाज़ार को पूरा करने के लिए शिल्प-उद्योग का एक बड़ा क्षेत्र विकसित किया गया।

## दस्तकारी/शिल्प उद्योग

यद्यपि पूर्व औपनिवेशिक भारत मुख्यतः एक कृषि-प्रधान देश था, किन्तु यह इस कथित क्षेत्र के बाहर भी बड़ी संख्या में प्रशिक्षित/ग़ैर-प्रशिक्षित श्रमिकों के

लिए रोज़गार-सृजन करने में सक्षम था जो श्रम के अन्यान्य कार्यों को करते थे। इस्पात खनन व्यापक स्तर पर प्रचलन में था। राजस्थान में ताँबे के तो गोलकुण्डा में हीरे के खदान थे। नमक को पश्चिमी पंजाब में खनन करके, सम्भर झील और अन्य स्थानों से इसे वाष्पीकरण क्रिया के माध्यम से प्राप्त किया जाता था। कृषि से सम्बन्धित वस्तुओं को गाँवों और शहरों के विभिन्न बाज़ारों के लिए 'उत्पादित वस्तुओं' के रूप में तब्दील कर दिया गया। सूती वस्त्र उद्योग ने अन्य सभी उत्पादों को बौना साबित कर दिया, इसमें कोई सन्देह नहीं है कि कृषि के बाद यह ऐसा उद्योग था जिसने लोगों को कॉटन-कार्डर, स्पिनर (अधिकांशतः महिलाएँ), रंगरेज़, मुद्रक या कपड़ा छपाई करनेवाला (प्रिंटर) और कपड़े को धोने वाले (वाशर) के रूप में सबसे अधिक रोज़गार दिया और इसे सम्भावनाशील बनाया।[22]

अर्थव्यवस्था में शिल्पकारों की वस्तुस्थिति बदलती रहती थी। पहले, गाँव में वैसे शिल्पकार थे जो वंशानुगत थे, ग्रामीणों की आवश्यकताओं की पूर्ति करते थे और उन्हें कुछ निश्चित कार्यों के लिए भुगतान किया जाता था जो परम्परागत तरीक़े की होती थी और इसके अतिरिक्त उन्हें गाँव की ज़मीन का एक छोटा भाग आवंटित किया जाता था।[23] इस प्रकार, वह उस भारतीय 'ग्रामीण समुदाय' का महत्त्वपूर्ण और अनिवार्य नियामक था (देखें अध्याय 3.3) लेकिन जब शिल्पकार अपने उत्पादों की खपत के लिए गाँव से बाहर की ओर रुख करता था, तो उसे बाज़ार में एक स्वतन्त्र उत्पादक की हैसियत से प्रवेश करना होता था। उदाहरण के तौर पर जुलाहे गाँवों में अपने माल-असबाब का उत्पादन करते थे और उसे व्यापारियों को बेचने के लिए पेंथ (मेला या बाज़ार) ले जाया करते थे या शहरों और नगरों में अपना करघा/राछ लगाया करते थे। यहाँ व्यापारी अग्रिम नक़द राशि देकर उनके कार्यों पर अपने दावे को थोप दिया करते थे और ऐसा इसलिए हुआ करता था क्योंकि इन कार्यों में प्रयोग में आनेवाला कच्चा माल महँगा हुआ करता था (जैसे कि सूती), इस प्रकार, यह घरेलू उत्पादन प्रणाली (Putting out System) के एक प्रकार या उसके जैसा ही विकसित था। अन्त में, महँगे शिल्पकारी उत्पादों और वस्तुओं के लिए व्यापारी, कुलीन के साथ-साथ बादशाह और शहज़ादे भी *कारख़ाना* स्थापित किया करते थे जहाँ शिल्पकार दिहाड़ी श्रमिकों के रूप में कार्य करते थे। चूँकि शाही *कारख़ाने* बाज़ार के लिए वस्तुओं का उत्पादन नहीं किया करते थे, इसलिए यह कहना सही और युक्तियुक्त नहीं होगा कि वह किसी भी वास्तविक अर्थ में (प्रोटो) पूँजीवादी उपक्रम थे लेकिन व्यापारियों के द्वारा संचालित *कारख़ानों* को इस सन्दर्भ में देखा और वर्णित किया जा सकता है।[24]

## देश के आन्तरिक भागों में परिवहन, वाणिज्य, धन और साख

16वीं और 17वीं शताब्दियों के दौरान भारत के आन्तरिक भागों में परिवहन व्यवस्था की वस्तुस्थिति विश्व के अन्य भागों के बरअक्स कमोबेश अधिक इतर नहीं थी। नदियाँ नौकाओं पर वहन करने वाले यातायात के लिए प्राकृतिक धमनियों के रूप में कार्य करती थीं। स्थलीय यातायात के लिए बैलगाड़ियों को पूरे देश में व्यवहार में लाया जाता था। दक्कन और पूर्वी भारत के बाहर ऊँट यातायात के लिए एक अन्य उपयोगी और सस्ते माध्यम थे। वाहक और पशुपालकों के अर्ध खानाबदोशी और घुमन्तू समुदाय, जिन्हें *बंजारे* कहा जाता था, थोक भाव में अनाजों एवं वस्तुओं के आवागमन के लिए बैलगाड़ियों के बड़े झुण्ड को व्यवहार में लाते थे, लेकिन उनकी 'चाल' बहुत धीमी हुआ करती थी क्योंकि रास्ते में पशुओं को नियमित अन्तराल के पश्चात चरागाह में (चरने के लिए) छोड़ना पड़ता था। वस्तुओं के वास्तविक मूल्य से तुलना करने पर, वस्तुओं के निवल थोक मूल्य की अपेक्षा इसके परिवहन का मूल्य अधिक होता था। ऊँट के द्वारा आगरा से सूरत (मानचित्र के अनुसार क़रीब 900 किलोमीटर) गेहूँ ले जाने की परिस्थिति में आकलन यह होता कि आगरा में गेहूँ का जो सामान्य मूल्य होता, उसमें चार गुने का इजाफ़ा हो जाता, अधिक महँगी सफ़ेद शक्कर/चीनी को पहुँचाने में इसकी क़ीमत के आधे के बराबर लागत शामिल थी।[25] रास्ते में सड़क कर/राहदारी और अन्य कर लागत में और भी बढ़ोतरी करते।

परिवहन और यात्रा के लिए मुख्य मार्ग *सरायों* की एक श्रृंखला से सुसम्बद्ध थे और इस प्रकार से अवस्थित और व्यवस्थित की गयी थीं कि उनके बीच की पारस्परिक दूरी एक दिन की यात्रा से मापी जाती थी। ये शाही और निजी, दोनों के समवेत प्रयासों का नतीजा थे, और वे शानदार चिनाई वाली संरचनाओं से भिन्न थे, ये मिट्टी से बने चतुष्कोण आकार के थे जो ज़्यादातर तो ग़ायब हो गये लेकिन कुछ का अस्तित्व अभी तक है और अक्सर अनेक स्थानों पर भूतिया जैसे दिखते हैं। छोटी नदियाँ कभी-कभी बड़े राजमार्गों के समक्ष आ जाया करती थीं और इस समस्या का निराकरण चिनाई किये गये सेतु के निर्माण के माध्यम से किया जाता था। लेकिन बड़ी नदियों पर किसी प्रकार के सेतु का निर्माण नहीं किया गया था और इसके कारण यात्रियों को इसमें उतरकर या नौका का प्रयोग करने के लिए विवश होना पड़ता था।[26]

व्यक्तियों के द्वारा पत्रों और समाचारों के प्रेषण-सम्प्रेषण को कम समय अथवा शीघ्रता में सुनिश्चित करने का उत्तरदायित्व प्रशासन विभाग का था जिसके

कार्यान्वयन के लिए वे घुड़सवारों और डाक की चौकियों *(डाक चौकी)* का प्रबन्ध करते थे और इसके माध्यम से यह कार्य सम्पन्न हुआ करता था। इसके अलावा कथित कार्य को ऐसे व्यक्तियों के द्वारा पूरा किया जाता था जो अपने निर्धारित स्थान से व्यक्ति को दौड़कर सन्देश सम्प्रेषित करते थे। इन्हें *मेऔरस* के रूप में सम्बोधित किया जाता था और ये संस्थागत थे एवं इसकी एक निर्धारित प्रणाली थी। भारतीय व्यापारियों और साहूकारों के अपने 'सन्देशवाहक' थे। वहाँ 'बाज़ार *क़ासिद*' थे, जो उनकी सेवाओं का उपयोग करने के इच्छुक किसी भी व्यक्ति द्वारा उन्हें सौंपे गये विशेष स्थानों के पत्रों को ले जाते थे।[27] ग़ैर-शाही या ग़ैर-सरकारी व्यक्ति सरकार के सन्देश-सम्प्रेषण व्यवस्था (डाक) का उपयोग नहीं कर सकते थे, इसलिए लोक डाक व्यवस्था अस्तित्व में नहीं आयी थी (17वीं शताब्दी के दौरान यूरोप में यह शैशवावस्था में थी)। विभिन्न मार्गों पर सुरक्षा व्यवस्था के स्तर में भिन्नता थी, लेकिन इसने बीमा की एक बृहद् स्वदेशी प्रणाली विकसित की, और हमारे स्रोतों में जिस प्रकार के बीमा-दर का उल्लेख है, वह पर्याप्त रूप से उदार कहा जा सकता है।[28]

यहाँ पर तीन प्रकार की धातुओं (सोने के मुहर, चाँदी का रुपया एवं ताँबे का दाम) के सिक्के चलन में थे जिनकी एकरूपता तथा शुद्धता सराहनीय है। चाँदी का सिक्का-रुपया इस व्यवस्था का आधार था। व्यापार को चाँदी के रुपये के आधार पर (178 वज़न रत्ती जो कालान्तर में 180 वज़न रत्ती हो गया) बने 'त्रिधातु' मुद्रा के माध्यम से प्रोत्साहित किया गया जिसे मुग़ल बादशाहों सम्राटों ने अपने टकसालों से जारी किया था जो उनके पूरे साम्राज्य में स्थापित था। मुग़ल साम्राज्यकालीन टकसालें केन्द्रीय नियन्त्रण के अन्तर्गत होते हुए भी ढलाई के क्षेत्र में इस हद तक 'स्वतन्त्र' थीं कि कोई भी व्यक्ति वहाँ चाँदी ले जाकर सिक्के ढलवा सकता था। मुद्राओं के पुराने होने की स्थिति में, कुछ कटौती भी होती थी अर्थात नये सिक्कों को मूल्य के आधार पर तरजीह दी जाती थी। सोने के *हुन* (पगोडा) पर आधारित सिक्के दक्षिण भारत में प्रचलित थे, तब तक 17वीं शताब्दी में ताँबे का व्यवहार केवल छोटे भुगतानों तक ही सीमित था और कौड़ियों ने अभी भी छोटे लेन-देन के लिए आंशिक रूप से कार्य किया। विभिन्न धातुओं से बने भिन्न-भिन्न सिक्कों का मूल्य बाज़ारवादी शक्तियों के द्वारा निर्धारित होता था, अकबर के शासनकाल के बाद कोई आधिकारिक अनुपात तय नहीं किया गया था कि जैसे, बढ़ते आयात के कारण चाँदी के मूल्य में गिरावट आयी, और उससे भी अधिक ताँबे की तुलना में 17वीं शताब्दी के दौरान सोने के सापेक्ष रुपये के मूल्य में गिरावट आयी।[29]

वाणिज्यिक साख की एक व्यापक प्रणाली भी अस्तित्वमान थी, जिसमें बैंक में रुपया जमा करने (Deposit Banking) और *हुण्डियों* की एक रेखांकित करने योग्य प्रणाली थी। बीमा ने *हुण्डियों* (Discounting of Bills) को एक सुरक्षित व्यवसाय में तब्दील करने में सहायता की, तो यह भी नियम था कि जो भी *हुण्डी* को भुनाता था वह अन्तिम धारक को भुगतान करने के लिए उत्तरदायी हो जाया करता था। इन *हुण्डियों* के व्यापक प्रचलन के परिणामस्वरूप वाणिज्यिक अन्तरणों में नक़दी के स्थान पर 'बिल मनी' *(अंठ)* को प्राथमिकता मिलने लगी। किन्तु धातु से निर्मित मुद्राओं की अपेक्षा यह कितना व्यापक तौर पर प्रचारित-प्रसारित था, यह निर्धारित नहीं किया जा सकता है। यूरोप की तुलना में, वाणिज्यिक ब्याज दर उच्च था। और, देश के अन्दर, उत्तर भारत और गुजरात के बरअक्स दक्षिण भारत और बंगाल में ब्याज दर उच्च था। इस ब्याज दर में 17वीं शताब्दी के मध्य के दौरान पूरे भारत में कमी देखी गयी (उत्तर भारत और गुजरात में वाणिज्यिक अन्तरणों में 1 फ़ीसदी/महीना कम थी) जो वास्तविक अर्थों में एक वैश्विक परिघटना का एक हिस्सा था।[30]

वाणिज्य बड़े पैमाने पर 'मुक्त व्यापार' के आधार पर किया जाता था, लेकिन कुछ अवसरों पर इसे स्थानीय, प्रायः अवैधानिक, एकाधिकार से नुक़सान होता था। प्रशासन सामान्य तौर पर सभी को व्यापार करने की इजाज़त देता था। बैंक के व्यवसाय को जाति-व्यवस्था ने विशेषित किया *(सर्राफ़, महाजन)* और व्यापार किसी विशेष जाति के लिए रूढ़ हो गया था जैसे कि उत्तर भारत में बनिया, पंजाब में खत्री और आन्ध्र प्रदेश में कोमाती रेखांकित करने योग्य हैं। यह उतना कठोर रूप से प्रतिबन्धित नहीं था अन्यथा जितना हो सकता था, क्योंकि दलाली/ मध्यस्थता (जिसमें बनिया विशेषज्ञ थे) की 'संस्थागत सार्वभौमिक' संस्था या प्रवृत्ति ने बाहरी व्यक्तियों को भी अपने जातिगत सम्पर्कों को इस्तेमाल में लाने के अवसर दिये। समकालीन यूरोप की तरह ही भारत में भी बड़े और छोटे व्यापारियों में पारस्परिक रूप से धक्का-मुक्की की स्थिति थी, बड़े व्यापारियों *(साहू)* के पास अनेक कारक थे (व्यापारी, गुमाश्ता) जो ऐसे अनेक स्थानों में निहित थे जो दूसरों के लिए अस्पष्ट और धुँधले थे। बड़े व्यापारियों के हमारे ज्ञान के प्रकाश में, जैसे कि वीरजी वोरा (जिनके पास 80 लाख की पूँजी थी) और अब्दुल गफूर (जिनके पास ईस्ट इंडिया कम्पनी से अधिक जहाज़ थे), दोनों सूरत से ताल्लुक रखते थे। इसलिए प्रकारान्तर से स्टीन्सगार्ड का ही एक विस्तार, वैनल्यूर के शोधप्रबन्ध को भारत के सन्दर्भ में समीचीन और प्रासंगिक बताकर स्वीकार करना मुश्किल होगा जिसमें यह कहा गया है कि भारत में बड़े वाणिज्यिक व्यापारिक फ़र्मों की अनुपस्थिति थी। यह शोध-प्रबन्ध

इसको पुष्टि करता है कि एशिया में कुल मिलाकर वाणिज्यिक गतिविधियाँ एवं क्रियाकलाप बड़े पैमाने पर संचालित हो रही थीं। वस्तुतः यह इसका प्रमाण है कि इस संचालन में लाखों छोटे 'मध्यस्थ व्यापारियों' की सहभागिता हो रही थी। इस परिकल्पना के आधार पर यह कहा जा सकता है कि जब व्यापक राष्ट्रीय इजारेदारी कम्पनियों के अन्तर्गत संस्थागत यूरोपीय समुद्री व्यापार एशिया में चल रहे छोटे 'मध्यस्थ व्यापारियों' के पारम्परिक वाणिज्यिक व्यापारों के बनिस्बत कम जोख़िम और अपेक्षाकृत अधिक सुचारु था। लेकिन तथ्य यह है कि भारतीय व्यापारियों के पास न केवल बड़े पूँजी भण्डार थे बल्कि उनके पास कुशल सूचना सम्पर्क जाल भी था और वे लागत में कटौती करने में सक्षम थे, जो यूरोपीय कम्पनियाँ नहीं कर सकती थीं। कालान्तर में उनकी सफलता का कारण वाणिज्य में उनकी सापेक्ष दक्षता नहीं थी बल्कि बेहतर सशस्त्र शक्ति थी जिसने अन्ततः उपनिवेशवाद की नींव रखी।[31]

## यूरोप के साथ व्यापार

एशिया में औपनिवेशिक इतिहास को सुस्पष्ट रूप से उस 1498 ई. के रूप में रेखांकित किया जा सकता है जब वास्को डि गामा आशा अन्तरीप का चक्कर लगाते हुए अपने बेड़े के साथ कालीकट पहुँचा था। वे तत्कालीन अस्तित्वमान रहे वाणिज्यिक संरचना को बलपूर्वक ध्वस्त करने और स्थानीय लोगों को लूटने-खसोटने के प्रति प्रतिबद्ध थे, वस्तुतः वे बाद में आने वाली औपनिवेशिक शक्तियों की सम्भावना से भलीभाँति अवगत थे। 16वीं शताब्दी के पूर्वार्द्ध में उन्होंने लाल सागर और फ़ारस की खाड़ी से होने वाले व्यापार को बहुत ही नुक़सान पहुँचाया। 1550 ई. के बाद पुर्तगालियों के भारतीय साम्राज्य ने आधिकरिक और ग़ैर-आधिकारिक विधि से एशिया के समुद्री व्यापार से कर उगाहना शुरू कर दिया और समय व्यतीत होने के साथ ये इसका और दोहन करने लगे। अत्यधिक बोझ से दबे होने के बावजूद यूरोप के साथ व्यापार करने के पारम्परिक एवं पूर्वनिर्धारित 'शाम' मार्ग (सीरिया और मिस्र) अब पुनः पुनर्जीवित होने लगे।[32]

1600 ई. के तत्काल बाद डचों के आगमन ने एक नया व्यवधान और हस्तक्षेप पैदा किया, चूँकि यह नया घुसपैठिया न केवल पुर्तगालियों की तरह क्रूर और बेरहम था बल्कि दक्षिण पूर्वी एशिया और श्रीलंका के स्थानीय आबादी पर अपना आधिपत्य एवं वर्चस्व स्थापित करने में कहीं अधिक सफल था और यह उन्होंने सिद्ध किया था। डच की ईस्ट इडिंया कम्पनी के एशियाई व्यापार का अधिकांश उस पूँजी की बड़ी राशि से संचालित हो रहा था जिसे उन्होंने अपनी

सैन्य शक्ति के द्वारा करों और क्षेत्रीय/प्रादेशिक साम्राज्य के दोहन से संचित किया था। ब्रिटिश को भी अपनी सेना का इस प्रकार प्रयोग करने में कोई गुरेज नहीं था लेकिन उनके पास दक्षिण-पूर्वी एशिया में क्षेत्र का अभाव था। इसलिए, वे भारत पर अपेक्षाकृत अधिक केन्द्रित रहे जहाँ वे और डच, दोनों बड़े पैमाने पर 'मुक्त व्यापार' के ढाँचे में प्रतिस्पर्धा कर रहे थे। विशेष तौर पर कपड़ा उद्योग के व्यापार के मामले में ब्रिटिश यूरोप के साथ व्यापार को एक लाभान्वित करने वाले व्यापार के रूप में विकसित करने में सफल रहे।[33]

1650 ई. से भारतीय व्यापारी हिन्दमहासागरीय और भारतीय-यूरोपीय या योरोपीय वाणिज्य में अपनी भागीदारी को फिर से पूर्ववत् करने की ओर प्रयत्नशील होने लगे जिसमें उन्हें सकारात्मक परिणाम मिलने लगे थे। ऐसा आंशिक रूप से इसलिए सम्भव हो पा रहा था क्योंकि यहाँ भी यूरोपीय जहाज़ों की तर्ज़ पर व्यापक रूप से जहाज़ों का निर्माण हो रहा था, और आंशिक तौर पर इसलिए भी हो रहा था क्योंकि लाल सागर और फ़ारस की खाड़ी से होने वाले व्यापार में वृद्धि हो रही थी। ऐसा प्रतीत होता है कि वस्तुतः डच, ब्रिटिश, फ्रांस (फ्रेंच) ईस्ट इंडिया कम्पनियों के मालवाहक जहाज़ों (कार्गो) के द्वारा आशा अन्तरीप के चक्कर लगाकर और उस क्षेत्र में बढ़ते यातायात अथवा आवागमन के बावजूद क़रीब 1700 ई. तक लाल सागर भारत-यूरोपीय व्यापार का मुख्य व्यापारिक मार्ग बना रहा था।[34]

हालाँकि यूरोपीय कम्पनियाँ इन्हें रोकना यहाँ तक कि प्रतिबन्धित करना चाह रही थीं, लेकिन इसमें वे सफल नहीं हो सकीं, भारतीय और अन्य एशियाई व्यापारियों द्वारा संचालित समुद्री वाणिज्य तथा भारत और यूरोप के बीच कुल व्यापार में इस अवधि के दौरान काफ़ी वृद्धि दर्ज की गयी, यह विचारणीय तथा रेखांकित करने योग्य होगा कि यूरोप में धनिक वर्ग की संख्या और समृद्धता में वृद्धि के परिणामस्वरूप वहाँ भारतीय वस्तुओं और उत्पादों की माँग में तेज़ी से वृद्धि हुई और यह बढ़ती ही चली गयी थी। इस वाणिज्य के प्रमुख उत्पाद मसाले और नील को बंगाल के सिल्क, छींट और छपाई वाले कपड़े ने पीछे छोड़ दिया। ये भारत के बृहद् कपड़ा उद्योग के उत्पाद वस्तु थे और वाणिज्य-व्यापार में इसकी अब प्राथमिकता हो चली थी। बदले में, भारत ने चाँदी की बड़ी मात्रा और इससे बहुत ही कम मात्रा में सोना का पेरु और मेक्सिको के स्पेनी खदानों से आयात किया।[35]

16वीं शताब्दी के उत्तरार्द्ध और 17वीं शताब्दी में 'शाम'/भूमध्यसागरीय देशों और आशा अन्तरीप से होकर यूरोप से भारत में अमेरिकी चाँदी के 'अन्तःप्रवाह'

ने यूरोप में नाराज़गी और संचित आक्रोश को हवा दी, वस्तुतः यह तत्कालीन 'लालची प्रवृत्ति' का प्रतिरोध था; लालची इसलिए क्योंकि तब देश की सम्पदा देश द्वारा धारित सोने और चाँदी की मात्रा के आधार पर निर्धारित और आकलित की जाती थी।

यह सही है कि भारत में अन्य स्रोतों और साधनों से चाँदी आया करती थी। अमेरिकी चाँदी मनीला के रास्ते प्रशान्त महासागर से आती थी और कुछ चाँदी जापान से भी आयातित होती थी किन्तु इनके अस्थायी और अनित्य मात्रा के बावजूद ये प्रवाह अपने आकार में तुलनात्मक रूप से दोयम दर्जे के थे।[36] अभी तक के उपलब्ध चाँदी के दृष्टिकोण से जुड़े आँकड़ों और दस्तावेज़ों से जुड़े साक्ष्यों के आधार पर यह वास्तव में सम्भव प्रतीत होता है कि 1500 ई. से 1650 ई. के बीच की अवधि के दौरान भारत में 600 मीट्रिक टन चाँदी आयी। चाँदी के 'प्रारम्भिक अन्तःप्रवाह' का अधिकांश इसलिए उपयोग और खपत में आया क्योंकि मुग़लों ने ताँबे के स्थान पर चाँदी की मुद्रा-प्रणाली को अधिकृत किया था। किन्तु 1615 ई. के बाद चाँदी के प्रवाह के निरन्तर बने रहने के कारण मूल्यवृद्धि होना शुरू हुई। 1615 ई. और 1705 ई. के बीच सोने के चाँदी आधारित मूल्य में 33 फ़ीसदी की बढ़ोतरी हुई और ताँबे के सापेक्ष 11.4 फ़ीसदी। बाद के 90 वर्षों में ऐसी वृद्धि उदार या आम कही जा सकती थी विशेषकर तोपों को बनाने में ताँबे का प्रयोग होता था और तोपों का निर्माण इस अवधि के दौरान बड़े पैमाने पर होने लगा था, इसलिए इसकी माँग में बढ़ोतरी हुई जिसे इसके मूल्य में उछाल आने के कारण के रूप में रेखांकित किया जा सकता है।[37] अतएव, यह सम्भव है कि भारत में मूल्य-क्रान्ति के विस्तार के मामले को बढ़ा-चढ़ा कर पेश किया गया हो।[38] चाँदी की आमद, जो आंशिक रूप से सूदखोरी पूँजी के हस्तान्तरण से प्रेरित थी, फिर भी भारत में यह 17वीं शताब्दी के मध्य में देखी गयी ब्याज दरों में गिरावट का कारण हो सकती थी।

## लोगों की भौतिकवादी वस्तुस्थिति

पेलसार्ट ने 1626 ई. के आस-पास के 'आम जनजीवन' की भौतिकवादी स्थिति का वर्णन मार्मिकता के साथ करते हुए कहा है कि "आम लोग ग़रीबी में इतना बड़ा और दयनीय जीवन व्यतीत कर रहे थे कि लोगों के जीवन को सटीक रूप से केवल निरे अभावों के घर और 'कड़वे शोक के निवास-स्थान' के रूप में चित्रित अथवा वर्णित किया जा सकता है। समकालीन विवरण इस निर्णय और निष्कर्षों की ओर संकेत करते हैं।"[39] सामान्य लोग अपने खान-पान में अपेक्षाकृत घटिया

अनाज का प्रयोग करते थे, शायद ही कभी-कभार उन्हें मांस नसीब हुआ करता था और पुरुष एवं महिलाएँ, दोनों के तन पर कम कपड़े हुआ करते थे। उनकी झोंपड़ियाँ मिट्टी या सरकण्डों की दीवारों से बनी होती थीं और उनकी छत फूस या मिट्टी से बनी होती थी, फ़र्नीचर और घरेलू सामानों/वस्तुओं के नाम पर एक मिट्टी की 'कोठी' (अन्न भण्डार), एक या दो खाटें, कुछ मिट्टी के बर्तन के साथ ताँबे का पतीला हुआ करता था।[40]

औपनिवेशिक शासन की अवधि के दौरान जो कुछ भी घटित हुआ, उस सन्दर्भ में यह एक गम्भीर टिप्पणी है कि इस प्रवधि में भारतीय ग़रीबों की जो दयनीयता और नारकीयता थी, वह 1900 की तुलना में 1600 में भी कमोबेश समान ही थी लेकिन 1900 की तुलना में 1600 ई. के दौरान वे अधिक हताश नहीं थे, जब एक भारतीय पुरुष के जीवन की औसत जीवन प्रत्याशा 22.6 वर्ष तक गिर गयी थी और अगले दो दशकों के अन्त तक यह गिरावट 19.4 वर्ष तक पहुँचने वाली थी।[41] वास्तविक अर्थों और सन्दर्भों में अगर आगरा शहर में 1595 ई. के बरअक्स 1900 ई. की अवधि के दौरान दैनिक मज़दूरी या दिहाड़ी की श्रमसाध्य तुलना करें तो हम इस वस्तुस्थिति से अवगत होते हैं कि 1595 ई. में अकुशल दिहाड़ी मज़दूर 1900 ई. की अपेक्षा भोजन और पोषण में बेहतर स्थिति में था, यद्यपि उसकी कपड़े और अन्य उत्पादों को क्रय करने की शक्ति अपेक्षाकृत अत्यन्त सीमित थी।[42]

हाँ यह ज़रूर और सही ही था कि "मध्य वर्ग" का जीवन अत्यन्त ही सुलभ, सरल, आसान और बहुत ही कम कष्टप्रद था और उसके उपभोग का स्तर और मानक, दोनों ही उच्च था। घुड़सवार सेना और किरानियों का वर्ग सभ्य और सुसंस्कृत था जो परिचारिकाओं और नौकरों को अपनी सेवाओं एवं देखभाल के लिए नियुक्त करने में सक्षम एवं समर्थ थे। किसी की समृद्धता और सम्पन्नता का अन्दाजा इस बात से लगाया जाया करता था कि वह कितने लोगों को उत्सव में आमन्त्रित करने में समर्थ है या फिर उसका कितना बड़ा बग़ीचा है या एक स्थानीय राजस्व अधिकारी *क़ानूनगो* इसके लिए गौरवान्वित हो सकता था कि उसके पुस्तकालय में सौ किताबें मौजूद हैं।[43]

राजस्व आय में सहभागिता या भागीदारी व्यापक तौर पर उच्च अमीरों 'उमराओं' के बीच कुछ शीर्ष व्यक्तियों के हाथों में सीमित थी,[44] इस घरेलू व्यवस्था का आकार और शक्ति-सोपान में निहित भव्यता *मनसब* और पद के बढ़ते अधिक्रम के साथ और बढ़ती जाती थी। अमीर/उमरा ऐसे घरों का निर्माण

करते थे जिसके आगे एक विशाल कक्ष *(दीवानख़ाना)* हुआ करता था। इसके पिछवाड़े में उनकी महिलाओं के लिए आँगन की व्यवस्था हुआ करती थी, और साथ में फ़व्वारा एवं 'नहरों' के साथ बग़ीचे भी हुआ करते थे, उनके बड़े-बड़े हरम थे जिसमें ग़ुलाम सेवादारों की भारी तादाद थी, घर में विशाल रसोईघर थे और साथ में सशस्त्र रक्षकों, ग़ुलामों और किन्नरों की संख्या भी बहुतायत में थी। और उन्होंने घोड़ों, हाथियों, और पीछा करने वाले जानवरों के अस्तबल भी बना रखे थे। इस तरह के बड़े व्यय के लिए आय बढ़ाने के साधन के रूप में उनकी वाणिज्य में रुचि थी; और इसलिए, उनमें से कुछ जिनमें बेग़मों, शहज़ादों और शहज़ादियों ने भी जहाज़ और मालवाहकों (कार्गो) को बनाया या ख़रीदा। शहरी अर्थव्यवस्था को उन्होंने जो प्रोत्साहन दिया उसे अनिवार्य रूप से शिल्प-वस्तुओं और सेवाओं की विशाल माँग द्वारा बढ़ाया गया था जो उन्होंने और उनके आश्रितों ने उत्पन्न किया था।[45] देश के संसाधनों का ऐसा पुनर्वितरण, हालाँकि असमान था, लेकिन इसने दूर-दराज के क्षेत्रों में दस्तकारी/शिल्पकारी की विशेषज्ञता, लम्बी दूरी के व्यापारों और रोज़गारों के अवसरों को बढ़ाया। हालाँकि यह सन्देहास्पद है कि विलासितापूर्ण बाज़ारों से जुड़े इस व्यापक उत्पादन में बहुत अधिक तकनीक नवाचारों या पूँजी नियन्त्रित उद्योग के विकास के लिए पर्याप्त और समुचित जगह थी।

## सन्दर्भ एवं टिप्पणियाँ

1. डब्ल्यू.एच. मोरलैण्ड, *इंडिया एट द डेथ ऑफ़ अकबर, एन इकॉनोमिक स्टडी*, लन्दन, 1920, पृ. 19-21; किंग्सले डेविस, *पॉपुलेशन ऑफ़ इंडिया एंड पाकिस्तान*, प्रिंसटोन, 1951, पृ. 24; इरफ़ान हबीब टी. रायचौधुरी और इरफ़ान हबीब (सम्पा.) में, *कैम्ब्रिज़ इकॉनोमिक हिस्ट्री ऑफ़ इंडिया*, कैम्ब्रिज़, 1982, भाग-I, पृ. 163-66; शिरीन मूसवी, *इकोनामी ऑफ़ द मुग़ल एम्पायर*, लग. 1595, *ए स्टैटिकल स्टडी*, दिल्ली, 1987, पृ. 395-406.
2. पी.सी. महालनोबिस और डी. भट्टाचार्य, 'ग्रोथ ऑफ़ पॉपुलेशन ऑफ़ इंडिया एंड पाकिस्तान', (मिमियोग्राफ़्ड), भारतीय सांख्यिकीय संस्थान, कलकत्ता, 1969. मौरिस डी. मौरिस, 'द पॉपुलेशन ऑफ़ ऑल इंडिया, 1800-1951', *इंडियन इकानॉमिक एंड सोशल हिस्ट्री रिव्यू*, XI (2-3), 1974, पृ. 311, किंग्सले डेविस, पॉपुलेशन ऑफ़ इंडिया एंड पाकिस्तान, 1801 में जनसंख्या को 150 मिलियन रखें, लेकिन बिना किसी पर्याप्त साक्ष्य के।
3. देखें, जैसे कि कार्लो एम. सिपोला (सम्पा.), *फोंटाना इकॉनोमिक हिस्ट्री ऑफ़ यूरोप*, भाग 2, ग्लासगो, 1974, पृ. 38, 16वीं और 17वीं शताब्दियों में यूरोपीय देशों की जनसंख्या के आकलन के लिए।

4. देखें के. डेविस, op.cit., पृ. 62.
5. देखें इरफ़ान हबीब, *एग्रेरियन सिस्टम ऑफ़ मुग़ल इंडिया* (1556-1707), दूसरा पुनःसंशोधित संस्क, नयी दिल्ली, 1999, पृ. 112-22.
6. पूर्वोक्त, पृ. 111 (छोटा-चेचक); 115, 119-21 (प्लेग).
7. जेम्स रेनेल, *ए बंगाल एटलस,* लन्दन, 1781.
8. शिरीन मूसवी, 'इकॉलोजी, पॉपुलेशन डिस्ट्रीब्यूशन एंड सेटेलमेंट पैटर्न इन मुग़ल इंडिया', *मैन एंड एनवायरनमेंट,* पुणे, XV(I), 1989, esp. चित्र 2,3 और 4.
9. अंगुस मैडिसन, *क्लास स्ट्रक्चर एंड इकॉनोमिक ग्रोथ : इंडिया एंड पाकिस्तान सिंस द मुग़ल,* लन्दन, 1971, पृ. 33. हालाँकि उनके अनुसार मुग़लकालीन दौर के सकल निवल उत्पादन में वनों/जनजातीय क्षेत्र का योगदान केवल 3 फ़ीसदी था।
10. शिरीन मूसवी, *इकॉनोमी ऑफ़ द मुग़ल एम्पायर,* op.cit., पृ. 39-66, इरफ़ान हबीब, *एग्रेरियन सिस्टम ऑफ़ मुग़ल इंडिया,* दूसरा संस्क., पृ. 10-22.
11. फ्रेड जे. एटकिंसन के अनुमानों, आधिकारिक सांख्यविदों के अनुसार, 1899-1900 के दौरान नहरों द्वारा कुल सिंचित भूमि केवल 6.28 फ़ीसदी थी, कुल कृषि योग्य भूमि के लिए ('ए स्टैटिकल रिव्यू ऑफ़ द इनकम एंड वेल्थ ऑफ़ ब्रिटिश इंडिया', *जर्नल ऑफ़ द रॉयल स्टैटिकल सोसायटी,* LXV(ii), जून 1902).
12. दक्षिण भारत में पूर्व आधुनिक युग की कृतियों के सन्दर्भ में विस्तृत विवरण फ्रांसिस बुकानन द्वारा दिया गया है, *ए जर्नी फ्रॉम मद्रास थ्रू द कंट्रीज ऑफ़ मैसूर, कनारा एंड मालाबार इम्पा., (1800-01),* लन्दन, 1807, I, पृ. 2-4; पृ. 87-90, 190-93, 288-93, III, पृ. 453-4, और पासिम (Passim) मुग़लकालीन उत्तर भारत में नहरों के लिए, देखें इरफ़ान हबीब, *एग्रेरियन सिस्टम ऑफ़ मुग़ल इंडिया,* दूसरा संस्क., पृ. 31-39.
13. देखें इरफ़ान हबीब, *एग्रेरियन सिस्टम ऑफ़ मुग़ल इंडिया,* दूसरा संस्क., पृ. 39-58.
14. पूर्वोक्त., पृ. 58-61.
15. पूर्वोक्त., पृ. 135-144.
16. पूर्वोक्त., पृ. 82-90, 276-80.
17. 18वीं शताब्दी के पूर्वार्द्ध या प्रारम्भिक वर्षों के लेखक, क़ाज़ी मुहम्मद अल्लाह इस तथ्य की पुष्टि पर बल देते हैं कि भारत में भूमि-कर (ख़राज) वास्तव में लगान (उजरत) था (*रिसाला अहकम अल-अराज़ी,* अलीगढ़ एम.एस.: अब्दु'स सलाम अरबिया (4) 331, एफ.एफ. 47 अ-49अ). लेकिन कोई भी आधारिक दस्तावेज़ इसको प्रमाणित नहीं करता।
18. देखें इरफ़ान हबीब, *एग्रेरियन सिस्टम ऑफ़ मुग़ल इंडिया,* दूसरा संस्क., पृ. 230-89.
19. देखें एरिक स्टोक्स, *द इंग्लिश यूटिलिटेरियंस एंड इंडिया,* ऑक्सफ़ोर्ड, 1959, पृ. 91.
20. देखें इरफ़ान हबीब, *एग्रेरियन सिस्टम ऑफ़ मुग़ल इंडिया,* दूसरा संस्क., पृ. 123, एन., 17वीं शताब्दी के यूरोपियन स्रोत के सन्दर्भों के लिए देखें।

21. अबुल फ़ज़ल, *आईन-ए-अकबरी*, सम्पा. एच. ब्लोचमैन, कलकत्ता, 1866-67, I, पृ. 290-91.

22. देखें टी. रायचौधुरी, *कैम्ब्रिज़ इकॉनोमिक हिस्ट्री ऑफ़ इंडिया*, I, पृ. 269-77, प्रमुख उत्पादों या वस्तुओं के सर्वेक्षण के लिए वाणिज्य से सम्बन्धित वस्तुओं के व्यापार या उत्पादन के विभिन्न केन्द्रों को इरफ़ान हबीब में दिखाया गया है, *एटलस ऑफ़ द मुग़ल एम्पायर*, दिल्ली, 1982, पृ. 1 और 2 ए-बी, और 3-16 बी, सभी 1:2 दस लाख के पैमाने पर है।

23. देखें इरफ़ान हबीब, *एग्रेरियन सिस्टम ऑफ़ मुग़ल इंडिया*, दूसरा संस्क., पृ. 156-158; 18वीं शताब्दी के महाराष्ट्र के लिए, देखें पर्सपेक्टिव स्टडी ऑफ़ विलेज सर्वेंट्स एंड आर्टिजंस इन हिरोशी फुकाज़ावा, *द मेडिवल दक्कन : पीजंट्स, सोशल सिस्टम्स एंड स्टेट्स*, दिल्ली, 1991, पृ. 199-209.

24. देखें टी. रायचौधुरी को *कैम्ब्रिज़ इकॉनोमिक हिस्ट्री ऑफ़ इंडिया*, I, पृ. 279-81; इरफ़ान हबीब, *एसेज इन इंडियन हिस्ट्री : टूवार्ड्स अ मार्क्सिस्ट*, परसेप्शन नयी दिल्ली, पृ. 218-223.

25. इरफ़ान हबीब, *एग्रेरियन सिस्टम*, दूसरा संस्क., पृ. 71.

26. देखें *सरायों* पर, पूर्वोक्त पृ. 69 और एन और पुलों पर, ज्याँ देलोचे, *एनशियंट ब्रिजेज़ ऑफ़ इंडिया*, नयी दिल्ली, 1982.

27. देखें अबुल खैर मोहम्मद फारूकी, *रोड्स एंड कम्युनिकेशन इन मुग़ल इंडिया*, दिल्ली, 1977; और इरफ़ान हबीब 'पोस्टल कम्युनिकेशन इन मुग़ल इंडिया', *प्रोसिडिंग्स ऑफ़ इंडियन हिस्ट्री कांग्रेस, अमृतसर (1986) सत्र*, 236-52.

28. देखें इरफ़ान हबीब, 'बैंकिंग इन मुग़ल इंडिया', में : टी. रायचौधुरी (सम्पा.), *कंट्रिब्यूशंस टु इंडियन इकॉनोमिक हिस्ट्री*-1, कलकत्ता, 1960, पृ. 16. जान मैलकॉम, *ए मेमॉयर ऑफ़ सेंट्रल इंडिया*, दूसरा संस्क., लन्दन, 1824, पृ. 366-69.

29. देखें जान एफ. रिचर्ड्स (सम्पा.), *द इम्पीरियल मोनेटरी सिस्टम ऑफ़ मुग़ल इंडिया*, दिल्ली, 1987.

30. देखें इरफ़ान हबीब, *एसेज इन इंडियन हिस्ट्री*, ओपी. सीआईटी., पृ. 226-28, और 'द सिस्टम ऑफ़ बिल्स ऑफ़ एक्सचेंज इन द मुग़ल एम्पायर', *प्रोसिडिंग्स ऑफ़ द इंडियन हिस्ट्री कांग्रेस*, मुज़फ़्फ़रपुर (1972) सत्र, पृ. 290-304; और एस. मूसवी, *द इकॉनोमी ऑफ़ द मुग़ल एम्पायर*, ओपी. सीआईटी., पृ. 371-74.

31. नील्स स्टीन्सगार्ड को देखें, *द एशियाटिक ट्रेड रिवोल्यूशन ऑफ़ द सेवेनटींथ सेंचुरी, शिकागो*, 1974. भारतीय वाणिज्यिक संजाल से सम्बन्धित विवरणों, जिसमें कि इस सिद्धान्त पर टिप्पणियाँ भी हैं, *कैम्ब्रिज़ इकॉनोमिक हिस्ट्री ऑफ़ इंडिया* में टी. रायचौधुरी को देखें, I, पृ. 339-44; अशिन दास गुप्ता, *इंडिया एंड द इंडियन ओसियन वर्ल्ड* (इसके भाग में दो अलग-अलग पुस्तकें हैं जो मूल रूप से क्रमशः 1967 और 1979 में प्रकाशित की गयीं, नयी दिल्ली, 2004); और इरफ़ान हबीब,

'मर्चेंट कम्युनिटीज इन प्री-कोलोनियल इंडिया' में : जेम्स डी. ट्रेसी (सम्पा.), *द राइज ऑफ़ मर्चेंट एम्पायर्स : लोंग डिस्टेंस ट्रेड इन द अर्ली मॉडर्न वर्ल्ड, 1350-1750,* कैम्ब्रिज़, 1990. दक्षिण भारत के लिए, देखें एस. अरासरातनाम, *मर्चेंट्स कम्पनीज एंड कॉमर्स ऑन द कोरोमण्डल कोस्ट, 1650-1740,* दिल्ली, 1986.

32. 16वीं शताब्दी में पुर्तगाली वाणिज्यिक नीतियों के लिए, देखें एम.एन. पियर्सन में : ए. दास गुप्ता एंड एम.एन. पियर्सन (सम्पा.), *इंडिया एंड द इंडियन ओसियन, 1500-1800,* कलकत्ता, 1987, पृ. 71-93. 16वीं शताब्दी के उत्तरार्द्ध में पूर्वी देशों के साथ भूमध्यसागरीय व्यापार के पुनरुत्थान के लिए फेरनांड ब्राउडेल को देखें, *द मेडिटेरेनियन एंड द मेडिटेरेनियन वर्ल्ड इन द एज ऑफ़ फिलिप* II, लन्दन, 1975, पृ. 545-70. भारतीय विदेशी व्यापार की संरचना के लिए, 1600 ईसा, देखें एस. मूसवी, *इकॉनोमी ऑफ़ द मुग़ल एम्पायर,* पृ. 375-91.

33. 1750 से पहले अंग्रेज़ों और डचों के पूर्वी देशों के साथ व्यापार से जुड़े व्यवस्थागत संरचना के तुलनात्मक अध्ययन के लिए, देखें नील्स स्टींसगार्ड में : जेम्स ट्रेसी, द राइज ऑफ़ मर्चेंट एम्पायरस, कैम्ब्रिज़, 1990, पृ. 102-52 (कपड़ा उद्योग के लिए पृ. 123-8).

34. भारतीय समुद्री व्यापार में भारतीय व्यापारियों पर, देखें असिन दास गुप्ता में : *कैम्ब्रिज़ इकॉनोमिक हिस्ट्री ऑफ़ इंडिया,* I, पृ. 407-33. "अनक्रॉनिकल्ड रिवोल्यूशन इन इंडिया शिप बिल्डिंग इंडस्ट्री", के लिए इरफ़ान हबीब को देखें में इंडियन इकॉनोमिक एंड सोशल हिस्ट्री रिव्यू., दिल्ली, XVII(1) (1980), पृ. 14-16.

35. भारत के साथ डच और अंग्रेज़ी कम्पनियों के व्यापार के लिए, देखें क्रिस्टोफ ग्लेमन, डच एशियाटिक ट्रेड, 1620-1740, कोपेनहेगन, 1950, और के.एन. चौधुरी, *द ट्रेडिंग वर्ल्ड ऑफ़ एशिया एंड द इंग्लिश ईस्ट इंडिया कम्पनी,* कैम्ब्रिज़, 1978. स्वाभाविक रूप से इनका व्यापार आशा अन्तरीप के रास्ते हुआ करता था; लाल सागर से होने वाले व्यापार पर अभी भी पर्याप्त अध्ययन का अभाव है।

36. देखें पियरे विलर, *हिस्ट्री ऑफ़ गोल्ड एंड मनी, 1450-1920,* लन्दन, 1984, वैश्विक स्तर पर सोने एवं चाँदी के प्रवाह के प्रभाव के सन्दर्भ में विचार-विमर्श के लिए।

37. इस पैराग्राफ़ में उद्धृत आँकड़े एस. मूसवी से लिये गये हैं, 'द सिल्वर इनफलक्स, मनी सप्लाई, प्राइसेज एंड रेवेन्यू एक्सट्रैक्शन इन मुग़ल इंडिया', *जर्नल ऑफ़ द इकॉनोमिक एंड सोशल हिस्ट्री ऑफ़ ओरिएंट* लिडेन, XXX (1987), पृ. 47-94.

38. सीएफ. इरफ़ान हबीब, *एग्रेरियन सिस्टम,* ओपी. सीआइटी., पृ. 445-49.

39. फ्रांसिस्को पेलसार्ट, 'रिमोंसट्रेनटाइ', अनु. डब्ल्यू.एच. मोरलैंड और पी. गेल, *जहाँगीर'स इंडिया,* कैम्ब्रिज़, 1925, पृ. 60.

40. देखें डब्ल्यू.एच. मोरलैंड, *इंडिया द डेथ ऑफ़ अकबर,* लन्दन, 1920, पृ. 265-81; इरफ़ान हबीब, *एग्रेरियन सिस्टम,* ओपी. सीआइटी, पृ. 103-112.

41. किंग्ले डेविस, *पॉपुलेशन ऑफ़ इंडिया एंड पाकिस्तान,* ओपी. सीआइटी, पृ. 373.

42. एस. मूसवी, *इकॉनोमी ऑफ़ द मुग़ल एम्पायर*, ओ.पी. सीआइटी, पृ. 341-48.

43. घुड़सवार सेना के नौकरों एवं देखभाल करने वालों के लिए, देखें इरफ़ान हबीब, *एसेज इन इंडियन हिस्ट्री*, ओपी. सीआइटी., पृ. 206-07; एक समृद्ध किरानी के मिंजे के लिए, देखें भीमसेन, *नुस्खा-ए-दिलखुश*, ब्रे.पु. या 23 एफ. 21ए, और साहित्यिक रुझान वाले कानूनगो के स्वामित्व वाली पुस्तकों की संख्या और बालकृष्ण ब्राह्मण के पत्रों के लिए, बे.पु., जोड़ें 16,859, एफ. 125 ए-बी.

44. आय के इस प्रकार के सकेन्द्रण के लिए, ईसा. 1595, देखें एस. मूसवी, *इकॉनोमी ऑफ़ द मुग़ल एम्पायर*, उद्धृत, पृ. 221-23; शाहजहाँ के अन्तर्गत के लिए ए.जे. कैसर, *प्रोसिडिंग्स ऑफ़ द इंडियन हिस्ट्री कांग्रेस, इलाहाबाद (1965), सत्र*, पृ. 154-70.

45. शाही राजघराने के परिवार होने के बाद उमराओं/कुलीनों के ख़र्चों को निर्धारित करने के तरीकों के लिए, देखें एस. मूसवी, *इकॉनोमी ऑफ़ द मुग़ल एम्पायर*, पृ. 287; और एम. अतहर अली, *मुग़ल नोबिलिटी अंडर औरंगज़ेब*, दूसरा संस्क., दिल्ली, 1997, पृ. 167-69. सामान्य ज़िन्दगी में वाणिज्य और अर्थव्यवस्था के लिए नोबल्स की भूमिका, और भी देखें डब्ल्यू. एच. मोरलैंड, *इंडिया एट द डेथ ऑफ़ अकबर*, ओपी, सीआइटी, पृ. 256-63, और एम. अतहर अली, *मुग़ल नोबिलिटी अंडर औरंगज़ेब*, पृ. 154-60.

## 3.3

# सामाजिक संरचना

### ग्रामीण समुदाय

प्रारम्भिक ब्रिटिश अन्वेषणों में बुकानन द्वारा किया गया दक्षिण भारत का महान सर्वेक्षण (1800-01) उल्लेखनीय है जिसमें ग्रामीण संस्थानों के विवरण अन्तर्निहित हैं और जो 'भारतीय ग्रामीण समुदाय' के सन्दर्भ में उन विभिन्न सैद्धान्तिकियों का आधार है जो समाज के आर्थिक या क़ानूनी विकास में एक संस्था की महत्त्वपूर्ण भूमिका की तलाश करती हैं।[1] इस वैचारिक धारणा को बी.एच. बडेन-पॉवेल ने चुनौती दी जो 'समुदाय' को उत्तराधिकारियों द्वारा सम्पत्ति को संयुक्त अथवा साझे में बने रहने की क़वायद का विस्तार मात्र मानते थे ताकि सम्पत्ति पर मालिकाना हक़ वास्तविक रूप से एक का ही बना रहे।[2] डब्ल्यू. एच. वाइज़र ने परम्परागत ग्राम की आर्थिक व्यवस्था या जाल से सम्बन्धित उन पूर्वस्वीकृत धारणाओं के बारे में अपने उन निष्कर्षों से सवालों की नयी सम्भावनाओं को खोल दिया जिसमें उन्होंने कहा है कि ग्रामीण सेवादार और शिल्पकार ग्रामीण व्यवस्था के भाग नहीं थे, बल्कि वे किसी व्यक्तिगत रूप से प्रभावी लोगों के सेवक थे *(जजमानों)*।[3] हालाँकि यह सम्भव है कि बडेन-पॉवेल ने साझी विरासत और सम्पत्ति अधिकारों पर अत्यधिक बल दिया हो, जबकि वाइज़र ने उन परिस्थितियों को देखा जब औपनिवेशिक शासन के अन्तर्गत आर्थिक और राजकोषीय दबाव के कारण समुदाय का ढाँचा बहुत पहले ही ढह गया था। महाराष्ट्र से मिले अठारहवीं शताब्दी से सम्बन्धित सामग्री के अपने अध्ययन में हिरोशी फ़ुकुज़ावा ने यह पाया कि ग्रामीण शिल्पकार और सेवादार गाँवों की व्यवस्था के हिस्सा थे बनिस्बत व्यक्तिगत रूप से किन्हीं विशेष लोगों के।[4]

ग्रामीण 'समुदाय' का संविधान लिखना या किसी ऐसी नियमावली अथवा

परिभाषा की हठधर्मिता के साथ माँग करना जो कि सभी भारतीय गाँवों के लिए सार्वभौमिक रूप से लागू हो, निश्चित रूप से अव्यावहारिक होगा। सबसे पहली चीज़ तो यह है कि गाँव विभिन्न प्रकार के होते हैं। उदाहरण के लिए, मारवाड़ में 'बसी' (अन्य क्षेत्रों में छप्परबन्द कहा जाता है) या गाँवों में अधिकांश ऐसे जो व्यवस्थित एवं समृद्ध किसानों द्वारा बसाये गये थे; ये किसान कमोबेश अपनी क़ाबिलियत और प्रबन्ध से जीवनयापन कर रहे थे। यहाँ सबसे बाद वाले गाँव के प्रकार को स्वायत्त समुदाय के रूप में देखा जाना चाहिए। ऐसे गाँवों के अन्दर, फिर से, ख़ुदकाश्त (मूल ग्रामीण निवासी) और पैकाश्त (दूसरे गाँवों के कृषि-श्रमिक) में कमोबेश सार्वभौमिक वर्गीकरण था। इसलिए पैकाश्त सामुदायिक प्रबन्धन प्रणाली से बाहर छोड़ दिये गये थे। वृन्दावन (मथुरा के नज़दीक) से मिले सोलहवीं शताब्दी के विवरण हमें अनेक प्रकार के ग्रामीणों से परिचित कराते हैं। जो अपने आपको पंच या *मुक़द्दम* (प्रधान) के रूप में सम्बोधित करते हैं। ये ऐसे समूह हैं जो गाँव की बंजर भूमि को बिक्री या हस्तान्तरण द्वारा निपटाते हैं। सम्भवतः ग़ैरमज़रुआ ज़मीन (जिस भूमि का कोई स्वामी नहीं होता है) पर अधिकार 'प्रधान' के समूह *(कालान्तर का बड़ा आदमी)* में अन्तर्निहित थे और जो यह दावा करते थे कि वे पूरे गाँव के प्रतिनिधि हैं। उन्होंने एक वित्तीय कोष *(फोता)* की प्रणाली भी विकसित की जिसके अस्तित्व की पुष्टि मुग़लकालीन लेखा परीक्षण के दस्तावेज़ों से होती है। इसमें सभी कृषकों से लिये गये कर को संग्रहित किया जाता था और इस कोष में जमा किया जाता था। राज्य को देय कर के अलावा, 'ग्रामीण' व्यय' जैसे कि प्रधान का शुल्क, यात्रियों का व्यय इत्यादि का इसी कोष से भुगतान किया जाता था लेकिन वास्तविकता यह थी कि इस भुगतान से गाँव की कुछ आवश्यकताओं की ही पूर्ति हो पाती थी। भूमि के छोटे-छोटे टुकड़े ग्रामीण शिल्पकारों/दस्तकारों, नौकरों और चाकरों को आवंटित किये जाते थे। अठारहवीं शताब्दी के महाराष्ट्र में (जिन्हें *बलूता* कहा जाता था) इस प्रकार की भूमि पर परम्परागत रूप से कोई कर नहीं लगाया जाता था। इस प्रकार के अनुदानों के बदले में लाभार्थियों से यह अपेक्षा की जाती थी कि वे गाँव की सेवा करें, हालाँकि इसमें कोई सन्देह नहीं था कि 'पंच' और उन लोगों से जिससे अन्य प्रथागत शुल्क की अपेक्षा की जा सकती थी, पर ही विशेष ध्यान दिया जाता था। दस्तावेज़ों में *पंच* की संरचना कभी एक ही जाति के लोगों से बनी हुई होती थी, तो कभी इसमें विभिन्न धर्मों, जातियों और संस्कृतियों से आने वाले लोग मिलकर इसका निर्माण करते थे, जैसे उदाहरण के तौर पर, पंच

के रूप में हिन्दू और मुस्लिम, दोनों ही उपस्थित होते थे। अभिप्राय यह है कि *पंच* की संरचनात्मक प्रकृति कभी मिश्रित होती थी तो कभी समान तत्त्वों से बनी हुई होती थी। यह इसलिए था क्योंकि कृषक अनेक जातियों में विभाजित थे और जातियों का भी एक अधिक्रम और सोपान था जिसका सम्मान समाज में अलग-अलग था। कुछ गाँवों में एक ही जाति के कृषक निवास करते थे, तो कुछ में एक से अधिक जातियों वाले कृषक थे। जातियों के अनुसार शिल्पकारों और सेवादारों का वर्गीकरण संस्थागत रूप से अधिक सख़्त था। जैसा कि हमने पहले ही उल्लिखित किया है, पूर्व-औपनिवेशिक भारत में ग्रामीण सर्वहारा में ऐसी जातियों की संख्या अधिक थी जो 'अछूत' थे। केरल में, ऐसी ही जातियों से आने वाला पूरे तरीक़े से एक खेतिहर बँधुआ मज़दूर का वर्ग था।[5] खेतिहर बँधुआ मज़दूर बिहार के कई भागों और असम के अहोम साम्राज्य में भी पाये गये हैं।

जैसा कि हमने अध्याय 3.2 में देखा है, बाज़ार की शक्तियों की पूर्ति के लिए व्यक्तिगत रूप से कृषि और उत्पादन करने के परिणामस्वरूप अन्तर आया और इसे *पंच* या गाँव के प्रधान द्वारा कर-संग्रह और बंजर भूमि पर उनके अधिकार एवं नियन्त्रण ने प्रोत्साहित किया। इसलिए उच्चवर्गीय कृषक दिहाड़ी मज़दूरों की सहायता से भूमि के बड़े आकार या रक़बा पर खेती करने में सक्षम और समर्थ थे।[6] वस्तुतः ग्रामीण समुदाय के सन्दर्भ में कृषकों, ग्रामीण मज़दूरों और सेवादारों जैसे लोगों के एक प्रकार से 'दोहन' की एक व्यवस्था के रूप में विचार किया जा सकता है बनिस्बत इसके कि इसे एक आदिकालीन और प्राथमिक ग्रामीण लोकतन्त्र माना जाये।

## ज़मींदार

भारतीय ग्रामीण समाज में एक ऐसा बड़ा वंशानुगत वर्ग था जो कृषि-योग्य भूमि पर विभिन्न प्रकार के उच्चाधिकारों का प्रबल दावेदार था। उनके स्थानीय और क्षेत्रीय नामों में अन्तर हो सकता था, लेकिन मुग़ल प्रशासन अपने प्रति सभी प्रतिबद्ध शक्तिशाली कृषक-समूहों और कुलीनों के लिए व्यावहारिक तौर पर ज़मींदार शब्द का प्रयोग किया करते थे। ज़मींदार एक तरफ़ तो स्वायत्त प्रमुख थे और दूसरी तरफ़, ये ऐसे लोग थे जिनको व्यावहारिक तौर पर गाँव के मुखिया या प्रधानी जैसे पद से अलग करना कमोबेश नामुमकिन ही था। आशय यह है कि ज़मींदार और गाँव के प्रधान के पद को अलग करना कमोबेश असम्भव सा प्रतीत होता था, उच्चाधिकारों के विशेषाधिकार से लैस लोगों के बीच कुछ चीज़ें

सामान्य और साझा तौर पर रेखांकित की जा सकती थीं। उनके अधिकारों में, आंशिक रूप से, किसानों और अन्य ग्रामीणों पर लगाये गये परम्परागत एवं प्रथागत उपकरों एवं वसूली के दावे *(मालिकाना हक)* या अधिकार और आंशिक रूप से, भूमि-कर से भत्ते, नक़द या कर मुक्त भूमि *(नानककर)* में भुगतान शामिल थे। इसलिए, वास्तव में वे मालिक नहीं थे, चूँकि उत्पादन या उपज में उनका हिस्सा आमतौर पर किराये के बराबर नहीं होता था और भूमि राजस्व के बनिस्बत अधिशेष का यह बहुत ही छोटा भाग (उत्तर भारत में इसके लगभग पाँचवें से एक तिहाई तक) था, इसलिए उन्हें सही मायनों में मालिक नहीं कहा जा सकता था। कुछ क्षेत्रों में, वे कृषकों को बेदख़ल कर नये किसानों को बसाने के अधिकार को भी व्यवहार में लाया करते थे। ज़मींदार के अधिकार प्रायः परम्परागत रूप से किसी एक विशेष जाति या वंश के द्वारा बाध्यकारी रूप से और बलपूर्वक एवं वर्चस्वशाली रूप से स्थापित किये जाते थे; इस प्रकार, कुछ निश्चित ग्रामीण वंशों और जातियों के बीच एकता के अहसास-बोध और अपने सशस्त्र 'सेनाओं' के गठन, दो ऐसे साधन थे जिसके माध्यम से वे अपनी वस्तुस्थिति को बरकरार रखा करते थे। मुग़लकाल तक उनके अधिकार कमोबेश हस्तान्तरित या यों कहें कि बेचने योग्य थे और इसलिए पैसा ज़मींदारी अधिकार के जातीय-विन्यास को बहुत बदल सकता था। *आईन-ए-अकबरी* में कोई भी ज़मींदार की जातियों की विस्तृत सूची क्षेत्रवार (परगना) देख सकता है, सोलहवीं शताब्दी के अन्त तक सबसे ज़्यादा ज़मींदार उत्तर भारत में थे जो कि हिन्दू धर्म की उच्च जातियों से ताल्लुक रखते थे विशेषकर राजपूत जातियों से लेकिन कई ऐसे क्षेत्र थे जहाँ हिन्दू, मुस्लिम और विभिन्न जातियों के लोग *(मुतफरिक़ा)* भी ज़मींदार की श्रेणी में एक साथ दर्ज किये गये थे।[7]

## कुलीन/अभिजन या उमरा वर्ग

मुग़ल साम्राज्य और उसके समकालीन भारतीय राज्यों में *'कर-लगान'* का सबसे बड़ा और प्रमुख लाभार्थी पादशाह और उसका वह उमरा वर्ग था, जो केवल बहुत ही कम क्षेत्र में ज़मींदारों के रूप में नियुक्त किये जाते थे। मुग़ल पादशाहों/बादशाहों ने सभी उमराओं/कुलीनों और उससे निम्नतर अभिजनों को अपने वेतनभोगी कर्मचारियों के रूप में माना जो उनके *पयो (मनसब)* के अनुसार निर्धारित होता था और इसके लिए उन्हें *जागीरों* को आवंटित किया जाता था जिसका कर आय *(जमा)* उसके वेतन के बराबर हुआ करता था। यह बहुत कम और सीमित

मामलों में हुआ करता था कि उनके वेतन का भुगतान शाही ख़ज़ाने से नक़द में किया जाता था। जैसे ही *मनसबदार* का पद परिवर्तित होता था, *जागीर* भी हस्तान्तरित हो जाया करते थे सामान्य तौर पर कोई भी एक ही *जागीर* को दो या तीन वर्षों से अधिक अपने पास नहीं रख सकता था (देखें अध्याय 3.1)।[8]

उच्च *मनसबदार* के लिए जो वेतन सुनिश्चित किया गया था, वह बहुत ही अधिक था। इसलिए ऐसे *मनसबदारों* के पास जागीरों का एक बहुत बड़ा अनुपात था। 1595 ई. के दौरान 500 सवार (घोड़ों) वाले मनसबदारों का वेतन साम्राज्य के कुल जमा का आधा हुआ करता था। उस वर्ष प्रथम 25 *मनसबदारों* का वेतन कुल 'जमा' का 30 फ़ीसदी हुआ करता था; 1646-47 में यह आँकड़ा 24 फ़ीसदी का रहा।[9] तदनुसार *जागीरदार* बहुत बड़े संस्थान थे, हालाँकि ये *जागीरदार* भी अपने अधीनस्थों, अधिकारियों और नौकरों-चाकरों को जागीर को अपनी ओर से उप-आवंटित कर दिया करते थे। *जागीरदारों* के अधिकार सैद्धान्तिक रूप से आधिकारिक करों के संग्रह *(माल-ए-वाज़िब)* तक सीमित था। लेकिन, वास्तविक तथ्य यह है कि उनकी वसूली पर बहुत ही कम नियन्त्रण था, यहाँ तक कि आधिकारिक स्रोतों से उनके दमन की शिकायतें अक्सर ही हुआ करती थीं। केन्द्रीय निरंकुशता बरकरार रखने के लिए *जागीरों* को हस्तान्तरणीय बना दिया गया था, चूँकि *जागीरदार* बेहतर दीर्घावधि कार्यों को करके व्यक्तिगत रूप से कोई लाभ अर्जित नहीं कर सकता था; इसलिए इसने किसानों की स्थिति को बदतर बना दिया। अन्ततः *जागीरदारों* के हित हावी हो गये और उनके दिमाग़ में यह बात घर कर गयी कि उसे *जागीर* का इतना दोहन करना चाहिए जितना वह कर सकता था, हालाँकि, उस नीति के दीर्घकालिक परिणाम विनाशकारी हुए। वास्तव में यह फ्रास्वां बर्नियर के मुग़ल साम्राज्य की बुराइयों के मूल्यांकन का मर्म था।[10]

मुग़लकालीन उमरा वर्ग कोई विधिसम्मत परम्परागत वर्ग नहीं था। अमीर वर्ग से यहाँ ऐसे लोगों के वर्ग का बोध होता था जो स्पष्ट रूप से परिभाषित किये गये थे। 'अमीरों' की बड़ी संख्या मध्य एशिया (तूरानी) और ईरान (ख़ुरासानी) से आये आप्रवासियों की थी। ऐसी आप्रवासी प्रक्रिया निरन्तर चल रही थी, और ज्यों-ज्यों मुग़ल साम्राज्य सुदृढ़ होता गया और फैलता गया त्यों-त्यों उमरा की तुलना में तूरानियों के बिना पर ईरानी तत्त्व संख्या और शक्ति में प्रभावी एवं प्रबल होने लगा। आप्रवासी सामान्य तौर पर वे होते थे जिन्होंने अपने देश की नौकरशाही में अपनी सेवाएँ दी थीं या उसके कुलीनतन्त्र (अमीर-उमरा वर्ग) का

हिस्सा रहे थे। इसके बाद, इस वर्ग में अफ़ग़ान और भारतीय मुसलमान *(शेखज़ादे)*, राजपूत (मुख्य तौर पर राजस्थान और मध्य भारत के शासक और सरदार), और, सत्रहवीं शताब्दी में मराठा सम्मिलित थे। व्यावहारिक रूप से आप्रवासी और उसके वंशज उमरा वर्ग की कुल संख्या का आधा हुआ करता था। 'अमीरों' के बेटे और सगे-सम्बन्धी *ख़ानज़ादे* (ख़ानदान में जन्म के आधार पर) के रूप में विशेषाधिकार की दावेदारियाँ पेश किया करते थे। अपने संरचनात्मक रूप में, उमरा वर्ग में स्थानीय तत्त्वों का नितान्त अभाव था, और जागीरों के हस्तान्तरण और उससे जुड़े क़ायदों ने इस कथित 'अभाव' को और बढ़ावा दिया। अमीरों अथवा उमराओं में शहरों में बसने की प्रवृत्ति अधिक थी। इसलिए, प्रायः शहरी महल, ना कि ग्रामीण महल, उनके आवास के लिए पसन्दीदा हुआ करते थे।[11]

## शहरी जनसंख्या

मुग़ल प्रशासनिक वर्ग द्वारा एक साथ जो संसाधन एकत्रित किये जाते थे, उसका एक बड़ा भाग शहरों में अत्यधिक विशाल नौकरों-चाकरों के वर्ग को पोषित करने, शहरी कलाकृतियों को ख़रीदने और उन पेशेवर सेवाओं को संरक्षण देने में ख़र्च हो जाया करता था जो शहर में उपलब्ध हुआ करते थे। आगरा की जनसंख्या क़रीब दस लाख की तीन चौथाई थी, यह भी सम्भव है कि मुग़लकालीन भारत की शहरी आबादी कुल आबादी की क़रीब पन्द्रह फ़ीसदी थी।[12]

शहरी आबादी में बड़ी संख्या उन मज़दूरों, नौकरों और परिचारिकाओं की थी जो या तो दिहाड़ी या मासिक वेतन पर कार्य किया करते थे। घरेलू ग़ुलाम भी थे (इसमें ग़ुलाम औरतें भी सम्मिलित थीं जो हरम और रखैल, दोनों का कार्य करती थीं), हालाँकि तेरहवीं और चौदहवीं शताब्दी के दौरान हमें ग़ुलाम या बँधुआ मज़दूर के बाज़ारों के बारे में किसी प्रकार का उल्लेख या साक्ष्य प्राप्त नहीं होता है। बर्नियर कारीगरों का एक ऐसा चित्र प्रस्तुत करते हैं जिसमें उसे अवसादग्रस्त और अत्यन्त कम वेतन पर कार्य करने वाले श्रमिक के रूप में चित्रित किया गया है, उन्हें 'अमीरों' अथवा कुलीनों के द्वारा अक्सर बलपूर्वक और बाध्यकारी रूप से अपनी सेवाएँ देने के लिए विवश किया जाया करता था। लेकिन यह चित्र अतिरेकता से भरा हुआ हो सकता था।[13] ऐसे अनेक कारीगर थे जो दूरस्थ बाज़ारों में कार्य करते थे, जैसे कि अहमदाबाद में जरी वस्त्र बनाने वाले मज़दूर, और जो आमतौर पर अपने नज़दीकी अमीरों अथवा कुलीनों के प्रत्यक्ष नियन्त्रण से बाहर थे।

शहर में जिस प्रकार की व्यवस्था से कृषि उत्पादन को लाया जाता था, उससे व्यापारियों और शहरी व्यवसायियों को लाभ हुआ; शहर अन्तःक्षेत्रीय या अन्तरराज्यीय विनिमय के स्थल थे और विभिन्न क्षेत्रों को जोड़ने में एक सेतु के रूप में कार्य करते थे। यह पुरानी धारणा कि व्यापारियों पर हमेशा ही अपनी सम्पत्ति खोने का डर बना रहता था, अब पूरी तरह से ख़ारिज की जा चुकी है।[14] हालाँकि यह भी तर्क दिया जाता है कि ग्रामीण वर्गों पर अपनी निर्भरता के कारण स्वतन्त्र मध्य वर्ग समृद्ध व्यापारियों और पेशेवर समूहों से आगे नहीं बढ़ सका।[15] लेकिन इसके परीक्षण की आवश्यकता है। इसके विपरीत इस सन्दर्भ में भी कहा गया कि मुग़लकालीन केन्द्रीकृत नौकरशाही और वाणिज्य के प्रोत्साहन ने स्वाभाविक रूप से व्यापारियों और पेशेवरों के 'मध्यम वर्गों' के रूप में उभरने का मार्ग प्रशस्त किया।[16]

समाज का एक बहुत बड़ा घटक जिसमें ग्रामीण और शहरी तत्त्वों को देखा जा सकता था, वह सेना थी। *आईन-ए-अकबरी* में मुग़ल साम्राज्य के विभिन्न प्रदेशों में सभी ज़मींदारों के कुल सशस्त्र सेनाओं के विस्तृत विवरण दिये गये हैं जिसके अनुसार घुड़सवार सेना की कुल संख्या 3,84,558 और पैदल सेना की कुल संख्या 4,277,057 थी। व्यावहारिक तौर पर ये सैनिक ग्रामीण प्रकृति के थे; 40 लाख पैदल सेना केवल सशस्त्र कृषक हो सकते थे—जैसा कि इस बिन्दु पर डी.एच.ए. कोल्फ ने ज़ोर दिया है। लेकिन ज़मींदारों और स्थानीय राजस्व-अधिकारियों, दोनों की घुड़सवार सेनाओं, जिसकी वे निश्चित अवधि के लिए सेवाएँ लेते थे, शायद, मुख्य तौर पर वे गाँव के प्रधान लोगों या छोटे ज़मींदारों का वर्ग था। यह सम्भव है कि कुछ पैदल सैनिकों की नियुक्ति पादशाह या *मनसबदार* के द्वारा की गयी हो–बन्दूक़ची, तोपची, और रॉकेट फेंकने वाले (1646-47 में उन्हें शाही ख़ज़ाने से 40,000 का भुगतान किया गया था) किसी विशेष और निश्चित क्षेत्रों के किसानों अथवा ग्रामीण दस्तकार जातियों से किया जाता था। शाही घुड़सवार सेना (जिसमें *मनसबदार* भी सम्मिलित थे) 1646-47 के दौरान 20,0000 आकलित की गयी थी, हालाँकि ये अनिवार्य रूप से अलग वर्गों से ताल्लुक रखते थे—वस्तुतः ये मध्य एशिया और ईरान के आप्रवासी थे, अफ़ग़ान और भारतीय पेशेवर घुड़सवार थे। और राजपूत ज़मींदार थे। यह कहा जा सकता है कि ये घुड़सवार तीरन्दाज़ और भालाधारी ही थे जिसकी क़ाबिलियत के कारण मुग़ल साम्राज्य सम्भव हो सका।[17] ग्रामीण इलाक़ों से लिए गये शाही सेना में कई सैनिक क़स्बों में तैनात थे, जिससे ऐसे शहर कभी-कभी सैन्य शिविरों का रूप ले लेते थे।

## जाति-व्यवस्था

पूर्व-औपनिवेशिक भारतीय समाज को व्यापक और युक्तियुक्त रूप से जाति के अर्थों में ही व्याख्यायित और विश्लेषित किया जा सकता था। जब नैन्सी (लगभग 1664 ई.) ने यह जानना चाहा कि मारवाड़ के प्रत्येक गाँव में किस प्रकार के किसान रहा करते हैं, तो उसने उनको जातीय अस्मिता और पहचान के आधार पर रेखांकित और निरूपित किया, जैसा कि हमने देखा है, जब अबुल फ़ज़ल (लगभग 1595 ई.) ने भी उसी प्रकार हर परगने के ज़मींदारों के अभिलेख अर्थात उनसे जुड़े ब्यौरे को संग्रहित करना चाहा, तो उसने भी उनके साथ जाति या जातियों का उल्लेख किया (क़ौम/अक़ौम)। तत्कालीन परिस्थितियों में जातीय अस्मिता की अनिवार्यता की सघनता और व्यापकता का पता इससे चलता है कि जब एक किरानी कहता है कि वह ब्राह्मण है, और जब वह दूसरी जातियों के लोगों के सामने अपनी जाति के प्रति कृतज्ञता-बोध प्रकट करता है, तो वह पूरी जाति की प्रशंसा कर रहा होता है, जैसे कि, "कायस्थ अभी भी उदार और विश्वसनीय हैं।"[18] समकालीन विवरण समान जातियों में विवाह और जन्म से निर्धारित व्यवसाय और पेशे से सम्बन्धित प्रतिबन्धों पर ज़ोर देते हैं।[19] इन वक्तव्यों के आलोक में किसी को यह स्मरण रखना चाहिए कि कमोबेश कुल मिलाकर मुस्लिम समुदायों ने जाति-व्यवस्था की पूरी कठोरता से अनुपालन नहीं किया और श्रम के स्तर पर वे इस व्यवस्था के प्रति उतने प्रतिबद्ध नहीं थे।[20] यह सम्भव है कि जन्म से निर्धारित व्यवसायों और पेशों से उन नये प्रकार की माँगों की पूर्ति नहीं की जा सकती थी। इसलिए, व्यवसाय के दृष्टिकोण से इन लचीले समुदायों की उपस्थिति ने माँग में किसी प्रकार की चरम वृद्धि की पूर्ति में अर्थव्यवस्था के लिए अभिप्रेरक का कार्य किया अर्थात अर्थव्यवस्था में सहयोगी की भूमिका निभायी। लेकिन, सम्भवतः, कुछ ऐसे रूप थे जिसमें जाति-व्यवस्था ने कुछ ऐसे अवसर की सम्भावनाएँ पैदा कीं। अठारहवीं शताब्दी के महाराष्ट्र के अपने अध्ययन में फ़ुकुज़ावा कहते हैं कि कुछ दर्ज़ी थे जो पहले रंगरेज़ में तब्दील हुए और फिर तदुपरान्त मूल जाति से अलग हो गये जिसमें अब अन्तर्विवाह निषिद्ध था।[21] समाजशास्त्रियों ने यह भी बताया है कि 'संस्कृतीकरण', जैसे कि शाकाहारवाद, अन्त्येष्टि-क्रिया, महिलाओं के लिए पर्दा-प्रथा, विधवा-विवाह इत्यादि के रूपों में जातियाँ कैसे अपने व्यवसाय या पेशे के साथ अपनी सामाजिक वस्तुस्थिति को भी बदल सकती थीं।[22] आख़िरकार, जातियाँ एक ही प्रकार के व्यवसाय और पेशे में एक-दूसरे की प्रतिद्वन्द्वी होती थीं, इसलिए किसी प्रकार के

एकाधिकार का जीवन लम्बा नहीं हो सकता था। इलियट ने 1845 में बंजारों, या अनाज ढोने वालों की पाँच बड़ी जातियों को दर्ज किया, जो अब उत्तर प्रदेश में हैं, जिसके सामाजिक-सोपान में निरन्तर संवर्धन होता जा रहा था क्योंकि "दूसरी जनजातियों (जातियाँ) के पुरुष अपना गृह त्याग के उनके साथ जुड़ते जा रहे थे।"[23] बनियों का महान व्यापारिक समुदाय वास्तव में कई प्रतिस्पर्धी अन्तर्विवाही उप-जातियों का समूह था और पंजाब में, बनियों के प्रतिद्वन्द्वी खत्री थे, जबकि, आन्ध्र प्रदेश में उनके प्रतिस्पर्धी कोमाती थे।[24] अपने संस्कृत शिक्षा के आधार पर ब्राह्मणों, कायस्थों और खत्रियों का अतीत में व्यवसाय पुजारी और किरानियों का रहा था, लेकिन मुग़लकाल में व्यापक रूप से इन जातियों ने फ़ारसी शिक्षा और प्रशासन में प्रवेश किया जहाँ प्रतिस्पर्धा और प्रतिबद्धता उनके बीच और शिक्षित मुस्लिमों से थी।[25]

बहरहाल, यह स्पष्ट था कि तब जाति-व्यवस्था उस रूप में सामाजिक-परिवर्तन और गतिशीलता का कारक नहीं थी जिस रूप में मार्क्स वेबर ने इसे परिकल्पित किया था।

फिर भी, ग़ुलामी की तरह ही जाति भी एक अमानवीय संस्था थी, जहाँ मनुष्य का मनुष्य से विभेद किया जाता था, न केवल ऊर्ध्व रूप से बल्कि क्षैतिज रूप से भी। निम्नस्तरीय जातियों का सामाजिक रूप से दमन किया जाता था जो तथाकथित तौर पर नौकरों और अस्पृश्य जातियों के मामले में अपने चरम पर पहुँच जाया करता था। लेकिन अन्य निम्नस्तरीय जातियाँ भी अमानवीय रूप से अपमानित होने के ही विषय समझे जाते रहे थे, जिन्हें उच्चवर्गीय जातियों द्वारा बाध्यकारी और बलपूर्वक बेगार करने के लिए विवश किया जाता था और यह कोई ढँकी-छुपी बात नहीं थी बल्कि इसे प्रत्यक्ष रूप से आँखों से स्पष्ट ही देखा जा सकता था।[26]

पन्द्रहवीं और सोलहवीं शताब्दी के एकेश्वरवादी आन्दोलन में जाति-व्यवस्था के दो मौलिक और बुनियादी आधारों—शुद्धता और सामाजिक सोपान के विरुद्ध विद्रोही स्वर एक उल्लेखनीय तत्त्व था। कबीर (लगभग 1500) ने ज़ोर देकर कहा :

> "जनमे सूतकु मूए फुनि सूतकु सूतक परज बिगोई।।1।।
> कहु रे पंडीआ कउन पवीता।।"[27]

सिखों के तीसरे गुरु अमरदास ने कहा :

"जाति का गरबु न करिअहु कोई ब्रह्म विदे सो ब्राह्मण होई।।1।। जाति का गरबु न करि मूरख गँवारा। इस गरबते जलहि बहुतु बिकारा।।। रहाउ।।। चारे

बरन आये सभ कोई। ब्रह्म विद ते सभ उतपति होई।।2।। माटी एक सगल संसारा। बहु विधि भांड घड़ें कुम्हारा।।3।।"[28]

हालाँकि इन नैतिक विरोधों के वास्तविक सांसारिक जीवन में शायद कुछ रेखांकित करने योग्य परिणाम थे, भगवान राम के महान भक्त तुलसीदास को अपने *रामचरितमानस* में इस कलियुग में शूद्र की अत्यन्त आडम्बरपूर्ण निन्दा करने के लिए पर्याप्त रूप से उकसाया गया या यों कहें कि प्रेरित किया था।

## जनजातियाँ

दरअसल जनजाति शब्द सुविधानुसार आर्थिक एवं सांस्कृतिक प्रक्रिया के विभिन्न चरणों या पड़ावों में आने वाले उन समुदायों के लिए व्यवहार में लाया जाता है जो जाति-व्यवस्था की परिधि के बाहर वजूद में थी। ऐसे ही कथित समुदायों का सर्वाधिक आदिकालीन स्वरूप हमें वनों से प्राप्त होता है, जैसे कि आन्ध्र प्रदेश के नांद्याल और करनूल के जंगलों में रहने वाले और वन-किंवदन्ती के रूप में रूढ़ हो जाने वाले *बनमानस* (के रूप में सम्बोधित किये जाने वाले) वे समुदाय हैं जो निर्वस्त्र रहते हैं और जीवन के लिए शहद, जंगली, बीजों और शिकार किये गये वन्य-जीवों पर निर्भर रहते हैं या वर्तमान के 'नागा' लोगों के पूर्वज 'नंगा' जनजाति, तथाकथित तौर पर 'नंगा' इसलिए सम्बोधित किया जाता था क्योंकि वे वस्त्रविहीन और नंगे रहा करते थे। नंगा जनजाति भी विशुद्ध रूप से भोजन-संग्राहक जनजाति थी किन्तु इस जनजाति में आन्तरिक तौर पर कुछ/विभाजन/विभेदीकरण दृष्टिगत होते हैं क्योंकि इनमें से कुछ लोग 'वस्तु-वस्तु विनिमय' के लिए असम गये; उन्होंने वहाँ आम की लकड़ी के बदले नमक और अनाज का विनिमय किया।[29] वस्तुतः ऐसे मामलों में वनों का बृहद् क्षेत्र शिकारियों और भोजन-संग्रहकों से आच्छादित रहता था या यों कहें कि भरा होता था; सम्भवतः इसी ने जनजातीय समूहों की भावभूमि का निर्माण किया, उसके समूहीकरण के लिए पर्याप्त आधार प्रदान किया।

जहाँ उत्तरजीविता का मुख्य साधन पशुचारण था, वहाँ चरागाह (प्रायः मौसमानुसार परिवर्तित) की वैकल्पिक उपलब्धता ने जनजाति समूह/संगठन के एक अन्य रूप की उद्‌भावना की पृष्ठभूमि बनायी। यहाँ इस जनजाति प्रारूप में व्यापार को भी जनजातीय व्यवसाय में सम्मिलित किया जा सकता था।

सत्रहवीं शताब्दी के प्रारम्भिककालीन दस्तावेज़ हमें ब्लूचिस्तान-सिन्ध के सीमावर्ती क्षेत्रों में रहने वाले उन नहमान जनजातियों के बारे में बताते हैं जो पशुचारण के साथ-साथ ऊँटों, घोड़ों, भेड़ों, कम्बलों, कालीनों और अन्य पहाड़ी वस्तुओं का व्यापार किया करते थे, वे इनका मैदानों में उपलब्ध/से प्राप्त अनाजों, हथियारों और कपड़ों का विनिमय किया करते थे।[30] मध्य हिमालयी भोटिया जनजाति भी घुमन्तू पशुचारकों से मिलती-जुलती या यों कहें कि समरूप जनजाति है तो कोई अतिरंजना नहीं होगी।

बहरहाल, ऐसा प्रतीत होता है कि अफ़ग़ानी जनजातियाँ/क़बीले भी सुदूर दक्षिणी सुलेमान पर्वत-शृंखला और दक्षिणी-पूर्वी अफ़ग़ानिस्तान में अनिवार्य रूप से पहले पशुचारण समुदाय के रूप में संगठित हुईं। हालाँकि व्यक्ति-विशेष के तौर पर अफ़ग़ान से हम बहुत पहले अवगत होते हैं, इनकी जनजातियों/क़बीलों का इतिहास में उल्लेख हमें पन्द्रहवीं और सोलहवीं शताब्दियों में ही मिलता है, इस समय तक इन्होंने पशुचारण के साथ कृषि और व्यापार को भी आत्मसात कर लिया था। वे उत्तर की ओर विस्तार की दीर्घावधि-प्रक्रिया में संघर्षरत रहे; स्वाभाविक तौर पर यह सुस्पष्ट था कि इस क़वायद में इनकी शक्ति का अधिकांश लगा हुआ था, सन्निवेशित था, हालाँकि इसने प्रत्येक/हर क़बीले को सैन्य संगठन का चरित्र प्रदान किया। उनकी परम्पराएँ *आईन-ए-अकबरी* (लगभग 1595 ई.) और *तारीख़-ए-ख़ानजहानी* (1613) में लिपिबद्ध हैं, जिसके अनुसार निष्कर्ष रूप में यह कहा जा सकता था कि व्यक्तिगत क़बीला सामान्यतः किसी व्यक्ति-विशेष से उद्भूत वंश-परम्परा से सम्बद्धता का दावा करते थे जिसके नाम पर उनका नामकरण होता था, लेकिन अपने बीच ग़ैर-जातीय *(दिकू)* लोगों की उपस्थिति को भी उन्होंने स्वीकारा है और अन्तरजनजातीय/अन्तरक़बीलाई विवाह भी असामान्य नहीं थे।[31]

## महिलाएँ

पूर्व-आधुनिक समाज निस्सन्दिग्ध रूप से महिलाओं के लिए दमनकारी रहा था। हालाँकि इस दमनकारी सम्बन्ध की वास्तविक प्रकृति विभिन्न वर्गों और समुदायों में भिन्न-भिन्न थी। आशय यह कि विभिन्न वर्गों और समुदायों में महिलाओं के दमन का स्तर एकसमान नहीं था, और समय के साथ, लगभग सभी हिन्दू समुदायों में महिलाएँ अपनी पितृवंशीय या विरासत के अधिकार से महरूम या

वंचित कर दी गयी थीं। प्रायः उनकी शादियाँ बचपन में कर दी जाया करती थीं, यहाँ तक कि विवाह उनके मासिक धर्म होने से पहले हो जाया करता था।[32] निम्नवर्गीय जातियों में बेटियों के पिता को विवाह के एवज़ में अपनी बेटी (दुल्हन) का मूल्य मिलता था, जबकि उच्चवर्गीय जातियों में दूल्हे के माता-पिता दुल्हन से दहेज़ लेते थे। अनेक कृषक-परिवारों और देहाती समुदायों, जैसे कि, जाटों, अहीरों और मेवातियों में विधवा अपने पति के भाई या किसी अन्य से शादी कर सकती थीं।[33] महिलाएँ पानी, सूत कातने, मक्के की पिसाई और इस प्रकार कृषि कार्यों में सहयोगी की भूमिका निभाया करती थीं, हालाँकि, इसे केवल अपवाद ही कहा जा सकता था कि कुछ हिमालयी समुदायों में वे मिट्टी या खेतों की जुताई भी किया करती थीं।[34] कुछ निश्चित समुदायों की महिलाएँ दूध, घी और अन्य सामान भी बेचने जाया करती थीं। बंगाल में तो यहाँ तक कहा जाता था कि मुख्य कार्य महिलाओं के द्वारा किये जाते थे।[35] लेकिन किसी वास्तविक तथ्य के बज़ाय यह ख्याति का मामला कितना अधिक था, यह कहना मुश्किल है। भारत उस समय के कुछ देशों में से एक था जहाँ महिलाएँ भवन-निर्माण के कार्य में भारी-भरकम और वज़नी कार्यों को किया करती थीं (चित्र 3.1)।

चित्र 3.1 : भवन-निर्माण में कार्य करती हुई महिलाएँ, (ऊपर) आगरा में और (नीचे) फतेहपुर सीकरी में *अकबरनामा* चित्रकारी, पेंटिंग, अकबर का चित्र-कारख़ाना, चित्र-विनिर्माण केन्द्र

निम्नवर्गीय जातियों में महिलाओं के पितृवंशीय अथवा विरासती अधिकार के दावे, यहाँ तक कि जहाँ इसे क़ानूनी रूप से मान्यता प्राप्त थी, को व्यावहारिक तौर पर ख़ारिज कर दिया गया। अगर किसी कृषक या किसी अन्य की मृत्यु होती और उसका कोई पुत्र नहीं होता, तो उसकी पत्नी और बेटी को शाही राजकोषीय प्रशासन के लाभ के लिए स्थानीय *जागीरदारों* और प्रभुत्वशाली ज़मींदारों के द्वारा क़ब्ज़ा कर लिया जाता।[36]

उच्चवर्गीय जातियों की महिलाओं को सम्भवतः अधिक सुविधाएँ प्राप्त थीं लेकिन साथ में कई दृष्टिकोणों से 'अपाहिज' कही जा सकती थीं और इसलिए वे पीड़िता थीं। एक तो उन पर थोपी गयी पर्दा-प्रथा थी जिसके नियम काफ़ी सख़्त थे। इस तथ्य को, कि अहोम साम्राज्य में रानी समेत अन्य महिलाओं की जनता के बीच बे-पर्दा उपस्थिति और विचरण को उत्सुकता के उदाहरण के रूप में देखा गया, मुग़ल इतिहास में विधिवत दर्ज किया गया।[37] उच्चवर्गीय जातियों के बीच विधवा-विवाह पर सख़्त प्रतिबन्ध था, और योद्धा-जाति राजपूतों, सम्बद्ध शासक वर्गों और अन्य उच्च जातियों के बीच भयावह *सती* प्रथा, अथवा 'विधवा-कुर्बानी' की प्रथा बहुप्रचलित थी। मुग़ल प्रशासन ने *सती* प्रथा को समाप्त

या हतोत्साहित करने के लिए इसे हर मामले में स्वैच्छिक या वैकल्पिक करने की नीति अपनायी; हालाँकि यह पूरी तरह से निष्प्रभावी साबित नहीं हुआ और *सती* प्रथा फिर भी व्यवहार में आती रही। *सती* की रस्म तब भी जहाँगीर के शासनकाल के अन्तिम वर्षों के दौरान राजधानी आगरा के आस-पास सप्ताह में दो या तीन बार होती रही।[38] हालाँकि ऐसा भी नहीं था कि उच्च जातियों की सभी या अधिकांश विधवा महिलाओं को '*सती* प्रथा' के निर्वाह के लिए बाध्य या विवश किया जाता था। कुछ महिलाओं को चल-सम्पत्ति का ही मालिकाना हक़ ही नहीं बल्कि विरासत के रूप में ज़मींदारी का भी अधिकार प्राप्त हुआ।[39] केरल के कुछ विशेष समुदायों में मातृवंशीय परम्परा थी और मेघालय की ग़ारो और ख़ासी जनजातियों में भी ऐसी ही कथित उपर्युक्त समान मातृवंशीय प्रथाएँ बहुप्रचलन में थीं।

बहरहाल, मुस्लिम समाज के मध्य और ऊँचे तबकों में मुस्लिम विधि व्यवहार में थी। यह विधि पुरुष को चार पत्नियों सहित अनेक उपपत्नियों/रखैलों की अनुमति देती थी किन्तु वास्तव में यह केवल बहुत ही समृद्ध और शक्तिशाली लोगों के बीच ही व्यापक तौर पर बहुप्रचलन में था। ऐसा नहीं है कि इस प्रकार के पितृसत्तात्मक और पुरुष-पक्षीय अधिकारों के विरोध में प्रतिरोधी स्वर नहीं उठ रहे थे; इसके प्रति कुछ शेष और आक्रोश निश्चित रूप से व्याप्त या जो सत्रहवीं शताब्दी के पूर्वार्द्ध में सूरत (गुजरात) में किये गये वास्तविक वैवाहिक संविदाओं और लिपिबद्ध प्रशासनिक दस्तावेज़ों में देखा जा सकता है साथ ही साथ यह उस मानक वैवाहिक संविदा के प्रारूप में भी प्रदर्शित और परिलक्षित होता है जिसे सत्रों के संग्रह की शक्ल के रूप में पुनःप्रकाशित किया गया था। इन दस्तावेज़ों में पत्नियों द्वारा अपने पति को दूसरी शादी या उपपत्नी/रखैल रखने के अधिकार का वैधानिक अतिक्रमण करने का अधिकार उपलब्धित किया गया है। संविदा में पुरुषों द्वारा अपनी पत्नी की बर्बरतापूर्ण हिंसा या पिटाई की रोकथाम सम्बन्धी प्रावधान किये गये हैं। साथ ही साथ इसमें पत्नी के भरण-पोषण के लिए न्यूनतम राशि सुनिश्चित की गयी है।[40] रजस्वला होने के पहले की लड़कियों से शादी के लिए यद्यपि अनुमति थी लेकिन सामान्य तौर पर यह मुस्लिमों के बीच बहुप्रचलन में नहीं थी; दूसरी तरफ़ विधवा-विवाह विधिसम्मत और सामान्य था। ऊँचे तबकों की मुस्लिम महिलाओं पर आवागमन पर सख़्त प्रतिबन्ध थोपे गये थे; अगर यह कहा जाये कि वे पूर्णरूपेण एकान्तवास या 'पर्दे' में ही जीवन व्यतीत करने के लिए बाध्यकारी रूप से अभिशप्त थीं तो कोई अतिशयोक्ति नहीं होगी। आशय यह है कि इन कथित महिलाओं का सार्वजनिक जीवन अत्यन्त

ही सीमित हुआ करता था और इनका अनुसरण करने के लिए वे विवश कर दी गयी थीं; यह एक ऐसा विषय है जिस पर सभी तत्कालीन यूरोपीय यात्री एकमत हैं। पत्नी अपने पति से निकाह में तय की गयी रकम के अनुसार *मेहर* का दावा कर सकती थी और सम्पत्ति में विरासती अधिकार भी सुनिश्चित हुआ करता था, हालाँकि परिवार के पुरुष सदस्यों की तुलना में उनका हिस्सा अत्यन्त ही छोटा यानी कि कम हुआ करता था। यह काफ़ी दिलचस्प और कौतूहल का विषय है कि अकबर ने इस कथित असमानता को लेकर असन्तोष ज़ाहिर किया था,[41] और 1690 ई. में अनुदान सम्बन्धी उत्तराधिकार को सुस्पष्ट करते हुए औरंगज़ेब ने शरिया के प्रावधानों की अवहेलना या उपेक्षा करते हुए उसके इतर नियम को सुनिश्चित और सुस्पष्ट किया जिसके अनुसार विधवा अपने पति के अनुदानों का लाभ और उपभोग जीवनपर्यन्त कर सकती थी।[42]

यह सम्भावित है कि उच्चवर्गीय जातियों की महिलाएँ भी काफ़ी बड़ी संख्या में अशिक्षित बनी रहीं। एक परिवार की चल सम्पत्ति, जिसके परिवार के सदस्यों की मृत्यु 1698 ई. में रायसेन मालदा में अचानक हो गयी, उस समय पिता के पास में 91 किताबें उपलब्ध थीं, जबकि उनके दो बेटों में से एक ने 26 किताबें और अन्य ने 226 किताबें छोड़ी थीं। माता इतनी समृद्ध और अमीर थी कि उसने 235 रुपये नक़द छोड़ा लेकिन उसके पास से कोई किताब नहीं मिली। उसकी लड़की के पास से 39 रुपये नक़द मिले लेकिन कोई किताब नहीं मिली। दूसरी तरफ़, पन्द्रहवीं शताब्दी के उत्तरार्द्ध के दिनों में एक चित्र में एक लड़की को अपने भाई के साथ विद्यालय में दिखाया गया है, यह साक्ष्य भाग II (चित्र 2.1) में पहले ही दिखाया जा चुका है, और फिर हुमायूँ की बहन गुलबदन बेग़म का एक अपवादस्वरूप उदाहरण है जिसमें उसके पति के अशिक्षित होते हुए भी उसे शिक्षित किया जा रहा था।[43]

## सन्दर्भ एवं टिप्पणियाँ

1. कार्ल मार्क्स, *कैपिटल,* I (प्रकाशित जर्मन में, 1867), एस. मूरे और इ. एवेलिंग, सम्पा. एफ. ऐंजेल्स, लन्दन, 1887, पृ. 350-52, और हेनरी समनेर मैने, *विलेज कम्युनिटीज़ इन ईस्ट एंड वेस्ट,* लन्दन, 1871.
2. बी.एच. बाडेन-पॉवेल ने दो पुस्तकों के सन्दर्भ में अपने मत अभिव्यक्त किये हैं, इंडियन विलेज कम्युनिटी, लन्दन, 1896, और *ओरिजिन एंड ग्रोथ ऑफ़ विलेज कम्युनिटीज़ इन इंडिया,* लन्दन, 1899.
3. डब्ल्यू.एच. वाइज़र, *द हिन्दू जजमानी सिस्टम,* लखनऊ, 1936.

4. हिरोशी फुकाज़ावा, *द मेडिवल दक्कन : पीजंट्स, सोशल सिस्टम एंड स्टेट्स,* दिल्ली, 1991, पृ. 199-244.

5. यह पैराग्राफ़ 'ग्रामीण समुदाय' के सन्दर्भ में सारगर्भित रूप से दृष्टिकोण को समेकित अभिव्यक्ति देता है में इरफ़ान हबीब, *एग्रेरियन सिस्टम ऑफ़ मुग़ल इंडिया,* 1556-1707, दूसरा पुनःसंशोधित संस्क., नयी दिल्ली, 1999, पृ. 144-160. पूर्वोक्त को देखें, 'द विलेज कम्युनिटी' में : जे.एस. ग्रेवाल (सम्पा.), *द स्टेट एंड सोसायटी इन मेडिवल इंडिया,* नयी दिल्ली, 2005, पृ. 386-95. समुदाय के साथ ग्रामीण नौकरों और कलाकारों के सम्बन्धों पर देखें एच. फुकाज़ावा, *द मेडिवल दक्कन, उद्धृत,* पृ. 199-244. 1800-01 की अवधि के दौरान मालाबार में जिस प्रकार की कृषि-दासता विद्यमान थी, उसका विस्तृत वर्णन फ्रांसिस बुकानन, *ए जर्नी फ्रॉम मद्रास थ्रू द कंट्रीज़ ऑफ़ मैसूर, कनारा एंड मालाबार,* 3 भाग., लन्दन, 1807, पासिम में किया है।

6. इरफ़ान हबीब, *एग्रेरियन सिस्टम,* दूसरा संस्क., पृ. 135-44.

7. पूर्वोक्त., पृ. 169-229. वही, 'ज़मींदार' में : जे.एस. ग्रेवाल, *स्टेट एंड सोसायटी, पृ.* 147-54.

8. डब्ल्यू.एच. मोरलैंड, द *एग्रेरियन सिस्टम ऑफ़ मोसलेम इंडिया,* कैम्ब्रिज़, 1929, पृ. 92-98, इरफ़ान हबीब, *एग्रेरियन सिस्टम,* दूसरा संस्क., पृ. 298-341.

9. शिरीन मूसवी, *इकॉनोमी ऑफ़ द मुग़ल एम्पायर,* 1595 ईसा : ए स्टैटिसटिकल स्टडी, दिल्ली, 1987, पृ. 221-3, और ए.जे. क़ैसर, 'डिस्ट्रीब्यूशन ऑफ़ द रेवेन्यू रिसोर्ज ऑफ़ द मुग़ल एम्पायर अमंग द नोबिलिटी', *प्रोसिडिंग्स ऑफ़ द इंडियन हिस्ट्री कांग्रेस, इलाहाबाद* (1965) सत्र, पृ. 237-43.

10. फ्रास्वां बर्नियर, *ट्रेवेल्स इन द मुग़ल एम्पायर 1656-67,* अनु. ए. कांस्टेबल. दूसरा संस्क., पुनःसंशोधित वी.ए. स्मिथ, लन्दन, 1916, पृ. 227 एट पैसिम. बर्नियर जागीरदार के लिए 'तिमारियता' शब्द का व्यवहार करता है जो तुर्की के ऑटोमन साम्राज्य से उधार लिया गया प्रतीत होता है।

11. मुग़लकालीन उमरा वर्ग पर सबसे व्यापक और विस्तृत पुस्तक एम. अतहर अली की है, *द अपेरेटस ऑफ़ एम्पायर : अवार्ड्स ऑफ़ रैंकस, ऑफिसेज़ एंड टाइटल्स टू द मुग़ल नोबिलिटी, 1574-1658,* दिल्ली, 1985 : लेखक का विश्लेषण देखें, पृ. xx-xxi. निम्न सन्दर्भ भी देखें, *मुग़ल नोबिलिटी अंडर औरंगज़ेब,* दिल्ली, दूसरा संस्क., नयी दिल्ली, 1997, पृ. 11-37.

12. इरफ़ान हबीब, *एग्रेरियन सिस्टम,* उद्धृत, पृ. 83-84.

13. बर्नियर, ट्रैवल्स, पृ. 254-56.

14. उद्धृत अशिन दास गुप्ता, *इंडियन मर्चेंट्स एंड द डिक्लाइन ऑफ़ सूरत,* पुनर्मुद्रित संस्क., नयी दिल्ली, 1994, पृ. 72-73.

15. बी.बी. मिश्रा, *द इंडियन मिडिल क्लासेज : देअर ग्रोथ इन मॉडर्न टाइम्स,* लन्दन, 1961, अध्याय i-iii.

16. यह तर्क सबसे पहले डब्ल्यू.सी. स्मिथ के द्वारा प्रस्तुत किया गया था, 'द मुग़ल एम्पायर एंड द मिडिल क्लासेज', *इस्लामिक कल्चर,* हैदराबाद (डीएन.), 1944, पृ. 349-63. विस्तृत विवरण के लिए देखें इक़्तिदार ए. खान, 'द प्रोफ़ेशनल मिडिल क्लासेज' में : जे.एस. ग्रेवाल (सम्पा.), *स्टेट एंड सोसायटी,* उद्धृत, पृ. 122-34.

17. शाही सेना के आकलन और *आईन-ए-अकबरी* में ज़मींदारों की पदवी पाने वाले के आँकड़ों के परीक्षण के लिए देखें इरफ़ान हबीब, *एग्रेरियन सिस्टम,* दूसरा संस्क., पृ. 202-208. डर्क एच.ए. कोल्फ, *नौकर, राजपूत और सिपाही : द एथ्नो-हिस्ट्री ऑफ़ द मिलिट्री लेबर मार्केट इन हिन्दुस्तान, 1450-1850,* कैम्ब्रिज़, 1990.

18. बालकृष्ण ब्राह्मण, लेटर्स, ब्रिट. पुस्त. एमएस., जोड़ें. 16,859, एफएफ. 97ए, 101ए.

19. बाबर, *बाबरनामा,* अनु. ए.एस. बेवरिज़, लन्दन, 1921, II, पृ. 518; जॉन ह्यूगन वॉन लिंसचोटेन, *वॉयज टू द ईस्ट इंडीज,* अंग्रेज़ी अनु. सम्पा. के द्वारा ए.सी. बर्नेल, I, लन्दन, 1885, पृ. 231; और बर्नियर, ट्रेवल्स, पृ. 259.

20. लेफ्टि. आर.एफ. बर्टन, नोट्स, (1847) में : *मेमॉयर्स ऑन सिन्ध,* सम्पा. आर. ह्यूजेस थामस, दूसरा संस्क., दिल्ली, ति.न. पृ. 643-44. इस परिघटना पर शुरुआती ब्रिटिश टिप्पणियों के लिए। लेकिन उसने यह जोड़ा है कि जुलाहों, चमड़े का कार्य करने वाले मज़दूरों, मल सफ़ाई तथा शिकार करने वालों को तुच्छ समझा जाता था और उन्हें शहर के बाहर रहने के लिए विवश किया जाता था, और उन्हें सिर्फ़ आपस में ही शादी करने की इजाज़त थी या वे सिर्फ आपस में ही शादी कर सकते थे।

21. एच. फुकुज़ावा, *मेडिवल दक्कन,* उद्धृत, पृ. 101-103.

22. देखें एम. एन. श्रीनिवास, *कास्ट इन मॉडर्न इंडिया एंड अदर एसेज,* बॉम्बे, 1962, संस्कृतीकरण के रूपों पर विचार-विमर्श के लिए।

23. हेनरी एम. इलियट, *मेमॉयर्स ऑफ़ द हिस्ट्री, एंड सी. ऑफ़ द नार्थ वेस्टर्न प्रोविंसेज ऑफ़ इंडिया,* सम्पा. जे. बीम्स, लन्दन, 1869, I, पृ. 53-55.

24. देखें इरफ़ान हबीब, 'मर्चेंट कम्युनिटीज़ इन प्री-कोलोनियल इंडिया' में : जे ट्रेसी, *द राइज ऑफ़ मर्चेंट एम्पायर्स,* कैम्ब्रिज़, 1990, पृ. 379-82.

25. इस प्रश्न पर वेबर की आलोचना के लिए, देखें मॉरिस डी. मॉरिस, 'वैल्यूज एज एन आब्सटेकल टू इकॉनोमिक ग्रोथ इन साउथ एशिया', *जर्नल ऑफ़ इकॉनोमिक हिस्ट्री,* XXVII (1967), पृ. 588-607.

26. देखें इरफ़ान हबीब, *एग्रेरियन सिस्टम,* उद्धृत पृ. 180-81 एंड 289 एंड : मुग़लकालीन दस्तावेज़ में इन जातियों को विशेष रूप से 'बेगार' के रूप में उद्धृत किया गया है, ये जातियाँ बल्हार, थोरी, धानुक, चमार, गुर्जर और केवट (कुर्मी की एक उप-जाति) हैं।

27. एम.ए. मैक्यूलिफ़, *द सिख रिलिजन,* ऑक्सफ़ोर्ड, 1909, VI, पृ. 161.

28. पूर्वोक्त., II, पृ. 238.

29. औरंगज़ेब के शासन की अन्तिम अवधि के दौरान भीमसेन ने आन्ध्र प्रदेश की जंगली जनजातियों का आँखों-देखा हाल का विवरण वर्णित किया है; और मुहम्मद काज़िम ने *'आलमगीरनामा'* में 'नागाओं' का, जो कि औरंगज़ेब के शासन के प्रारम्भिक वर्षों का विषय है। विस्तृत विवरण और सन्दर्भों के लिए, देखें इरफ़ान हबीब 'ट्राइब्स एंड ट्राइबल ऑर्गेनाइजेशन' में : जे.एस. ग्रेवाल (सम्पा.), *स्टेट एंड सोसायटी*, उद्धृत, पृ. 380-81, 385.

30. यूसुफ मिराक, *मज़हर-ए-शाहजहाँनी*, सम्पा. सैयद हुसमुद्दीन राशिदी, कराची, 1962, पृ. 239.

31. देखें इरफ़ान हबीब, 'ट्राइब्स एंड ट्राइब्ल ऑर्गेनाइजेशन' में : जे.एस. ग्रेवाल (सम्पा.) *स्टेट एंड सोसायटी*, उद्धृत पृ. 381-86, विस्तृत विवरण और सन्दर्भों के लिए।

32. पेलसार्ट, 'रेमॉन्सट्रैंटी', अनु. *जहाँगीर'स इंडिया*, उद्धृत, पृ. 85, विलियम मेथवोल्ड, 'रिलेशंस' एंड डब्ल्यू.एच. मोरलैंड (सम्पा. और अनु.) में, *रिलेशंस ऑफ़ गोलकुण्डा इन द अर्ली सेविटींथ सेंचुरी*, लन्दन, 1931, पृ. 25, बादशाह अकबर ने श्रेय लेने के लिए इस प्रथा की निन्दा की (*आईन-ए-अकबरी*, सम्पा. ब्लोचमैन, कलकत्ता, 1867-77, II, पृ. 242).

33. उत्तरी भारत में कराउ के नाम से जानी जाने वाली व्यवस्था कई जातियों में प्रचलित थी, (जेम्स स्किनर, तशरिहु'ल अक़वाम (1825), ब्रे. संग्र. एमएस, जोड़ें, 27,255, एफएफ, 148बी, 155ए, 157ए).

34. अंटोनियो द अंद्रादे के विचार देखें (1624), सी. वेसेल्स, *अर्ली जेसुट ट्रैवलर्स इन सेंट्रल एशिया, 1603-1721*, द हक़, 1924, पृ. 52 में सारांशित रूप में समेकित।

35. अबुल फ़ज़ल, '*आईन-ए-अकबरी*, उद्धृत, पृ. 389.

36. इस प्रथा के लिए देखें इरफ़ान हबीब, *एग्रेरियन सिस्टम*, उद्धृत, पृ. 287 और सामान्य तौर पर स्त्रियों की वस्तुस्थिति जानने के लिए, पू. वही, *एक्सप्लोरिंग मेडिवल जेंडर हिस्ट्री*, इंडियन हिस्ट्री कांग्रेस सिम्पोसिया पेपर्स, कलकत्ता, 2000

37. मुहम्मद काज़िम, *आलमगीरनामा*, सम्पा. ख़ादिम हुसैन, अन्य, कलकत्ता, 1868, पृ. 726; शहाबुद्दीन तालिश, *फतिहा 'इब्रिया'*, कलकत्ता, 1847, पृ. 69.

38. पेलसार्ट, *जहाँगीर'स इंडिया*, उद्धृत, पृ. 78-80. वह यह उल्लेख करता है कि एक विधवा के सती होने के निर्णय के बरअक्स "यहाँ तक कि सैकड़ों ऐसी विधवाएँ हुआ करती थीं जो स्वयं को मारने या सती होने का निर्णय नहीं लेती थीं और वे अपनी जातियों की किसी भी प्रकार की धमकी या भय के बिना जीवन-यापन कर सकती थीं। अकबर ने नैतिकता के आधार पर इस प्रथा की निन्दा की।" (अबुल फ़ज़ल, *आईन-ए-अकबरी* उद्धृत, II, पृ. 243).

39. इरफ़ान हबीब, *एग्रेरियन सिस्टम*, दूसरा संस्क., पृ. 191-2 एंड एन.

40. मानक वैवाहिक संविदा *मुंशत-ए-नमकीन* में दिया गया है, 1594, सम्पा. (सेलेक्शंस) आई.ए. ज़िल्ली, दिल्ली, 2007, पृ. 353-54, और मुंशी नन्द राम, *सियाक़नामा* (1694-96 ईसा) लिथो. लखनऊ, 1869, पृ. 88-89. सूरत दस्तावेज़ों के संग्रह में वैवाहिक संविदाओं के लिए, ईसा 1648, देखें स.सू. एनटी., पेरिस : एमएस. ब्लोचेट, सरल. पर्स. 482, एफएफ 194ए, 206बी-207बी, 217ए-बी, 226ए-227ए.

41. अबुल फ़ज़ल, *आईन-ए-अकबरी*, उद्धृत, पृ. 235, 240.

42. देखें इरफ़ान हबीब, *एग्रेरियन सिस्टम*, पृ. 351-2 : हालाँकि, इसने विवाहित बेटियों को उनके पूरे हिस्से से वंचित कर दिया।

43. देखें इस पूरे पैराग्राफ़/अवतरण के लिए, इरफ़ान हबीब : *प्रोसिडिंग्स ऑफ़ द इंडियन हिस्ट्री कांग्रेस, 66वाँ सत्र (शान्तिनिकेतन, 2005-06)*, पृ. 530-537.

3.4

# धर्म

## हिन्दूवाद : भक्ति के अतिरिक्त अन्य प्रमुख शाखाएँ

हिन्दूवाद और इस्लाम के सहअस्तित्व के निरन्तर/बदस्तूर बने रहने पर प्रथम दृष्ट्या दृष्टिपात करने से यह मुग़लकालीन भारत के धार्मिक पक्ष का सबसे महत्त्वपूर्ण पहलू प्रतीत होता है। हालाँकि यह दृष्टिकोण इस तथ्य पर आवरण डाल देता है अथवा अस्पष्ट बना देता है कि हिन्दूवाद और इस्लाम एक समान अर्थ और सन्दर्भ में धर्म नहीं थे। अपनी उत्कृष्ट और रेखांकित करने योग्य पुस्तक *'दबिस्तान'* में 'अज्ञात' लेखक यह वक्तव्य उद्धृत करते हुए कहते हैं कि हिन्दुओं के बीच अनेक और बड़ी संख्या में धार्मिक सम्प्रदाय और असंख्य प्रकार की आस्था और रीति-रिवाज़ प्रचलन में हैं।[1] दूसरे शब्दों में, हिन्दू एक भारतीय के लिए एक ऐसी संज्ञा थी जो मुस्लिम नहीं थे। हिन्दूवाद को अभी भी उस सन्दर्भ अथवा नज़रिये से एक मुक़म्मल वैचारिकी के रूप में अभिव्यक्त करना दुष्कर होगा जैसे कोई इस्लाम को प्रस्तुत कर सकता है अथवा सही मायनों में सेमेटिक धर्मों को किया जा सकता है। हालाँकि यह भी उतना ही सही है कि भारत के बड़े भू-भाग में, पारस्परिक क्रियाओं में भाषायी एकरूपता को व्यापक तौर पर स्वीकार कर लिया गया था और हिन्दूवाद के विभिन्न सम्प्रदायों में एक ही मुहावरे बहुप्रचलित थे, यहाँ तक कि उनके आराध्य भी समान या मिलते-जुलते थे। 60 वर्ष पहले लिखे गये अबुल फ़ज़ल का *आईन-ए-अकबरी* (1595) *दबिस्तान* से भी पहले एक ऐसी कृति थी जो हिन्दू आस्थाओं के सन्दर्भ में विस्तृत और व्यापक चित्रण प्रस्तुत करती है। निश्चित रूप से यह एक प्रासंगिक ऐतिहासिक स्रोत है।[2]

*आईन-ए-अकबरी* और *दबिस्तान* जैसे ग्रन्थों में धर्म विषयक जिस स्वरूप की रूपरेखा खींची गयी है, उससे यह स्पष्ट होता है कि मुग़लकालीन भारत में उच्च या रूढ़िवादी हिन्दू धर्म के कमोबेश सभी तत्त्वों के ब्राह्मणवादी ग्रन्थों पर बल दिया जाया करता था। नारायण भट्ट के *मानमेयोदय* (लगभग 1600) में मीमांसा दर्शन की जिस प्रकार विवेचना की गयी है और जिस स्तरीय अभिव्यक्ति का प्रदर्शन है, वह निश्चित रूप से विचारणीय है। मीमांसा दर्शन ने जीवन-चक्र में 'आत्मवाद' (आत्माओं का पुनर्जन्म) की स्वतःस्फूर्तता की यथास्थिति को बनाये रखा और इसका समर्थन किया कि प्रत्येक जीवन में पड़ाव पिछले चक्रों में कर्मों का परिणाम है। *दबिस्तान* के 'अज्ञात' लेखक एक दिलचस्प ब्यौरा और नज़रिया प्रस्तुत करते हुए कहते हैं कि हिन्दुओं के बीच यह 'साझा विश्वास' बहुप्रचलित था कि हालाँकि उनके विधाता और सृष्टिकर्ता एक ही हैं लेकिन रचित जीव का जीवन उनके अपने कर्मों से प्रभावित होता है और वे इस कथित नियम से बँधे हुए हैं।[3] कर्म पर यह बल धर्म और स्मृतियों द्वारा निर्धारित आचरण का मूल सत्व था। इस क्षेत्र में परम्परागत सिद्धान्त ग्रन्थों, भाष्यों और व्याख्याओं में पुनःस्थापित किये जाते रहे। वाचस्पति (लगभग 1510 ई.) ने मिथिला (बिहार) में *विवादचिन्तामणि* लिखा। 1567 ई. के दौरान बंगाल में नवद्वीप के रघुनन्दन ने 28 लेखों का संग्रह *स्मृतितत्व* लिखा जो रस्मों, रीति-रिवाज़ों और विरासत का एक प्रामाणिक, प्रासंगिक और अतिविश्वसनीय स्रोत बन गया। कमलाकर भट्ट (1612) के *निर्णयसिन्धु*, जिसमें रघुनन्दन को एक 'प्राधिकार' के रूप में चित्रित किया गया है, विधिक और धार्मिक प्रतिष्ठान के रूप में परिवर्तित हो गया। पादशाह जहाँगीर (1605-27) के अग्रणी पंक्ति के कुलीन/उमरा बीर सिंह के शाही संरक्षण में मित्र मिश्रा ने विश्वस्तरीय विधिक ग्रन्थ *'वीरमित्रोदय'* को संग्रहित किया।[4]

इन रचनाओं ने सामान्य तौर पर *स्मृतियों* के जाति सम्बन्धी परिभाषित नियमों और ब्राह्मणों की श्रेष्ठता की पूर्ववत् स्थिति में कोई रेखांकित करने योग्य बदलाव नहीं किये बल्कि स्थिति कमोबेश यथास्थिति ही बनी रही। अगर थोड़ी परिवर्तनकारी स्थिति बनी तो भी उन्होंने वर्जनाओं और प्रतिबन्धों को पुनः व्याख्यायित किया और नीची जातियों और औरतों पर उसे थोप दिया। रघुनन्दन ने इस पर बल दिया कि द्विज जातियों में केवल ब्राह्मण ही बचे हैं, नहीं तो क्षत्रिय और वैश्य तो शूद्र ही हो गये हैं!

वेदान्त में शंकराचार्य की परम्परा पर्याप्त रूप से इतनी प्रभावी थी कि उसकी प्रेरणा से अनेक कृतियों का सृजन हुआ। *दबिस्तान* के उद्धरणों से यह स्पष्ट है कि 17वीं शताब्दी के बीच की अवधि के दौरान शंकराचार्य के सम्प्रदाय ने अनेक

वर्गों और उप वर्गों की बड़ी संख्या को अस्तित्वमान होने में निर्णायक भूमिका निभायी। सदानन्द ने अपनी कृति *वेदान्तसार* (लगभग 1500 ई.) में सांख्य दर्शन के सम्मिश्रण से एक नयी वैचारिक दर्शन की अभिव्यक्ति की। दूसरी तरफ़, *सांख्यसार* के रचयिता 'विज्ञानभिक्षु' (लगभग 1650 ई.) ने वेदान्त के सत्य को स्वीकार किया और इसकी स्थापना की कि सांख्य की द्वैतता अब सत्य का एक पहलू नहीं है। इसी प्रकार का सामंजस्य और समन्वय वेदान्त का शैवों के साथ हुआ जो बहुत और विविध विषयों पर लिखने वाले अप्पय दीक्षित (1520-92) द्वारा वेल्लोर में विकसित किया गया था। कालान्तर में एक और प्रसिद्ध शैव शिवननार हुए (1785 ई. के आस-पास)।

*दबिस्तान* में बहुप्रचलित तान्त्रिक विश्वासों और व्यवहारों की चर्चा है जिसके परिणामस्वरूप इस अवधि के दौरान तान्त्रिक साहित्य में अभूतपूर्व वृद्धि हुई। वाराणसी के महिधारा ने 1589 ई. में *मन्त्र-महोदधि* लिखा। बंगाल में पुरनन्दा (1571 ई. के आस-पास) ने दर्शन और जादुई संस्कारों पर ग्रन्थ लिखे, अगली शताब्दी में नवद्वीप के कृष्णानन्द अगमवागीश ने अत्यन्त गुणवत्तापूर्ण और विद्वत्तापूर्ण पाठ्य पुस्तक *तन्त्रसार* लिखी।[5]

## भक्ति सम्प्रदाय

हालाँकि सोलहवीं और सत्रहवीं शताब्दियाँ अनिवार्य रूप से वैष्णववाद की शताब्दियाँ कही जा सकती थीं। भक्ति की रामभक्ति शाखा को तुलसीदास के रूप में अपना महान प्रतिपादक प्राप्त हुआ जिन्होंने मूल रामायण का सर्वाधिक लोकप्रिय संस्करण *रामचरितमानस* की रचना (तक़रीबन, 1570) अवधी बोली में की। तुलसी *धर्मशास्त्र* को लेकर अत्यन्त आस्थावान थे और उन्होंने शूद्रों के नेतृत्व के प्रभावी होने को लोकप्रिय अद्वैतवादी पन्थों को वर्तमान युग के पतन के संकेत के रूप में माना *(कलयुग)*। फिर भी, यह उनकी रचनाओं का न तो मूल सत्व था और न ही सन्देश। भक्ति के अपने उत्कट और उत्साही छन्दों और एक न्यायपूर्ण राम के चित्रण में भूलोकी आराध्य ईश्वर के रूप में रूपान्तरित हो गये जिसमें निश्चित रूप से भाग्य की प्रबलतम भूमिका थी। किन्तु भक्ति के इष्ट जब विष्णु के एक अन्य अवतार कृष्ण होते, तो उनकी अभिव्यक्ति अभी भी तुलनात्मक रूप से अधिक भावनात्मक होती। नवद्वीप के एक ब्राह्मण चैतन्य (1485-1533) ने कृष्ण और उनकी प्रेमिका राधा को इष्ट बनाकर एक सम्प्रदाय की शुरुआत की जिसमें वे अपने आराध्य का नाम जपा करते थे और वे स्वयं को वृन्दावन में कृष्ण के साथियों के रूप में चित्रित करते थे मानी वे अपने 'लौकिक क्रीड़ा' *(लीला)* में फिर से अभिनय कर रहे हैं।[6] ये मानसिक दृष्टियाँ

ईश्वर के साथ संवाद और सम्पर्क करने के साधन थे जिसमें कृष्ण भी अपने भक्तों के प्रेम का रसास्वादन करते थे और आनन्दित होते थे। हालाँकि चैतन्य के अनुयायी मुख्य रूप से बंगाल में थे लेकिन उन्होंने मथुरा के निकट वृन्दावन में अपने बहुत ही सक्रिय उत्तराधिकारी *गोस्वामियों* के रूप में छोड़ा जिनकी संस्कृत भाषा में लिखी कृतियों ने इस सम्प्रदाय को दार्शनिक आधार दिया और साथ ही साथ इसके रीति-रिवाज़ों को निर्धारित एवं नियत किया।[7] अपने उनके अनुमानों के लिए चैतन्य स्वयं कृष्ण एवं राधा के संयुक्त अवतार थे। हालाँकि, गृहस्थ रूप में, भक्त अपने जातिगत रीति-रिवाज़ों एवं प्रथाओं का पालन करते थे, निम्न वर्गों के लिए पूजा-अर्चना के अधिकार को वर्जित या निषेध नहीं किया गया था; सहजिया पन्थ (18वीं शताब्दी) ने स्मृतियों द्वारा निर्देशित एवं निर्धारित जीवन एवं उससे सम्बद्ध संहिताओं को एक सिरे से ख़ारिज कर दिया, उसकी अवहेलना कर दी और उसके स्थान पर शाक्त व तान्त्रिक आचार-विचारों को व्यवहार में लाना प्रारम्भ कर दिया। असम में भी चैतन्य के ही कनिष्ठ समकालीन शंकरदेव ने एक वैष्णव सम्प्रदाय की स्थापना की (मृ.1568) जो हालाँकि मूर्तिपूजा के विरोधी थे और सर्वशक्तिमान परम सत्ता एवं ईश्वर के निजी/व्यक्तिगत स्वरूप पर बल देते थे जिनके लिए भक्ति के विविध और सभी मार्ग कृष्ण के प्रति प्रेम की अभिव्यक्तियाँ थीं।

वल्लभाचार्य (मृ.1531) और उनके बेटे विट्ठलनाथ (मृ.1576) ने दया के धर्म को प्रचारित-प्रसारित किया जिसे पुष्टिमार्ग के रूप में सम्बोधित किया जाता है। सूरदास इसी सम्प्रदाय से सम्बन्धित थे जिन्होंने स्थानीय भाषा ब्रज भाषा में सूर-सारावली (1545) लिखी जिसमें राधा और कृष्ण की क्रीड़ाएँ एवं अन्यों को सर्वशक्तिमान परम सत्ता की अभिव्यक्ति के रूप में वर्णित किया गया था। इस सम्प्रदाय ने गुजरात और राजस्थान में लोकप्रियता प्राप्त की जिसने उन्हें भक्तों के बीच अति श्रद्धेय और प्रशंसा का सुपात्र बना दिया। अब वे कृष्णावतार के रूप में प्रतिष्ठित हो चुके थे; इन्हें अब 'महाराज' के रूप में पद-प्रतिष्ठा प्राप्त हो गयी थी। उनके भक्तों और अनुयायियों में एक धनिक वणिक समुदाय भी था और यह अत्यन्त महत्त्वपूर्ण था।[8] राधावल्लभी सम्प्रदाय की स्थापना का श्रेय *हितहरिवंश* (मृ. 1553) को जाता है जिसने द्वैतता की दिव्यता में राधा को और अधिक निर्णायक रूप में प्राण-प्रतिष्ठा की। एक ब्राह्मण एकनाथ (मृ. 1599) ने 'भक्ति' के एक नये सिद्धान्त की पुनर्सजना की और इसमें सभी महिलाओं और जातियों की सहभागिता की अनुमति दी।[9] उनके कनिष्ठ समकालीन रामदास (1681 ई.) का इस सन्दर्भ में दृष्टिकोण अलग था, उन्होंने राम को एक ऐसे ईश्वर के रूप में प्रचारित-प्रसारित किया जो धर्म की रक्षा के लिए अवतरित

हुए थे अर्थात धर्मरक्षक थे। धर्म से यहाँ अभिप्राय महाराष्ट्र का धर्म अर्थात "ब्राह्मणों और उनके आराध्यों की पवित्रता को बनाये रखने का धर्म।" मराठा शासक शिवाजी (मृ. 1680) के संरक्षण में उन्होंने अनेक मठों और संन्यासियों के केन्द्रों को संगठित किया।[10]

कर्नाटक में दसकुट आन्दोलन औपचारिक तौर पर मध्वाचार्य सम्प्रदाय से सम्बन्धित प्रतीत होता है। इसका प्रारम्भ श्रीपदराय के (मृ. 1492) साथ हुआ लेकिन मुख्यतया इसका प्रचार-प्रसार व्यासराय (मृ. 1539 ई.) के द्वारा हुआ। इस सम्प्रदाय के गीतों का कन्नड़ भाषा में होना पंढरपुर के आराध्य विट्ठल के प्रति उनके लगाव और अनुराग को प्रदर्शित करता है, और फिर भी भक्ति के एक परमानन्द में आनन्दित होते हैं जो चैतन्य की याद दिलाता है, व्यासराय के एक शिष्य कनकदास एक चरवाहा (कुरुब) थे, और उनकी लोकप्रिय रचनाओं में भगवान तक 'नीचों' यानी कि निम्नवर्गीय जातियों की पहुँच पर बल दिया गया था।

## अन्य सम्प्रदाय : जैन धर्म

*न्याय और तर्क*, भाष्यों और पुस्तकों के संकलन में महत्त्वपूर्ण और आकर्षण के केन्द्र बने रहे। नवद्वीप शाखा ने गंगेश पर रघुनाथ शिरोमणि के भाष्य (लगभग, 1500 ई.) को प्रस्तुत किया; इस भाष्य पर *गधादर* (लगभग, 1700 ई.) ने पुनः भाष्य लिखा। शंकर मिश्र ने उपस्कर (लगभग, 1600 ई.) में *न्यायसूत्र* पर भाष्य लिखा। पाठ्य-पुस्तकों में अन्नम भट्ट ने *तर्कसंग्रह* 1585 ई. के आस-पास लिखा, तो जगदीश ने *तर्कामृत* नामक पुस्तक 1700 ई. के क़रीब लिखी। ए.बी. कीथ ने इसमें निहित धर्म शास्त्रियों के सिद्धान्तों एवं साहित्य की अस्पष्टता और विद्वत्ता पर पक्षपातपूर्ण टिप्पणी लिखी; उन्होंने इसको भी रेखांकित किया कि सभी शाखाएँ 'पूर्णतः आस्तिक' हो गयी हैं।[11]

*दबिस्तान* में वर्णित चार्वाक के भौतिकवादी विचारों के अस्तित्व को हिन्दू धर्म के भीतर नौवीं परम्परा के रूप में वर्णित किया गया है, यह काफ़ी ध्यान देने योग्य है। चार्वाक का मानना था कि केवल इन्द्रियों द्वारा अनुभूत संसार ही वास्तविक है; ऊँच-नीच संसार के स्वभाव से है, न कि किसी दैवी शक्ति से। इसमें ईश्वर, अथवा एक सृष्टि/रचयिता के अस्तित्व से इनकार किया गया, और इसलिए, वेदों के सत्य को भी सिरे से ख़ारिज कर दिया गया। चमत्कारी और दैवी मान्यताओं में उनके द्वारा कई विशिष्ट आलोचनाओं का हवाला दिया गया है। सम्भवतः ये मौखिक रूप से प्रसारित हुए या विपक्षियों के ग्रन्थों से प्राप्त हुए, क्योंकि लेखक ने अपने स्रोत के लिए किसी पुस्तक या सम्प्रदाय के समर्थन का उल्लेख नहीं किया है।[12]

इस अवधि के दौरान यद्यपि जैन समुदाय कहीं भी देखे जा सकते थे तथापि उनके सकेन्द्रण अथवा उनकी आबादी की सघनता और सशक्तता के मुख्य केन्द्रीय स्थल गुजरात में अवस्थित थे। जैन साहित्य गुजराती, संस्कृत, प्राकृत, ब्रज, कन्नड़, और अन्य भाषाओं में रचे गये लेकिन इनमें से अधिकांश में अनावश्यक दोहराव या सन्त साहित्य के रूप में वर्णित किया गया है। बोलियों का जैन संस्करण यशोविजयजी द्वारा *जैन तर्क भाषा* 1670 ई. के आस-पास लिखा गया था। वे अन्य धार्मिक पुस्तकों के भी लेखक थे।[13] जैन की दोनों शाखाएँ श्वेताम्बर और दिगम्बर विजयनगर साम्राज्य के दौरान बहुप्रचलित रही थीं।[14] जैन सन्तों का तो यह भी दावा था कि उनकी सन्निकटता अकबर और उसके दरबार के साथ भी थी।[15] जैन समाज तेज़ी से 'व्यापारियों की बनिया और बोहरा जातियों' तक ही सीमित हो गये, उनमें से अधिकांश खाद्यान्न बेचते थे और कुछ सेवा क्षेत्र में थे। (*दबिस्तान*)।[16]

## कबीर और एकेश्वरवादी आन्दोलन

भारतीय धार्मिक वैचारिकी-प्रक्रिया में *वाराणसी* (चित्र 3.2) के एक जुलाहे कबीर (मृ. लगभग, 1518 ई.) के उपदेशों से ठोस अनुपात में बदलाव आये। दूसरी तरफ़, उनकी रचनाओं में वैष्णवों, नाथों, योग यहाँ तक कि तान्त्रिक विश्वासों और व्यवहारों का समाहार देखा गया जिसका उद्देश्य निश्चित रूप से एक ठोस और अनुल्लंघनीय एकेश्वरवाद की प्राप्ति तथा वैकल्पिक रूप से इस्लामी एकेश्वरवाद

चित्र 3.2 : कबीर जुलाहा कार्य करते हुए, मुग़ल चित्रकला, सत्रहवीं शताब्दी

के तर्क की स्वीकृति प्रदान करना था, वह भी इसके धर्मशास्त्र को ख़ारिज करते हुए, अनिवार्य रूप से एक ऐसी भाषा में पेश किये जाने के साथ जो इस्लाम की संस्कृति से बाहर के लोग समझ सकते हैं।[17] दोनों दृष्टिकोणों के सन्दर्भ में मज़बूत तर्क दिये जा सकते हैं लेकिन कबीर ने जिस प्रकार अपने मत को अभिव्यक्त किया, उनकी बेबाकी और उत्साह से वे आश्चर्यचकित हुए और फिर गहरे जाकर किंकर्तव्यविमूढ़ हो गये।

कबीर ने एक मुक़म्मल एकेश्वरवाद को प्रतिपादित किया जिसमें ना ही मूर्ति-पूजा और ना ही किसी प्रकार के रीति-रिवाज़ के लिए कोई जगह थी। इसमें मुक्ति के लिए ईश्वर से प्रेम की अपेक्षा उसके दासत्व और सेवा-भावना को अपेक्षाकृत अधिक प्राथमिकता दी गयी; हालाँकि प्रेम की भावना नितान्त अनुपस्थित नहीं है बल्कि स्पष्ट तौर पर इसे दोयम दर्जे में रखा गया है।[18] यह उस किसी भी तर्क को प्रभावी रूप से कमज़ोर करता है जिसमें कहा गया है कि कबीर के विचार या तो वैष्णव या फिर इस्लामी सूफ़ियों से आयातित हैं अथवा अभिप्रेरित हैं। यह किसी के परमेश्वर में श्रद्धा और उसके कर्म ही होंगे जिसके आधार पर ईश्वर उसका न्याय करेगा, क्योंकि

कबीर पूँजी साह की, तूँ जिनि खोवै ख्वार।
खरी बिगूचनी होइगी, लेखा देती बार।।[19]

क़यामत/निर्णय के दिन किसी के विचार और मृत व्यक्ति के मुक़म्मल लेखा-जोखा की इस अवधारणा में इस्लामी प्रभाव प्रत्यक्ष है; उसी समय, ईश्वर को एक सूदखोर के रूप में चित्रित करना निश्चित तौर पर परम्परागत मुस्लिम अवधारणा के अनुरूप नहीं है, लेकिन यह ग़रीब कारीगर का स्वामी के प्रति स्वाभाविक दृष्टिकोण होता है। वास्तव में अगर कबीर सज़ा के बारे में आगाह करते हैं, तो यह बहिश्त या स्वर्ग की परिकल्पना को आकार नहीं देते हैं, जहाँ किसी की समस्त इच्छाएँ पूरी हो जाया करती हैं। यह इस्लामी धार्मिक सिद्धान्तों से एक और पलायन को प्रदर्शित करता है, वास्तव में यह इस्लामी धर्मशास्त्र से एक और प्रस्थान बिन्दु है।

हज़ काबे हैं। जाइया आगे मिल्या खुदाई।
साईं मुझ स्यो लर परया किन फुरमाई गाई।।[20]

रीति-रिवाज़ों की पवित्रता, स्मृतियों की विधियों/नियमों और जातिगत व्यवस्था की अवहेलना कबीर मुक़म्मल तौर पर करते हैं और किन्हीं भी

परिस्थितियों में इसके प्रति समझौतावादी रुख नहीं अपनाते। सोलहवीं शताब्दी के उत्तरार्द्ध में कबीर के उपदेशों का सार यह है कि कबीर जातिगत विशिष्टताओं और हिन्दू दर्शन की छह शाखाओं की प्रासंगिकता और उपादेयता को नकार देते हैं; और ना ही ब्राह्मणों द्वारा नियत एवं निर्धारित जीवन या विभाजन (आश्रम) व्यवस्था को किसी भी प्रकार की तरजीह देते हैं।[21]

जहाँ तक दो परस्पर विरोधी धर्मों का प्रश्न है, कबीर तिरस्कारपूर्वक कहते हैं :

हिन्दू मूये राम कहि, मुसलमान ख़ुदाई।
कहै कबीर सो जीवता, दुई मैं कदे न जाई।।

और फिर विजयी रहस्योद्‌घाटन :

काबा फिर कासी भया, राम भया रहीम।
मोट चून मैदा भया. बैठी कबीरा जीभ।।[22]

वास्तव और रूही मायनों में, मन्दिर और मस्जिद की लड़ाई में यह सन्देश अभी भी प्रासंगिक और जीवन्त बना हुआ है।

आम आदमी, कारीगर, किसान, गाँव का मुखिया कबीर के श्रोता थे; उनकी उपमाएँ और रूपक उनके जीवन और यात्रा से निकले; उनकी भाषा वैसी ही थी जैसे उनके अनुयायी बोला करते थे। विभिन्न क्षेत्रीय बोलियों की छाप उनकी मूल अवधी पर थी जैसा कि वह उनके और उनके दोहे की साहित्यिक यात्रा में प्रतिबिम्बित होता है। हाँ, यह सत्य है कि स्त्रियों के सन्दर्भ में वे भी अपने परिवेश के कुछ पूर्वाग्रहों से प्रभावित थे (मुख्यतः ग़रीब और पुरुष)। फिर भी उन्होंने अपने प्रभु की दुनिया में ग़रीबों और पददलितों के लिए गरिमा पायी थी। इसलिए, उनके जैसे ही लोग इस जकड़ी हुई वर्णाश्रम व्यवस्था में ईश्वर की खोज में चल पड़े और कारवाँ बनता गया। शायद इससे कोई इनकार नहीं कर सकता कि 1604 ई. में सिखों के पाँचवें *गुरु* अर्जन सिंह इस नाटकीय आन्दोलन के साक्षी बने और एक जाट कृषक धन्ना का बखान किया।[23]

उनकी रचनाओं के हवाले से यह स्पष्ट होता है कि चमड़े का कार्य करने वाला रैदास या रविदास या और पेशे से नाई-सेन, दोनों की सक्रियता का काल 16वीं शताब्दी के दौरान रहा है और दोनों ने कबीर को अपना गुरु माना है। ऐसी ही प्रतिष्ठा दादू (मृ. 1603) ने भी कबीर को दी, जो कि पेशे से सूत कातने वाले थे और राजस्थान में अनुयायियों की एक समृद्ध परम्परा स्थापित करने में सफल रहे।[24] इसके कुछ समय बाद (1657) हरियाणा में सतनामी सम्प्रदाय अवतरित

हुआ और उसने अपना सम्बन्ध कबीर से जोड़ा। इनके शिष्यों और अनुयायियों में छोटी पूँजी वाले कृषक और व्यापारी थे।[25] इन गुरुओं के अनुयायियों की परम्परा को *पन्थ* कहा गया; इनके संस्थापक किसी भी प्रकार के रीति-रिवाज़ों के विरोधी थे लेकिन समय व्यतीत होने के साथ-साथ इन्होंने अपने रीति-रिवाज़ विकसित कर लिए और इतना ही नहीं उन्होंने परम्परागत धार्मिक व्यवस्था से अभिप्रेरित होकर वर्णाश्रम व्यवस्था और संस्थान को भी आकार दे डाला; इस सन्दर्भ में यह विचारणीय है कि उन्होंने अपने मूल गुरु को अवतार का दर्जा दे दिया और एकेश्वरवादी समुदाय में भी जाति-व्यवस्था जैसी स्थिति पैदा कर दी। यहाँ तक कबीर जैसे जुलाहे के लिए ब्राह्मण अभिभावक की भी व्यवस्था कर दी गयी।[26] मूल गुरुओं के उपदेशों और स्थापनाओं को इस प्रकार तोड़ना-मरोड़ना और उसे नये सिरे से बिल्कुल अलग अर्थ में प्रस्तुत करना, वास्तव में उस समय के दौरान रीति-रिवाज़ों, प्रथाओं और जाति-व्यवस्था की गहरी धँसी हुई जड़ों की कहानी बयां करता है; और सम्भवतः हमारा समय भी इससे जुदा नहीं है।

## सिख धर्म

सोलहवीं शताब्दी सिख धर्म के उदय का काल रहा है और अब यह धर्म विश्व के कुछ प्रतिष्ठित और प्रचलित धर्मों में से एक है। कमोबेश अन्य समकालीन पन्थों के समान ही यह पन्थ भी पंजाब के एक खत्री गुरु नानक (1469-1538) और उनके शिष्यों से प्रारम्भ हुआ। सिखों का प्रसिद्ध ग्रन्थ *गुरु ग्रन्थ साहिब* का संकलन गुरु अर्जन सिंह ने 1604 ई. में किया था जिसमें नानक और परवर्ती अन्य *गुरुओं* की रचनाओं के अतिरिक्त मुस्लिन सन्त शेख़ फरीद और नामदेव, कबीर, सेन, रविदास और अन्य भक्तों को सम्मिलित किया गया था, जिस प्रकार दादू पन्थियों के संकलन में इस प्रकार की रचनाओं को शामिल किया गया है, जैसे रज्जबदास की पंचवाणी और सरबंगी;[27] इससे यह निष्कर्ष निकलता है कि सत्रहवीं शताब्दी तक गुरु नानक के अनुयायियों के बीच यह अहसास-बोध गहरा था कि वे सभी सामान्य तौर पर एक ही एकेश्वरवादी आन्दोलन का हिस्सा हैं और जिस अन्तर के कारण वे एक घटक के रूप में परस्पर अलग दिखाई पड़ते हैं, दरअसल, वह सूक्ष्मता और पदार्थ पर थोड़े बहुत अन्तर के कारण ही है।

गुरु नानक ने एक ईश्वर में विश्वास किया, और उन्होंने अपने और भक्त के बीच एक गहन व्यक्तिगत सम्बन्ध देखा, जो विनम्रतापूर्वक उनकी सेवा और

प्रेम करेंगे और बदले में उनकी कृपा प्राप्त करेंगे। उसी समय उनका मानना था कि ईश्वर निराकार और सार्वभौमिक अथवा सर्वभूत है और जिसे किसी प्रकार के शारीरिक आकार में नहीं ढाला जा सकता। इसलिए, इसमें रीति-रिवाज़ों, प्रथाओं और मूर्तिपूजा की निन्दा की गयी। नानक ने नैतिक आचार-विचार पर बल दिया विशेषकर अपनी मानवजाति के प्रति करुणा और दया भावना। उन्होंने जन्म के जश्न और रीति-रिवाज़ों के धार्मिक पक्ष, जातियों में असमानताओं की निन्दा की।[28] मुक्ति का मार्ग *निर्वाण* अथवा *सच खण्ड* को नियत किया जब व्यक्ति को अन्ततः ईश्वर के अस्तित्व का अहसास-बोध होता है जो कि वास्तविक और सही अर्थों में 'एक महाप्रयाण' है।

हालाँकि यह स्पष्ट नहीं है कि गुरु नानक ने अपने सम्प्रदाय को किस सीमा तक संगठित किया अर्थात आशय यह है कि वे अपने सम्प्रदाय का किस हद तक संस्थानीकरण करने में सफल हो सके और ना ही इससे भी अवगत हैं कि क्या उनकी रचनाओं में *गुरु* शब्द का प्रयोग हुआ है, जैसे कि, जपुजी का अभिप्राय ईश्वर या आध्यात्मिक मार्गदर्शक होता है लेकिन शीघ्र ही दो प्रक्रियाएँ अस्तित्वमान या यों कहें तो बेहतर कि बहुप्रचलित हो गयीं। पहला तो यह कि नानक के उत्तराधिकारी के रूप में *गुरुओं* अथवा आध्यात्मिक मार्गदर्शकों की एक परम्परा सी चल निकली। गुरुओं के इस अधिक्रम में प्रत्येक अगला गुरु इसी अपने पूर्ववर्ती पहले महान आत्मा का पुनर्जन्म हुआ करता था और उसके सोपान के बढ़ते क्रम के साथ उसके औदात्य में वृद्धि होती जाती थी। (प्रत्येक गुरु को अरबी शब्द *महल्ला* से उत्पन्न *महाल* के रूप में जाना जाता था।[29] दूसरा इस सम्प्रदाय का पंजाब के जाटों या किसानों के बीच प्रचार-प्रसार था : इस धर्म के *गुरु* खत्री थे लेकिन सत्रहवीं शताब्दी में इनके सिपहसालार अधिकांशतः जाट थे।[30]

इन दोनों चीज़ों ने इसे सैन्य शक्ति में तब्दील करने की सम्भावनाओं को बढ़ाया। मुग़लों के साथ मुठभेड़ में अर्जन सिंह की शहादत को नहीं भुलाया जा सकता था। *गुरुओं* की सैन्य शक्ति इसके दसवें गुरु गुरु गोविन्द सिंह के दौरान अपने चरम पर पहुँच गयी (1666-1708)। 1699 ई. में गुरु गोविन्द सिंह ने सभी जातियों से आने वाले लोगों के शुद्धिकरण से एक सैन्य समुदाय की संरचना की जिसे 'ख़ालसा' के रूप में सम्बोधित किया गया और जिसके सभी सैनिकों को वेश-भूषा के तौर पर कुछ वस्तुओं को अनिवार्य रूप से धारण करने के निर्देश दिये गये जिसमें कृपाण अथवा तलवार भी शामिल थे। यह धारण करना उस समय के दौरान सभी पूर्णकालिक सैनिकों के लिए अनिवार्य था।

दक्कन के नांदेड (1708) में गुरु गोविन्द सिंह की मृत्यु के तुरन्त बाद उनके शिष्य बन्दा बहादुर उत्तर भारत लौट आये और एक व्यापक जनविद्रोह छेड़ दिया जिसमें सिखों के साथ-साथ अभी हालिया सिख धर्म में दीक्षित हुए लोग और असन्तुष्ट ज़मींदार भी थे। हरियाणा और पंजाब के एक बड़े समतल भाग को अपने विद्रोह का 'अधिकेन्द्र' बना दिया गया। यह एक प्रकार का 'गुरिल्ला' युद्ध था और वे अपने हमले के बाद कुछ समय के लिए पहाड़ियों में छिप जाया करते थे लेकिन अन्ततः इस जनविद्रोह को कुचल दिया गया, और बन्दा बहादुर को 1716 में सूली पर लटका दिया गया। इसके बाद एक अन्तराल आया जिसमें हताशा और विभाजन का प्राबल्य था, लेकिन नादिरशाह (1739 ई.) और अफ़ग़ान शासक अहमदशाह अब्दाली (1747-73) के बार-बार आक्रमणों के प्रभावस्वरूप मुग़ल साम्राज्य के पतनशील होने के कारण ये पुनः जीवन्त होने लगे। 1750 ई. के बाद से सिख के *दल* और *मिसिल* (समूह) अपने-अपने *सरदारों* के नेतृत्व में और सशक्त होते चले गये। इन *सरदारों* ने पूर्णकालिक और तुलनात्मक रूप से अधिक प्रतिबद्ध और पेशेवर घुड़सवार बन्दूक़धारी सैनिकों से अपनी सैन्य-शक्ति को विशेषित किया। इन सरदारों में से अधिकांशतः कृषक और शिल्पकार थे, जैसे कि इन सरदारों की अग्रिम पंक्ति का एक सरदार जस्सा सिंह एक बढ़ई था। अपने बीच की एकता की अभिव्यक्ति के लिए चक *गुरु* (अमृतसर) पर 'सरबत ख़ालसा' की परम्परा थी जो सामूहिक एकता के लिए एक प्रतीक-चिह्न था। बहुत जल्द ही उनके बीच मतभेद और कलह ने अपना स्थायी डेरा जमा लिया और उनके बीच अपनी निजी मिल्कियत बनाने की होड़ मच गयी। ज़ाहिर तौर पर ख़ालसा के नाम पर इस प्रक्रिया को अंजाम तक अन्ततः पहुँचाया रणजीत सिंह (1780-1839) ने जिन्होंने एक पारम्परिक/परम्परागत साम्राज्य की स्थापना की।[31]

## इस्लाम : सोलहवीं शताब्दी

वैचारिकी के रूप में, भारतीय इस्लाम अरब और फ़ारसी इस्लाम के अधिक सन्निकट रहा और यह कहना सम्भवतः पूर्णरूपेण सही नहीं हो सकता कि 'भारतीय इस्लाम' सिद्धान्त या व्यवहार में वैश्विक स्तर पर बहुप्रचलित इस्लाम धर्म से नितान्त भिन्न और अलग-थलग था।[32] हाँ, इस तथ्य से आंशिक रूप से ही सहमति जतायी जा सकती है कि भारत के इस्लामी स्वरूप में जो रीति-रिवाज़

और मान्यताएँ निहित थीं; वह अरब देशों की तुलना में ईरान और मध्य एशिया से अधिक नज़दीक और अभिप्रेरित थीं। समय व्यतीत होने के दौरान हिन्दूवाद के साथ इसका सह-अस्तित्व निरन्तर बना रहा; इससे इस धर्म के समक्ष ग़ैर-मुस्लिम विश्वासों और मान्यताओं के अनुशीलन-विश्लेषण में समस्याएँ उपस्थित हुईं। सूफ़ियों और मुस्लिमों के रहस्यवाद, जिसकी *सिलसिला संकल्पना* ईरान और मध्य एशिया से आयातित थी, को भारत में 'उर्वर मिट्टी' और परिवेश मिला। सोलहवीं शताब्दी तक सूफ़ीवाद को अधिकांशतः धार्मिक सिद्धान्तों में स्वीकृति मिल चुकी थी और इसकी वस्तुस्थिति भी इस्लामी विधि और मान्यताओं का ग्रन्थ–*शरीयत* की अपेक्षा कमतर नहीं थी। लेकिन इस समन्वित और सामंजस्यपूर्ण धार्मिक परिवेश में उस समय गम्भीर व्यवधान और हस्तक्षेप उपस्थित हुआ जब रहस्यवाद ने अपने दरवाज़े सभी पन्थों और धर्मों एवं *इब्न अल-'अरबी'* (मृ. 1240) की स्थापनाओं के लिए खोल दिये।

यह अभिप्रमाणित किया जा सकता है कि *इब्न अल-'अरबी'* की स्थापनाएँ बेबाक और निर्भीकता की भावना से व्यापक तौर पर अभिप्रेरित थीं लेकिन अल्लाह के साथ *फ़ना* होने की सूफ़ी संकल्पना की तार्किक व्याख्या और विवेचना भी थी। इसने अल्लाह या ईश्वर से पार्थक्य को अप्राकृतिक माना और भ्रामक भी, जबकि *फ़ना* होना ही एकमात्र आध्यात्मिक यथार्थ बन गया। चौदहवीं शताब्दी के उत्तरार्द्ध आते-आते उसका सिद्धान्त '*वाहदत अल-वुजूद*' भारतीय सूफ़ी परम्परा को प्रभावित और प्रेरित करने लगा, विपक्षियों के विरोध के बावजूद उसके अनुयायी तेज़ी से बढ़ने लगे।[33] भारत जैसे देश में बिल्कुल उलटे धर्म के साथ उसकी सह-अस्तित्व की स्थिति ने उसके (इस्लाम) अन्दर अनेक समस्याओं को जन्म दिया, उसके सन्दर्भ में विचार-विमर्श करने को विवश किया। इसके साथ-साथ, *इनसान-ए-क़ामिल* की भी अवधारणा भी थी जिसमें इब्न अल-'अरबी' ने रहस्यवादी गुरु शेख़ को सूक्ष्म जगत के रूप में आदर्श बनाया, जिसमें वह स्वयं प्रकट होता है।[34] इस दृष्टि ने निर्णय के दिन (क़यामत के दिन) से पहले आने वाले सुधारक *(महदी)* और उद्धारक दूरी की अवधारणा को अनिवार्य रूप से पूरक या सुदृढ़ किया, जिसकी पूर्व अपेक्षा लोकप्रिय मुस्लिम मान्यताओं का हिस्सा थी। दोनों अवधारणाएँ एक-दूसरे को प्रभावित कर सकती थीं, और जैसे ही इस्लाम की पहली सहस्राब्दी की समाप्ति निकट आयी (एएच 1000=ईसा 1592), उन्होंने एक सहस्राब्दी लहर उत्पन्न की।

महदवी आन्दोलन एक नये बौद्धिक उथल-पुथल का संकेत था। जौनपुर के एक सुविख्यात विद्वान सैयद मुहम्मद (मृ. 1505) ने स्वयं को *महदी* घोषित कर दिया। यह प्रत्यक्ष और स्पष्ट था कि पाप से बचने के लिए नैतिक आचरण की संहिता का अनुकरण करने की बात कही गयी जो *महदी* के सन्देशों और स्थापनाओं पर आधारित था; इसने उनके सम्प्रदाय के अनुयायियों की संख्या में वृद्धि की और यह निरन्तर बनी रही, उन्होंने विभिन्न स्थानों पर अपने सम्बन्धित समुदायों की स्थापना की जिन्हें *दैरास* कहा जाया करता था। धार्मिक पुरोधाओं ने उनकी निन्दा में अथक परिश्रम किया लेकिन अन्ततः उनका सम्प्रदाय अपने अस्तित्व और अस्मिता को बचाने में सफल रहा।[35]

सोलहवीं शताब्दी के अन्तिम चौथाई के वर्षों के दौरान मुग़ल साम्राज्य के काबुल क्षेत्र में ऐसी ही 'सहस्राब्दी प्रवृत्तियों' के अनुरूप एक अन्य सम्प्रदाय उठ खड़ा हुआ सिवाय इसके कि इसके संस्थापक और अग्रतम पुरोधा बयाज़ीद रौशन (मियाँ रौशन) (मृ. 1585) ने ख़ुद को पैगम्बर (नकी) घोषित किया, न कि महदी। अपने पन्थ के रहस्यवाद पर विश्वास करते हुए उन्होंने *'सुकूनत'* की परिकल्पना की। यह एक ऐसी अवस्था थी जिसमें ख़ुदा में ख़ुद को विसर्जित करना था। उसके सिद्धान्तों एवं सन्देशों को न मानने वाले के प्रति किसी भी प्रकार का समर्थन न देने बल्कि असहिष्णु रवैया अपनाने से रौशियों को अफ़ग़ानों के बीच एक उग्रवादी या यों कहें कि चरमपन्थी सम्प्रदाय में तब्दील कर दिया जिनकी भाषा (पश्तो) में उनकी पुस्तक *ख़ैरूल बयान* की रचना हुई है। चरमपन्थी रौशियों की मुग़लों से लम्बी लड़ाई चली जिसमें इस पन्थ या सम्प्रदाय को पूरे तरीक़े से कुचल दिया गया।[36]

## अकबर : अति-धार्मिक सम्प्रभुता

धार्मिक विचारों में व्यापक उथल-पुथल अकबर के शासनकाल में आयी (पादशाह, 1556-1605) जिसकी उत्पत्ति आंशिक रूप से कम-से-कम सर्वधर्म समभाव और मसीहा पन्थ के बौद्धिक आवेगों से हुई थी जिसके बारे में अभी-अभी चर्चा की गयी है। प्रारम्भ में अकबर की रुचि और रुझान परम्परागत इस्लाम की ओर था। उसके शानदार और भव्य नगर फतेहपुर सीकरी में बड़ी और महान मस्जिद सबसे अधिक आकर्षण का केन्द्र थी जो सूफ़ी सन्त शेख सलीम (मृ. 1572) चिश्ती के सम्मान में 1570 ई. बनायी गयी थी लेकिन 1570 के दशक के दौरान

इब्न अल-'अरबी' के एक समर्थक और पुरोधा शेख़ तजु'द्दीन ने अपने सिद्धान्तों को दरबार में प्रस्तुत किया।[37] शेख मुबारक (मृ. 1593) इससे प्रभावित हुआ और न केवल उसने इब्न अल-'अरबी' और शहाबुद्दीन मक़तूल की *इशराक़ी* पढ़ डाली बल्कि उसका झुकाव और रुझान *महदवी* की ओर हो चला; ऐसा मुग़ल प्रशासन को सन्देह हुआ।[38] इस्लाम के प्रथम सहस्राब्दी के अन्त होते-होते इसके पुनर्नवीकरण की आवश्यकता और धारणा लोकप्रिय होती चली गयी, इस उद्देश्य की प्राप्ति के लिए सम्भवतः यह ही वह सुधारक था जिसकी आंशिक तौर पर ही सही लेकिन अकबर के उस निर्देश में भूमिका थी जिसमें उसने उस *तारीख़-ए-अलाफ़ी* के संकलन करने का कार्य करनें को कहा था जो वास्तव में पैग़म्बर की मृत्यु के बाद से इस्लाम के सहस्राब्दी का इतिहास था। अकबर स्वयं भी ऐसे ही सुधारक के रूप में देखा जा सकता था क्योंकि उसे इब्न अल-'अरबी' में *इन्सान-ए-क़ामिल* के रूप में रेखांकित किया जा रहा था। इस अवधारणा को सीमित तौर पर ही लेकिन 1579 ई. के दौरान *महज़र* में व्यवहार में लाया गया था। दरबार में प्रमुख धार्मिक मौलवियों ने इस वक्तव्य पर हस्ताक्षर कराये कि अपने पद के रूप में अकबर केवल एक सुल्तान है और उसे मुस्लिम विधि या क़ानूनों को व्याख्यायित और विवेचित करने के सीमित अधिकार हैं और उन मामलों तक ही परिसीमित है जिससे कि वह मुस्लिमों को एकसूत्र में पिरो सके, उनके बीच एकता की भावना को मज़बूत कर सके।[39]

लेकिन सर्वात्मवाद अथवा सर्वधर्म समभाव की प्रभावी प्रवृत्ति ने *महज़र* में अकबर पर चढ़ाये गये उस मामूली लेकिन साम्प्रदायिक रंग को समाप्त कर दिया। इसका परिणाम यह हुआ कि फतेहपुर सीकरी के एक विशेष कक्ष इबादतख़ाना (प्रार्थना का घर) की सभा में सुन्नी प्रतिनिधियों के बीच अकबर की उपस्थिति में ही विचार-विमर्श होने लगे। कालान्तर में इन वैचारिक-विमर्शों और बहस-मुबाहिसों में मुस्लिम दिव्यात्माओं, सुन्नी और सिया सूफ़ियों, बुद्धिजीवियों (हाक़िम) के साथ-साथ ब्राह्मण विद्वानों, अन्य हिन्दू सन्तों एवं वैरागियों, जैनों, पारसियों और ईसाइयों को भी सम्मिलित किया गया और 1580 ई. के दौरान तो जिनका प्रथम उद्देश्य दरबार पहुँचना होता था (चित्र 3.3 में देखें)। इन कथित वैचारिक बहसों से अकबर इस निष्कर्ष पर पहुँचा और उस पर काफ़ी दृढ़ भी प्रतीत हो रहा था कि इस्लाम की अभी और आनेवाली कोई भी एक व्याख्या सही और पर्याप्त

चित्र 3.3 : ईसाइयों और अन्य धार्मिक गुरुओं से विचार-विमर्श करता हुआ अकबर, चित्रकारी, अकबर का चित्र-कारख़ाना। चित्र-विनिर्माण केन्द्र।

नहीं हो सकती थी, इसलिए कोई भी एक धर्म सही एवं सत्य नहीं है। यह उसके लिए ऐसा ही था जैसे कि वह ईश्वर का दूत है जो विभिन्न धर्मों और उसके धड़ों के बीच तनाव को कम करने के लिए पूर्ण शान्ति *(सुलह-ए-कुल)* की चेतना के अहसास-बोध को जाग्रत करने में सहायक है। अन्ततः यह निष्कर्ष स्थापित किया गया कि धर्म *(दीन)* और भौतिकवादी *दुनिया* उस 'द्वैतता के बादल' के

द्वारा चित्रित अनुकृति या प्रतिरूप है जो ईश्वर से अलग अस्तित्व की चेतना से है।[40] ऐसा होने पर, सभी धर्मों को सहन किया जाना था, अर्थात सभी धर्मों के प्रति सहिष्णु रहना था लेकिन उनका पालन करने की आवश्यकता नहीं थी। शाही संरक्षण में शिष्यों के एक कुलीन दल *(इरादत-ए-ग़ज़ानी)* के लिए अकबर द्वारा उपदेशक और कुछ सिद्धान्तों और आचार-संहिता के प्रति पूर्ण समर्पण निर्देशित किया गया था जिसके सन्दर्भ में उनके बेटे जहाँगीर ने इस प्रकार बताया :

> शिष्यों को किसी भी धार्मिक समुदाय के साथ शत्रुता में लिप्त होकर अपना समय काला और ख़राब न करने दें और उन्हें सभी धार्मिक समुदायों के सदस्यों के साथ अपने सम्बन्धों में पूर्ण शान्ति के मार्ग का अनुसरण करने दें। वे अपने हाथ से किसी पशु को न मारें, और न युद्ध या पीछा करने के सिवाय शस्त्र धारण करें...सूर्य और चन्द्रमा को उसके अनुरूप सम्मान दिया जाना चाहिए जो ईश्वर के मार्ग को प्रदर्शित करते हैं। ईश्वर को 'वास्तव सृष्टिकर्ता' माना जाना चाहिए और उसे सभी समय और परिस्थितियों का कारण माना जाना चाहिए, और इसके प्रति किसी को भी सजग और सतर्क रहते हुए ध्यान केन्द्रित किया जाना चाहिए कि चाहे वह एकान्त में हो या किसी की सोहबत में, किसी के भी विचार एक क्षण के लिए भी ईश्वर से दूर नहीं हैं, जुदा नहीं हैं बल्कि सभी उसकी नज़र में हैं।[41]

बहरहाल, यह अवश्य ही उद्धृत किया जाना चाहिए उसके कोई साक्ष्य उपलब्ध नहीं हैं कि अकबर ने किसी प्रकार के नये धर्म *दीन-ए-इलाही* की स्थापना के लिए निर्देश दिये थे या उसकी ऐसी कोई मंशा भी थी।[42]

सभी धर्मों के साथ एक समान व्यवहार करने की नीति (सहिष्णुता की नीति) को अकबर द्वारा व्यवहार में लाने का उद्देश्य या लक्ष्य वास्तव में धार्मिक अभिव्यक्ति, संवाद और सभी के लिए पूजा या इबादत करने के लिए पवित्र स्थलों के निर्माण की पूर्ण स्वतन्त्रता सुनिश्चित करना था; 1580 ई. के प्रारम्भिक वर्षों के दौरान बने ये धार्मिक सिद्धान्त उसके साथ नियमित तौर पर बने रहे। सम्भवतः यह एक ऐसी नीति थी जो अन्य समानान्तर और समकालीन विश्व में दुर्लभ थी, एक ऐसा तथ्य था जिसे उसके बेटे ने बड़े गौरव और गर्व से रेखांकित किया।[43] शायद अकबर के अपने मत भी इसी प्रकार की दिशा में विकसित हुए होंगे क्योंकि सहिष्णुता की नीति राजनीतिक रूप से बहुत उपयोगी थी, वास्तव में उसने इन सहिष्णु और समावेशी धार्मिक नीतियों को उससे भी बहुत पहले आत्मसात कर लिया था, जब जीवन के अन्तिम पच्चीस वर्षों की अवधि में तो इसके दार्शनिक आयाम ने अपने उच्च और परिपक्व रूप को

ग्रहण कर लिया था। उसके मन्त्री अबुल फ़ज़ल ने यह घोषणा की कि सम्प्रभुता ख़ुद *फ़र्र-ए-इज़्दी*, ईश्वर के प्रकाश और ईश्वर जैसी सम्प्रभुता की प्रकृति में समाहित है और सभी मानवजाति के मूल हैं। इसलिए, उसकी यह कार्यप्रणाली थी कि "धर्मों की विभिन्नता और अन्तर से पारस्परिक विद्वेष और घृणा की धूल ना उड़ने लगे।"[44] अतएव, यह घोषणा किसी दार्शनिक और धार्मिक परम्परा में नहीं देखी जायेगी बल्कि सम्प्रभुता की पूर्ण शक्ति की स्वीकृति के रूप में देखी जायेगी और दायित्व की तरह की पूर्णता उस पर थोपी गयी या यों कहें कि वह अपने सभी विषयों और पक्षों को सन्तुष्ट रखने के लिए।

## अन्तरधार्मिक अनुशीलन/अनुवीक्षण

सर्वेश्वरवाद या सर्वात्मवाद और *सुलह-ए-कुल* में अकबर की आस्था की उद्‍घोषणा स्वयं में महत्त्वपूर्ण वैचारिक परिणाम लिए हुए थी, इसने अचानक ही परम्परागत या यों कहें कि धार्मिक रूढ़िगत प्रतिमानों के समक्ष नैतिकता बनाम धार्मिक मान्यताओं का सबसे ज्वलन्त और प्रासंगिक प्रश्न उपस्थित कर दिया।[45] आन्तरिक रूप से देखें, तो शियाओं और सुन्नियों के बीच समस्याओं और वाद-विवाद के बावजूद इस्लाम में शियाओं के लिए अनुकूल और स्वीकृत परिस्थितियाँ बना दी गयीं। इसने परम्परागत इस्लामी शाखा को फिर से व्यवस्थित करने की माँग को उकसाया, जबकि इसने तर्क और विज्ञान में भी नये सिरे से दिलचस्पी जगायी। अन्ततः, मुस्लिमों के बीच हिन्दुओं की सत्य सम्बन्धी अवधारणा के ज्ञान की प्राप्ति और ब्राह्मणवादी पुस्तकों व वेदान्त को पढ़ने के लिए बड़े ही आश्चर्यजनक लेकिन दिलचस्प आन्दोलन ने ज़ोर पकड़ा। अकबर ने अपने संरक्षण में संस्कृत भाषा में रचित कृतियों के अनुवाद की शृंखला की शुरुआत की जिसमें *अथर्ववेद*, *महाभारत* और *रामायण* जैसी धार्मिक पुस्तकें सम्मिलित थीं, जबकि *योगवाशिष्ठ* का अनुवाद अकबर के बड़े बेटे सलीम (बाद में जहाँगीर नाम से प्रसिद्ध) के लिए किया गया था।[46] इन्हीं कथित अनुवाद-कार्यों के आधार पर लेकिन "काफ़ी दुश्वारियों के तदुपरान्त" अबुल फ़ज़ल ने अपनी कृति *आईन-ए-अकबरी* में हिन्दू धर्म की विभिन्न शाखाओं, धार्मिक मान्यताओं एवं विधियों के सन्दर्भ में स्पष्ट रूप से ठोस, उपयुक्त एवं युक्तियुक्त विवरण दिये। इस प्रकार के सचेतन चयन ने इस्लाम और हिन्दू धर्मों के बीच साझा नियामक या प्रेरक तत्त्वों और उसकी भावभूमि को प्राथमिक रूप से अभिव्यक्त किया, हालाँकि इसके उपरान्त भी कुछ उद्देश्यों और तर्कों के आधार पर कहा जा सकता था कि दोनों धर्मों

के बीच विवाद की सम्भावना बदस्तूर बनी रही किन्तु यह स्थापित हो गया कि हिन्दुओं की आस्था ईश्वर और उसके अद्वैतवाद (अबुल-फ़ज़ल) में है तथा वे इन्हीं धार्मिक मान्यताओं के साथ पूजा करते हैं।[47] कर्म के सिद्धान्त को व्यापक स्तर पर स्वीकृति मिली और इसको अत्यधिक सराहा गया।[48] बाद में जहाँगीर के शासनकाल के दौरान इस निष्कर्ष को स्वीकृति दी गयी कि वेदान्त '*तसव्वुफ़* (रहस्यवाद)' का ज्ञान है, सम्भवतः इसलिए कि यह सर्वेश्वरवादी था।[49]

शाहजहाँ के बड़े बेटे दारा शिकोह (1615-59) में इस्लाम में हिन्दू धर्म की मान्यता अपने चरम पर पहुँच गयी।[50] दारा शिकोह ने अपनी बौद्धिक दुनिया सूफ़ी के क़ादरी सिलसिला के मियाँ मीर (मृ. 1635) और मुल्ला शाह बदशी (मृ. 1661) की सोहबत में स्वयं को मुस्लिम रहस्यवाद में विसर्जित करके बनानी शुरू की; और उसके शुरुआती लेखन की विषयवस्तु के केन्द्र में भी मुस्लिम रहस्यवाद ही था। लेकिन अद्वैतवाद और रहस्यवादी आचार-विचार एवं व्यवहारों में दिलचस्पी के परिणामस्वरूप उसने 1654-55 के दौरान *'मज्म' उल बहरैन* 'दो महासागरों का महामिलन' की रचना की जिसका अभिप्राय 'दो महासागरों का मिलन' होता है। इस सृजन में वे हिन्दू आध्यात्मिक प्रवचन में प्रयुक्त प्रमुख शब्दों और अवधारणाओं की व्याख्या करते हैं, और भाषा को छोड़कर सभी चीज़ों में ईश्वर अथवा अल्लाह के हिन्दू और मुस्लिम साधकों के बीच एक समानता देखते हैं। 1657 ई. में जो आया वह दार्शनिक दृष्टिकोण से सबसे महत्त्वपूर्ण प्रयास था : वह था *सर्अल असरार* शीर्षक से 52 उपनिषदों का अनुवाद, महान रहस्य और अत्यधिक क्लिष्ट किताबों का विश्वसनीय प्रतिपादन। यह कुछ मामलों में अविस्मरणीय था क्योंकि बाद में अंकुएटिल दुपेरों (1801-02) ने इसी का अनुवाद लैटिन भाषा में किया जिसने इन प्राचीन पुस्तकों की समृद्धता और बौद्धिकता को दुनिया के समक्ष प्रकाशित किया और उसे विश्वस्तरीय पहचान दिलायी। 1655-56 में दारा शिकोह के निर्देश पर हबीबुल्लाह ने *योगवाशिष्ठ* का फिर से नया अनुवाद किया।

इस प्रकार के उपर्युक्त कथित उत्साह का संकेतक या यों कहें कि परिचायक एक और कृति है जिसकी चर्चा हम ऊपर कर चुके हैं, वह है *'दबिस्तान' (1653 ई.)* (शाखा) जिसके लेखक ने न अपना नाम और न ही धर्म को उद्घाटित किया है, लेकिन ग़ैर-इरादतन ही सही उसने अपने बारे में अनेक तथ्य दिये हैं जिससे यह पता चलता है कि वह पारसी था और जिसका क़लम-नाम या लेखकीय नाम 'मोबिद' था। उसने पारसी भाषा में रचना की और यह एक ऐसी रचना है जिसमें

पारसियों, हिन्दुओं, बौद्धों (तिब्बती), यहूदियों के साथ-साथ इसके अन्तर्गत आने वाले विभिन्न सम्प्रदायों और पन्थों की विवेचना और विश्लेषण किया गया है। अधिकांशतः सूचना लेखक द्वारा स्वयं प्रत्येक सम्प्रदाय के अनुयायियों के बारे में पढ़ने और लिखने अथवा उनसे बातचीत या संवाद के आधार पर संग्रहित की गयी हैं। उनकी भाषायी गुणवत्ता और महत्ता रेखांकित और ध्यान देने योग्य है; और निश्चित रूप से यह सन्दिग्ध है कि इस समय इस प्रकार का कार्य किसी अन्य भाषा में प्रस्तुत किया गया है या नहीं। स्पष्टतः अगर लेखक मुस्लिम नहीं हो तो भी, पारसी सम्प्रदाय के एक प्रमुख प्रकाश हैं। जिस भाषा में उन्होंने लिखा था, उसमें बड़े पैमाने पर मुसलमान शामिल थे। इससे उनके बीच जो दिलचस्पी पैदा हुई, वह व्यापक थी जिसकी पुष्टि बड़ी संख्या में उन पाण्डुलिपियों द्वारा होती है जो अभी तक बची हुई हैं।[51]

## इस्लाम : अकबर के बाद की मुख्य धाराएँ

अकबर के शासन की अवधि के दौरान जितने भी धार्मिक स्वतन्त्रता के विचार-विमर्श और बस-मुबाहिसे संकलित किये गये थे, उसने भारत में शियावाद को एक 'विधर्मी' से स्वीकृत और जीवन्त इस्लाम के रूप में रूपान्तरित अथवा तब्दील होने में सहायता की। क़ाज़ी नूरुल्लाह शुश्तारी (1549-1610) पहले ऐसे इस्ना-अशरी शिया धार्मिक प्रतिपादक थे जिन्होंने महत्त्वपूर्ण लेखन अपने पीछे लिख छोड़ा। *तक़िया* की अवहेलना या तिरस्कार, अकबर के अधीन दी गयी स्वतन्त्रता के कारण उन्होंने खुले तौर पर सुन्नी आलोचना के ख़िलाफ़ शिया की स्थिति का बचाव किया और तक़िया की अवहेलना और आलोचना की। जहाँगीर के निर्देशों पर दी गयी शारीरिक यातना के कारण उनकी 1610 ई. में मृत्यु हो गयी और उसे मुस्लिमों के शिया पन्थ में शहीद का दर्जा दिया गया।[52] हालाँकि इस घटना से जुड़े विवरण अस्पष्ट हैं लेकिन यह बिल्कुल साफ़ बात थी कि मुग़ल साम्राज्य में उच्च पदस्थ शियाओं के दबदबे वाले ईरानी आप्रवासियों में मृत्युदण्ड देने वाले सामान्य तरीक़ों में यह सम्मिलित नहीं था, क्योंकि शियाओं की धार्मिक शिक्षा सार्वजनिक रूप से आयोजित की जाती थी। 17वीं शताब्दी में दक्कन का हैदराबाद और 18वीं शताब्दी के दौरान अवध में लखनऊ और फ़ैज़ाबाद शियाओं के महत्त्वपूर्ण शिक्षण-स्थल थे।

मुस्लिम और सुन्नी रूढ़िवादियों ने इन स्वतन्त्र रूप से फैल रही वैचारिकी और मतों से उत्पन्न चुनौतियों के प्रति विभिन्न रूपों और तरीक़ों से प्रतिक्रियाएँ

दीं, उनके अनुसार यह इस सीमा तक असमान और विभेदकारी है कि निश्चित रूप से स्वीकृत नहीं की जा सकतीं। ये प्रतिक्रियाएँ कितनी जटिल थीं, इसका अन्दाज़ा शेख़ अहमद सरहिन्दी (1564-1624) की विचारधारा या वैचारिक-प्रक्रिया से लगाया जा सकता है। उनकी अब तक की पहली उपलब्ध कृति *'रिसाला दर रद्द-ऐ-रवाफिज'*, जो कि मक़्तूबात (पत्रों) में है, सुन्नियों की मान्यताओं एवं रीति-रिवाज़ों के खण्डन के लिए समर्पित दिखती है। उनकी शरीयत के प्रति प्रतिबद्धता अकबर की धार्मिक सहिष्णुता की नीति के प्रति शत्रुतापूर्ण भावना में स्पष्टतः ही देखी जा सकती थी और हिन्दुओं एवं उनकी मान्यताओं के प्रति पूर्वाग्रही विचारों को उस पत्र में देखा जा सकता था जो उन्होंने अकबर के मरने के तुरन्त बाद लिखा था लेकिन इसी बीच (1600) वह नक़्शन्दी फ़क़ीर या यों कहें कि रहस्यवादी बाक़ी बिल्लाह (मृ. 1603) का शिष्य बन गया; और इसके बाद वह इब्न अल-'अरबी' के *वाहदत-अल-वुजुद* और *इन्सान-ए-क़ामिल* जैसे सिद्धान्तों को लेकर चिन्तित रहने लगे और इस कथित 'चिन्ता' की गहनता और सघनता बदस्तूर बढ़ती रही। पहले विचार की उनकी स्वीकृति केवल आंशिक और तात्कालिक थी। उन्होंने ज़ोर देकर कहा कि साधक को अलगाव को समझने के लिए इस धारणा के पार अवश्य देखना चाहिए जो अब उसके लिए एकता है, वह केवल उन सभी की एकता है जिसे वह देखता है, क्योंकि अन्तिम चरण में वह केवल भगवान या अल्लाह को देखता है और किसी को नहीं (*वाहदत अश-शुहद*)। शरीयत के साथ एक कठोर अनुरूपता उनके लिए, रहस्यवादियों के लिए उतनी ही आवश्यक थी जितनी किसी और के लिए; और उन्होंने सभी नवाचारों की निन्दा की। दूसरी तरफ़ *इब्न अल-'अरबी'* के *इन्सान-ए-क़ामिल* का सिद्धान्त सरहिन्दी की खुद की संकल्पनात्मक वैचारिकी *क़ाय्युम* 'पालनकर्ता' में निहित थी। *इन्सान-ए-क़ामिल* होने के कारण वह ज्ञान को धारण करने वाला अर्थात प्रज्ञ (*आरिफ*) होता है। इसलिए उसका चयन *क़य्यूम* (पालनकर्ता) अथवा अल्लाह के वजीर के रूप में किया जाता है और इस प्रकार पैग़म्बर के लिए पहले से ही निर्धारित कार्यक्रम में वह शिरकत करता है। इस समारोह की पहचान दूसरी सहस्राब्दी में इस्लाम के पुनर्निर्माणकर्ता (*अल्फ-ए-सानी*) के साथ की गयी है। यह स्पष्ट था कि इस्लाम की *क़य्यूम* और *मुजद्दीद*, दोनों के अनुयायी खुद शेख़ अहमद पर एकमत और एकजुट थे।[53]

ऐसा प्रतीत होता है कि मुग़लकालीन भारत में शेख़ अहमद सम्भवतः ऐसे अन्तिम व्यक्ति थे जिन्होंने इस्लामी ढाँचे के भीतर अपने को पैग़म्बर के बाद दूसरे

सुधारक (*मुजिद्दद-ए-आल्फ़-ए-सानी*) होने का दावा किया। जैसा कि अनुमान था यह सीधे तौर पर आलोचना का खुला आमन्त्रण था जिसमें अब्दुल-हक़-मुहद्दीस[54] का नाम उल्लेखनीय है और बादशाह जहाँगीर ने तो सरहिन्दी को कुछ थोड़े से समय के लिए ही सही लेकिन क़ैद करवा लिया था (1619)।[55]

शेख अहमद सरहिन्दी के रहस्यवादी पुनरुद्धार के साथ-साथ इस्लाम की परम्परागत वस्तुस्थिति को पुनःपरिभाषित करने की प्रवृत्ति भी बढ़ रही थी जिसे इस्लाम का ग़ज़ाली विचारधारा या संकल्पना कहा जाता है, जो कि क़ानून (*शरीयत*) और रहस्यवाद (*तरीक़ा*) का संयोजन है। यद्यपि इस्लाम को फिर से स्पष्ट करने की जो क़वायद थी, वह परिभाषा के अनुसार मौलिक नहीं थी तथापि इसे बनाये रखने के लिए अतिरिक्त सतर्कता और सजगता बरती जा रही थी। अब्दुल-हक़-मुहद्दीस (1551-1642), जिसका उल्लेख पहले किया जा चुका है, मुस्लिम विधि या क़ानून पर विद्वत्तापूर्ण लिखने वाले एक प्रसिद्ध लेखक थे। साथ ही साथ पैग़म्बर के उपदेशों का संग्रह *हदीस* पर उनकी विशेषज्ञता थी जो कि व्यापक तौर पर स्वीकृत थी।[56] भारतीय सन्तों-महात्माओं और फ़क़ीरों की जीवनियों की शृंखला के लेखक के दृष्टिकोण से उन्होंने सूफ़ी परम्परा को पूर्ण रूप से स्वीकार कर लिया; और *वाहदत अल-वुजूद* उनको अपने पिता से विरासत में मिला था। उन्होंने चरम एकेश्वरवादी कबीर को भी सहानुभूति के साथ उद्धृत किया है और उन्हें न तो मुस्लिम और न ही हिन्दू बताया है।[57]

शेख़ अहमद सरहिन्दी के उत्तराधिकारियों को अपने संरक्षण के बावजूद औरंगज़ेब (शासनकाल, 1659-1707) ने बाद के चरम आध्यात्मिक दावों के प्रति सहिष्णुता का रवैया नहीं दिखाया[58], और सामान्य तौर पर परम्परागत और वैधानिक इस्लाम को समर्थन दिया। यह विशेष तौर पर बृहद् ग्रन्थ *फ़तवा-ए-आलमगीरी* में निर्देशित रूप में अभिव्यक्त किया गया है जो अरबी भाषा में शेख़ निज़ाम के द्वारा तैयार किया गया था जिसके क्रम में उन्होंने अनेक विद्वानों और व्यापक न्याय-संग्रहों और विविध विषयों पर विभिन्न वैचारिकी की सहायता ली और इसे सुव्यवस्थित रूप से व्यवस्थित किया।[59]

मुग़ल साम्राज्य के पतन के दौरान एक महत्त्वपूर्ण मुस्लिम चिन्तक और न्यायविद् शाह वलीउल्लाह (1702-62) अग्रिम पंक्ति में उभरे। उन्होंने मुग़ल साम्राज्य के पतन में कृषकों और शिल्पकारों के दमन को एक कारण के रूप में चिह्नित किया और इसकी महत्त्वपूर्ण एवं अहम भूमिका को रेखांकित किया, कहने की आवश्यकता नहीं है कि इसमें वे विलक्षण और अपवादस्वरूप सिद्ध हुए; इस उत्पीड़न के लिए उन्होंने शासक वर्गों की बढ़ती विलासप्रियता को

ज़िम्मेदार ठहराया।[60] उन्होंने कभी-कभी शरिया के विभिन्न तत्त्वों के प्रवर्तन या कार्यान्वयन को सामाजिक आवश्यकताओं के साथ जोड़ा, हालाँकि इस विवेचना या अनुशीलन में तुलनात्मक रूप से अपरिपक्वता परिलक्षित होती है। इसलिए, सूदखोरी को प्रतिबन्धित किया गया है, क्योंकि अगर यह व्यवहार में होता, तो लोग सूदखोरी और उससे होने वाले लाभों के लिए कृषि और दस्तकारी को विलम्बित कर देते या उसे अपनी प्राथमिकता में नहीं रखतें।[61] अन्य विषयों जैसे कि शियाओं के मामले में उन्होंने परम्परागत सुन्नी इस्लामी शाखा का पक्ष लिया और सरहिन्दी के शिया विरोधी विवादास्पद मुक़्तातबों (पत्रों) का अरबी भाषा में अनुवाद किया। उनमें स्पष्ट रूप से ग़ैर-मुस्लिमों के लिए कटुता थी जो आदर्श *शिया* शासनकाल में अकुशल मज़दूर हुआ करते थे।[62] शाह वलीउल्लाह ने इस्लाम की सूफ़ी परम्पराओं एवं स्मारकों को व्यापक तौर पर स्वीकार किया। अपने को आध्यात्मिक गुरु *(मुर्शिद)* बताते हुए उन्होंने *'वाहदत-अल-वुजुद'* का सरहिन्दी के *वाहदत अश-शुहद* के सिद्धान्त के साथ समन्वय एवं सामंजस्य का एक 'प्रेरित' (तर्कहीन) प्रस्ताव प्रस्तुत किया। इसके बाद ही इस्लामी चिन्तन में सर्वेश्वरवाद का तत्त्व पृष्ठभूमि में तेज़ी से लुप्त होता हुआ प्रतीत होता है।

## ईसाई धर्म

सीरिया के ईसाई और यहूदी समुदाय केरल के तट पर लम्बे समय तक बने रहे थे, लाल सागर से होने वाले व्यापार ने उनका सम्पर्क पूर्वी ईसाई जगत और जरथुष्ट्र के साथ बनाये रखा।[63] पुर्तगालियों के आगमन के साथ, कैथोलिक ईसाई धर्म भी पहुँचा। कैथोलिक मिशनरी के कार्यों में फ्रांसिस ज़ेवियर (1506-52) सबसे महान और अग्रणी रहे, दूसरी तरफ़, इटली के रोबर्ट द नोबिल (1577-1656) ने तत्कालीन ईसाई धर्म के भारतीय संस्करण प्रस्तुत करने का एक प्रकार का नवाचार या यों कहें कि प्रयोगधर्मी प्रयास किया, उसने ईसाई धर्म का समावेश किया; इस तथ्य की प्रामाणिकता इससे सिद्ध होती है कि उसने उच्चवर्गीय और अस्पृश्य अथवा अछूत जातियों के लिए अलग-अलग गिरजाघर स्थापित करवाये। छापाख़ानों के रॉयल कैथोलिक सदस्यों द्वारा ईसाई धर्म से जुड़े साहित्य की रचना भारतीय भाषाओं में की और इसके लिए उन्होंने अनथक प्रयास किये जिनमें उन्हें काफ़ी सफलता भी मिली। 1557 ई. में गोवा एक ऐसा क्षेत्र बन गया जिसका प्रबन्ध लाट पादरी के निर्देशों के अनुसार किया जाता था। हालाँकि पुर्तगालियों की शक्ति में ह्रास ने कैथोलिक गतिविधियों को प्रभावित किया और

1653 ई. में सीरिया की ईसाई शाखा के अनेक समुदाय केरल में बने जिसको पहले पापल प्राधिकार को स्वीकृत करने को विवश कर दिया गया था लेकिन उन्होंने अब अपनी सम्बद्धता पहले की ही तरह से कर ली। 1759 ई. में ख़ुद पुर्तगाल ने ईसाई रॉयल कैथोलिक व्यवस्था को समाप्त कर दिया (जीसस के समाज)। लेकिन कैथोलिक शाखा दीर्घावधि काल तक ईसाई धर्म का एकमात्र विकल्प बना रहा जिससे भारतीय तादात्म्य स्थापित करने में सहज महसूस करते थे। *दबिस्तान* (1653) ने अपने ईसाई धर्म के अध्याय में कैथोलिक मान्यताओं और रीति-रिवाज़ों के सन्दर्भ में युक्तियुक्त रूप से उपयुक्त और उचित विवरण लिखा है लेकिन ऐसा प्रतीत होता है कि लेखक प्रोटेस्टेंट सुधारों से पूरी तरीक़े से अनभिज्ञ है।[64]

डेनमार्क अथवा डेनिस संरक्षण में पहला लूथर मिशनरी 1706 ई. में त्रांकेबार (तमिलनाडु) पहुँचा और उनमें से एक ज़ीजेनबाल्ग ने 1714 ई. में यीशु मसीह के उपदेशों के चार संग्रहों का तमिल भाषा में अनुवाद किया।[65]

फिर भी, भारतीय धार्मिक विचारों की मुख्यधारा, चाहे वह हिन्दू हो या इस्लाम, पर ईसाई धर्म का प्रत्यक्ष प्रभाव बहुत सीमित था; यह प्रभाव 19वीं शताब्दी के बीच की अवधि के दौरान ही महत्त्वपूर्ण बन पाया।

## सन्दर्भ एवं टिप्पणियाँ

1. अज्ञात, *दबिस्तान, दबिस्तान-ए-मज़ाहिब*, बॉम्बे, 1875, पृ. 105.
2. *आईन-ए-अकबरी* के अन्तिम भाग में, जो कि एच. ब्लोचमैन के द्वारा सम्पा., भाग II, कलकत्ता 1667-77 है। स्पष्ट रूप से भारत 'हिन्दोस्तान' के पारम्पारिक आस्थाओं-विश्वासों, दर्शनों एवं विज्ञान के विविध रूपों का सटीक और बृहद् सर्वेक्षण प्रस्तुत करता है।
3. *दबिस्तान*, बाम्बे सम्पा., पृ. 106.
4. देखें ए. बेरीडेल कीथ, *ए हिस्ट्री ऑफ़ संस्कृत लिटरेचर*, लन्दन, 1928, पृ. 448-49.
5. पूर्वोक्त., पृ. 478, 489.
6. जीवनी के लिए, रचित 1595 ईसा के आस-पास, लेकिन पवित्र एवं धार्मिक व्यक्तित्व के भार से पहले ही लदा हुआ, देखें, कृष्णदास कविराज, *चैतन्य-चरितामृत*, अनु. जदुनाथ सरकार, *चैतन्य'स लाइफ़ एंड टीचिंग्स*, कलकत्ता, 1932.
7. इस सम्प्रदाय ने मुग़लकालीन दौर से फ़ारसी और ब्रज दस्तावेज़ों की विपुल मात्रा अपने पीछे छोड़ी है जिससे उनके सांसारिक मामलों के इतिहास का विस्तृत विवरण का पुनर्निर्माण किया जा सकता है (देखें इरफ़ान हबीब, 'ए डाक्यूमेंट्री हिस्ट्री ऑफ़ द गसैंस ऑफ़ द चैतन्य सेक्ट एट वृन्दावन' में : मागरेट एच. केस (सम्पा.), *गोविन्ददेवा : ए डायलॉग इन स्टोन*, नयी दिल्ली, 1996, पृ. 131-159).

8. होस्टाइल के लिए देखें अज्ञात द्वारा रचित *हिस्ट्री ऑफ़ द सेक्ट ऑफ़ महाराजा या वल्लभाचार्य इन वेस्टर्न इंडिया*, लन्दन, 1865.

9. जस्टिन इ. अबॉट, *तुकाराम*. सतारा, 1932. समय व्यतीत होने के साथ इस लोकप्रिय पारम्परिक आस्था की स्थापना और उस पर बल देने के लिए यह तर्क दिया गया कि तुकाराम नामदेव के एक दिव्य अवतार में, यह अद्वैतवादी सन्देश अपने आप में इतना पूर्ण और एकात्म समझा गया कि इससे किसी भी प्रकार से किसी भी सीमा तक समझौते की सम्भावना को पूर्ण रूप से ख़ारिज कर दिया गया, नकार दिया गया—यह तर्क महीपति द्वारा लिखित 18वीं शताब्दी के तुकाराम की जीवनी में प्रस्तुत है, *द भक्तालितामृत*।

10. विल्बुर एस. दिमिंग, *रामदास एंड द रामदासिस*, कलकत्ता, 1928.

11. कीथ, *हिस्ट्री ऑफ़ संस्कृत लिटरेचर*, पृ. 485-6. 16वीं-18वीं शताब्दियों के बीच की अवधि के दौरान विद्यमान रहे हिन्दू धर्म की विभिन्न शाखाओं को प्राचीन शास्त्रीय कृतियों में खोजा जा सकता है, चार्ल्स इलियट, *हिन्दुइज़्म एंड बुद्धिज़्म, लन्दन*, 1921, भाग-II; हरिदास भट्टाचार्य में, सम्पा., *द कल्चरल हेरिटेज ऑफ़ इंडिया*, भाग-IV : *द रिलिजंस*, दूसरा संस्क., कलकत्ता, 1956; और बी.बी. मजूमदार में, 'हिन्दू रिलिजन' आर.पी. मजूमदार में (सम्पा.), *द मुग़ल एम्पायर*, बॉम्बे, 1974.

12. *दबिस्तान*, बॉम्बे सम्पा, पृ. 162-64.

13. देखें, डी.एन. मार्शल, *मुग़ल्स इन इंडिया : ए बिब्लियोग्राफिकल* सर्वे, भाग-I (पाण्डुलिपियाँ), बॉम्बे, 1967, पृ. 443-4 (सं. 1903).

14. कोंदुरी सरोजिनी देवी, *रिलिजन इन विजयनगर एम्पायर*, नयी दिल्ली, 1990, पृ. 154—74.

15. पुष्पा प्रसाद, 'अकबर एंड द जैंस' में : *अकबर एंड हिज इंडिया*, सम्पा. इरफ़ान हबीब, नयी दिल्ली, 1997, पृ. 97-108. यह सम्बन्ध किसी जैन श्रावक के सन्दिग्ध राजनीतिक व्यवहार के कारण जहाँगीर के समय ठण्डा पड़ गया।

16. *दबिस्तान*, बॉम्बे, सम्पा., पृ. 166.

17. प्रथम आलोचना के एक रूप के लिए, देखें हज़ारी प्रसाद द्विवेदी, *कबीर*, बॉम्बे, ति.न.य चार्लोट वैयुदेविले में इसका आलोचनात्मक परीक्षण किया गया है, *कबीर*, I, आक्सफ़ोर्ड, 1974, पृ. 86-89, 120-148.

18. इलियट, *हिन्दुइज़्म एंड बुद्धिज़्म*, उद्धृत, II, पृ. 262.

19. इसे कबीर के अन्य दोहे से तुलना करें :

    साँई मेरा बांनियाँ, सहजि करै ब्यौपार।
    बिन डाँडी पालडै, तोले सब संसार।।

    देखें *कबीर ग्रन्थावली*, सम्पा. श्यामसुन्दरदास, काशी, 1951, पृ. 42, 62.

20. *गुरु ग्रन्थ साहिब* : श्री राग, कबीरदास जिउ।

21. *श्री भक्तमाल*, सम्पा. गणेशदास, प्रथम संस्करण, गोवर्धन, ति.न., पृ. 171.

22. *कबीर ग्रन्थावली*, पृ. 54.

23. गुरु ग्रन्थ साहिब, असाः महल्ला 5, अनु. एम.ए. मैक्युलिफ, द *सिख रिलिजन, ऑक्सफ़ोर्ड*, 1909, भाग-VI, पृ. 109.

24. सूत कातने वाले दादू के लिए, देखें *दबिस्तान*, बॉम्बे सम्पा., पृ. 173-74. परवर्ती परम्परा ने उन्हें अहमदाबाद के हिन्दू व्यापारी का पुत्र बना दिया : डब्ल्यू.जी. ओर की जीवनी, *ए सिक्सटींथ सेंचुरी इंडियन मिस्टिक*, लन्दन, 1947, प्रतीत होता है कि यह कालान्तर की परम्परा से व्यापक स्तर पर प्रभावित है।

25. देखें : इरफ़ान हबीब, *एग्रेरियन सिस्टम ऑफ़ मुग़ल इंडिया*, दूसरा संस्क., नयी दिल्ली, 1999, पृ. 395-97.

26. इस परम्परा और कबीर-पन्थ के आगे के इतिहास के लिए, देखें एफ.इ. के, *कबीर एंड हिज फालोअर्स*, कलकत्ता, 1931.

27. गुरु ग्रन्थ साहिब या *आदि ग्रन्थ* (*दशम ग्रन्थ* से अलग दिखाने के लिए, जिसमें गुरु गोविन्द सिंह की रचनाएँ संकलित हैं) का गुरुद्वारा प्रबन्धक समिति, अमृतसर द्वारा मानक संस्करण प्रकाशित किया गया है। संस्करण नागरी लिपि में है जिसमें कि शब्दों का पार्थक्य है, अमृतसर, 1951, 2 भाग, विशेष रूप से मूल्यवान है। गोपाल सिंह के द्वारा एक अंग्रेज़ी अनुवाद भी उपलब्ध है, दिल्ली, 1962. दादूपन्थी समेकन या अंकलन पर, देखें, वैयुदेविले, कबीर, पृ. 58-60.

28. सिख धर्म और जाति के मुद्दे पर, देखें डब्ल्यू.एच. मैकलोड, *द इवोल्यूशन ऑफ़ द सिख कम्युनिटी*, दिल्ली, 1975, पृ. 83-90.

29. *दबिस्तान*, बॉम्बे, सम्पा., 179-180, 191-193.

30. मैकलोड, *द इवोल्यूशन ऑफ़ द सिख कम्युनिटी*, पृ. 9-12, 91-93.

31. इस अवधि के दौरान के सिख इतिहास के लिए, देखें जे.एस. ग्रेवाल, *द सिक्खस् ऑफ़ द पंजाब*, कैम्ब्रिज़, 1990, पृ. 82-91.

32. भारत में इस्लाम के इतिहास पर दो गहरी अन्तर्दृष्टि वाली पुस्तकों को यहाँ उद्धृत किया गया है : अज़ीज़ अहमद, *स्टडीज़ इन इस्लामिक कल्चर इन द इंडियन इनवायरनमेंट*, आक्सफ़ोर्ड, 1964, और एम. मुजीब, *द इंडियन मुस्लिम्स*, लन्दन, 1967.

33. सीएफ एस. अतहर अब्बास रिज़वी, *मुस्लिम रिवाइवलिस्ट मूवमेंट इन नार्दर्न इंडिया इन द सिक्सटींथ एंड सेवंटींथ सेंचुरीज*, लखनऊ, 1965, पृ. 43 एफ.एफ.

34. हैमिल्टन गिब्ब, *मोहम्मडनिज़्म, एन हिस्टोरिकल सर्वे*, लन्दन, 1953, पृ. 149.

35. एस.ए.ए. रिज़वी, *मुस्लिम रिवाइवलिस्ट मूवमेंट्स*, ओपीसीआईटी. पृ. 68-131.

36. इस सम्प्रदाय का सबसे हालिया समकालीन विवरण *दबिस्तान*, बॉम्बे, सम्पा., पृ. 247-53 में संकलित है।

37. अब्दुल क़ादिर बदायूँनी, *मुन्तखाब-उत-तवारीख़*, सम्पा. डब्ल्यू.एन. लीस और अहमद अली, कलकत्ता, 1864-67, II, पृ. 258-60. बदायूँनी अकबर के विचारों और पैमानों का समकालीन कटु आलोचक था।

38. अबुल फ़ज़्ल, *आईन-ए-अकबरी,* ओपी. सीआइटी., II, पृ. 261, 264.

39. इस दस्तावेज़ को ओसामु कोंडो के द्वारा अनुवादित किया गया है और इस पर टिप्पणी की गयी है, 'अकबर एंड द थियोलॉजियंस डेक्लेयरेशन' *रिलिजन इन इंडियन हिस्ट्री,* सम्पा. इरफ़ान हबीब में, नयी दिल्ली, 2007, पृ. 158-166.

40. अबुल फ़ज़्ल, *आईन-ए-अकबरी,* ओपी. सीआइटी. I, पृ. 158.

41. जहाँगीर, *तुज़ुक-ए-जहाँगीरी,* सम्पा. सैयद अहमद, गाज़ीपुर एंड अलीगढ़, 1863-64, पृ. 28. सूर्य सभी प्रकाश का स्रोत है। इस पर इशराकी विचारों का प्रभाव लक्षित होता है।

42. इस शब्द का एक ही समकालीन स्रोत बदायूँनी, *मुंतखाब-उत-तवारीख़,* II, पृ. 304 है। इसका व्यवहार न तो अबुल फ़ज़्ल के द्वारा या न ही किसी आधिकारिक दस्तावेज़ में या वास्तव में कहें तो अकबर के शासन काल के किसी भी दस्तावेज़ में नहीं ही किया गया है।

43. जहाँगीर, *तुज़ुक-ए-जहाँगीरी,* ओपी. सीआइटी., पृ. 16. ऐसी धार्मिक सहिष्णुता की नीति ने न केवल मुस्लिम धार्मिक गुरुओं को अप्रसन्न किया बल्कि जेसुइट फादर एंटोनी मोंसेरेट भी इससे नाराज़ थे। उन्होंने कटुतापूर्ण शब्दों में अपने मत को उद्धृत करते हुए कहा कि "अकबर ने सभी लोगों को अपने-अपने धर्मपालन की अनुमति देकर इसकी थोड़ी ही चिन्ता की कि वह सभी धर्मों को ख़ारिज कर रहा था" (*द कमेंट्री ऑफ़ फादर मोंसेरेट,* अनुवा. और सम्पा. एस.एन. बनर्जी और जॉन एस. होयलैंड, पुनर्मुद्रित, जालन्धर, 1993, पृ. 142).

44. अबुल फ़ज़्ल, '*आईन-ए-अकबरी,* ओपी. सीआइटी. I, पृ. 2-3.

45. देखें, जै.कि., बदायूँनी (मुन्तखाब) *मुन्तखाब उत तवारीख़,* II, पृ. 316-17 अन्य पासिम, और *दबिस्तान,* बाम्बे सम्पा., पृ. 254-63.

46. इस अनुवाद कार्य पर देखें एम. अतहर अली, मुग़ल इंडिया, नयी दिल्ली, 2006, पृ. 173-182.

47. *अबुल फ़ज़्ल, आईन-ए-अकबरी,* ओपी. सीआइटी., II, पृ. 1-2.

48. देखें, बदायूँनी, *मुन्तखाब-उत-तवारीख़,* II, पृ. 398-400.

49. जहाँगीर, *तुज़ुक-ए-जहाँगीर,* पृ. 176. वेदान्तिक योगी जद्रूप (चित्ररूपा) के साथ अपने सम्बन्धों पर, देखें एस. मूसवी इन *प्रोसिडिंग्स ऑफ़ द इंडियन हिस्ट्री कांग्रेस, कोलकाता (2000-01) सत्र,* पृ. 441-52.

50. के. क़ानूनगो द्वारा दारा शिकोह पर जीवनी देखें, दूसरा संस्क., कलकत्ता, 1952.

51. इस कार्य के सन्दर्भ में देखें एम. अतहर अली, *मुग़ल इंडिया,* पृ. 216-28; और इरफ़ान हबीब, *प्रोसिडिंग्स ऑफ़ द इंडियन हिस्ट्री कांग्रेस, कोलकाता (2000-01) सत्र,* पृ. 474-91.

52. एस. अतहर अब्बास रिज़वी, ए सोशियो-इंटैलेक्चुअल हिस्ट्री द इस्ना 'अशारी *शिया'ज इन इंडिया,* नयी दिल्ली, 1986, I, पृ. 342-87.

53. उपर्युक्त मामलों में सरहिन्दी के विचार उनके पत्रों के तीन भागों से उद्धृत किये गये हैं, *मकतूबत-ए-इमाम-ए-रब्बानी*, प्रका. नवल किशोर, कानपुर, ति.न., देखें ईएसपी.I. पृ. 57-60, II, पृ. 14-15, 145-6, एंड III, पृ. 135-7. और भी देखें योहानन फ्राइडमैन को भी देखें, *शेख अहमद सरहिन्दी : एन आउटलाइन ऑफ़ हिज थॉट*, मांट्रिअल, 1971.

54. देखें, एस.ए.ए. रिज़वी, *मुस्लिम रिवाइवलिस्ट मूवमेंट्स*, पृ. 268-71.

55. जहाँगीर, *तुजुक-ए जहाँगीरी*, पृ. 272-3, 308.

56. एस.ए.ए. रिज़वी, *मुस्लिम रिवाइवलिस्ट मूवमेंट्स*, पृ. 148-75.

57. अब्दुल हक़ का *अख़बारु-अल-अख़्यार का तकमीला* देखें जो कई संस्करणों में प्रकाशित हुआ है।

58. देखें, फ्राइडमैन, *शेख अहमद सरहिन्दी*, पृ. 118.

59. इस कार्य पर देखें एलन एम. गुएनथेर को, में : रिचर्ड एम. एटोन (सम्पा.), *इंडिया'ज इस्लामिक ट्रेडिशंस, 711-1750*, नयी दिल्ली, 2001, पृ. 209-30.

60. शाह वलीउल्लाह, *हुज्जत अल्लाह अल-बलीगा*, सम्पा. अब्दुल लतीफ और मिराज, अबु मुहम्मद अब्दुल हक़ के उर्दू अनुवाद के साथ, कराची, ति.न., I, पृ. 225.

61. पूर्वोक्त., II, पृ. 310, 317-18.

62. पूर्वोक्त., I, पृ. 259.

63. केरल के स्थानीय शासक वीर राघव ने 15 मार्च 1320 को सीरिया के एक ईसाई परिवार को एक चाँदी से बनी प्लेट को अनुदान के तौर पर प्रदान किया था (*एपिग्राफिया इंडिका*, IV, पृ. 290-97, और VI, पृ. 83-84). केरल में यहूदियों को दिये गये अनुदान उसी उपर्युक्त उपाधि के दौरान, देखें *एपिग्राफिया इंडिका*, III, पृ. 66-69.

64. *दबिस्तान*, बाम्बे. सम्पा., पृ. 202-08.

65. देखें, एल.एस.एस.ओ. का मल्ले सम्पा. *मॉडर्न इंडिया एंड द वेस्ट*, लन्दन, 1941, पृ. 50-53, और सी.इ. अब्राहम, 'क्रिश्चियनिटी', एच. भट्टाचार्य के सम्पादन में, *द कल्चरल हेरिटेज ऑफ़ इंडिया*, दूसरा संस्क., कलकत्ता, 1956, भाग-IV.

# 3.5
# विज्ञान एवं प्रौद्योगिकी

## विज्ञान

गुणवत्तापूर्ण शिक्षा और शिक्षार्थियों के सुनिश्चितकरण के लिए अकबर ने उन कुछ महत्त्वपूर्ण विषयों को विद्यालय में सीखने की अनिवार्यता को निर्देशित किया था जिनकी सूची अबुल फ़ज़ल ने अपनी प्रसिद्ध कृति *आईन-ए-अकबरी*, के एक प्रसिद्ध अवतरण में दी है जो कि निम्नलिखित है : नैतिकता, अंकगणित, लेखा, कृषि, क्षेत्रमिति, ज्यामिति, खगोल-विज्ञान, भूमि-पूजन विद्या, गृह-प्रबन्धन, राजव्यवस्था, चिकित्सा, तर्क, शारीरिक-विज्ञान, गणित, इतिहास, अध्यात्म-विज्ञान और 'भारतीय विज्ञान प्रणाली' जैसे कि व्याकरण, न्याय, वेदान्त और पतंजलि (क्रमशः व्याकरण, तर्क, वेदान्तिक दर्शन और योग)।[1] अकबर ने जो कथित निर्देश दिये थे हालाँकि वे व्यावहारिक स्तर पर कभी भी व्यवहार में नहीं लाये जा सके। यद्यपि अबुल फ़ज़ल दावा करता है कि इन विषयों के अध्ययन-अध्यापन के कार्य ने *मदरसों* में संजीवनी डाल दी तथापि इसकी पुष्टि के कोई साक्ष्य उपलब्ध नहीं हैं कि वस्तुतः *मदरसों* अथवा इन संस्थानों में इन कथित विषयों की पढ़ाई होती थी। वास्तविकता यह थी कि *मदरसों* में अभी भी इस्लामी धार्मिक सिद्धान्त एवं मान्यताएँ और उससे जुड़ा बृहद् साहित्य ही पढ़ाया जा रहा था।[2] उपर्युक्त शाही फ़रमान सही मायनों में *मदरसों* के बाहर 'व्यक्तिगत शिक्षकों' द्वारा अमल में लाये जा रहे थे जो प्रायः अपने छात्रों को किसी एक विषय या ज्ञान की एक शाखा जैसे कि खगोल-विज्ञान, चिकित्सा आदि की समाप्ति पर अपने स्तर से प्रमाण-पत्र दिया करते थे, हालाँकि यह बड़े पैमाने पर पाठ्य-पुस्तकों के माध्यम से कार्यान्वित हुआ करता था, सम्भवतः मुख्य रूप से यह उनके अपने

परिवारों के बीच ही व्यवहार में था या व्यक्तिगत पेशेवरों द्वारा अपने सहायक या विद्यार्थियों को पढ़ाया जा रहा था।

बहरहाल, हिन्दू धर्म विशेषकर खगोल-विज्ञान के लिए वाराणसी एक महान केन्द्र था लेकिन जैसा कि बर्नियर ने रेखांकित किया है कि भारत में ऐसे कोई संस्थान नहीं थे जिसे यूरोप के महाविद्यालयों और विश्वविद्यालयों के बारे में जानकारी थी।[3] निश्चित रूप से इसमें कोई सन्देह नहीं था कि विज्ञान से सम्बन्धित विषयों पर उपर्युक्त कथित निर्देशों के कार्यान्वयन का व्यावहारिक स्तर पर कोई उद्देश्यपूर्ण और सकारात्मक प्रभाव पड़ता, यह कमोबेश नामुमकिन ही था।

ऐसा प्रतीत होता है कि 16वीं शताब्दी तक आते-आते अरबी भाषा में अनुवाद के माध्यम से ग्रीक कृतियों तक पहुँच स्पष्ट रूप से सीमित हो गयी। फिर भी अबुल फ़ज़ल प्राचीन ग्रन्थों के ज्ञान का दावा करते हैं, और टॉलेमी एवं गैलेन खगोल-विज्ञान और चिकित्सा के क्षेत्र में महत्त्वपूर्ण और सम्भवतः कमोबेश सबसे विश्वसनीय बने रहे। थॉमस रो 1616 ई. में लिखते हैं कि मुग़ल दरबार में 'महोमेट के मौला' ''दर्शन के बारे में कुछ जानते थे'' और महान खगोल-विज्ञानी थे और अरस्तू, यूक्लिड, अवेररोर और अन्य लेखकों के बारे में बात कर सकते थे।[4] उस समय जिस प्रकार और जिन परिस्थितियों में जिस स्तरीय वैज्ञानिक प्रवृत्तियों एवं प्रयासों को सकारात्मक रूप से प्रोत्साहित किया जा रहा था, उससे बड़ी दिलचस्पी का विषय और क्या हो सकता था!

दरअसल, रूढ़िगत अथवा रूढ़ियों के प्रति घृणा और मानव-प्रगति से यह आवेग आंशिक तौर पर ही सही लेकिन थोड़ा थम-सा गया। यह अबुल फ़ज़ल के उस वक्तव्य में निहित था जिसको उद्धृत करते हुए बदायूँनी ने कहा कि अगर इस्लामी विधि को समेकित किया जाता, तो यह अपने स्वरूप में भिन्न होता।[5] अबुल फ़ज़ल ने परम्परा की जड़ों को गहरे होने और इसके लोगों के बीच सघन रूप से रचे-बसे होने की प्रवृत्ति की जमकर आलोचना या यों कहें कि निन्दा की है और इसलिए की है क्योंकि उनका मानना है कि यह 'कैसे' और 'क्यों' की प्रणाली के लिए दरवाज़ा बन्द करता है और सवाल एवं अन्वेषण करने को अलाभकारी बताते हुए इसे बुतपरस्तों का कार्य बताता है।[6] वह ग़ज़ाली की इस बात को बकवास करार देते हैं कि ऐसे विज्ञानों और दर्शनों के ज्ञान की वैधता को *नास* (क़ुरान और परम्परा) नहीं मानता और ना ही इसे प्राप्त करने की अनुमति देता है।[7]

अबुल फ़ज़ल की ऐसी प्रवृत्ति ने न केवल धार्मिक सहिष्णुता और बौद्धिक नवाचार (देखें अध्याय 3.4) के लिए अनुकूल परिस्थितियाँ और सम्भावनाएँ बनायीं

बल्कि वैज्ञानिक अन्वेषण पर बल दिया। अबुल फ़ज़ल ने तकनीकी उपकरणों के अपने विवरण में वैज्ञानिक जिज्ञासा या उत्सुकता का वास्तविक और प्रभावी नमूना पेश किया (इस प्रकार, ऐसा प्रतीत होता है कि शराब के आसवन समेत अन्य आसवन प्रक्रियाओं के अत्यन्त महत्त्वपूर्ण विवरणों को शायद पूर्ववर्ती लेखकों ने नज़रअन्दाज़ कर दिया था)।[8] वह प्राचीन ज्ञान में भी कुछ जोड़ने के लिए तत्पर दिखते हैं क्योंकि वह बिल्कुल नये धातु ज़स्ता के सम्बन्ध के बारे में बात करते हैं। *आईन-ए-अकबरी* में जिस प्रकार से उन्होंने मुग़ल साम्राज्य के विभिन्न राज्यों या क्षेत्रों के बारे में विस्तृत विवरण दिये हैं, वह वास्तव में उनकी भूगोल में अत्यन्त दिलचस्पी को दर्शाता है।[9] इस पर भी बहुत ध्यान देने की आवश्यकता है कि जिस प्रकार उन्होंने विभिन्न सांख्यिकीय आँकड़े उद्धृत किये हैं और जिनमें से अधिकांश का समर्थन करते हैं। *आईन-ए-अकबरी* में सामान्य तौर पर केवल राजस्व-लेखा और सकल घरेलू उत्पादन के पुनरुत्पादन से सम्बन्धित आँकड़े ही नहीं पाते हैं बल्कि इसमें विभिन्न प्रकार के सांख्यिकीय आँकड़े जैसे कि मूल्य, दैनिक श्रम भत्ता, राजस्व-दर, कुल रक़बा/क्षेत्रफल, और सभी राजस्वों से प्राप्त कुल राजस्व, क्षेत्रवार मनसबदारी व्यवस्था का आकलन, घोड़े, हाथियों, इत्यादि से सम्बद्ध सांख्यिकीय सूचना की ऐसी प्रचुरता भारत में शायद पहले कभी नहीं देखी गयी, यहाँ तक कि सम्पूर्ण फ़ारसी साहित्य में भी नहीं।

गणित और खगोल-विज्ञान पर बहुत ध्यान दिया गया। अकबर के दरबारी कवि फ़ैज़ी ने भास्कराचार्य की गणित सम्बन्धी कृति *लीलावती* को फ़ारसी भाषा (1587 ई.) में प्रस्तुत किया। एक फ़ारसी आप्रवासी फतुल्लाह शिराज़ी (मृ. 1588) ने मुग़ल दरबार के खगोल-विज्ञान और गणित के ज्ञान का ख़ूब बखान किया। उसे युक्तियुक्त रूप से उपयुक्त एक सौर कैलेंडर, *इलाही,* बनाने का ज़िम्मा सौंपा गया जिसका शाही संवत् 1584 नियत किया गया था। फतुल्लाह दिलचस्प तकनीकी उपकरणों के लेखक रहे हैं जिनमें से कुछ की चर्चा अबुल फ़ज़ल ने *आईन-ए-अकबरी* में की है (नीचे देखें)।[10]

अकबर के शासनकाल (1556-1605) के दौरान विज्ञान में जिस प्रकार की रुचि दिखाई देती है और जिस प्रकार की विकास की सम्भावनाओं को आकार दिया गया था, सत्रहवीं शताब्दी उन सम्भावनाओं को वास्तविकताओं में तब्दील करने में सफल नहीं रही। कुल मिलाकर, विज्ञान बिना किसी नवाचार के परम्परागत ढर्रे पर चलता रहा। पादशाही के अपने संस्मरणों में जहाँगीर (1605-27) ने वनस्पति और जन्तु सम्बन्धी विज्ञान में अपने कुछ निष्कर्ष उद्धृत किये हैं जो उसे प्रकृतिवादी

होने का सबूत देते हैं।[11] 1634-35 में, शाहजहाँ के संरक्षण में अताउल्लाह रुश्दी ने भास्कराचार्य की *बीजगणित* पर लिखी पुस्तक—*बीजगणित* का अनुवाद किया। एक रेखांकित करने योग्य उपलब्धि थी सादिक़ इस्फ़हानी का पूर्वी गोलार्द्ध का मानचित्र (संकलित, जौनपुर, 1647) जो एक सामान्य ग़ैर-परिप्रेक्षीय बेलनाकार प्रक्षेपण पर आधारित 33 पत्रकों में है और जिसमें टॉलेमी के सिद्धान्तों एवं नियमों का सख़्त रूप से अनुसरण किया गया है।[12] भारत में यूरोपियों की उपस्थिति के बावजूद इन मानचित्र-पत्रकों में उनके प्रभावों को प्रदर्शित नहीं किया गया। यहाँ तक कि सर थॉमस रो द्वारा जहाँगीर को प्रस्तुत किये गये मर्केटर के नक़्शे में भी इसे प्रकाश में नहीं लाया गया और वह संस्करण वापस ले लिया गया।[13]

ग्रीक-अरबी परम्परा *(तिब्ब-ए-यूनानी)* से व्यापक तौर पर अतिप्रेरित भारतीय चिकित्सा व्यवहार में अपने समानान्तर चल रही समकालीन फ़ारसी चिकित्सा के समान ही थी, फलतः ईरान से भारत आने के लिए चिकित्सकों का ताँता लग गया।[14] मज़े की बात यह है कि सर्पदंश के उपचार में चीनी चिकित्सा के प्रयोग का (सन्दिग्ध वास्तविक मूल्य के बावजूद) भारत और यूरोप, दोनों में एक ही समय में महान नयी खोज के रूप में स्वागत किया गया (सोलहवीं शताब्दी का पूर्वार्द्ध)।[15]

आयुर्वेदिक चिकित्सा भी समानान्तर रूप से और लम्बे समय से प्रभावी प्रणाली के रूप में स्वीकृत रही थी। ऐसा प्रतीत होता है कि यूरोपीय चिकित्सा प्रणाली को भी उसी प्रकाश और सन्दर्भ में देखने की प्रवृत्ति रही थी। शाहजहाँ और औरंगज़ेब के कुलीन 'उमरा' वर्ग का एक विद्वान दानिशमन्द ख़ान ने फ्रांस्वा बर्नियर को दिल्ली (1659-66) में नियुक्त किया था और फ्रांस्वा ने उस रक्त संचरण के सन्दर्भ में हार्वे के खोज की व्याख्या की, साथ ही साथ जीन पैक्वेट रक्त में बदलने की प्रक्रिया सम्बन्धी अनुसन्धान भी समझाया। यहाँ तक कि अपने कुलीन संरक्षणकर्ता को इस विषय में 'प्रबोधन' के लिए अर्थात उसे समझाने के लिए एक भेड़ के टुकड़े-टुकड़े कर दिये।[16] यह एक आम धारणा थी कि यूरोपीय बहुत ही अच्छे चिकित्सक होते थे; और उन्होंने अनभ्यस्त और नौसिखिया चिकित्सकों की सम्भावनाओं को अपार विस्तार दिया, जैसे कि, निकोलाओ मानुची ने 1660 ई. के दौरान लाहौर में स्वयं को ऐसा स्थापित कर लिया जिससे कि उसका चिकित्सा-कर्म तेज़ी से बढ़ता हुआ अत्यन्त लाभदायक व्यापार बन गया।[17] किन्तु दानिशमन्द की उत्कण्ठ उत्सुकता और यूरोपीय चिकित्सकों की बढ़ती 'प्रतिष्ठा' के बावजूद ऐसा प्रतीत होता है कि यूरोपीय लोगों द्वारा अनुशासित की गयी नयी दवाओं में एक निश्चित मात्रा में रुचि से परे तिब्ब परम्परा में यूरोपीय

चिकित्सकीय कर्म के किसी भी तत्त्व को नहीं अपनाया गया या अपनाने की प्रवृत्ति भी नहीं देखी गयी।[18] दूसरी तरफ़, यह रेखांकित करने योग्य तथ्य है कि अठारहवीं शताब्दी के दौरान तुर्की से लेकर बंगाल तक चेचक के टीकाकरण में प्राथमिक स्तर के चिकित्सक ही कार्य कर रहे थे और यह स्थिति तुर्की से लेकर बंगाल तक समान थी लेकिन इस सन्दर्भ को समकालीन यूनानी और आयुर्वेदिक किताबों अथवा ग्रन्थों में पूर्ण रूप से उपेक्षित कर दिया गया था।[19]

दरबार में एक महत्त्वपूर्ण कुलीन 'उमरा' अथवा मनसबदार और आमेर (आँबेर) के शासक सवाई जयसिंह (मृ. 1743) के खगोल-विज्ञान से सम्बन्धित कार्यों ने भारतीय विज्ञान के कुछ सबसे महत्त्वपूर्ण पक्षों को प्रतिबिम्बित किया और साथ में इसमें निहित सीमाओं और ख़ामियों को उजागर किया। उन्होंने दिल्ली, जयपुर, उज्जैन, मथुरा और वाराणसी में वेधशालाएँ बनवायीं। 15वीं शताब्दी में समरकन्द में उलुग़ ख़ान के चिनाई वाले उपकरणों की प्रेरणा और उसमें दृढ़ विश्वास से यहाँ बड़े चिनाई वाले यन्त्र स्थापित किये गये थे। उन्होंने लकड़ी या धातु के बने उपकरण, जैसे कि, तारेक्ष यन्त्र (ऐस्ट्रोलेब्स) जैसे छोटे लकड़ी या धातु के उपकरणों की। यूरोपीय टिप्पणियों की सटीकता के बारे में सीखा और डे ला हायर की सूची प्राप्त की (जिसमें से उन्होंने एक अपवर्तन तालिका को पुनः प्रस्तुत किया)। इनके खगोलविदों ने एक यूरोपीय दूरबीन का भी इस्तेमाल किया जिसके द्वारा वे शुक्र ग्रह के चन्द्रकाल का निरीक्षण कर सकते थे।[20] इन अवलोकनों के परिणाम उनके प्रमुख कार्य *ज़ीज-ए-मुहम्मदशाही* में, 1734 ई. में दर्ज किये गये थे। जबकि जयसिंह कथित 'मुस्लिम खगोलीय प्रणाली' के प्रति आकर्षित हुए। उनकी कृति इस ज्ञान के संचरण में संस्कृत का भी प्रतिनिधित्व करती है जिसकी पुष्टि इस प्रतीक से होती है कि उन्होंने उपकरणों पर संस्कृत पदनामों का उपयोग किया है[21] (जैसा कि हम अध्याय 3.6 में देखेंगे, कई ग्रन्थों ने संस्कृत विद्वानों के समक्ष अरबी-फ़ारसी खगोल-विज्ञान और गणित को पहले ही प्रस्तुत कर दिया था)।

जयसिंह की ब्रह्माण्ड सम्बन्धी अवधारणा दृढ़ रूप से टॉलेमी पर आधारित थी। वे अपनी कृति में बुनियादी और मौलिक मानकों के प्रति भी कम सजग अथवा बहुत ही कम चिन्तित दिखे। उन्होंने अपनी कृति में उलुग़ बेग की उस 'ज़िज' से हू-ब-हू और पूरा का पूरा अवतरण नक़ल कर लिया है जो लगभग 300 वर्ष पूर्व लिखी गयी थी (1437-8)। वह ब्रह्माण्ड के सर्वाधिक प्राचीन कॉपरनिकस के

सिद्धान्तों से सहायता लेते हुए नहीं दिखते हैं, हालाँकि यह आश्चर्य का विषय है कि उनके यूरोपीय सहायकों ने उन्हें इस विषय से अवगत कराने की जहमत नहीं उठायी। इस चूक और अनिवार्य एवं अनुपेक्षणीय संकल्पना के अभाव में यह प्रश्न स्वाभाविक रूप से उठता है कि जयसिंह का प्रयास ब्रह्माण्डीय पिण्डों की वास्तविक वस्तुस्थिति, चाल और समय के निर्धारण के लिए कृतसंकल्पित था कि नहीं जो कि एक खगोलशास्त्री के लिए अनिवार्य केन्द्रीय-बिन्दु और विषय है। इस कथित उद्देश्य के साथ ग्रहों की घूर्णन की सही कक्षा की पड़ताल वास्तव में अप्रासंगिक ही थी।

## प्रौद्योगिकी/तकनीक

भारत के पूर्व आधुनिक युग में प्रौद्योगिकी या तो वैज्ञानिक के स्वीकार्य क्षेत्र से बाहर थी या बस हाशिये पर थी। कोई कुछ सबसे अच्छा कर सकता था तो वह या तो रसायन विज्ञान में कर सकता था या फिर काल्पनिक उपकरणों के साथ कार्य करने की उड़ान भर सकता था। इसलिए, यह आश्चर्य का विषय नहीं है कि आविष्कारों की संख्या और उत्पादन वृद्धि की प्रौद्योगिकी अथवा तकनीक में सुधार, जो निश्चित तौर पर हालाँकि आभिजात्य वर्ग के लिए थे, स्पष्ट रूप से कम हैं।

यहाँ अकबर रेखांकित करने योग्य अपवाद के रूप में प्रतीत होता है। उसके शासनकाल के प्रमुख आविष्कारों में सर्वप्रथम उल्लेखनीय वे आविष्कार हैं जो गियर-व्हील पर आधारित हैं। सोलहवीं शताब्दी के प्रारम्भिक/शुरुआती वर्षों के दौरान बाबर ने 'पिन ड्रम गियरिंग' के आधार पर पानी खींचने की विधि का वर्णन किया था जिसे हिन्दी-इंग्लिश (इंडियन-इंग्लिश) में 'पर्शियन-व्हील' (फ़ारसी पहिया/चक्का) के नाम से जाना जाता है और प्रौद्योगिकी के इतिहासकार इसे *सक्रिया* के नाम से सम्बोधित करते हैं। इसे प्रायः ही मुग़लकालीन चित्रकारों के द्वारा चित्रित किया जाता रहा है (चित्र 3.4; चित्र 2.2 देखें)। इस तरह के 'पिन ड्रम गियरिंग' कुछ दिलचस्प आविष्कारों में केन्द्रीय यान्त्रिक सिद्धान्त थे, जिनके लिए आधिकारिक अथवा शाही इतिहासकारों द्वारा अकबर की प्रतिभा और बुद्धि को श्रेय दिया गया, लेकिन इसमें कुछ हद तक, फ़तुल्लाह शिराज़ी के चातुर्य का भी योगदान था। इसमें वह यन्त्र भी शामिल था जिसके माध्यम से एक साथ कई बन्दूक़ों की नालियों को साफ़ किया जाता था (चित्र 3.5), साथ ही साथ इसमें 'वैगन मिल' भी सम्मिलित था। फतेहपुर सीकरी में गियर वाले चक्कों की

शृंखला से पानी खींचने की एक जटिल पद्धति व्यवहार में लायी जाती थी। अकबर को इसका भी श्रेय दिया गया कि उसने शोरा की सहायता से पानी को ठण्डा करने की प्रक्रिया न केवल अपनायी बल्कि उसका प्रचार-प्रसार कर उसे लोकप्रिय बनाया। यह अकबर का व्यावहारिक ज्ञान ही था जिसने शाही खोजों को बन्दूक़ के आविष्कार के लिए प्रेरित किया : यह एक प्रकार का हाथ से चलाया जाने वाला

चित्र 3.4 : सक्रिया, बैलों के घूर्णन यान्त्रिकी की तुलना में कहीं अधिक ऊँचे स्तर से पानी खींचता हुआ, मधुचेला की चित्रकारी/पेंटिंग से, अकबर का चित्र-कारख़ाना। चित्र-विनिर्माण केन्द्र

हथियार था जो अकबर के शस्त्रागार में बनाया जा रहा था। इसमें *'घोड़े'* (ट्रिगर) की व्यवस्था ने एक क्रान्ति ला दी थी, अब गोली चलाने के लिए माचिस की आवश्यकता नहीं थी बल्कि यह कार्य ट्रिगर यानी कि 'घोड़े' के द्वारा किया जाता था। यह सम्भवतः कुछ-कुछ 'व्हील लॉक' जैसा था। अकबर शायद अब तक ज्ञात ऐसा पहला व्यक्ति था जिसने 'जहाज़ के ऊँट' का आविष्कार किया था—यह एक ऐसा बजरा होता था जिस पर जहाज़ बनाया जाता था और इससे समुद्र में ले जाने में आसानी होती थी, यह अपेक्षाकृत सहज हो जाया करता था।[22]

इसी शासनकाल और आगे आनेवाली शताब्दी में भी 'कलमीकरण' यानी प्रकारान्तर से संकरण की प्रक्रिया को शाही दरबार द्वारा प्रोत्साहित और पोषित किया गया जिससे कि मीठी चेरी को कश्मीर लाया जा सके, और भारतीय मैदानी इलाक़ों में सन्तरे की गुणवत्ता में काफ़ी सुधार किया जा सके।[23]

कुछ महत्त्वपूर्ण यान्त्रिक उपकरण हमारे समय में पहली बार देखे जाते हैं लेकिन उसे आयातित करने या उसका आविष्कार करने का दावा किसी के द्वारा नहीं किया जाता है : वास्तव में वे कमोबेश निश्चित रूप से या आत्मसात किये गये हो सकते हैं या फिर अज्ञात शिल्पकारों के प्रचार-प्रसार के द्वारा प्रचलन में आये हुए हो सकते थे।

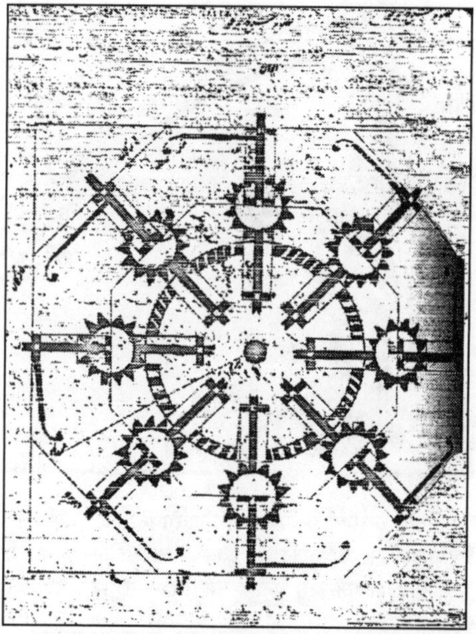

चित्र 3.5 : बन्दूक़ों की नलियों को साफ़ करने के यन्त्र का अभिकल्प (डिज़ाइन) *आईन-ए-अकबरी* एम.एस. से लिया गया आरेख

इनमें से प्रमुख है पेंच जिसको भारत में कसने के लिए बायें से दायें ले जाया जाता था और जिसको खाँचे को काटकर नहीं बनाया जाता था बल्कि इस पर तार की टँकाई कर दी जाती थी। वस्तुतः इस बात को भी दर्ज किया गया है कि पेंच और स्प्रिंग की अनुपस्थिति के कारण भारत में मशीनों का निर्माण कठिन था। पेंच के बदले तार के टुकड़े की रसाई कर दी जाती थी।

इसका वर्णन सर्वप्रथम हमें 1666 ई. में प्राप्त होता है। धातु निर्मित पेंच एक बन्धन उपकरण अर्थात चीज़ों को परस्पर सम्बद्ध करने अथवा बाँधने के लिए व्यवहार में लाया जाता था, इसके अतिरिक्त लकड़ी से बने 'रोलर शुगर मिल' का प्रसार और प्रचलन भी दिलचस्प था (यह 1695 ई. के दौरान पहली बार पश्चिमी तट पर देखा गया और इसी वर्ष इससे जुड़े विवरण प्राप्त होते हैं।), इसमें लगे पेंच रोलर्स को विपरीत दिशाओं में घुमाते हैं (चित्र 3.6)। इसी अवधि के दौरान हीरे को काटने के लिए हस्त-संचालित बेल्ट-ड्रिल उपकरण का वर्णन किया गया जो कि कालजयी उपकरण 'बो-ड्रिल' के अन्तिम दिनों का एक विकल्प था।[24]

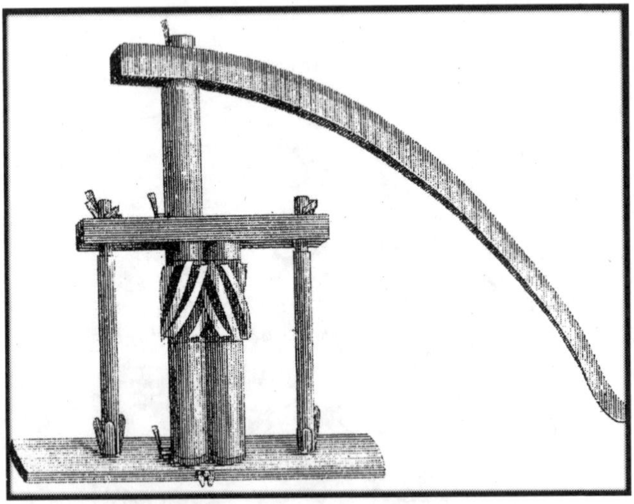

चित्र 3.6. : भारतीय रोलर चीनी मिल, वर्ग गियरिंग के साथ—सबके ऊपर ड्रा-बार है जिससे बैल मुख्य रोलर को घुमाते हैं : चिक बल्लापुर, कर्नाटक के एक मिल में फ्रांसिस बुकानन द्वारा बनायी गयी चित्रकारी, 1801-1803.

सिविल अभियान्त्रिकी में दोहरे और बल्बनुमा गुम्बदों का निर्माण (ताजमहल में इसकी सफलता अपने चरमोत्कर्ष पर है) मेहराबदार शैली के स्थापत्य-कौशल-कारीगरी में उल्लेखनीय और रेखांकित करने योग्य है (इसमें कोई सन्देह नहीं है कि इसे मध्य एशिया से आयातित किया गया था, लेकिन बाद में यह ख़ुद विकसित हुआ)। ऐसा कौशल उस प्रकार के जलसेतुओं में भी देखा जा सकता है जो दो भागों में विभाजित भू-भाग के बीच से प्रवाहित होती हैं और जो प्रसिद्ध पश्चिमी यमुना नहर के भाग हैं।[25]

जहाज़ के निर्माण में यह बहुप्रचलित आम धारणा और मान्यता थी कि जहाज़-निर्माण में सिर्फ़ कोइर ही एकमात्र बाँधने वाली सामग्री है लेकिन इसके विपरीत अकबर के शासनकाल के उत्तरार्द्ध के दरम्यान जहाज़ निर्माण में लोहे का प्रयोग पहले से ही व्यापक तौर पर हो रहा था।[26] सत्रहवीं शताब्दी के बीच के वर्षों में जहाज़ के प्रारूप में भी परिवर्तन आया जो कि जहाज़ निर्माण के क्षेत्र में वास्तविक क्रान्ति थी। एक मस्तूल वाले जहाज़—'रोंग के' जहाज़ के निर्माण को तिलांजलि दे दी गयी और उसके स्थान पर इंग्लिश और डच जहाज़ों की तर्ज़ पर तीन मस्तूल वाले जहाज़ों को बनाने की प्राथमिकता दी गयी।[27]

बुनाई में, करघे पर कढ़ाई के साथ जटिल फूलों की बुनाई की जाती थी और इसलिए यह कार्य बिना करघे के भी किया जाता था। इरविन के उस वक्तव्य को समर्थन करने के बहुत थोड़े से ही कारण हैं जिसमें उसने कहा था कि कपड़े पर छपाई की कला भारत में सत्रहवीं शताब्दी के दौरान आयी थी।[28] इसके उलट ऐसा प्रतीत होता है कि यह भारत में काफ़ी प्राचीन उद्योग था, और सत्रहवीं शताब्दी में इस कथित धारा का प्रवाह प्रत्यावर्तित हो गया और छप्पा/छपाई एवं छींट के कपड़ों के हिन्दुस्तानी कला-कौशल ईरान के लिए एक प्रतिमान बना और तदुपरान्त भारत ने पुनः उसका अनुकरण किया।[29] अठारहवीं शताब्दी में ब्रिटेन की हुकूमत ने भी वस्त्र-छपाई उद्योग के लिए, प्रारम्भिक अवस्था के दौरान ही सही लेकिन भारतीय कपड़ा-छपाई उद्योग को अपना मानक माना।

यह सभी रेखांकित करने योग्य और उल्लेखनीय है। लेकिन जब कोई यूरोप की ओर दृष्टिपात करता है तो इसी कथित अवधि के दरम्यान कोई भारत में प्रौद्योगिकी के विकास और बदलाव की धीमी गति की दर को पहचानने में असफल नहीं हो सकता। कृषिगत उपकरण परम्परागत ही थे जो कमोबेश पूर्ण रूप से लकड़ी से बनाये गये हुए थे और इसमें बहुत ही कम मात्रा में लोहे का प्रयोग हुआ करता था, वह भी इसके किसी विशेष और सुनिश्चित भाग में। धातु कर्म में, लोहे के उत्पादन में क्षमता कम थी जिसके लिए पर्याप्त शक्ति की धौंकनियों को विकसित करने की असफलता उत्तरदायी थी। काटने के उपकरण चलाने के लिए पशु-शक्ति का उपयोग करने की क्षमता की समान कमी के कारण भारतीय मज़बूत पेंच, नट-बोल्ट और धातु निर्मित गियर वाले पहिये (व्हील) का निर्माण नहीं कर सके। इसलिए यान्त्रिक या यूरोपीय घड़ियों का उत्पादन नहीं किया जा सका। सम्भवतः इसका कारण पेंच और स्प्रिंग की अनुपस्थिति भी रही हो। उपकरणों और धातु-उपकरणों को बनाने में इस प्रकार के पिछड़ेपन का प्रभाव यहाँ तक कि तोपख़ानों के निर्माण पर भी पड़ा जिसके विकास में

राज्य प्रायः अत्यधिक दिलचस्पी रखते थे। पूरी सत्रहवीं शताब्दी यहाँ तक कि अठारहवीं शताब्दी के दौरान भारतीय सेना का सामान्यतः हथियार तोड़ेदार बन्दूक़ (Matchlock) हुआ करता था (चित्र 3.7) जबकि यूरोप में तुलनात्मक रूप से

चित्र 3.7 : तोड़ेदार बन्दूक़ (मैचलॉक) को पकड़ा हुआ शाहजहाँ
पयाग की चित्रकला, पेंटिंग, चित्रकारी

अधिक उन्नत चकमकी बन्दूक़ (Flintlock) काफ़ी पहले से ही व्यवहार में आ गये थे। भारत महँगे पीतल से बने तोपों के साथ निरन्तर बना रहा, लेकिन बहुत बाद में ये यूरोप में अप्रचलित हो गये थे। और जब सत्रहवीं शताब्दी में भारतीयों ने लौह निर्मित बन्दूक़ बनाना शुरू किया, वे अनावश्यक रूप से भारी थे, चूँकि बन्दूक़ की नलियाँ छोटे-छोटे भागों को आपस में जोड़कर बनायी जाती थीं, तो उन जोड़ों को ढँकने के लिए लोहे के भारी छल्ले का प्रयोग किया जाता था।[30] यह समझना सरल और स्पष्ट भी था कि वस्तुतः ऐसा लौह-उत्पादन में अपनी अक्षमता के कारण करना पड़ रहा था।

सिविल अभियान्त्रिकी (Engineering) में भी अनेक मुग़लकालीन इमारतों और भवनों में उत्कृष्ट अभिकल्पों (डिज़ाइन) के बावजूद यह अभी भी काफ़ी हद

तक परम्परागत पूर्वाग्रहों से ग्रसित ही नहीं था बल्कि हठी था। सेतुओं के निर्माण सम्बन्धी अभिकल्प (डिज़ाइन) में घाटों की चौड़ाई और मेहराब वाले सिद्धान्त को वरीयता देना ही आदर्श और मानक था, इस तथ्य के बावजूद कि यह अक्सर जलधारा को सेतु के बन्ध को अतिक्रमित करने को विवश करता है और उसे उच्छृंखल होने के लिए छोड़ देता है। यहाँ तक कि अकबर के शासनकाल के दौरान बने और निर्माण का शानदार नमूना जौनपुर के सेतु में भी इस प्रकार की ख़ामियाँ देखी जा सकती हैं (1567-68) जो कि दो भागों में बनी थी, पहली दस मेहराबों वाली और दूसरी पाँच मेहराबों वाली जिसके बीच एक छोटा-सा द्वीप होता है और जो नदी के प्रवाह के लिए पर्याप्त स्थान देता है (चित्र 3.8)।[31] इसकी जगह यूरोपीय इंजीनियरों ने काफ़ी पहले कम खम्भों के प्रयोग की वैचारिकी को अमली ज़ामा पहनाना शुरू कर दिया था।

चित्र 3.8 : मुग़ल पुल, सेतु, ब्रिज़, 1567-68, जौनपुर : पर्सी ब्राउन

छापाख़ाने के प्रति उत्सुकता अथवा दिलचस्पी के नितान्त अभाव को काफ़ी पहले से ऐसे उदाहरण के रूप में प्रस्तुत किया जाता रहा है जिसका अविस्मरणीय आमन्त्रण को स्वीकार करने का सामर्थ्य भारतीयों के पास नहीं था। कहने की आवश्यकता नहीं है कि इसके भारतीय संस्कृति पर व्यापक प्रभाव और परिणाम होते। इस विफलता के कारण छूटे अवसरों पर शायद ही कोई विस्तार से बता सके।

विज्ञान और शिल्पकारी में भी जड़ता के प्रभाव प्रभावी रूप से परिलक्षित होते हैं और इससे शायद ही कोई इनकार कर सके। पूर्व औपनिवेशिक भारतीय

तकनीक पर पाश्चात्य प्रभाव के एक अध्ययन में यह कहा गया कि यूरोपीय तकनीक की भारतीय स्वीकृति सीमित थी और इसका मुख्य कारण यह था कि यह "चयनात्मक अथवा यों कहें कि चुनिन्दा" थी, हालाँकि किन आधारों पर उनका चयन हुआ उसे अस्पष्ट ही छोड़ दिया गया।[32] सम्भवतः यह कहा जा सकता था कि इन यूरोपीय नवाचारों को स्वीकार करने या यों कहें कि आत्मसात करने में यह हिचकिचाहट और संकोच इसलिए था क्योंकि यहाँ कुशल श्रमिक सस्ते उपलब्ध थे।[33] मुख्य तौर पर विज्ञान और यान्त्रिकी के क्षेत्र में पर्याप्त उत्सुकता के बोध का अभाव, भारत का यूरोप से पिछड़ना, उसकी बराबरी करने में असफल रहने में विचारधारा की सम्भावना को उपेक्षित करना कठिन होगा।

## सन्दर्भ एवं टिप्पणियाँ

1. अबुल फ़ज़ल, *आईन-ए-अकबरी*, सम्पा. एच. ब्लोचमैन, कलकत्ता, 1867-77, पृ. 210-12. अब्दुल क़ादिर बदायूँनी, *मुन्तख़ाब-उत-तवारीख़*, सम्पा. अली, अहमद एंड लीज़, कलकत्ता, 1864-69, II, पृ. 363, कहते हैं कि यह आदेश 1587 में निर्गत किया गया था और इसका उद्देश्य लोगों को इस्लामी शिक्षा ('अरबी दर्शन') से दूर रखना था और उन्हें केवल "खगोल, गणित, चिकित्सा और दर्शन के अध्ययन तक सीमित रखना था।"
2. एक युवा विद्यार्थी के रूप में दिल्ली मदरसा के उनके अनुभवों के लिए देखें अब्दुल हक़्क़ के *अख़बारु अल अख्यार* (अनेक संस्करण) में आत्मकथात्मक।
3. वाराणसी (बनारस) में शिक्षा कैसे व्यवहार में थी, इसका वर्णन फ्रांसिस बर्नियर ने हमारे लिए किया है, *ट्रेवल्स इन द मुग़ल एम्पायर, 1656-68*, अनुवा. ए. कांस्टेबल, दूसरा संस्क., पुनः संशो. वी.ए. स्मिथ के द्वारा, लन्दन, 1916, पृ. 334-36, और जीन बेप्टाइस्ट ट्रेवनियर, *ट्रेवल्स इन इंडिया*, अनुवा. वी. बाल, दूसरा संस्क., पुनः संशो. डब्ल्यू क्रूक के द्वारा, लन्दन, 1925, II, पृ. 142-3, 182-3.
4. थॉमस रो, जर्नल एंड कॉरेसपोंडेंस, 1615-19, सम्पा. विलियम फोस्टर, *द एम्बेसी ऑफ़ सर थॉमस रो*, लन्दन, 1926, पृ. 275.
5. बदायूँनी, *मुन्तखाब-उत-तवारीख़*, II, पृ. 79.
6. अबुल फ़ज़ल, *आईन-ए-अकबरी*, ओपी. सीआईटी., II, पृ. 63.
7. मुहम्मद रहीम किश्मी, *जुबदातु'अल मकमत*, लखनऊ, एएच 1302/1884-85, पृ. 131.
8. अबुल फ़ज़ल, *आईन-ए-अकबरी*, I, पृ. 75-77, 95.
9. पूर्वोक्त., I, भाग (सेक्शन) : *अहवल-ए-दोज़ाह सूबा* ('बारह राज्यों का विवरण'), पृ. 386 एफ.एफ.।

10. एम.ए. अल्वी और ए. रहमान देखें, *फतुल्लाह शिराज़ी, ए सिक्सटींथ सेंचुरी इंडियन साइंटिस्ट,* नयी दिल्ली, 1968. मुग़ल दरबार में धूमकेतु की उपस्थिति को लेकर दृष्टिकोण के लिए, देखें शिरीन मूसवी, 'साइंस एंड सुपरस्टीशन अंडर अकबर एंड जहाँगीर' में : इरफ़ान हबीब (सम्पा.), *अकबर एंड हिज इंडिया,* नयी दिल्ली, 1997, पृ. 109-120.
11. वही, *जहाँगीर, द नेचुरलिस्ट,* नयी दिल्ली, 1965.
12. देखें, इरफ़ान हबीब, 'कार्टोग्राफी इन मुग़ल इंडिया', *मेडिवल इंडिया : ए मिसकेलेनि,* IV, बॉम्बे, 1977, पृ. 124-27.
13. पूर्वोक्त., पृ. 127-28.
14. ऐसे विषय और सन्दर्भ में ईरानी चिकित्सकीय व्यवहारों से सम्बन्धित जो अधिकांश विवरण उपलब्ध हैं वे कमोबेश सिरिल एल्गूड, *सफाविद मेडिकल प्रैक्टिस,* लन्दन, 1970 से उद्धृत हैं और ये साथ ही साथ चिकित्सा की भारतीय यूनानी प्रणाली में भी उतनी ही प्रासंगिक और प्रभावी है।
15. इरफ़ान हबीब में : दीपक कुमार (सम्पा.), *डिजीज एंड मेडिसिन इन इंडिया : ए हिस्टोरिकल ओवरव्यू,* नयी दिल्ली, 2001, पृ. 71-73.
16. फ्रांसिस बर्नियर, *ट्रेवल्स इन द मुग़ल एम्पायर, ईसा 1656-1668,* अनु. ए. कांस्टेबल, पुनः संशो. वी.ए. स्मिथ, लन्दन, 1916, पृ. 324-5, 339, 352-3.
17. निकालो मनौसी, *स्टोरिया डो मोगोर,* अनु. डब्ल्यू. इरविन, लन्दन, 1907-8, II, पृ. 164-7.
18. नुरुद्दीन शिराज़ी ने अपनी कृति/किताब *अल्फ़ाज़-ए-अदविया* (1628-29) के उपसंहार में, जो कि सम्राट शाहजहाँ को समर्पित है, में उन बेजोअर पत्थर, शिलाजीत, चीनी मार्ग, चाय, कॉफ़ी और तम्बाकू के औषधीय गुणों का अति प्रशंसनीय शब्दों में वर्णन किया है जिनका परम्परागत चिकित्सा प्रणाली में कोई उल्लेख नहीं था (इस कार्य के लिए देखें सीए. स्टोरी, *पर्शियन लिट्रेचर : ए बिब्लियोग्राफिकल सर्वे,* भाग II (2) ई:मेडिसिन, लन्दन, 1971, पृ. 255-6). भारतीय और यूनानी चिकित्सा की प्रतिस्पर्धा और प्रतिद्वन्द्विता के सन्दर्भ में एम. एन. पियर्सन, *टुवर्ड्स सुपरियोरिटी : यूरोपियन एंड इंडियन मेडिसिन, 1500-1700,* मिनियापोलिस, 1989 में विचार-विमर्श किया है.
19. इरफ़ान हबीब में : दीपक कुमार (सम्पा.) *डिजीज एंड मेडिसिन,* ओपी. सीआइटी., पृ. 75-79.
20. इस दिलचस्प तथ्य को टेकचन्द बहार ने अपने महान शब्दकोश *बहार-ए-आज़म* (1739) में उद्धृत किया है, *एस.वी. हरारा कर्दन* (दिल्ली, एएच 1282, पृ. 512).
21. जी.आर. काये को देखें, द *एस्ट्रोनॉमिकल आब्जर्वेशन ऑफ़ जयसिंह,* कलकत्ता, 1918, अभी तक व्यवहार में लाने योग्य।
22. इरफ़ान हबीब को देखें, 'अकबर एंड टेक्नोलॉजी' में : *अकबर एंड हिज इंडिया,* सम्पा. इरफ़ान हबीब, पृ. 129-48.

23. इरफ़ान हबीब, *एग्रेरियन सिस्टम ऑफ़ मुग़ल इंडिया (1556-1707)*, दूसरा संस्क., नयी दिल्ली, 1999, पृ. 55-56.

24. देखें इरफ़ान हबीब में : *इंडियन इकॉनोमिक एंड सोशल हिस्ट्री रिव्यू*, XII (1) (1980), पृ. 27-28, और स्टडीज इन हिस्ट्री, II (1) (1980), पृ. 33-34, स्क्रू और बेल्ट-ड्रिल पर। चीनी कारख़ानों पर, देखें इरफ़ान हबीब, *एग्रेरियन सिस्टम*, पृ. 64 और एन., और वही में : *इंडियन हिस्टोरिकल रिव्यू*, V (1-2) (1978-79), पृ. 155-58.

25. देखें जी. सैंडरसन, *ए गाइड टू द बिल्डिंग्स एंड गार्डन्स : दिल्ली फोर्ट*, चौथा संस्क., दिल्ली, 1936-37, पृ. 63-66.

26. इरफ़ान हबीब, 'अकबर एंड टेक्नोलॉजी' में : *अकबर एंड हिज इंडिया*, पृ. 144-45.

27. इरफ़ान हबीब, में *इंडियन इकोनॉमिक एंड सोशल हिस्ट्री रिव्यू*, XII (1), पृ. 13-15.

28. जॉन इरविन, में : *आर्ट ऑफ़ इंडिया एंड पाकिस्तान*, सम्पा. लीग एश्टन, लन्दन, 1949, पृ. 201-03.

29. इरफ़ान हबीब, में : *अलीगढ़ जर्नल ऑफ़ ओरियंटल स्टडीज*, अलीगढ़ II (1-2), (1985), पृ. 217-20.

30. देखें इक़्तिदार ए. खान, *गनपाउडर एंड फायरआर्म्स : वारफेयर इन मेडिवल इंडिया*, नयी दिल्ली, 2004, पृ. 128-63, बन्दूक़ों (मस्कट्स) के लिए, और पृ. 91-27, तोपों के लिए।

31. *आर्किओलॉजी सर्वेक्षण रिपोर्ट्स* XI (1875-76 और 1877-78), पृ. 120-23 में जौनपुर पुल/सेतु पर ए. कनिंघम की विस्तृत रिपोर्ट देखें। इरफ़ान हबीब भी देखें, में : *इंडियन इकॉनोमिक एंड सोशल हिस्ट्री रिव्यू*, XII (1) (1980), पृ. 12-13.

32. ए.जे. क़ैसर, *द इंडियन रिस्पांस टू यूरोपियन कल्चर एंड टेक्नोलॉजी (1498-1707 ईसा)*, दिल्ली, 1982, पृ. 138-9.

33. देखें इ. हबीब, में : *इंडियन हिस्टोरिकल रिव्यू*, V (1-2), पृ. 169 एफ.एफ.।

## 3.6

# साहित्य

फ़ारसी और संस्कृत में रचे गये साहित्य ऐसी भाषाएँ हैं जो जनभाषाएँ नहीं ही रही हैं वरन् वे उच्चसंस्कृति और आभिजात्य वर्ग के पारस्परिक संवाद और सम्प्रेषण का माध्यम रही हैं। इसलिए, यह सुविधापूर्ण और श्रेयस्कर होगा कि इन भाषाओं और लोकभाषा में रचित साहित्य में सुस्पष्ट रूप से विभेद न केवल सुनिश्चित किया जाये बल्कि उसका समुचित और व्यवस्थित रूप से अनुकरण एवं अनुसरण किया जाये।

मुग़ल साम्राज्य और दक्कन सल्तनतों की *फ़ारसी* न केवल उच्चतर प्रशासन की भाषा थी बल्कि यह राजपूत राजाओं के दरबारों में प्रचलन में थी। यहाँ तक कि जब इसको प्रत्यक्ष रूप से व्यवहार में नहीं लाया जाता था, तब भी इसकी शब्दावली और मुहावरे-लोकोक्तियाँ कार्यालयीय अभिलेखों को व्यापक और बृहद् स्तर पर प्रभावित करती थीं जैसा कि 17वीं-18वीं शताब्दी के राजस्थानी एवं मराठी भाषा में लिपिबद्ध दस्तावेज़ों में देखा जा सकता है। हालाँकि इसमें कोई सन्देह नहीं है कि फ़ारसी और हिन्दी बोलियों/भाषाओं के समागम/संगम से एक नवीन भाषा की अन्वेषण हुआ जिसे उर्दू की संज्ञा से सम्बोधित किया गया।

इस तथ्य के बावजूद कि फ़ारसी भारत की किसी क्षेत्र में बोली जाने वाली भाषा नहीं थी किन्तु भारत में फ़ारसी पढ़ने और लिखने वाले लोगों की संख्या ईरान में शिक्षित लोगों की संख्या के बराबर या अधिक ही थी। इस तथ्य की पुष्टि की प्रामाणिकता भारत में रचित भाषा के अनेक या यों कहें विपुल पुस्तकों की संख्या से होती है बनिस्बत इसके बाहर रचित पुस्तकों की संख्या के। यह निष्कर्ष फ़ारसी साहित्य के सर्वेक्षण 'सी.ए. स्टोरी' की सावधानी और सजगता अध्ययन के उपरान्त स्थापित किया गया है, हालाँकि यह अपूर्ण और अधूरा सर्वेक्षण है।[1]

फ़ारसी कोशकला में भारत का योगदान उल्लेखनीय है/ या उल्लेख करने योग्य है : इस सन्दर्भ में जमालुद्दीन हुसैन इन्जू का *फ़रहान-ए-जहाँगीरी* (1608-09) और अब्दुर राशिद तत्तावी का *फ़रहान-ए-राशिदी* (1653-54) महत्त्वपूर्ण रूप से इस प्रकार से नामोल्लेखनीय है जिससे कि उन्हें मील के पत्थर के रूप में रेखांकित किया जाता है। फ़ारसी कोश के समेकन की यह प्रक्रिया टेकचन्द 'बहर' के *बहार-ए-आज़म* (1739-40, पुनःसंशोधित-1749) के साथ चरमोत्कर्ष पर पहुँच गयी जो सम्भवतः पूर्व आधुनिककाल का सर्वाधिक महान और व्यापक एवं विस्तृत कोश है। इसमें बहार ने ऐतिहासिक कालक्रमानुसार इस प्रकार से गद्य और पद्य को व्यवस्थित किया है जो वस्तुतः प्रकारान्तर से तत्कालीन परिस्थितियों और बदलावों का चित्रण करते हैं। बहार का वरिष्ठ मित्र सिराजुद्दीन अली आरज़ू अर्थविज्ञान और इसके अनुप्रयोग के ऐसे प्रखर विद्वान थे जिसका उल्लेख करना समीचीन और आवश्यक है; उन्होंने अपनी प्रसिद्ध कृति *चिराग़-ए-हिदायत* (1740) में इस निष्कर्ष की स्थापना की कि फ़ारसी और हिन्दी भाषा में बुनियादी समानताएँ हैं। इस मत का प्रतिपादन उन्होंने विलियम जोन्स के भारोपीय भाषा परिवार की संकल्पना या सिद्धान्त की खोज और उसके अस्तित्व में आने के कुछ पचास वर्ष पहले ही कर दी थी जो एक प्रकार से उनके उक्त मत की पुष्टि ही है।[2] मिर्ज़ा मजहर जान-ए-जाना ने *तहफ़त-उल-हिन्द* (1705) में केवल भारतीय साहित्य और संगीत के विविध पहलुओं पर ही प्रकाश नहीं डाला है बल्कि ब्रज बोली की पारिभाषिक शब्दावली के एक अत्यन्त बृहद् कोश की भी रचना की जो निश्चित रूप से हमें उपलब्ध है और कहने की आवश्यकता नहीं कि यह व्यापक रूप से उपादेय और उपयोगी है।

भारतीय गद्यकारों में अबुल फ़ज़ल (1551-1602) सर्वप्रमुख रूप से उल्लेखनीय व्यक्ति हैं। उच्चस्तरीय कलात्मकता और व्यापक स्तर पर अलंकारों के प्रयोग जैसे गुणों से युक्त उनके गद्य में प्रेरक उद्धरणों का सत्व निहित होता है जिसके कारण गद्य प्रायः ही उबाऊ और जड़ता से मुक्त होता है। वस्तुतः परिष्कृत शैली के मानक और मानदण्ड के रूप में अबुल फ़ज़ल लम्बे समय तक बदस्तूर बने रहे। वे अपनी कृतियों के विषयवस्तु के लिए निश्चित और व्यापक रूप से भी सम्मान और प्रतिष्ठा के हक़दार हैं फिर चाहे वह अत्यन्त परिश्रम से लिखे गये अकबर का सम्पूर्ण समेकित इतिहास *(अकबरनामा)* हो या मुग़लकालीन सूबों और प्रशासन या फिर भारतीय संस्कृति और विज्ञान पर लिखे गये उनके विवरण *(आईन-ए-अकबरी)*। *अकबरनामा* की शैली का अनुकरण कालान्तर में भी व्यापक

तौर पर किया गया और इसकी तर्ज़ पर अनेक इतिहासपरक ग्रन्थों की रचना की गयी जिसमें शाहजहाँ के शासनकाल को विषय बनाकर लिखा गया अब्दुल हामिद लाहौरी और मुहम्मद वारिस का *पादशाहनामा* और 17वीं शताब्दी में औरंगज़ेब की शासनावधि के प्रारम्भिक दशक को केन्द्रित करके रचित मुहम्मद काजिम का *आलमगीरनामा* नामोल्लेखनीय और रेखांकित करने योग्य हैं। यद्यपि भूगोल और कालक्रम, दोनों में विस्तार और सटीकता पर ध्यान देने के कारण ये कृतिकार प्रशंसा के पात्र हैं, *अकबरनामा* के साथ इसकी तुलना करें, तो यह स्पष्ट होता है कि उन्होंने इससे केवल आधिकारिक ऐतिहासिक चरित्र को लिया है जो अकबर की नायक-पूजा के बावजूद, इसमें अन्तर्निहित दार्शनिकता और आख्यान के अनुरूप और अन्तर्गत है। इस प्रकार अगर *आईन-ए-अकबरी* का सन्दर्भ लें, यह निश्चित तौर पर और पूर्णरूपेण सुस्पष्ट है कि इसका अनुकरण नहीं ही किया गया। इसकी तर्ज़ पर रचनाएँ नहीं ही हुईं। सम्भवतः आनेवाली पीढ़ियों को विज्ञान, भूगोल, सांख्यिकी और संस्कृति में उतनी गहरी दिलचस्पी नहीं रही थी।

बाबर (मृ. 1530) के संस्मरणों ने ऐतिहासिक साहित्य—हिस्टोरियोग्राफ़ी के स्वरूप में एक नयी विधा को जोड़ा, उसे एक नया कलेवर दिया; यद्यपि मूल रूप से यह चग़ताई तुर्की में लिखा गया है किन्तु यह फ़ारसी भाषा के साहित्य का हिस्सा तब बन गया जब इसका अनुवाद अब्दुर रहीम ख़ानख़ाना ने फ़ारसी भाषा में किया और इस अनुवाद की विशेषता यह है कि यह व्यापक तौर पर अक्षरशः किया गया है (1588-89)। जहाँगीर के संस्मरण (1605-23 के कालखण्ड का विवरण) भी अपनी सादगी, बेबाकी और प्रकृति-बोध एवं इसके इतिहास के प्रति अनुराग और कला में बाबरनामा के जोड़ के हैं किन्तु अपने रोमांचकारी व्यक्तिगत अनुभवों में बाबर ने जिस नाटकीयता के साथ अपनी कहानी बयां की है, उसका इसमें अभाव है। एक अन्य कालजयी और उत्कृष्ट पक्ष यह भी था कि इस अवधि के दौरान ऐसे इतिहासकार भी हुए जिन्होंने किसी विशेष और निश्चित क्षेत्र के इतिहास को विस्तृत रूप में लिपिबद्ध करने का कार्य किया, मसलन, सिन्ध के इतिहासकार मीर मासूम (1599-1600) और अली मुहम्मद ख़ान के गुजरात का इतिहास (*मिरात अहमदी/मीर'अत-ए-अहमदी*, 1761)। भारत के कुछ सामान्य इतिहासकार भी हुए जिनके लिए निज़ामुद्दीन अहमद का *तबक़ात-ए-अकबरी* (1529-93) एक मानक और मानदण्ड था। मुहम्मद क़ासिम फ़रिश्ता *गुलशन-ए-इब्राहिम* (1606-7, पुनःसंशोधित, 1609-10) अत्यन्त

सजगतापूर्वक किये गये अनेक और विभिन्न स्रोतों का एक संग्रह था और यह कोई अतिरंजना नहीं है बल्कि अत्यन्त ही स्वाभाविक है कि इसने अत्यन्त प्रतिष्ठा और सम्मान भी अर्जित किया है। निश्चित रूप से यह इसकी अधिकारिणी है। इसी लब्धप्रतिष्ठित श्रेणी में अब्दुल क़ादिर बदायूँनी के *मुन्तख़ब-उत-तवारीख़* (1596) को रखा जा सकता है, जो अकबर की कार्रवाइयों और नीतियों की बहुत जीवन्त हालाँकि पक्षपातपूर्ण आलोचना के लिए महत्त्वपूर्ण है। अन्त में, धार्मिक देवी-देवताओं, कवियों, विद्वानों और आभिजात्यों की जीवनियों का संग्रह था। भारत में संकलित इस प्रकार के कार्यों में सर्वाधिक स्तरीय कार्य शाहनवाज़ ख़ान का संग्रह *मसर अल-मारा या मतार अल-अमरा* था जिसमें मुग़ल उमराओं/कुलीनों का बृहद् जीवनियों का शब्दकोश है और जो 1742 ई. में प्रारम्भ हुआ था तथा लेखक की मृत्यु तक बना रहा; बाद में, 1780 ई. में इसे आज़ाद बिलग्रामी और अब्दोलहाइ हबीबी ने पूरा किया।

भारत में फ़ारसी भाषा में जितना साहित्य रचा गया है, उसका एक बहुत बड़ा हिस्सा धार्मिक साहित्य का रहा है। मुस्लिम धर्मशास्त्र/ईश्वर मीमांसा और रहस्यवाद को विषय बनाकर किये गये कार्यों के अतिरिक्त एक अज्ञात की रचना *दबिस्तान* है (1653 ई.) जिसमें विभिन्न धर्म मतावलम्बियों के विश्वासों और व्यवहारों के लेखे-जोखे को निष्पक्षता के साथ प्रस्तुत किया गया है। यह समकालीन वैश्विक परिदृश्य में अपने तरह की एक अनूठी रचना थी (अध्याय 3.4 देखें)। फ़ारसी साहित्य संस्कृत पुस्तकों के अनुवाद की शृंखला से भी समृद्ध हुआ। यह रेखांकित किया जाना चाहिए कि अकबर ने *महाभारत* के अनुवाद की अनुमति दी थी और उसे संरक्षण भी दिया था (सम्पन्न, 1598-9 ई.) और उपनिषदों का सबसे प्रथम और मौलिक अनुवाद *सर अल असरार* या *सर-अल-अकबर* (महान रहस्य) शीर्षक के नाम से किया गया था (1657)।

फ़ारसी कविताओं में भी भारतीय योगदान महत्त्वपूर्ण बना रहा, हालाँकि शायद इसे अद्वितीय नहीं कहा जा सकता। शास्त्रीय फ़ारसी के मानक स्वरूप और शैली को बनाये रखने के प्रयासों के बावजूद यह अनुपेक्षणीय ही नहीं वरन अवश्यज्ञातव्य था कि भारत में रचित फ़ारसी कविताएँ भारतीय शब्दों और लोकोक्तियों यहाँ तक कि विचारों से भी प्रभावित हों। यह और कोई नहीं समझ सकता बल्कि इसके मर्म को एक भारतीय ही समझ सकता है, हालाँकि यह एक ईरानी प्रवासी जमालुद्दीन 'उर्फ़ी' द्वारा रचित है जो फ़ारसी के एक महान कवि थे :

नेक और बद के साथ तुम इस तरह बसर करो कि मरने के बाद,
मुसलमान तुम्हें ज़मज़म से धोएँ, गुसल दें; और हिन्दू तुम्हें जलाएँ।

'उर्फी' (मृ. 1590 ई.) और अबु अल फ़ैज़ फ़ैज़ी (मृ.1595 ई.) दोनों को भारत के बाहर भी पहचान ही नहीं बल्कि प्रतिष्ठा और सम्मान भी मिला : 'उर्फी के गीत' और प्रबन्ध काव्य *(मसनवी)* उत्कृष्ट एवं सराहनीय स्तर के बन पड़े। फ़ैज़ी अपनी जटिल रचनाओं और अलंकृत शैली के लिए जाने जाते थे, लेकिन समकालीन आलोचना में वे शायद भारतीय कथा *नल-दमयन्ती* को अपनी साहित्यिक प्रेरणा बनाने के कारण अत्यधिक चर्चित और प्रसिद्ध हैं जिस पर उन्होंने *नल-औ-दमन* नामक एक प्रबन्ध काव्य की रचना की जो कि *मसनवी शैली* में लिखा गया है। ईरान लौटने से पहले साएब (मृ. 1677-78 ई.) के लिए भारत भी कई वर्षों तक कर्मस्थली रहा; इसलिए वे दोनों देशों की विरासत के रूप में रेखांकित किये जाने चाहिए। अब्दुल क़ादिर बे-दिल (मृ. 1720 ई.) अलंकृत और दुर्बोध भारतीय शैली (सबक-ए-हिन्दी) के लिए जाने ज़ाते हैं जिस पर गुणात्मक और ठोस मतों में विभिन्नता हो सकती है। उनकी कविताओं में सूफ़ी तत्त्वों का प्रतिबिम्बन है और वे मध्य एशिया में अधिक लोकप्रिय हुए।[3]

बहरहाल यह तथ्य निराधार है कि 'मुस्लिम शासन' के कारण दक्षिण में **संस्कृत** साहित्य अपनी भावभूमि से वंचित हो गया। वास्तव में सत्य तो यह है कि मुग़ल साम्राज्य की सीमाओं के भीतर इस भाषा और साहित्य में ठोस प्रगति हुई जो रेखांकित करने योग्य है। संस्कृत लेखन की प्रवृत्ति में धार्मिक पक्ष गहरा बना रहा, और अध्याय 3.4 में हमने इस काल की संस्कृत रचनाओं का उल्लेख किया है जिसका विषय अधिकांशतः धार्मिक दर्शन और विधि था। अन्य विषयों को केन्द्रित करके भी अनेक रचनाएँ हुईं। बहुत ही अधिक लिखने वाले एक लेखक नागोजी भट्ट (1700) ने पतंजलि के *महाभाष्य* पर लिखे गये कैयट के भाष्य पर एक भाष्य लिखा जो संस्कृत व्याकरण पर एक महान प्राचीन पुस्तक है।

काव्य के क्षेत्र में शाहजहाँ के दरबारी कवि जगन्नाथ पण्डित ने अपनी अविस्मरणीय कृति *रसगंगाधारा* लिखी जिसमें आधुनिक आलोचकों के अनुसार उन्होंने काव्य को 'एक भावना व्यक्त करनेवाली ध्वनि' के रूप में परिभाषित किया जो दिव्य आनन्द उत्पन्न करता है और जिसके चिन्तन का यही उद्देश्य है।[4] उन्होंने स्वयं *भामिनीविलास* लिखा जो एक प्रसिद्ध कृति है और जो एक साथ ही एक कामुक कविता, एक शोकगीत और जटिल एवं गूढ़ विषयों का भण्डार है।[5]

इसके अतिरिक्त अन्य शास्त्रीय भाषा से सम्पर्क की स्थितियाँ भी थीं : अकबर के शासनकाल के दौरान कृष्णादास ने प्रथम ज्ञात संस्कृत-फ़ारसी शब्दकोश–*पारसीप्रकाश* का संग्रह किया था।

साहित्य की एक विधा जिसे शाही संरक्षण और पाठक बदस्तूर मिलते रहे, वह ऐतिहासिक *काव्य* या कविता थी। कल्हण द्वारा रचित कश्मीर की महान छन्दोबद्ध ऐतिहासिक गाथा की परम्परा में स्तरहीन कृतियों की ही अधिक भरमार रही लेकिन अन्ततः अकबर के शासनकाल के उत्तरार्द्ध में यह प्रज्ञा भट्ट और शुक के *राजवलीपताका* के साथ समाप्त हुई दिखती है। मुग़लों के दरबारियों के साथ-साथ राजपूत और मराठा शासकों ने भी उसी अलंकृत, लेकिन अक्सर जड़ और रुकी हुई परम्परा में लिखा।

क़िस्से, दन्तकथाएँ और किंवदन्तियाँ संस्कृत में रचे जाते रहे। बल्लालसेन (सोलहवीं शताब्दी) ने अपनी कृति *भोजप्रबन्ध* में राजा भोज के दरबार के बारे में किंवदन्तियाँ लिखीं। अगली शताब्दी में नारायण ने छन्दोबद्ध *स्वाहासुधाकरचम्पू* की रचना की जिसमें अग्नि की पत्नी स्वाहा और चन्द्रमा की प्रेम कहानी है। *कामसूत्र* की परम्परा में भी प्रेम के विज्ञान की प्रतिनिधि कृति कल्याणमल्ल की *अनंगरंग* थी (16वीं शताब्दी)।

संस्कृत में विज्ञान का साहित्य उन कृतियों से समृद्ध हुआ जो फ़ारसी द्वारा प्राप्त ग्रीक-अरबी शिक्षा को प्रसारित करने की माँग करते थे। ऐसी कृतियों में जो उल्लेखनीय है वह अकबर के दरबारी खगोलविद् नीलकण्ठ का *ताजिकनीलकण्ठी* है जो वस्तुतः एक ज्योतिषीय ग्रन्थ है (1587)। 1643 ई. में वेदांगराय ने अपनी कृति *पारसी प्रकाश* को संकलित किया जो खगोलीय शब्दों की एक फ़ारसी-संस्कृत' शब्दावली है। 18वीं शताब्दी की प्रारम्भिक अवधि के दौरान सवाई जयसिंह के शाही संरक्षण में सम्राट जगन्नाथ ने 'क्लॉडियम टॉलेमियस प्तोलेमाओस' (टॉलेमी) के तत्व (अल्मागेस्ट) और यूक्लिड के "मैथेमेटिक हिटैक्सिस" के अरबी और फ़ारसी, दोनों भाषाओं से संस्कृत में अनुवाद किया।

16वीं से 18वीं शताब्दियाँ बोलियों के साहित्यों के व्यापक स्तर पर परिपक्व होने का काल रहा है। आधुनिक हिन्दी साहित्य कालान्तर में विकसित हुआ; हमारे समय में मुख्य बोलियाँ जैसे कि अवधी और ब्रज ने अपना अलग साहित्य विकसित किया। **अवधी** में कबीर के *दोहे* जैसे लोकप्रिय छन्दों की रचना की गयी जिसमें उनके गूढ़ एकेश्वरवादी सन्देश थे (लगभग 1500 ई.)। अधिक साहित्यिक रुचि वाले लोगों के लिए मलिक मुहम्मद जायसी का छन्दोबद्ध प्रेम-लीला *पद्मावत* था (लगभग 1540 ई.)। अकबर के शासनकाल के दौरान इसी बोली में तुलसीदास ने रामायण महाकाव्य का साहित्यिक, भक्तिपूर्ण और अत्यधिक लोकप्रिय रूप *रामचरितमानस* लिखा। एक तरफ़, सूरदास ने पश्चिमी हिन्दी की बोली **'ब्रज'** में कृष्ण और उनकी क्रीड़ाओं के भक्ति-भाव से पूरित होकर अत्यन्त लोकप्रिय गीतों

की रचना की (जिसका काल लगभग 1550 ई. के आस-पास निर्धारित किया गया है।), तो दूसरी तरफ़, अकबर के एफ.एल./उमरा अब्दुर्रहीम ख़ान-ए-ख़ाना ('रहीम') (1600 के आस-पास) के उत्कृष्टतम साहित्यिक दोहे और बिहारीलाल के सतसई (1662 ई.) उल्लेखनीय हैं। इसके अतिरिक्त, एक व्यापारी और कवि बनारसीदास ने एक बहुत ही दिलचस्प आत्मकथा *अर्द्ध कथानक* (1641 ई.) लिखा (देखें अध्याय 3.8)। आधुनिक हिन्दी ने अपने साहित्यिक मानक स्वरूप को ग़ैर-साहित्यिक खड़ी बोली के रूप में प्राप्त किया जिसमें सदासुखलाल (1780 ई. के आस-पास) और इंशाअल्लाह ख़ाँ 'इंशा' (मृ. 1818) की निर्णायक भूमिका थी। बाद वाले एक उर्दू कवि और भारतीय बोलियों के विशेषज्ञ थे जिन्होंने धर्मनिरपेक्ष विषयों को केन्द्र बनाकर लिखने के लिए गद्य का चयन किया और यह उन्होंने बख़ूबी और प्रभावोत्पादकता के साथ किया।

मुग़ल दरबार और सेनाओं ने विभिन्न बोलियों के भाषी समूहों के समागम को प्रोत्साहित किया और प्रशासन में इस प्रकार के भाषायी तत्त्वों के मिश्रण से (पंजाबी सहित) एक साझा भाषा की सम्भावनाएँ और बाज़ार विकसित हुआ। कहा जा सकता है कि **उर्दू** का विकास तब हुआ जब इस मिश्रित भाषा के छन्दों की रचना फ़ारसी भाषायी मूल से अभिप्रेरित साहित्यिक रूपों में की जाने लगी। यह प्रयास पहले हिन्दी बोलियों के क्षेत्र में नहीं किया गया, बल्कि 16वीं और 17वीं शताब्दी के दौरान गोलकुण्डा और बीजापुर में किया गया। इस 'दक्खिनी' शैली को व्यापक स्तर पर व्यवहार में लाने का श्रेय, जो कि बहुत ही प्रसिद्ध हुआ, क़ुली-क़ुतुब शाह का था (मृ. 1612 ई.)। उर्दू का एक अन्य स्रोत बाज़ार में पारस्परिक संवाद के लिए व्यवहार में लाये जा रहे फ़ारसी और हिन्दी का मिश्रण था; दिल्ली और इसके आस-पास के इलाक़े में व्यवहृत खड़ी बोली, जिसमें व्यंग्य और अश्लील गद्य था; ज़ाफ़र ज़टली (मृ. 1713) की कविता इसके एक उल्लेखनीय उदाहरण का प्रतिनिधित्व करती है। विभिन्न शैलियों और अनेकरूपता और लोकोक्तियों का मानक उर्दू में रूपान्तरण व्यापक और परिनिष्ठित रूप से तब होना शुरू हुआ जब दिल्ली में कवि 'वली' (1723) और उनका कविता संग्रह प्रकाश में आया; हालाँकि उनका जन्म भारतवर्ष के पश्चिमी राज्य गुजरात में हुआ था। व्यंग्यकार कवि सौदा (मृ. 1780-81) और गीतकार मीर (मृ. 1810) ने इस शताब्दी के दौरान भाषा में प्रफुल्लता और एक नयी ताज़गी भरी। इन कवियों ने फ़ारसी साहित्य की पूरी कल्पना के साथ-साथ इसकी संशयवाद की परम्परा को आकर्षित किया, और उर्दू को लोकोक्तियों एवं मुहावरों और इसके प्रयोग में एक निश्चित कठोरता देना शुरू कर दिया; समय के साथ इस प्रयास

ने आम भाषा 'हिन्दुस्तानी' (विभिन्न बोलियों से परे) के इस मूल तत्त्व में अपना योगदान दिया, जिसे साहित्यिक हिन्दी (देवनागरी लिपि में लिखा गया) और उर्दू (अरबी लिपि में लिखा गया), दोनों साझा और आकर्षित करते हैं।[6]

उत्तर-पश्चिमी भारत की भाषाओं में **पश्तो** अफ़ग़ानों की भाषा थी जो सर्वप्रथम लिपिबद्ध रूप में तब अवतरित या प्रकाश में आयी जब बायज़ीद रौशन (1580 ई. के आस-पास) ने अपनी धार्मिक पुस्तक *ख़ैरूल बयान* को उस भाषा में लिखा। इसकी समालोचना भी पश्तो भाषा में ही की गयी, जैसे कि, अखुंद दरवेज़ा का *मख़्जन-ए-अफ़ग़ानी*, जो इस्लाम के हनफ़ी शाखा में निहित परम्परागत विश्वासों और रीति-रिवाज़ों पर एक किताब है। 17वीं शताब्दी के उत्तरार्द्ध में एक मुग़ल अधिकारी खुश-हाल खट्टक (मृ.1689), जो कालान्तर में बाग़ी हो गया था, इस भाषा के महान कवियों में से एक था, जो बाद में अफ़ग़ानी स्वतन्त्रता का 'उत्साह' बन गया।[7]

**कश्मीरी** साहित्य का उद्‌गम सम्भवतः कवयित्री लल्लद्यद (14वीं शताब्दी) की रचनाओं से शुरू हुआ। कश्मीरी साहित्य के इतिहास में हालाँकि इसका प्रारम्भ प्रायः एक ग्रामीण लड़की और कश्मीर के निर्वासित शासक की पत्नी हब्बा ख़ातून के प्रेम गीतों से माना जाता रहा है (सोलहवीं शताब्दी का उत्तरार्द्ध)। उनके गीतों की लोकप्रियता अभी तक बदस्तूर बनी हुई है, और वह ख़ुद भी घाटी में प्रचलित कहानियों में एक महान शख़्सियत के रूप में स्थापित हैं। दूसरी तरफ़, रूपा भवानी (मृ. 1720) ने भक्ति परम्परा में आध्यात्मिक कविताओं की रचना की।[8]

**पंजाबी** भाषा में साहित्य की उद्‌भावना को सुस्पष्ट रूप से उस तिथि से रेखांकित किया जा सकता है जब गुरु नानक (मृ.1539) के दोहे प्रचलित और प्रसारित होने शुरू हुए, हालाँकि यह सम्भव है कि 13वीं शताब्दी के सन्त शेख़ फ़रीद के सूफ़ी दोहे पहले से ही प्रचारित रहे हों। गुरु अर्जन सिंह द्वारा संकलित *आदि ग्रन्थ* (1603-04), जिसमें गुरुओं के साथ-साथ सन्त शेख़ फरीद और अन्य एकेश्वरवादियों (ये पंजाबी भाषा के इतर भाषा में हैं) के दोहे हैं, पंजाबी भाषा में एक मील का पत्थर है और पवित्र एवं अनिवार्य रूप से अत्यन्त महत्त्वपूर्ण है। सिखों की धार्मिक लोक परम्परा *जन्मसाखी* के रूप में लोकप्रिय रही है और ऐसी ही कृतियाँ, जैसे कि, भाई गुरदास की *वार* (महाकाव्य, अन्त्येष्टि गान) पंजाबी साहित्य को समृद्ध करती रहीं और उसी प्रकार गुरु गोविन्द सिंह (मृ. 1708) के *दशम ग्रन्थ* ने भी इस भाषा के साहित्य को सुसंस्कृत और परिष्कृत करने का कार्य किया, हालाँकि इस उक्त ग्रन्थ में आंशिक तौर पर ही पंजाबी भाषा को व्यवहार में लाया गया है।[9]

'सूफ़ी के दोहे' या इस परम्परा के महान कवि बुल्लेशाह (1680-1757) थे, जो कर्मकाण्ड और धार्मिक पाखण्ड की व्यर्थता के विरुद्ध कबीर के स्वर में निर्भीकता से बोल सकते थे।[10] पंजाबी भाषा में धर्मनिरपेक्षता की तात्विकता को प्रतिबिम्बित करती हुई कृति *हीर-राँझा* थी जो दामोदर (लगभग 1600) के द्वारा रची गयी थी लेकिन इसके सबसे लोकप्रिय रूप की विराट व्यापकता का श्रेय वारिस शाह (लगभग 1760 ई.) को जाता है।

**सिन्धी** भाषा में सबसे पहली साहित्यिक कृति शाह अब्दुल लतीफ़ (लगभग 1700 ई.) द्वारा एक रहस्यमयी सन्त के बारे में लम्बी कविता *शाह-जो रिसालो* लिखी गयी। सचल (18वीं शताब्दी) ने एक गीतिकाव्य *काफ़ी* (कविताएँ) की रचना की जिसमें भक्ति का पुट समाहित है। सस्वी और पुन्हु के प्रेम का एक सिन्धी रूप भी उपलब्ध था (पंजाबी में सस्सी और पुन्नुन)।

**बांग्ला** साहित्य के जड़ों की पहचान 16वीं शताब्दी के पहले के समय में की जा सकती है, लेकिन इसमें कोई शक-शुबहा या सन्देह नहीं है कि इसमें आवेग इस अवधि के दौरान ही आया। बृन्दावनदास की *चैतन्यमंगल* (लगभग 1540 ई.) अर्धदैवी धार्मिक चरित्र के बारे में एक लम्बी कथात्मक/गद्यपरक कविता है जिसे वह अभी भी अक्सर मानवीय व गीतात्मक रूप में चित्रित करते हैं। कृष्णदास कविराज का *चैतन्यचरितामृत* (लगभग 1595 ई.) वैष्णव सिद्धान्तों, विश्वासों और आस्थाओं का एक जीवनीपरक सार-संग्रह है। चैतन्य सम्प्रदाय ने कृष्ण और राधा के प्रेम को अपनी आस्था, भावनाओं और इष्ट के प्रति अनुराग को केन्द्रीय विषय बनाकर कविताओं के सृजन को व्यापक स्तर और धरातल पर अभिप्रेरित किया। फलतः इस सन्दर्भ और विषय को समाहित किये हुए बहुत कविताएँ प्रकाश में आयीं विशेषकर बंगाली क़िस्म की ब्रजबुली के रूप में। इनमें से अन्तिम गोविन्ददास कविराज (1600 ई. के आस-पास) एक उल्लेखनीय गुरु थे।

मुकुन्दराम चक्रवर्ती के महान और प्रसिद्ध कथात्मक और गद्यपरक *चण्डीमंगल* (लगभग 1589 ई.) ने शैव परम्परा व बंगाली साहित्य में अपना योगदान दिया। 1649 ई. के क़रीब रूपराम ने एक आत्मकथात्मक कविता की रचना की जो धार्मिक देवता को समर्पित थी और इसलिए इसे *धर्ममंगल* के रूप में सम्बोधित किया गया। रामेश्वर भट्टाचार्य का *शिवसंकीर्तन* (1710 ई.) एक उल्लेखनीय कविता है जिसमें ईश्वर शिव ईश्वर के रूप में नहीं बल्कि एक ग़रीब कृषक और देवी गौरी उस ग़रीब आदमी की पत्नी के रूप में अवतरित होते हैं।

विविध विषयों में अधिकार रखने वाले और बहुमुखी प्रतिभा के धनी भरतचन्द्र रे (मृ. 1760) ने बंगाली भाषा में एक ऐतिहासिक प्रेम-कहानी *मानसिंह;* और उत्तेजक एवं कामुक प्रेम कहानी की दास्तान *विद्यासुन्दर* की रचना की जिसके कारण वे इस भाषा में ख़ूब प्रसिद्ध, लोकप्रिय और प्रभावी हुए। उन्होंने अपने पूर्ववर्तियों की तुलना में हिन्दी, फ़ारसी एवं मुहावरों का प्रयोग अपेक्षाकृत अधिक धड़ल्ले से किया; इसका प्रभाव उन पर व्यापक स्तर पर था और सम्भवतः उनकी लोकप्रियता का यह एक प्रमुख एवं महत्त्वपूर्ण पक्ष था।[11]

**असमी** भाषा के विकास के सन्दर्भ में दो चीज़ें विशेष रूप से उल्लेखनीय और रेखांकित करने योग्य हैं, जैसे कि शंकरदेव (मृ. 1568) द्वारा वैष्णव भक्तिमयी साहित्यिक कविताओं की शुरुआत और *बुरंज़ियों* की परम्परा को आत्मसात करना और उन्हें आप्रवासी अहोम भाषा के ऐतिहासिक कालक्रम को अपनाना जो चीनी-तिब्बती भाषाओं के उप-परिवार भाषाओं से सम्बन्ध रखती है। असमिया *बुरंजी* 17वीं शताब्दी के उत्तरार्द्ध से शुरू होते हैं। असमी कृतियों में खगोल-विज्ञान, अंकगणित, हाथियों और घोड़ों के उपचार के कार्य भी शामिल थे। इसके अतिरिक्त इस भाषा में *रामायण, महाभारत* और कुछ *पुराणों के* अनुवाद या रूपान्तरण भी सम्मिलित थे।[12]

बहरहाल, साहित्यिक समृद्धता के सन्दर्भ में **उड़िया** भाषा साहित्य की तुलना बांग्ला भाषा से की जा सकती है जिसमें *पौराणिक काव्य* की परम्परा के नैरन्तर्य की प्रवृत्ति थी अथवा ऐसी कविताएँ थीं जो चारित्रिक विभूतियों को विषय-केन्द्रित करती थीं साथ ही साथ इसमें भक्तिपरक कविताओं का विकासात्मक स्वरूप भी था। 1500 ई. में बलराम दास ने *रामायण* का उड़िया संस्करण लिखा; और ऐसा करने वाले वे सबसे प्रथम व्यक्ति थे और उनके समकालीन जगन्नाथ दास ने *भागवत पुराण* का अत्यधिक लोकप्रिय रूप प्रस्तुत किया। रामचन्द्र पट्टनायक (अनु. 1600 ई.) ने *हारावली* लिखी जो कि वीर रस से पूरित 'शौर्य' प्रेम गाथा है जिसमें नायक और नायिका साधारण वर्ग से सम्बन्धित हैं। बृज नाथ बडजिना ने *समरतरंग* की रचना की; यह कविता उड़िया-मराठी के संघर्ष की पृष्ठभूमि में युद्ध और पराक्रम की विवेचना है।[13]

**गुजराती** भाषा में भालन (मृ. 1554) एक प्रसिद्ध लेखक थे जिसने बाण की *कादम्बरी* के अपने अनुवाद द्वारा शास्त्रीय संगीत के प्रति निष्ठा पर ज़ोर दिया, जबकि उन्होंने इसके साथ-साथ कृष्ण और उनके प्रेम पर भक्तिपरक

गीतों *(गरबा)* की रचना की। उनके समकालीन मीराबाई ने गुजराती, राजस्थानी और ब्रज भाषा में आध्यात्मिक गीतों की रचना की, जबकि नरसिंह मेहता ने भी आध्यात्मिक कविताई की लेकिन वह दार्शनिक रंग अधिक लिए हुआ था। अखो (मृ. 1656) ने अपनी कृति *अखोगीता* में अद्वैत दर्शन की व्याख्या की। लेकिन शायद गुजराती भाषा में सबसे उत्कृष्ट और महत्त्वपूर्ण कवि प्रेमानन्द भट्ट (मृ. 1734) ने आख्यान लिखा जो महान और सर्वशक्तिमान को समर्पित था।[14]

**मराठी** साहित्य को अद्वैतवादी सन्त तुकाराम (मृ. 1650) और परम्परानुरागी रामदास (मृ. 1682) ने बड़ी संख्या में भक्ति गीतों की रचना की और मराठी साहित्य पर प्रभुत्व कायम किया। मुक्तेश्वर (मृ. 1690) ने साहित्यिक मराठी भाषा में *रामायण* और *महाभारत* की रचना की। संस्कृत कविता के श्रीधर (मृ. 1729 ई.) आख्यात्मक विधा में अभी तक ज़िन्दा हैं। ऐतिहासिक कालक्रम के रूप में उपलब्ध साहित्य को *बखर* के रूप में सम्बोधित किया जाता था जिसमें 17वीं शताब्दी से सम्बन्धित सामग्री उपलब्ध है; इसमें गद्य का उत्कृष्टतम और मानक स्वरूप है (ऐतिहासिक स्रोतों के रूप में बहुमूल्य) लेकिन इसे साहित्य की श्रेणी में उच्च कोटि का नहीं माना जाता है।

अपने परिमार्जित और परिनिष्ठित रूप में **तेलुगु** साहित्य विजयनगर के दरबारी और उसके तेलुगु भाषी अभिजात या कुलीन वर्ग के संरक्षण के परिणामस्वरूप व्यापक रूप से लाभान्वित हुआ। महाराजा कृष्णदेवराय के संरक्षण (शासनकाल, 1509-29) के दौरान दरबार में तेलुगु साहित्य बृहद् रूप से समृद्ध और संवर्धित हुआ और इस परिवर्धन की परिमिति की व्यापकता इतनी व्यापक थी कि इस कथित 'संरक्षण काल' को तेलुगु साहित्य को 'गौरव काल' कहा जाये, विशेषकर प्रबन्धों या पद्यपरक प्रेमगाथाओं के लिए तो कोई अतिशयोक्ति और अतिरंजना नहीं होगी। उनके दरबारी कवि 'अल्लासानी पेदान्ना' ने 'मनु-चरित्र' की रचना की जिसमें प्रेम और जुनून की कहानी को अत्यन्त स्तरीय और कलात्मक रूप में बयां किया गया है। कृष्णदेवराय ने खुद अपनी कृति *अमुक्तमाल्यदा* में राजनीतिक व्यवहार, नैतिकता और धर्म के बारे में सुझाव दिये हैं, और यह पद्यरूप में है। पिंगली सुरन्ना शब्दों और द्विअर्थी अर्थों के खिलाड़ी हैं; फिर भी उनका *कलापूर्णोदयमु* व्यापक तौर पर उनके विवरणात्मक कौशल और लोकरंजन की प्रभावोत्पादकता के लिए प्रसिद्ध है। उनका समकालीन कनिष्ठ भट्टु मूर्ति ने काव्यशास्त्र को विषय बनाकर एक कृति *काव्यालंकारिकारा संग्रह* की रचना

की। एक कवि विंकय्या ने विजयनगर के अराविदु राजवंश पर एक ऐतिहासिक पुस्तक *रामराजियमु* लिखा।[15]

17वीं शताब्दी के दौरान कुतुबशाह और दक्षिण भारतीय नायकों (सरदारों) के दरबार में तेलुगु साहित्य व्यापक एवं बृहद् रूप में रचे जाने लगे। विशेष तौर पर तेलुगु नाटक की एक विधा *यक्षगान* तंजावूर में लोकप्रिय है जो कि विशेष रूप से उल्लेखनीय है।[16]

**कन्नड़** भाषा में पूर्व से ही जैनियों के पास एक साहित्यिक विरासत थी, और अब इसके प्रतिनिधि कवि रत्नाकर वर्णी थे जिनका *भरतेश वैभव* (1557) बेहद लम्बी पद्य रचना है। शैवों और वैष्णवों ने भी कन्नड़ भाषा के काव्य में अपना योगदान दिया : शैव कवियों के बीच, सर्वजन (वास्तविक नाम अज्ञात, अनु. 1600 ई.) ने अपनी रचना *वचन* में जिस प्रकार दृष्टिकोण और स्तर से मानवतावाद की उद्‌भावना की है, वह रेखांकित करने योग्य है। मैसूर के चिक्कदेव राय (शासनकाल, 1672-1704) कन्नड़ साहित्य के उदार संरक्षक थे। सांची होनम्मा अपनी कृति *हदीबादेय धर्म* (पवित्र और समर्पित पत्नियों के सिद्धान्त) के लिए उल्लेखनीय है जहाँ वह स्त्रियाँ को पुरुषों से कमतर आँकने या विचार करने का विरोध करती हैं। कन्नड़ में विविध विषयों जैसे कि विज्ञान से सम्बन्धित साहित्य, व्याकरण, कोशविज्ञान, चिकित्सा, गणित इत्यादि को लेकर अच्छी संख्या में रचनाएँ की गयीं। बाला वैद्य चेलुवा की *कन्नड़ लीलावती* (1715) गणित विषय से सम्बन्धित कृति है।[17]

इस अवधि के दौरान तमिल साहित्य में ऐसा प्रतीत होता है कि इसमें शैव मत से अभिप्रेरित रचनाओं की प्रमुखता थी। सोलहवीं शताब्दी में वरथुङ्गा ने *प्रमोत्तरकुण्डम* की रचना की जिसमें इष्ट और आराध्य शिव के प्रति उनकी भक्ति की अभिव्यक्ति थी। उनके चचेरे भाई अथिवीररामन ने *वेत्रिवेरकई* में कामोद्दीपकों को पीछे छोड़ दिया है जो तमिल भाषा में लोकप्रिय ज्ञान का एक हिस्सा है। वैष्णव भक्ति गीतों के लिए पिल्लैप्पेरूमल की *अष्टप्रबन्धम* प्राथमिक रूप से प्रतिनिधि रचना है जिसमें विष्णु को श्रीरंगम के रंगनाथ के रूप में अभिव्यक्त किया गया है। 18वीं शताब्दी में *थायुमनवर* ने उत्कृष्ट कोटि के भक्ति गीत लिखे हैं जिसमें सभी मानवों और मानवतावाद के लिए दया और करुणा की भावना को अभिव्यक्त किया गया है। *पुराणों* का तमिल में अनुवाद *भागवत पुराण* से प्रारम्भ हुआ जिसके दो संस्करणों को 16वीं शताब्दी के दौरान प्रस्तुत किया

गया।[18] इसके अतिरिक्त तमिल गद्य में ईसाई मिशनरियों के योगदान उल्लेखनीय हैं विशेषकर रॉबर्टो डी नोबिली (भारत में : 1606-56) जिनकी भाषा अत्यन्त संस्कृतनिष्ठ और तत्सममयी थी, और पेस्सी ('विरमा मुनि') (भारत में, 1680-1742) उपदेशात्मक दन्तकथाओं, कहानियों, उपन्यासों के रचनाकार थे विशेषकर *वामन-कथा* और *परमार्थ-गुरु-कथा* के। तमिल में मुद्रण भी ईसाइयों के तत्त्वावधान में शुरू हुआ : 1677 ई. की शुरुआत के आसपास ऐसी पहली रचना *किरिस्थव वेदोपदेशम्* वाइप्पुक्कोटाई ('Flos Sanctorum' फ्लॉस सैंक्टरम) में मुद्रित हुई थी।[19]

हालाँकि **मलयालम** केरल की भाषा के रूप में बहुत पहले ही तमिल से अलग हो गयी थी, लेकिन यह 16वीं शताब्दी ही था जिसमें मलयालम साहित्यिक रचना-प्रक्रिया सुस्पष्ट रूप से परिलक्षित होने लगी; इस अवधि में दो महान और अग्रणी कृतियों को रेखांकित किया जा सकता है जिसमें तुमंतु एषुतच्छन का *अध्यात्म रामायणम्* और *महाभारतम्* है। संस्कृत भाषा में रचित दो प्राचीन महाकाव्यों को परिपक्व मलयालम या यों कहें कि काव्य पद्य में प्रस्तुत किया गया है। नृत्य-नाटक (अट्टकथा) एक ऐसी विधा के रूप में विकसित हुआ जो बाद में केवल मलयालम भाषा की विशेषता बन गयी। इस विधा का उत्कर्ष 18वीं शताब्दी के दौरान रची गयी उण्णायि वारयर की *नलचरितं अट्टकथा* के साथ चरम पर जा पहुँचा।[20]

मुग़ल साम्राज्य की इस अवधि के दौरान भारत की प्रमुख भाषाओं में व्यापक रूप से साहित्यिक विकास को निश्चित रूप से एक महत्त्वपूर्ण परिघटना के रूप में रेखांकित किया जा सकता है और इसने उस युग में 'राष्ट्रीयताओं' के उदय के बारे में सिद्धान्तों को जन्म दिया है। क्षेत्रीय स्तर पर रचे जा रहे साहित्य की प्रकृति का सार्वभौमिक सामान्यीकरण निश्चित रूप से जोख़िम भरा हो सकता है। यह सहज ही प्रत्यक्ष और स्पष्ट है कि अधिकांश क्षेत्रीय भाषाओं के साहित्य में धर्म की महत्त्वपूर्ण और बड़ी भूमिका है। वस्तुतः क्षेत्रीय आकांक्षाओं और चेतना को अभिव्यक्ति देने के स्थान पर ये साहित्य अपने क्षेत्र की सीमाओं के अन्दर आस्थाओं, पौराणिकताओं और रीति-रिवाज़ों में एकरूपता लाने तथा उसे और स्तरीय बनाने को प्राथमिकता दे रहे थे। कुल मिलाकर, यह कहने में संकोच नहीं होना चाहिए कि क्षेत्रीय भावनाओं की इस सघनता से प्रेरित होने के कारण धर्मनिरपेक्षता और विज्ञान की भावभूमि/पृष्ठभूमि में साहित्यिक सम्भावनाएँ लोकप्रिय संस्कृति में वर्जित हो गयीं या यों कहें कि प्रतिबन्धित कर दी गयीं तो किसी प्रकार की अतिरेकता नहीं होगी।

## सन्दर्भ एवं टिप्पणियाँ

1. सी.ए. स्टोरी अपने *पर्शियन लिटरेचर : ए बायो-बिब्लियोग्राफ़िकल सर्वे,* वाल्यूम I, भाग-I, लन्दन, 1927-39, में भारतीय इतिहास में 476 वस्तुओं को सूचीबद्ध करते हैं, लेकिन फ़ारसी साहित्य में केवल 178 वस्तुओं को।
2. देखें इ. हबीब, 'ऑन द डोरस्टेप्स ऑफ़ हिस्टोरिकल लिंग्विस्टिक्स : ए नोट ऑन मुग़ल लेकिस्कोग्राफ़ी', में : *प्रोसिडिंग्स ऑफ़ द इंडियन हिस्ट्री कांग्रेस, बरेली (2004) सत्र,* पृ. 411-15.
3. मुग़लकालीन भारत में फ़ारसी साहित्य के लिए/पर, देखें ई.जी. ब्राउन, *लिटरेरी हिस्ट्री ऑफ़ पर्शिया,* भाग-IV, लन्दन, 1924, पृ. 224-47 (मुख्यतः कवि)। जन रयपका (JAN RYPKA's) का महान *हिस्ट्री ऑफ़ ईरानियन लिटरेचर,* डोरडेच्ट, 1968, पृ. 711-34, में जॉन मार्क ने अपने अध्याय में भारतीय फ़ारसी साहित्य की निराशाजनक तस्वीर प्रस्तुत की है। फ़ारसी, संस्कृत और हिन्दी में लिखे गये मुग़लकालीन पुस्तकों के सन्दर्भ में एक महत्त्वपूर्ण किताब, डी.एन. मार्शल, *मुग़ल इन इंडिया, ए बिब्लियोग्राफ़िकल सर्वे,* I (पाण्डुलिपि), बॉम्बे, 1967 है, जिसकी पूरक प्रति, नयी दिल्ली, 1996 है।
4. ए.बी. कीथ, *ए हिस्ट्री ऑफ़ संस्कृत लिटरेचर,* दूसरा संस्क., लन्दन, 1928, पृ. 397.
5. पूर्वोक्त, पृ. 234.
6. यह मुद्दा काफ़ी विवाद का विषय रहा है : देखें, उदाहरण के लिए अमृत राय, *ए हाउस डिवाइडेड : द ओरिजिन एंड डेवलपमेंट ऑफ़ हिन्दी/हिन्दवी,* दिल्ली, 1984. हालाँकि अपेक्षाकृत अधिक सन्तुलित सारांश, दृष्टिकोण के लिए, देखें क्रिस्टोफर आर. किंग, *वन लैंग्वेज, टू स्क्रिप्ट्स,* नयी दिल्ली, 1994, पृ. 23-27.
7. देखें, आर. फरहदी, 'लिटरेचर इन पश्तो में : सी. एडले और इ. हबीब (सम्पा.), *हिस्ट्री ऑफ़ सिविलाइज़ेशन ऑफ़ सेंट्रल एशिया,* वी. पेरिस, 2003, पृ. 716.
8. कश्मीरी साहित्य पर देखें, जी.एम.डी. सूफ़ी, *कश्मीर, बीइंग ए हिस्ट्री ऑफ़ कश्मीर, पुनर्मु.,* दिल्ली, 1974, पृ. 398-446, और एस.के. चटर्जी, सम्पा., द *कल्चरल हेरिटेज़ ऑफ़ इंडिया,* भाग-V, दूसरा संस्क., कलकत्ता, 1978, पृ. 527-29.
9. डब्ल्यू.एच. मैकलोड, *द इवोल्यूशन ऑफ़ द सिख कम्युनिटी,* दिल्ली, 1975, पृ. 2-36, 59-82.
10. देखें. एस.आर. शारदा, *सूफ़ी थॉट : इट्स डेवलपमेंट इन पंजाब एंड इट्स इम्पैक्ट ऑन पंजाबी लिटरेचर,* नयी दिल्ली, 1974.
11. सुकुमार सेन, *हिस्ट्री ऑफ़ बंगाली लिटरेचर,* नयी दिल्ली, 1960. सम्भवतः इस क्षेत्र की सर्वाधिक विद्वत्तापूर्ण और प्रासंगिक पुस्तक है।
12. महेश्वर नियोग, 'असमी', में : एस.के. चटर्जी (सम्पा.), *कल्चरल हेरिटेज,* V, पृ. 421-26.
13. के.सी. मिश्रा, 'उड़िया', में : पूर्वोक्त, पृ. 563-68.

14. देखें के.एम. झवेरी, 'गुजराती', पूर्वोक्त में, पृ. 478-82.

15. टी.वी. महालिंगम, *एडमिनिस्ट्रेशन एंड सोशल लाइफ़ अंडर विजयनगर*, मद्रास, 1940, पृ. 372-380.

16. तेलुगु साहित्य पर देखें जी.एन. रेड्डी, 'तेलुगु', में : एस.के. चटर्जी (सम्पा.), *कल्चरल हेरिटेज*, पृ. 629-33.

17. देखें प्रभु शंकर, 'कन्नड़' में : पूर्वोक्त., पृ. 514-16; टी.वी. महालिंगम, *एडमिनिस्ट्रेशन एंड सोशल लाइफ*, पृ. 380-83.

18. देखें पी.एन. वेंकटाचारी, 'तमिल' में : एस.के. चटर्जी (सम्पा.), *कल्चरल हेरिटेज*, V, पृ. 610-13, हमारे समय के संक्षिप्त और अपेक्षाकृत अपूर्ण विवरण के लिए।

19. देखें एल.एस.एस.ओ., माले (सम्पा.), *मॉडर्न इंडिया एंड द वेस्ट*, लन्दन, 1941, पृ. 507-10.

20. के.एम. जॉर्ज, 'मलयालम' में : पूर्वोक्त, पृ. 536-42. इस काल का दक्षिण भारतीय भाषाओं पर एक सर्वेक्षण भी आर.सी. मजूमदार में है (सम्पा.), द *मुग़ल एम्पायर*, बॉम्बे, 1974, पृ. 584-606.

## 3.7

# ललित कलाएँ

### स्थापत्य/वास्तुकला

भारतीय संस्कृति और वैश्विक कला में सबसे प्रत्यक्ष योगदान मुग़लों का भारतीय वास्तुकला के क्षेत्र में था। कभी-कभी तो इसकी विराट भव्यता, विशालता और उत्कृष्ट कलात्मकता साँस रोक देने वाली होती थी और इससे किसी भी सूरत-ए-हाल में बचना मुश्किल हो जाता था या यों कहें कि इसके औदात्य से बचा ही नहीं जा सकता था, तो कोई अतिरंजना नहीं होगी। मुग़ल वास्तुकला विभिन्न तत्त्वों पर आधारित थी। अधिकांश तो सल्तनतकालीन विशेषताओं से ही अभिप्रेरित था या यों कहें कि उसे बरकरार रखा गया था, जैसे कि मेहराब, गुम्बद और गर्भ-गृह पर ज़ोर दिया गया था, हालाँकि मुग़लों ने तथाकथित 'प्रान्तीय' शैलियों की विशेषताओं को इसमें जोड़ा जो स्वयं आंशिक रूप से सल्तनतकालीन वास्तुकला की परम्पराओं से निकली थीं : गुजरात, राजस्थान, मालवा, शर्की साम्राज्य और अन्त में बंगाल, मध्य एशिया और ईरान से आयातित शैली, बल्बनुमा गुम्बद, 'पैत्र द्यूरा' और आयताकार उद्यान की व्यवस्था से विशेषित थे। जहाँ तक जल की उपस्थिति में प्रफुल्लता और आनन्द का विषय है, तो यह कुछ ऐसा था जिसे भारतीय, ईरानी और मध्य एशियाई की साझी परम्परा कही जा सकती थी। लेकिन मुग़ल वास्तुकला सिर्फ़ एक संश्लेषण नहीं था। शायद इसकी विशेषता का सबसे बड़ा आकर्षण प्रयोग और नवाचारों की भावना थी। अकबर की 'प्रासाद' नगरी फ़तेहपुर सीकरी इस कथित भावना की एक शानदार प्रदर्शनी है, यहाँ मेहराबों और शहतीरों के कुशल संयोजन द्वारा महान कलात्मक आकर्षण और सुन्दरता की भव्यता से पूरित भवनों का निर्माण किया गया है। शाहजहाँ का ताजमहल

मुग़लों की कालजयी और उत्कृष्टतम उपलब्धि है जिसके लिए मुग़लों ने अथक और अनवरत परिश्रम किया।

बहरहाल, यहाँ मुग़ल वास्तुकला के इतिहास को विस्तृत रूप में प्रस्तुत करना सम्भव नहीं, इसे विशेषज्ञों के हवाले छोड़ना ही श्रेयस्कर होगा।[1]

पहले के दो मुख्य मुग़ल शासकों बाबर (1526-30) और हुमायूँ (1530-56) के भवन-निर्माण से सम्बन्धित गतिविधियों को नज़रअन्दाज़ करें, तो कथित सन्दर्भ में मुख्य या प्रभावी तौर पर मुग़लकाल के प्रारम्भ होने के पहले सूर वंश (1540-56) का वह संक्षिप्त लेकिन समृद्ध अन्तराल प्रतिनिधि था जिसमें दिल्ली का पुराना क़िला, शेरशाह और इस्लाम शाह का मक़बरा, सहसराम/सासाराम (बिहार) में बनाया गया था (चित्र 3.9)। ये सल्तनतकालीन वास्तुकला की अफ़ग़ानी परम्परा में थे, हालाँकि सहसराम (सासाराम) में मक़बरे के चारों तरफ़ बड़े तालाब का निर्माण एक दिलचस्प प्रयोग था।

चित्र 3.9 : शेरशाह का मक़बरा, सहसराम, सासाराम : फर्ग्युसन

मुग़ल वास्तुकला की वास्तविक अर्थों में सर्वप्रथम प्रातिनिधिक कृति दिल्ली में हुमायूँ का मक़बरा (लगभग 1564 ई. में निर्मित) है जो प्रेरणा में तो प्रायः ईरानी कहा जाता है और कार्यान्वयन में भारतीय : यह मेहराबदार तोरणियों और मनोहारी *छतरियों* से सुसज्जित एक गुम्बददार भवन है जिसे एक उद्यान के बीच एक ऊँचे चबूतरे पर बनाया गया है, इस मक़बरे के चारों तरफ़ मानव निर्मित ज्यामितीय

चतुर्भुज/आयताकार आकार का उद्यान (चारबाग़) है जिसमें बहती हुई पानी की नालियाँ लगी हुई हैं। कमोबेश साथ-साथ ही अकबर ने आगरा के क़िला का फिर से निर्माण करवाया, इसके निर्माण के प्रमुख अवयव या घटक के तौर पर लाल बलुई पत्थर का प्रयोग किया गया। फतेहपुर सीकरी का निर्माण मुख्यतः 1570 के दशक के दौरान किया गया और इसमें भी बलुई पत्थर के प्रयोग की प्रधानता थी; लेकिन न तो सामग्री और न ही सिविल अभियान्त्रिकी (Civil Engineering) 'कलात्मक अवधारणा' के लिए सीमा निर्धारित करती है। अकबर के धार्मिक विचारों को अपना अन्तिम रूप प्राप्त करने से पहले या यों कहें कि अकबर के धार्मिक विचारों की परिपक्वता से पहले प्रासाद-परिसर की योजना बनायी गयी थी। इसलिए, उसने 'मुस्लिम' और 'हिन्दू शैली' के साथ सामंजस्य व समन्वय स्थापित करने के लिए क्रमशः शहतीरों और धरणियों को पुनर्विन्यस्त नहीं किया, जैसा कि कुछ कला इतिहासकारों ने अनुमानित करने का प्रयास किया है। हालाँकि वास्तव में इसका कोई साक्ष्य नहीं है कि वह वास्तुकला के इस प्रकार के धार्मिक सामंजस्य से अवगत भी हो या दोनों धर्मों में इस प्रकार के कलात्मक समन्वय की कल्पना भी हो लेकिन अकबर संरचनाओं को केवल 'वक्रों' में नहीं देख सकता था, और एकरूपता के स्थान पर वैविध्य ने उसे आकर्षित किया। इस प्रकार, समरूपता के शिथिलीकरण की प्रवृत्ति के माध्यम से उसने एक अनूठी, अद्वितीय तथा उत्कृष्ट रचना की। सीकरी की सबसे शानदार इमारत जामा मस्जिद है। मस्जिद के एक ओर विशाल द्वार है, वह है बुलन्द दरवाज़ा (चित्र 3.10) जिसके साथ विशाल अन्दरूनी आँगन, तालाब सहित व विस्तृत महल परिसर जुड़ा हुआ है। पानी की उपलब्धता ऊँटगन नदी पर बनाये गये बाँध से सुनिश्चित होती थी जिसकी निकासी जल-पहियों के द्वारा होती थी और फिर इसके तदुपरान्त इसे मोरियों द्वारा प्रासाद-परिसर और इसके तालाबों में पहुँचाया जाया करता था।[2]

आगरा के निकट सिकन्दरा में अकबर के मक़बरे के निर्माण में सृजनात्मकता का पुट दिखता है; इसमें तीन मंज़िला मीनारें हैं और बिना गुम्बद वाला सबसे ऊपरी मंज़िला है जिस पर संगमरमर का कार्य किया गया है। इस मक़बरा का निर्माण-कार्य स्वयं अकबर ने शुरू करवाया था लेकिन इसके पूरा होने से पहले ही अकबर की मृत्यु हो गयी (1605-27)। संगमरमर का प्रयोग अब और अधिक हो चला था, और आगरा में एतिमादुद्दौला (मृ. 1622) का मक़बरा फ़ारसी प्रभावों से अभिप्रेरित है और संक्रमण का महत्त्वपूर्ण नमूना है। उपर्युक्त दोनों और लाहौर में जहाँगीर के मक़बरे (चित्र 3.11) में गुम्बद का ग़ायब होना एक विचारणीय एवं द्रष्टव्य विशेषता है।

चित्र 3.10 : बुलन्द दरवाज़ा, फतेहपुर सीकरी : फर्ग्युसन

चित्र 3.11 : जहाँगीर का मक़बरा, लाहौर के नज़दीक : इ. कोच

शाहजहाँ ने आगरा (1628-58) में अपनी बीबी मुमताज़ महल के लिए जो मक़बरा बनाया था, वह अब पूरी दुनिया में ताजमहल के रूप में सुविख्यात हो गया है (चित्र 3.12)। यह यमुना के तट पर इस पहलू या पक्ष के प्रति सजगता बरतते हुए निर्मित किया गया था कि जहाँ आबादी अत्यन्त कम हो, साथ ही इसके आस-पास दुकानों एवं सराय की भी व्यवस्था की गयी थी और इस प्रकार से की गयी थी कि ये अनिवार्य रूप से ज्यामितीय आयताकार का लगे। पूरी इमारत ख़ुद संगमरमर से निर्मित है तथा लाल बलुई पत्थर से बनी दो इमारतों से घिरी हुई है और इसके सामने एक विशाल प्रवेशद्वार है। बाद की तीन अपने आप में वास्तुशिल्प रूप से महत्त्वपूर्ण इमारतें हैं। मुख्य द्वार से मक़बरे तक का मार्ग एवं जल-प्रणाली और उसके चारों तरफ़ उद्यान/बाग़ की उपस्थिति की उद्भावना समग्र सौन्दर्य के लिए अनिवार्य है। तब हमारे समक्ष संगमरमर से निर्मित मुख्य ढाँचा उपस्थित होता है जिसके साथ बड़ा चबूतरा और इसके आसन के प्रत्येक कोने में, एक तीन मंज़िला मीनार है जिसके ऊपर *छतरी* है और साथ में महान उभरा। फूला हुआ गुम्बद (आन्तरिक गुम्बद के ऊपर निर्मित) है जो व्यापक रूप से केन्द्र में बढ़ रहा है। इसके प्रत्येक कोने में एक शुण्डाकार *छतरी* है। वस्तुतः ताज की वास्तविक शोभा विशालकाय गुम्बद और चबूतरे को मुख्य इमारत से जोड़ने वाली इन चार पतली शुण्डाकार मीनारों में ही निहित है। इसके पैत्र दूयूरा कार्य में दुर्लभ क़ीमती रत्नों का प्रयोग किया गया है, और उत्कृष्ट संगमरमर की नक़्क़ाशी ने कई भारतीय और ईरानी शिल्पकारों का ध्यान आकृष्ट किया (चित्र 3.13)।[3]

चित्र 3.12 : ताजमहल, आगरा : इ. कोच

चित्र 3.13 : पैत्र दूयूरा, ताजमहल : इ. कोच

शाहजहाँ ने आगरा के क़िले में भी बड़े पैमाने पर निर्माण-कार्य करवाया। लेकिन दिल्ली में उसके द्वारा निर्मित वह इमारत थी जो हमारा ध्यान यहाँ सर्वाधिक आकर्षित करती है जो शायद थोड़ा अनुचित जान पड़ता है। दिल्ली का लाल क़िला और जामा मस्जिद एक योजनाबद्ध नगर-शाहजहानाबाद या शाहजहाँ बाद (चित्र 3.14) का हिस्सा थे जो पूरी तरह बनने से पूर्व चारों तरफ़ से दीवार से घिरी हुई थी। जामा मस्जिद निश्चित और निःसन्दिग्ध रूप से मुग़लकालीन मस्जिदों में सबसे महान थी और जो संगमरमर एवं बलुआ पत्थर के युक्तियुक्त मिश्रण और समानुपात का एक शानदार नमूना है; और जो शिल्पकारी कौशल एवं स्थापत्य तकनीक शाहजहाँ के सभी निर्माण कार्यों में मुख्य एवं अनुपेक्षणीय नियामक या पक्ष रहा है।[4]

अपनी मुख्य विशेषताओं के साथ मुग़ल वास्तुकला शाहजहाँ के शासनकाल में अपने चरम पर पहुँच चुकी थी। औरंगज़ेब की लम्बी शासनावधि के दौरान यद्यपि भवनों के निर्माण बड़े पैमाने पर होते रहे लेकिन वास्तुकला के इतिहास में

उसकी छाप फीकी ही और बहुत ही थोड़ी महत्त्व वाली कही जा सकती है। दो इमारतें उल्लेखनीय हैं–एक तो लाहौर की बादशाही मस्जिद और दूसरा औरंगाबाद में निर्मित राबिया दौरानी का मक़बरा जो कि ताजमहल की नक़ल है।

मुग़ल वास्तुकला को सिर्फ़ उन इमारतों या भवन-निर्माण के आधार पर विश्लेषित और विवेचित नहीं किया जा सकता जिसकी चर्चा हमने ऊपर की है। श्रीनगर, लाहौर, अजमेर, इलाहाबाद, जौनपुर और राजमहल केवल अकबर के शासनकाल के महत्त्वपूर्ण स्मारक हैं। कुल मिलाकर यह कहने में संकोच नहीं होना चाहिए कि मुग़ल शैली केवल क़िलों, प्रासादों, मस्जिदों और मक़बरों तक ही सीमित नहीं है।

मुग़लों ने अनेक सेतुओं का निर्माण किया जिनमें से एक महानतम सेतु जौनपुर में गोमती नदी के ऊपर बनाया गया (पूर्णतः निर्मित, 1567-68) (चित्र 3.8); उन्होंने बड़ी संख्या में सरायों को भी बनवाया जो प्रायः एक आँगन, गलियारा और कमरों के साथ विशाल चतुष्कोणीय या आयताकार संरचना हुआ करते थे।[5] मुग़लों की सिविल अभियान्त्रिकी का सबसे प्रभावी नमूना शाहजहाँ के द्वारा बनायी गयी पश्चिमी यमुना नहर रहा है। लम्बाई में 250 किलोमीटर लम्बी यह नहर तीख़े मोड़ों से गुज़रते हुए बृहद् चिनाई वाले जलसेतु को पार करती है और इस प्रकार उस दिल्ली शहर के लिए जलापूर्ति को सुनिश्चित करती थी जो यमुना की सतह से काफ़ी ऊपर था।[6]

चित्र 3.14 : जामा मस्जिद, दिल्ली : फर्ग्युसन का रेखाचित्र

मुग़लकालीन बाग़ों के सन्दर्भ में यह सहज ही कहा जा सकता है कि ये प्रायः इमारतों के साथ ही लगे होते थे विशेषकर मक़बरों के साथ लेकिन फिर भी ये अपने आप में एक स्वतन्त्र इकाई थे। प्रत्येक बाग़ आमतौर पर चार भागों

में विभाजित हुआ करते थे जिसमें फलदार वृक्ष और अत्यन्त सुव्यवस्थित फूलों की क्यारियाँ होती थीं। इन बाग़ों के लिए जल-सम्भरण, कुओं और चिनाई की हुई मोरियों की भी व्यवस्था की जाती थी और कभी-कभी तो इसमें 'गुम्बदाकार इमारत' के साथ-साथ छोटे-छोटे कमरे होते थे। अनेक बाग़ निजी हुआ करते थे लेकिन कुछ जनता के लिए भी खुले होते थे।[7]

यह स्वाभाविक था कि मुग़ल वास्तुकला की अनुकृति बनाने की प्रवृत्ति प्रस्फुटित हो और ऐसा हुआ भी। मुग़लकालीन वास्तुकला की विशेषताओं का अनुकरण करते हुए अनेक इमारतों का निर्माण किया गया। इसमें सबसे सफल आमेर कहा जा सकता था जिन्होंने आमेर में प्रासाद-परिसर (17वीं शताब्दी) और पूर्वी राजस्थान में जयपुर (18वीं शताब्दी) नामक नया शहर बनवाया था। मथुरा के निकट वृन्दावन में अकबर के कुलीन या मनसबदार मानसिंह ने गोविन्द-देव मन्दिर का निर्माण करवाया था जो आमेर के ही शासक थे। यह मन्दिर पूर्णरूपेण मुग़ल वास्तुकला की अनुकृति थी और उसी के तर्ज़ पर बनायी गयी थी। यह विशाल भवन गर्भ-गृह के साथ गुम्बदाकार था, मुख्य विशाल कक्ष (हाल) इस रूप में था कि वह गलियारों को काटता था जैसा कि ऊपर दिखाया गया है। यह आश्चर्यजनक रूप से एक चर्च की तरह दिखता है (चित्र 3.15)।[8] मुग़लकालीन शैली का प्रभाव ओरछा में बने चतुर्भुज मन्दिर में भी देखा जा सकता है जिसे बीर सिंह ने जहाँगीर के शासनकाल के दौरान बनवाया था (1605-27)।

चित्र 3.15 : गोविन्द देव मन्दिर, वृन्दावन : फर्ग्युसन

मुग़लकालीन वास्तुकला की उत्कृष्टता अथवा श्रेष्ठता के आवरण में हमें उसके अन्तिम चरण (16वीं शताब्दी और 17वीं शताब्दी) की अवधि के दौरान दक्कन सल्तनत की वास्तुकला की अनदेखी या उपेक्षा नहीं करनी चाहिए (बहमनी वास्तुकला और विजयनगर साम्राज्य के राजाओं द्वारा बनाये गये भव्य भवनों और इमारतों के सन्दर्भ में विचार-विश्लेषण अध्याय 2.6 में किया गया है)। विजय के प्रतीक के रूप में प्रख्यात हैदराबाद का चारमीनार (निर्माण, 1591) एक चौकोर संरचना है जो चारों तरफ़ से खुलती है अर्थात यह चार प्रवेश-द्वारों वाली एक चौकोर इमारत है जो स्तम्भों की मंज़िलों से घिरी हुई है और इसके प्रत्येक कोने पर चार विशाल मेहराबें हैं; यह सहज रूप और सर्वसम्मति से उस शहर के लिए प्रतीक (चित्र 3.16) बन गयी है। बीजापुर में मुहम्मद आदिलशाह (मृ. 1656) के मक़बरे को गोल गुम्बद कहा गया जो वास्तविक अर्थों में भारत का सबसे बड़ा गुम्बद है (चित्र 3.17)।

चित्र 3.16 : चारमीनार, हैदराबाद : पर्सी ब्राउन

दक्षिण भारत में मन्दिरों का निर्माण पहले की भाँति द्रविड़ शैली की तर्ज़ पर होता रहा। आशय यह है कि दक्षिण भारत में मन्दिरों की वास्तुकला पूर्व के समान ही द्रविड़ शैली से ही अभिप्रेरित रही जिसे 17वीं और 18वीं शताब्दियों के दौरान बने मदुरै के मीनाक्षी सुन्दरेश्वर मन्दिर (17वीं शताब्दी) और रामेश्वरम् के रामलिंगेश्वर मन्दिर के भागों में देखा जा सकता है। बाद वाले मन्दिर (राम लिंगेश्वर) में एक आन्तरिक गलियारा है जिसकी लम्बाई 650 मीटर है और छत पर भारी खम्भे हैं जिन पर कलाकारी की गयी है। द्रविड़ शैली अपने प्रभाव में यहाँ तक ही सीमित नहीं थी बल्कि वह केरल तक विस्तारित थी। तिरुवनन्तपुरम में पद्मनाभस्वामी मन्दिर (1729 ई.) को इसी शैली में बनाया गया, इसमें लकड़ियों का प्रयोग बड़े पैमाने पर किया गया है। तंजावुर में 17वीं शताब्दी के दौरान बनाये गये महल के 60 मीटर ऊँचे घण्टा घर (चित्र 3.18) में 'मेहराबदार' का प्रयोग किया गया था।

चित्र 3.17 : गोल गुम्बद, बीजापुर (भाग) : फर्ग्युसन भवन की ऊँचाई (गुम्बद के शीर्ष पर) 200 फ़ीट (61 मीटर) से भी अधिक है।

भारत के एक छोटे से स्थान गोवा में पुर्तगालियों ने अपने भवनों के निर्माण में यूरोपीय प्रचलन को अपना आधार बनाया। बेसिलिका ऑफ़ बाम जीसस (1549-1605) का निर्माण पुनर्जागरण और बराक़ शैली के समन्वय और सामंजस्य से अभिप्रेरित है, जबकि 'सी कैथेड्रल' (1562-1619) के निर्माण की प्रेरणा पूर्णतः पुनर्जागरण है।[9]

चित्र 3.18 : 'कैसल टॉवर' (घंटाघर), तंजावुर : ताकेओ कामिया

## चित्रकला

ललित कला में चित्रकला एक ऐसी विधा थी जिसमें मुग़लों की अन्तरराष्ट्रीय ख्याति थी।[10] लघु चित्रकला कमोबेश पूर्ण रूप से काग़ज़ पर की जाती थी, चित्रकला के इस प्रकार को मुग़ल बादशाहों/पादशाहों ने संरक्षण और प्रोत्साहन दिया; प्रारम्भ में यह फ़ारसी चित्रकला का एक भाग था जिसमें रेखाओं, विवरण की प्रामाणिकता और परिप्रेक्ष्य को पूर्वाग्रही रूप से हाशिये पर रखने की प्रवृत्ति पर बल दिया जाता था। जब हुमायूँ को 1555-56 ई. में अपनी हिन्दुस्तान की खोयी राजगद्दी को पुनः प्राप्त करने में सफलता मिली तो फ़ारसी चित्रकला के

दो सबसे पहले महान चित्रकार मीर सैयद अली और ख़्वाजा अब्दुस्समद हुमायूँ के साथ-साथ दिल्ली आ गये। हुमायूँ के बाद जब अकबर राजगद्दी पर बैठा, तब भी वे यहाँ कार्य करते रहे।

अकबर ने चित्रों के लिए कारख़ानों/चित्रालयों-चित्र विनिर्माण केन्द्रों की स्थापना की और 1560 के दशक के दौरान उसने एक आख्यान नायक *हमज़ा* से सम्बन्धित प्रसिद्ध अरब महाकाव्य *हमज़ानामा* के फ़ारसी अनुवाद की एक चित्रित पाण्डुलिपि तैयार करने का आदेश दिया। इस प्रकार अकबर ने फ़ारस के मूल आन्तरिक भागों से बाहर चित्रकला की एक नवीन और जीवन्त शैली विकसित की और इस व्यापकता से की कि वह इसके एक अनुशासन (शाखा) के रूप में तब्दील हो गयी। वस्तुतः अकबर के शासनकाल के दौरान बड़ी संख्या में पाण्डुलिपियों को चित्रित करने का कार्य होता रहा जिसके लिए भारत के विभिन्न भागों से चित्रकारों की नियुक्तियाँ की गयीं। इससे स्थानीय और स्वदेशी, जैसे कि, मालवा, गुजरात, राजस्थान, ग्वालियर और कश्मीर शैलियों ने अकबर के चित्रकारी कारख़ाने से सम्बन्धित कार्यों पर अपना प्रभाव डाला और फलतः इन कार्यों में स्वदेशी क़िस्मों की शैलियों की विशेषताएँ प्रतिबिम्बित होती हैं। इसी समय मुग़ल पादशाह, अब्दुस्समद और एक अन्य चित्रकार कलाविद् मीर अली के निरीक्षण में 'विस्तृत विवरण के गुण' और फ़ारसी कला के गौरव को न केवल बरकरार रखा गया बल्कि इसके शुद्धतावादी स्वरूप को लेकर किसी प्रकार के समझौता नहीं करने की प्रतिबद्धता व्यक्त की गयी। अबुल फ़ज़्ल ने इन चित्रकारों की सूची बनायी है जिसमें विशेष तौर पर दसवन्त की कलात्मक उत्कृष्टता का उल्लेख है। इस लघुचित्र पर उपलब्ध पाण्डुलिपि हमें कई अन्य कलाकारों से परिचित कराती है। मिश्रित चित्रकारी में जहाँ चित्र एक चित्रकार द्वारा बनाया था और शेष कार्य दूसरे कलाकार के माध्यम से सम्पन्न होता था, कभी-कभी तो इसमें तीन कलाकारों की भी सहभागिता होती थी।

वस्तुतः इस प्रकार की चित्रकारी अकबर द्वारा स्थापित चित्र-कारख़ानों चित्र-विनिर्माण केन्द्रों के विशेष उत्पाद थे या यों कहें कि विशेष प्रकार की कलाकृतियाँ थीं और सम्भवतः इसने सृजनात्मक-संश्लेषण में योगदान दिया। यथार्थवाद पर ज़ोर (चित्रांकन के साथ-साथ दर्शनीय या ऐतिहासिक विवरणों में) शायद अकबर के व्यक्तित्व की खुद की देन थी, वह भी शुरुआत से ही। अपने आगे आने वाले दिनों में अकबर यूरोपीय चित्रकारी में दिलचस्पी लेने लगा और अब न केवल ईसायत की भावभूमि में चित्रकारी को प्रोत्साहन मिला बल्कि पुनर्जागरण की अन्य विशेषताओं ने भी मुग़ल कला को प्रभावित करना शुरू कर दिया और विशेष रूप से यह प्रभावान्विति समानुपात और सन्दर्भ में व्यापक थी।[11]

चित्र 3.19 : कश्मीर ट्यूलिप, मंसूर के द्वारा, जहाँगीर के दरबार में चित्रकार, जहाँगीर का दरबारी चित्रकार।

अनेकानेक कारणों से जहाँगीर के शासनकाल को मुग़ल चित्रकला के चरमोत्कर्ष का काल कहा गया। चित्रकला का प्रमुख नियामक अब चित्रित पाण्डुलिपियों से अल्बम और व्यक्तिगत चित्रों के संग्रह की ओर स्थानान्तरित हो गया। जहाँगीर विशेष रूप से व्यक्तिगत चित्रों और पशु-पक्षियों, वृक्षों एवं

फूलों के चित्रण (देखें चित्र 3.19) में दिलचस्पी रखता था। कालान्तर में मंसूर 'चित्रकला के गुरु' के रूप में पदस्थापित हुए। मुग़ल भावनाओं को उकेरने में किस हद/सीमा तक प्रभावी था उसकी बानगी उस चित्र में देखी जा सकती है जिसमें जहाँगीर के आदेश पर 'एक मरते हुए व्यक्ति' की तस्वीर बनायी गयी है (चित्र 3.20), हालाँकि चित्रकार का नाम अज्ञात है। यूरोपीय शैली का प्रभाव अब बढ़ रहा था और दृष्टिगोचर भी हो रहा था, हालाँकि वह मुग़ल शैली की अनूठी उत्कृष्टता को प्रभावित नहीं कर रही थी।

शाहजहाँ (1628-59) और विशेष रूप से दारा शिकोह के संरक्षण में मुग़ल चित्रकला ने अपनी पूर्ण परिपक्वता और पराकाष्ठा को प्राप्त कर लिया, हालाँकि इस दौरान इसकी प्रभावोत्पादकता और 'उत्पादन' के आकार में व्यापक स्तर पर और तेज़ी से कमी भी देखी गयी। बिचित्र की वह चित्रात्मक कृति जिसमें दो सूफ़ी गायकों को एक राहगीर द्वारा सुनते हुए दिखाया गया है, मुग़ल कला की उत्कृष्ट कृतियों में से एक है, यह यथार्थवाद, पुनर्जागरण चित्रकला का तीव्र और सघन स्मरण कराता है, जबकि सूक्ष्म विवरण पर ध्यान शास्त्रीय मुग़ल परम्परा में है (देखें चित्र 3.21)।[12]

चित्र 3.20 : मरते हुए व्यक्ति का चित्र : 'इनायत ख़ान' का रेखाचित्र, जहाँगीर के आदेश पर।

चित्र 3.21 : सड़क के किनारे दो सूफ़ी गायकों को सुनते हुए किसान
बिचित्र की चित्रकारी/पेंटिंग, सत्रहवीं शताब्दी का पूर्वार्द्ध।

यह कहना सही नहीं होगा कि मुग़ल चित्रकारों ने विषय-वस्तु के आधार को सिर्फ़ युद्धों, शिकार, दरबार में जश्न और धार्मिक सभाओं तक सीमिंत कर रखा था। फिर भी ये मुग़ल लघुचित्रों के वर्ण्य विषय थे और इनकी तादाद भी काफ़ी बड़ी थी। फ़ारसी चित्रकला की तरह ही मुग़ल चित्रकला भी अनिवार्य रूप से धर्मनिरपेक्ष कही जा सकती थी क्योंकि यह अपनी प्रकृति में धर्मनिष्ठ नहीं बल्कि सांस्कृतिक थी।

कुलीन 'उमराओं' और शाही चित्र-कारख़ानों के माध्यम से दरबारी चित्रकला शैली के बहुप्रचलन और चतुर्दिक प्रचार-प्रसार ने स्वछन्द (फ्रीलांस) चित्रकारों का बाज़ार तैयार किया और जो कालान्तर में 'प्रान्तीय शैली' के रूप में तब्दील होती चली गयी लेकिन जिसके परिणाम विषम और असमान थे (मसलन, पटना क़लम, अवध क़लम इत्यादि)। राजस्थान और पश्चिम हिमालय में राजस्थान एवं पहाड़ी क़लम अस्तित्व में आये। यहाँ धर्मनिरपेक्ष चित्रकला के साथ-साथ धार्मिकता से ओत-प्रोत चित्रकारी भी होती रही विशेष तौर पर और विषय-वस्तु के स्तर पर भी *कृष्णलीला* के चित्रण में प्राथमिक रूप से तेज़ी आयी।

## संगीत और नृत्य

मुग़लकालीन दौर भारतीय शास्त्रीय संगीत के लिए उर्वरा-काल रहा। संस्कृत भाषा में संगीत को लेकर जो वैचारिकी और सिद्धान्त गढ़े गये थे, उसे अच्छी तरह से समझा गया। अबु फ़ज़ल ने *आईन-ए-अकबरी* में इसका संक्षिप्त विवरण दिया है और गायन एवं वाद्य संगीत, दोनों से जुड़े उन 36 गुरुओं की सूची भी दी है जिनकी नियुक्तियाँ अकबर द्वारा की गयी थीं। महान तानसेन भी उन्हीं में से एक थे।[13] परम्परागत रूप के 'कर्नाटक को भाषा' का जो उत्तर को भाषिक बोलियों में विशेषकर 'ग्वालियर' की बोली में जो रूपान्तरण देखता है, उसकी तिथि ग्वालियर के राजा मान के समय (15वीं शताब्दी का उत्तरार्द्ध) से की जा सकती है। ध्रुपद गायन शैली अब सबसे पसन्दीदा शैली हो चली थी जिसके 1520 ई. के आस-पास तक नायक बख़्शू सुविख्यात गुरु थे। 16वीं शताब्दी की शुरुआत में *ख़्याल* का उद्भव हुआ जिसमें स्वतन्त्रता और स्वच्छन्दता की सम्भावनाएँ काफ़ी अधिक थीं और नियमों की जकड़न शिथिल।[14]

मुग़लकालीन लघुचित्रों के माध्यम से हम साक्ष्यसिद्ध उस प्रक्रिया से अवगत होते हैं कि कैसे मुग़ल दरबार ने अपने शाही संरक्षण के लिए मध्य एशिया की तुलना में भारतीय वाद्य संगीत और नृत्य को प्राथमिकता दी! *बाबरनामा* की एक चित्रकारी में बाबर को काबुल में हुमायूँ के जन्म लेने का जश्न मनाते हुए दिखाया गया है। यहाँ चार पुरुष और तीन महिलाएँ भिन्न-भिन्न वाद्य-यन्त्र बजाते हुए दिखाये गये हैं, जबकि एक पुरुष को तलवार लिए हुए और एक महिला को ढीले-ढाले लेकिन पूरी तरीक़े से ढँके हुए और संगीत पर नृत्य करते हुए दिखाया गया है।[15] इस मध्य-एशियाई परिदृश्य की तुलना *पादशाहनामा* की उस चित्रकारी से की जा सकती है जिसमें शाहजहाँ को अपना 42वाँ जन्मदिन मनाते हुए दिखाया

गया है। इसमें पन्द्रह से अधिक पुरुषों को (कोई महिला नहीं) बैठे और खड़े होकर विभिन्न वाद्य-यन्त्रों को बजाते हुए दिखाया गया है, जबकि कम-से-कम तीन पुरुषों और एक लड़के को गाते हुए प्रदर्शित किया गया है। इन लोगों के सामने दस महिलाएँ हैं जिसमें सभी ने कपड़े पहने हुए हैं लेकिन उनमें से एक ने भारतीय परिधान पहना हुआ है जो बाहर से पारदर्शी बाहरी वस्त्र और नीचे तंग कपड़ों के साथ, प्रत्येक अलग-अलग एक नृत्य मुद्रा में है।[16] वास्तव में ऐसा प्रतीत होता है कि दरबार के स्तर पर नृत्य केवल महिलाओं के लिए रूढ़ कर दिया गया था और जिन्हें *लोलि, कंचन* इत्यादि के रूप में सम्बोधित किया जाया करता था। ये महिलाएँ किसी विशेष जातियों और समुदायों से ताल्लुक रखती थीं और उन्हें उच्च स्तर पर प्रशिक्षित किया जाया करता था। जहाँगीर का एक उच्चपदस्थ उमरा अथवा कुलीन इस्लाम ख़ान फतेहपुरी के बारे में कहा जाता है कि उसने ऐसी औरतों की एक बड़ी संख्या को अपने यहाँ रोज़गार दिया हुआ था और इसके लिए वह कुल 80,000 प्रति महीना भुगतान करता था।[17] लेकिन उसके सन्दर्भ में विस्तृत जानकारी उपलब्ध नहीं है।[18]

## सन्दर्भ एवं टिप्पणियाँ

1. जै.कि. पर्सी ब्राउन, *इंडियन आर्किटेक्चर (इस्लामिक पीरियड)*, बॉम्बे, 1968, एंड कैथरीन बी. अशर, *आर्किटेक्चर ऑफ़ मुग़ल इंडिया*, कैम्ब्रिज़, 1992. एब्बा एम. कोच, *मुग़ल आर्किटेक्चर*, नयी दिल्ली, 2002 भी देखें, विषय विशेष के एक प्रमुख विशेषज्ञ द्वारा अच्छी तरह से सचित्र कृति।
2. माइकल ब्रांड एंड जी.डी. लॉवरी/लारी (सम्पा.), *फतेहपुर सीकरी*, बॉम्बे, 1987, शहर पर मोनोग्राफ़ की एक श्रृंखला में नवीनतम है।
3. ताजमहल पर स्वाभाविक रूप से काफ़ी लिखा गया है, देखें इब्बा एम. कोच, *द कम्पलीट ताजमहल*, नयी दिल्ली, 2006, उत्कृष्ट छवियों (फ़ोटोग्राफ़ों), चित्रकारी और योजनाओं से भरपूर एक बेहतरीन एवं उत्कृष्ट किताब है। ताजमहल पर समृद्ध लिखित साक्ष्य जिसमें कि योजनाएँ और फ़ोटोग्राफ्स हों, देखें डब्ल्यू.इ. बेग्ले और जे.ए. देसाई, *ताजमहल : द इल्युमाइनड टाम्ब*, सिएटल, 1989.
4. नगर की योजना एवं संरचना पर देखें स्टीफ़न पी. ब्लेक, *शाहजहाँनाबाद : द सोवेरेन सिटी इन मुग़ल इंडिया, 1639-1739*, कैम्ब्रिज़, 1991, पृ. 29-82. जी. सोडर्सन, *ए गाइड टू द बिल्डिंग्स एंड गार्डेन्स : देलही फोर्ट*, चौथा संस्करण, दिल्ली, 1936-37.
5. पुलों पर, एक मूल्यवान सर्वेक्षण है जो जीन डेलोचे द्वारा किया गया है, *द एनशिएंट ब्रजेज़ ऑफ़ इंडिया*, नयी दिल्ली, 1984; सरायों पर, देखें इक़्तिदार ए. खान. '*द कारवांसराय ऑफ़ मुग़ल इंडिया*' में : *इंडियन हिस्टोरिकल रिव्यू, XIV* (1-2) (1987-88), पृ. 111-37.

6. जी. सैंडरसन, *ए गाइड टू ... देलही फोर्ट,* उद्धृत., पृ. 63-66.

7. जेम्स एल. वेसकोट, जूनियर एंड जोआचिम वोल्शके-बुलमहन (सम्पा.), *मुग़ल गार्डन्स,* वाशिंगटन, 1996, विस्तृत विवरण के लिए।

8. मार्ग्रेट एच. केस, सम्पा., *गोविन्ददेव : ए डॉयलाग इन स्टोन,* नयी दिल्ली, पृ. 11-127.

9. एस. राजगोपालन, *ओल्ड गोवा,* दूसरा संस्क., नयी दिल्ली, 1982.

10. पर्सी ब्राउन, *इंडियन पेंटिंग अंडर द मुग़ल्स, ऑक्सफ़ोर्ड,* 1924, अब बल्कि दिनांकित है। मिलो क्लीवलैंड बीच, *मुग़ल एंड राजपूत पेंटिंग,* कैम्ब्रिज़, 1992, अभी तुलनात्मक रूप से हालिया किताब है। व्यक्तिगत तौर पर मुग़ल चित्रकारों के लिए, एस.पी. वर्मा, *मुग़ल पेंटर्स एंड देअर वर्क,* नयी दिल्ली, 1994, सन्दर्भ के लिए एक विश्वसनीय और व्यापक पुस्तक है।

11. आनन्द कृष्णा देखें, *अर्ली मुग़ल पेंटिंग,* नयी दिल्ली, 1971; एमी वल्लेस्ज़, *अकबर रिलिज़ियस थॉट्स रिफ्लेक्टेड इन मुग़ल पेंटिंग,* ऑक्सफ़ोर्ड, 1952; और एस.पी. वर्मा, 'पेंटिंग अंडर अकबर एज नैरेटिव आर्ट' में : इ. हबीब (सम्पा.), *अकबर एंड हिज़ इंडिया,* नयी दिल्ली, 1997, पृ. 149-172.

12. जहाँगीर और शाहजहाँ की शासनावधियों के दौरान मुग़ल चित्रकारी पर, देखें अशोक के. दास, *मुग़ल पेंटिंग ड्यूरिंग जहाँगीर'स टाइम,* कलकत्ता, 1978; और मिलो सी. बीच, *द ग्रांड मुग़ल : इम्पीरियल पेंटिंग इन इंडिया (1600-1660),* विलियम्सटाउन, 1978.

13. फ्रांस्वा 'नलिनी' डेल्वॉय, 'द इमेज ऑफ़ अकबर एज़ ए पैट्रॉन ऑफ़ म्यूज़िक इन इंडो-पर्शियन एंड वर्नाक्यूलर सोर्सेज़' में : इ. हबीब (सम्पा.), *अकबर एंड हिज इंडिया,* पृ. 188-214. अबुल फ़ज़ल का ख़ुद का लिखा हुआ अवतरण जो कि संगीत पर है और '*आईन-ए-अकबरी* से लिया गया है, सम्पा. एच. ब्लोचमैन, कलकत्ता, 1867-77, पृ. 263-64, और II पृ. 134-44.

14. शाहजहाँ के आधिकारिक इतिहासकार 'अब्दुल हामिद लाहौरी' को देखें, *पादशाहनामा,* सम्पा. कबीर अल-दिन अन्य., कलकत्ता, 1866-72, II, पृ. 5-7, मुग़ल दरबार में शास्त्रीय संगीत के संरक्षण के लिए. इसे नायक बख्शु के ध्रुपदों के संग्रह के लिए इस्लाम ख़ान की प्रस्तावना द्वारा पूरक किया जा सकता है, जो मजमा उल अफ्कार में शामिल है, सम्पा. आई.एच. सिद्दीक़ी, पटना, 1993, पृ. 17-21.

15. हामिद सुलेमान को देखें, *मिनियेचर्स ऑफ़ बाबरनामा,* ताशकन्द, 1970, पृ. 45 (पु.प्रा. ऑफ़ बी.एम. एमएस या 3174, एफ. 295 ए–एक ऐसी चित्रकारी जिसे ख़ुद अकबर के कारख़ाने या चित्रशाला में बनाया गया था।

16. मिलो क्लीवलैंड बीच एंड इब्बा कोच, *किंग ऑफ़ द वर्ल्ड : द पादशाहनामा.* विंडसर एमएस मिनियेचर्स, वाशिंगटन, 1997, पृ. 45 (पु.प्रा. ऑफ़ फोलियो 70बी-71ए ऑफ़ द एमएस)।

17. फरीद भक्कारी, *जखीरातु-अल ख्वानीं*, सम्पा. एस. मोइनुल हक़, II, कराची, 1970, पृ. 191.

18. जो इस विषय से सम्बन्धित क्षेत्र में अपने ज्ञान का विस्तार करना चाहते हैं, वह बोनी सी. वेड, *इमेजिंग साउंड : एन इथ्नोम्युजिकोलॉजिकल स्टडी ऑफ़ म्यूज़िक, आर्ट एंड कल्चर इन मुग़ल इंडिया*, शिकागो, 1998 देखें, जो कि पढ़ने योग्य और उच्चस्तरीय तथा उत्कृष्ट तरीक़े से एक सचित्र पुस्तक है। वहाँ मुग़ल लघुचित्रों से जुड़े सवाल के बारे में बहुत कुछ प्राप्त किया जा सकता है।

# 3.8

# मुग़लकाल में जीवन

यह पुस्तक मध्यकालीन भारत के अध्ययन हेतु तीन चरणों में विभाजित एवं वर्गीकृत की गयी है; और प्रत्येक चरण का अध्ययन किसी एक विशेष विषयगत पक्ष और कालखण्ड को समाहित किये हुए अनेक उपवर्गों में श्रेणीबद्ध किया गया है, जैसे कि राजव्यवस्था, अर्थव्यवस्था, समाज, ज्ञान की पद्धतियाँ, धर्म, कला, इत्यादि। वास्तव में, इसी युक्तियुक्त, प्रासंगिक, और इसलिए उपयुक्त विधि का प्रयोग संस्कृति के अध्ययन के सन्दर्भ में व्यवहार में लाया जाता रहा है। किन्तु, इस प्रकार की व्यवस्थागत प्रणाली हमें दैनिक जीवन के अनुभवों एवं कष्टों के अहसास-बोध का बोध नहीं कराती और साथ ही हमें इससे भी अवगत नहीं कराती कि समाज के विभिन्न वर्गों से आने वाले व्यक्तियों की वैचारिकी एवं व्यवहार प्रकार्य दैनिक जीवन में कैसे आकार लेते हैं? वस्तुतः इस प्रकार की समस्या के समाधान के लिए यहाँ तक कि आंशिक रूप से भी, सोलहवीं शताब्दी से पहले की अवधि से सम्बन्धित अनिवार्य एवं अपरिहार्य सामग्री का नितान्त अभाव रहा है और यहाँ तक कि उसके बाद भी वे सिर्फ़ शिक्षित वर्गों के कुछ लोगों की जीवनियों के रूप में ही उपलब्ध हैं।

बहरहाल, जो भी उपलब्ध सामग्री चयन के लिए उपलब्ध है, उसमें पाँच प्रकार की स्थापनाओं की सम्भावनाओं के सन्दर्भ में अनुशीलन-विश्लेषण किया जा सकता है। और ये सभी स्रोत सोलहवीं और सत्रहवीं सदी के दौरान से ही प्राप्त किये गये हैं। हमारे पास एक कृषक की प्रेम पूरित या प्रेमाख्यान, लाभप्रद रूप से प्राप्त हुए कारीगर का आंशिक लेखा-जोखा, एक किरानी के व्यावसायिक

जीवन के अंश, एक व्यापारी की आत्मकथा और एक सूफ़ी विद्वान की जीवनी जो उसकी अपनी ही पुस्तक और अपने ही शब्दों में दर्ज है।

जिसे हमने किसान की शौर्यगाथा या प्रेमाख्यान कहा, वह *वक़ीअत-ए-मुश्ताक़ी* में संकलित है जो वस्तुतः 1451 ई. और उसके बाद की अवधि के दौरान घटित विभिन्न परिघटनाओं की ऐतिहासिक रिपोर्ट जैसी है, यह अकबर के शासनकाल के प्रारम्भिक वर्षों के दौरान रिजाक़ुल्लाह मुश्ताक़ी के द्वारा लिखी गयी है। लेखक वर्तमान कहानी को बयान करते हुए कहता है कि यह कहानी उसे ख़्वाजा ख़ान मेवाती द्वारा सुनायी गयी है। लेखक कहता है कि वह एक बार पड़ोस के निमख़र से गुज़र रहा था जो कन्नौज के नज़दीक स्थित है (लेकिन यह अवध में है)। उसे एक बार सुल्तान बहलोल लोदी के नेतृत्व वाले अफ़ग़ानों के द्वारा लूट लिया गया। उसने देखा कि एक वृद्ध पुरुष और महिला भैंस चरा रहे थे, जैसे ही बारिश शुरू हुई, महिला अपने कपड़ों से पुरुष का बचाव करने लगी। पुरुष महिला को ऐसा करने से मना करता रहा और उसे अतीत में अपने मतभेदों के बारे में याद दिलाता रहा। इस व्यंग्य के प्रति उत्कट उत्सुकता ने ख़्वाजा ख़ान को किसान के आतिथ्य को स्वीकार करने के लिए प्रेरित किया। एक खाट उसे उपलब्ध करवायी गयी और पुरुष ने उसे निम्नलिखित कहानी को बयां करना शुरू किया, इसके बावजूद कि उसकी पत्नी इसकी सत्यता से ऊँचे स्वर में इनकार करती रही थी।

निमख़र में एक युवा लड़का रहता था जो अपने पड़ोस के बनिया *(बक़्क़ाल)* की बेटी से प्रेम कर बैठा। एक दिन वह गाँव से बाहर गया हुआ था और उसकी अनुपस्थिति में उसकी प्रेमिका को अफ़ग़ानों द्वारा अगवा कर लिया गया। जब वह लौटा तो उसने देखा कि लूटपाट कर लड़की को अगवा कर उसे कहीं ले जाया गया था। उसका पता लगाने के लिए उसने *जोगी* (योगी) का रूप धारण कर लिया और तदुपरान्त उसकी खोज में खानाबदोश की तरह दर-ब-दर घूमने लगा। अन्ततः उसने अपनी प्रेमिका को 'सरहिन्द' में खोज निकाला। वह एक अफ़ग़ान के घर बैठी हुई थी और चावल साफ़ कर रही थी। उसने *जोगी* भिक्षु की तरह आवाज़ लगायी, औरत उठी और उसे एक मुट्ठी भर अनाज दिया लेकिन उसने अपने प्यार का इज़हार नहीं किया। फिर भी, जब वह वहाँ खड़ा रहा, तो उस महिला ने अपने मालिक से कहा कि वह कोई *जोगी* नहीं है बल्कि मुझे अपने साथ भगा कर ले जाना चाहता है। अफ़ग़ान ने अपने आदमियों से कहा कि वह उसकी अच्छी तरह से पिटाई करे जिसके कारण वह कई दिनों तक अचेत रहा। इसके बाद वह अफ़ग़ान के अस्तबल में घोड़ों की देखभाल करने लगा।

यह देखकर अफ़ग़ान का दिल पसीज गया और उसने उसे अस्तबल में काम पर रख लिया। कुछ समय व्यतीत होने के साथ, अफ़ग़ान उसके कठिन परिश्रम एवं कार्य के प्रति समर्पण एवं प्रतिबद्धता से प्रसन्न हो गया और कुछ समय के बाद वह उसका मुख्य सेवक बन गया।

दो वर्ष व्यतीत हो गये और एक दिन अफ़ग़ान को सुल्तान बहलोल लोदी के किसी अभियान के लिए बुलावा आया। कुछ समय बाद उसने महिला को अपने नौकरों, तम्बुओं, घोड़ों और बैलों के साथ शिविर में आने के निर्देश दिये। शिविर के नज़दीक हमारा नायक दूसरों को मुख्य मार्ग से भेजने में सफल रहा, जबकि वह ख़ुद महिला के साथ घोड़े पर चढ़ गया और बिल्कुल विपरीत दिशा में सरपट भाग चला। लेकिन जब अफ़ग़ान ने देखा कि वह दोनों दूसरों के साथ यहाँ (शिविर में) नहीं आये, तो उसने शिविर से दौड़ (घोड़े पर) लगायी और उन्हें पकड़ लिया। उसने पुरुष को बहुत मारा और पेड़ से बाँध दिया लेकिन ख़ुद को इतना ज्वर पीड़ित पाया कि वह महिला की गोद में सिर रखकर सो गया। उसे सीधे तौर पर तापघात हुआ था, हालाँकि इसके लिए बँधा हुआ पुरुष ही ज़िम्मेदार था क्योंकि उसने अफ़ग़ान के शर्बत में साँप का ज़हर मिला दिया था। अपने अन्तिम क्षणों में अफ़ग़ान ने दूसरे व्यक्ति पर हमला करना चाहा, लेकिन वह गिर गया और मर गया। जिस क्षण अफ़ग़ान की मृत्यु हुई, उसी क्षण उस महिला ने, जिसने अपने गाँव के प्रेमी को बार-बार धोखा दिया था और फटकार लगाई थी, बिना एक क्षण न गँवाने की बात कहकर उसे भगा ले चलने की गुहार लगायी, और इस प्रकार, वे फिर से गाँव वापस आ गये जहाँ लेखक को उसने वृद्धावस्था में अपनी कहानी सुनायी।[1]

यह साफ़ और दिलचस्प भी है कि सोलहवीं शताब्दी की इस कहानी में एक महिला के अपने भाग्य को स्वीकारने की बात कही गयी है : पहले अफ़ग़ान की नौकरानी और पत्नी के रूप में, और तब अपने कृषक-प्रेमी के सतत और बदस्तूर बनी रहने वाली ग़रीबी में साथी या भागीदार के रूप में, दूसरे सन्दर्भ में, कहानी कहने वाले की प्रवृत्ति आश्चर्यजनक रूप से तटस्थ रही है। धार्मिक दृष्टिकोण से भी देखें, तो स्वधर्मत्याग की सम्भावना को भी आश्चर्यजनक रूप से उदासीनता के साथ देखा गया है। बनिया की बेटी और उसका प्रेमी (उसने *जोगी* का रूप धारण किया था, दरवेश का नहीं), दोनों हिन्दू थे; लेकिन महिला जब अफ़ग़ान की बीवी बनी, तो उसे मुस्लिम माना गया। अब ज़ाहिर था कि वह अपने पुराने धर्म में वापस आ गयी। अपने अफ़ग़ान मालिक से गद्दारी के लिए भी निन्दा

का एक शब्द नहीं कहा गया। कहानी कहने वाले से इतर हमारे दृष्टिकोण में इस कहानी का मूल सत्व हिंसा और व्यक्तियों को उखाड़ फेंकने और उनके गाँव पर एक सैन्य छापे में उनकी दासता के बीच का व्यतिरेक शामिल हो सकता है, एक तरफ़, ऐसा प्रतीत होता है कि शान्ति का लम्बा पसरा हुआ सन्नाटा था और घटनाविहीन ज़िन्दगी थी जिसमें किसान-दम्पति बूढ़े हो रहे थे। किसी की भी यह माँग होगी कि काश वह तत्कालीन अवधि के दौरान ग़रीबों, गाँवों और शहरों के बारे में और अधिक दूसरे स्रोत तथा समृद्ध ब्यौरा जुटा सकता। लेकिन जैसा कि इसका पहले ही उल्लेख किया ज़ा चुका है कि हम इससे पूरी तरह से वंचित हैं। अकबर के शासनकाल के प्रारम्भिक वर्षों के एक श्रमिक के बारे में हमें एक दिलचस्प और प्रामाणिक दस्तावेज़ प्राप्त होता तो है लेकिन शायद ही उस कामगार को ग़रीब कहा जा सकता है। रामदास एक रंगरेज़ था और सब लोग उसे उस्ताद कहकर पुकारते थे जो इस बात को बयां करता था कि वह इस कार्य में बहुत ही कुशल है। भारतीय समाज में रंगरेज़ों को उच्च प्रतिष्ठा वाला नहीं माना जाता था, लेकिन चूँकि रामदास शाही कर्मचारी था, इसलिए उसे अच्छा वेतन प्राप्त होता था; और अन्ततः आगरा के नज़दीक के एक गाँव के राजस्व को उसे आवंटित कर दिया गया जो उसके वेतन के एवज़ में था (7 अप्रैल, 1561 का फ़रमान)। अगले वर्ष की गर्मियों में सम्भवतः वह सेवानिवृत्त होने वाला था, 24 मई, 1562 के एक फ़रमान में उसे उसी चँवर परगने के एक गाँव में 21.73 हेक्टेयर कर-मुक्त भूमि *इनाम* (सेवानिवृति-अनुदान) के तौर पर दी गयी। यह उसका पैतृक गाँव प्रतीत होता है क्योंकि वह पहले से ही उस गाँव में 8.16 हेक्टेयर भूमि पर खेती कर रहा था *(ज़िराअत-ए-ख़ालिसा)*। यह सम्भव है कि उसने यह भूमि अपने वेतन के पैसों से ख़रीदी हो। जैसे-जैसे वह बूढ़ा होता गया, वह झगड़ालू भी होता गया, शायद शाही दरबार तक अपनी पहुँच के कारण। 1569 ई. में उसने एक किसी ज्ञात या परिचित *दरय्या* के ख़िलाफ़ शिकायत की वह उसका 13 रुपये का क़र्ज़ वापस नहीं दे रहा है और साथ ही साथ उस पर पागलपन का भी आरोप लगा दिया। दरबार में ख़ुद जाकर शिकायत दर्ज कराने पर उस बूढ़े रंगसाज को मार्च-अप्रैल, 1569 ई. में एक फ़रमान मिला जिसमें स्थानीय राजस्व-संग्राहक राय काला को यह निर्देश दिया गया था कि वह *दरय्या* को 13 रुपये का भुगतान करने को सुनिश्चित करे साथ ही साथ उसे क़ाज़ी के पास उपस्थित कर उससे इस विषय का शपथ-पत्र ले कि वह भविष्य में बूढ़े आदमी को परेशान नहीं करेगा। बुढ़भसी का पता नहीं, लेकिन रामदास ने अपनी मनमर्ज़ी से राह ली।[2]

एक अच्छी वस्तुस्थिति या यों कहें कि अपने क्षेत्र का प्रतिष्ठित कारीगर अन्ततः एक समृद्ध ग्रामीण कृषक के रूप में रूपान्तरित हो गया, रामदास को शायद ही अपने वर्ग का प्रतिनिधि व्यक्ति अथवा चरित्र कहा जा सकता है। हालाँकि यह एक सही तथ्य है कि कारीगरों के बीच इस प्रकार के अपवाद हो सकते थे, यह इस वर्ग का बहुत ही विषादपूर्ण और निराशाजनक चित्र प्रस्तुत करता है जिसे बर्नियर ने हम लोगों के लिए खींचा है।[3] हम लोग इसके लिए पश्चात्ताप कर सकते हैं कि रामदास के सन्दर्भ में जो सूचना उपलब्ध है, वह खण्डित है, बिखरा हुआ है। जैसा कि पहले उल्लेख और रेखांकित किया गया, हमें शिक्षित वर्गों के बारे में तुलनात्मक रूप से अधिक बेहतर और प्रामाणिक सामग्री उपलब्ध है, और यहाँ हमें सही में चयन करने की आवश्यकता है और इसके लिए उपयुक्त एवं अनुकूल परिस्थितियाँ एवं सन्दर्भ उपलब्ध हैं।

हम लोग मूल रूप से हिसार के रहने वाले बालकृष्ण ब्राह्मण से प्रारम्भ कर सकते हैं जिसका आधार वे दस्तावेज़ हैं जो उसने अपने पीछे छोड़े हैं। वह शाहजहाँ और औरंगज़ेब की शासनावधि के दौरान निवासी या यों कहें कि समकालीन था। उसके अनुसार, उसके पूर्वजों का व्यवसाय फ़ारसी में खाता-बही का लेखा-जोखा रखना था जिसमें उसके पिता एवं भाई निपुण और उच्चस्तरीय थे। इसी व्यावसायिक जीवन में व्यवस्थित करने के लिए उसे शहर के सर्वश्रेष्ठ और अतुलनीय मार्गदर्शक या शिक्षक अखुंद 'अब्दुल हमीद' के प्रारम्भिक विद्यालय जिसे *मक़तब* कहा जाता था, में नामांकन कराया गया। शीघ्र ही उसने फ़ारसी किताबों को पढ़ना शुरू किया, और पुस्तकों को व्यापक रूप से लिप्यन्तरित करने का कार्य किया जिससे कि वह ख़ुद ही फ़ारसी-लेखन में समर्थ हो गया। यह एक ऐसी योग्यता थी जो किसी को मुंशी (इंशा में कुशल, अथवा शब्द-सृजन में सिद्धहस्त) के रूप में चिह्नित कर सकती थी। जब वह थोड़ा वयस्क हुआ, उसे *मक़तब* से निकालकर अंकगणित एवं लेखा (खाता) सम्बन्धी चीज़ों को सीखने के लिए एक दफ़्तरख़ाना में रख दिया गया—यह एक ऐसा कार्य था जिसे वह बोझिल और अरुचिकर मानता था। जब एक मुग़लकालीन कुलीन उमरा ई. सैयद ख़ान बरार (मृ. 1645) के मुंशी शेख़ ज़लाल हिसारी अपनी सेवा से निवृत्त होकर अपने 'वतन' हिसार लौटे, तो बालकृष्ण अपने भाइयों की आपत्तियों को दरकिनार करते हुए अपने दफ़्तरख़ान (कार्यालय) को स्थगित कर शेख़ ज़लाल के छात्र बन गये। उसने श्रमपूर्वक अपने गुरु की शैली का अनुकरण किया, और शेख़ ने ख़ुद उसकी लिखित सामग्री और प्रारूप को संशोधित एवं सही किया।

उसने फ़ारसी काव्य और गद्य का भी अध्ययन किया, और रहस्यवाद एवं नैतिकता पर कार्य किया। उसने ख़ुद चालीस किताबों का लिप्यन्तरण किया और कुछेक की ख़रीदारी की। बालकृष्ण के पास एक किताब में एक पत्र का उल्लेख है जिसे ज़लाल हिसारी ने अपने एक मित्र को लिखा है जिसमें वह बालकृष्ण को उनकी एक पुस्तक, कविता (कसीदा), बहर-ए-अबरार के लिप्यन्तरण की अनुमति माँग रहे हैं : "अगर दोस्त/मित्र को किताब के मामले में उस पर भरोसा नहीं है, तो बालकृष्ण मस्जिद में एक या दो दिन बैठेगा और वहाँ इसका लिप्यन्तरण कर देगा।" सीखने की ऐसी लालसा ने बालकृष्ण को उसके व्यावसायिक जीवन में ऊँचा उठाया। अपने भाइयों के अनिश्चित और अस्पष्ट अनुमानों के विपरीत उसने एक प्रतिष्ठित पद की ख़िदमत की। उसकी तरक़्क़ी हुई और 'आज' वह अपने ज़िले के अधिकारियों की सोहबत में उठ-बैठ सकता था। उसने अपने पद की सटीक तफ़सील नहीं दी है जिस पर वह कार्य कर रहा था, हालाँकि वह 'बालकृष्ण क़ानूनगो' है इसका ज़िक्र उन पत्रों में किया गया था जिसे उस दफ़्तरख़ान से प्राप्त किया गया था जहाँ एक समय में वह कार्य किया करता था।[4] यहाँ मुग़ल साम्राज्य के चरमोत्कर्ष के दिनों के दौरान कमोबेश एक गम्भीर और स्थिर व्यावसायिक जीवन की कहानी प्राप्त होती है। पद और प्रतिष्ठा की प्राप्ति के लिए उन दिनों ब्राह्मणों को भी फ़ारसी में निपुण होना होता था। अगर बालकृष्ण ने कभी संस्कृत सीखी भी होगी, तो वह उसका उल्लेख नहीं करता है। दूसरी तरफ़, यह भी इशारा या संकेत करता है कि मुस्लिम गुरु के *मक़तब* में प्रवेश के लिए या फ़ारसी गद्य को सीखने के लिए या किसी सुप्रसिद्ध गुरु के शिष्य होने में या किसी कविता की अनुकृति अथवा लिप्यन्तरण करने के लिए मस्जिद में बैठने में धर्म कोई वर्जना थी या ऐसा कोई मानक था जिसके कारण उसका निषेध किया जा सकता था। बालकृष्ण के हवाले से यह पता चलता है कि मुग़लकालीन नौकरशाही में कम-से-कम निचले स्तर पर कमोबेश और सुचारु रूप से मिश्रित संस्कृति व्यवहार में थी।

हमारे चयन में अगली जीवनी सुप्रसिद्ध और चर्चित व्यापारियों में से एक बनारसीदास की है जिन्होंने इसे 1641 ई. में *अर्ध-कथानक* शीर्षक से लिखा है। वह कहते हैं कि उनका जन्म 1586 ई. में जौनपुर में हुआ था जहाँ उनके पिता खरगसेन, बनिया जातियों में श्रीमल जैन समुदाय से थे, एक अग्रवाल व्यापारी के साथ साझेदारी में आभूषणों की एक दुकान चलाते थे। बनारसीदास के दो भाई थे जो बचपन में मर गये थे; उनकी दोनों बहनों में, प्रत्येक की शादी दस वर्ष

की उम्र में हो चुकी थी। चेचक के हमले को खुद झेलकर, उन्हें एक ब्राह्मण गुरु के पास विद्यालय (चटसाल) भेजा गया। उन्होंने एक वर्ष में लिखना-पढ़ना सीख लिया। तदनन्तर, 14 वर्ष की आयु में उन्होंने पण्डित देवदत्त की छत्रछाया अथवा निर्देशन में परम्परागत विज्ञान (विद्या), जैसे कि, विज्ञान और संस्कृत शब्दकोश का अध्ययन किया। सम्भवतः इसी ने उनके संस्कृत, प्राकृत और देशभाषा के ज्ञान की आधार-भूमि तैयार की जिसमें ख्यात और उल्लेखनीय कवि हुए। बाद में, जौनपुर आये दो जैन विद्वानों से उन्होंने जैन साहित्य के ज्ञान को व्यापक रूप से प्राप्त किया। कमोबेश साथ-साथ वे एक ऐसी लड़की की आशिक़ी में पड़ गये जो एक वेश्या प्रतीत होती थी लेकिल 16 वर्ष की आयु में अन्ततः वे ख़ैराबाद की एक युवती (जब इसकी शादी हुई थी तो यह मात्र 11 वर्ष की थी) से शादी कर गृहस्थ जीवन में प्रवेश कर गये।

आख़िरकार, 1610 ई. के बाद उन्हें अपने बड़ों की यह सलाह माननी पड़ी कि एक 'बनिया के बेटे' (वणिक-पुत्र) को बाज़ार *(हाट)* में बैठना चाहिए जिसका अभिप्राय व्यापार करना होता है। उन्होंने अपनी किताबें जौनपुर के पुल से नदी में फेंक दीं, और कुछ अपने पिता की पूँजी और एक सम्बन्धी हुण्डी (बिल) के माध्यम से ऋण लेकर व्यापारियों के साथ आगरा की ओर चल पड़े। उन्होंने अपने घी और तेल के कुल संग्रह को बेचकर मात्र 4 रुपये का लाभ कमाया लेकिन रत्नों के व्यापार में उनका बहुत नुक़सान हुआ। इसके बाद, वे अपने उस क़र्ज़दाता के भाई धर्मदास के साथ साझेदारी में आभूषणों का व्यापार करने लगे जिसने उन्हें 500 रुपये की पूँजी दी थी। लेकिन दो वर्षों के बाद, यहाँ तक कि तमाम प्रयासों के बावजूद, लाभ बहुत कम था, बनारसीदास ने 1613 ई. में साझेदारी को ख़त्म किया और अपने गृहनगर वापस आ गये। कुछ थोड़े से ही संसाधनों के बच जाने के बाद, वह अपनी पत्नी के पास ख़ैराबाद आ गये और अपनी सास से पैसे मँगवाये, यानी कि क़र्ज़; जिसे प्राप्त करने के बाद वे नये व्यापारियों के साथ फिर से आगरा वापस आ गये। हालाँकि, वह इस बार भी मुनाफ़ा बनाने में नाकाम रहे। अब उन्होंने व्यावसायिक उद्देश्यों के लिए एक मित्र के साथ बनारस और जौनपुर के रास्ते पटना की यात्रा की, लेकिन यह यात्रा भी अधिक लाभ पैदा करने में विफल रही। इस बीच जौनपुर में उनके पिता की मृत्यु हो गयी, बनारसीदास ने वहाँ एक *हुण्डी* के बदले 500 रुपये का क़र्ज़ लिया और माल ख़रीद कर इसे आगरा ले आये क्योंकि वह उस साह के साथ अपना हिसाब-किताब करना चाहते थे जिसने उन्हें पटना भेजा था, लेकिन वह

विलासिता, संगीत और नृत्य में इतना तल्लीन था कि उसके पास बनारसीदास के लिए समय नहीं था; और इसके परिणामस्वरूप हिसाब-किताब करने में काफ़ी वक़्त व्यतीत हो गया। आगे, बनारसीदास के लिए चीज़ें आसान लगती हुई लगीं। उनका व्यावसायिक जीवन आगरा में निरन्तर चलता रहा लेकिन उसके बारे में कोई भी विवरण उपलब्ध नहीं है। इसके बजाय, वह अपने निजी कामों से ख़ैराबाद एवं विभिन्न शहरों और स्थानों की तीर्थयात्राओं पर अपनी यात्रा का विस्तार से उल्लेख करते हैं। वह स्पष्ट रूप से धार्मिक, संशयवाद, दार्शनिक झुकाव और साहित्यिक खोज की अपनी चुनौतियों और समस्याओं का वर्णन करते हैं। वह यह क़बूल करते हैं कि एक छोटे-से लाभ ने उन्हें बहुत खुशी दी जबकि एक छोटी-सी हानि ने उतना ही विषाद। वह अब पवित्र श्लोकों और सूत्रों का पाठ नहीं करते थे और ना ही पूजा या दान भी करते थे।

बनारसीदास का ब्यौरा हमें यह बताता है कि उनके समाज में बहुपत्नीत्व आम बात थी। अपनी पहली पत्नी की मृत्यु के बाद, उन्होंने उसकी बहन से शादी की, जब वह भी मर गयी तो उसी स्थान ख़ैराबाद की एक दूसरी लड़की से शादी कर ली। उनकी तीन पत्नियों ने कुल दो लड़कियों और आठ बेटों को जन्म दिया लेकिन सभी बचपन में काल-कवलित हो गये, जो कि उस समय के दौरान उच्च शिशु मृत्यु-दर का प्रामाणिक साक्ष्य है।

बनारसीदास ने बिना किसी स्वीकृति और अस्वीकृति के उस राजनीतिक व्यवस्था को स्वीकार कर लिया था जिसमें वह रह रहे थे। 1605 ई. में जब उन्होंने अकबर की मृत्यु की ख़बर सुनी; तो वे इस प्रकार हैरान और किंकर्तव्यविमूढ़ रह गये कि उनका मानसिक सन्तुलन बिगड़ गया और वे सीढ़ियों से गिरकर ख़ुद अपना ही बहुत नुक़सान कर बैठे। वह जहाँगीर के शासनकाल के दौरान जौनपुर के सूबेदार चिन क़ीलिच ख़ान (मृ. 1615) से कुछ व्यक्तिगत लाभ लेने में सफल रहे थे, जब वह यहाँ नियुक्त था। दूसरी ओर, वह अकबर के सूबेदार क़ीलिच ख़ान द्वारा जौनपुर के निवासियों और बैंकरों से ज़बरन वसूली के ख़िलाफ़ डरते हुए बोलते हैं और उसी प्रकार जहाँगीर के एक 'उमरा' आग़ा नूर के द्वारा उसी शहर के निवासियों और बैंकरों पर किये जा रहे वसूली के विरोध में बोलते हुए दिखाई देते हैं। हालाँकि जब वे बहुत चिन्तित हुए, तो चीज़ें जल्द ही काफ़ी कम हो गयीं अन्यथा बनारसीदास को व्यक्तिगत स्तर पर प्रशासन से काफ़ी कम शिकायतें थीं। पाँच मुग़लकालीन राज्यों में निरन्तर यात्राओं के बावजूद (दिल्ली, आगरा, इलाहाबाद, अवध और अवध) शायद ही उनका सामना राजमार्गों पर

दस्युओं से हुआ हो। और जब घाटमपुर के पास कोरा में एक बार हुआ भी तो वह इसलिए हुआ क्योंकि उनके आदमियों की शिकायत एक दुष्ट सर्राफ़ ने स्थानीय *हाक़िम/कोतवाल* और राजस्व अधिकारी-*दीवान* से कर दी थी, हालाँकि उन्होंने उनको निर्दोष करार देकर बाइज़्ज़त बरी कर दिया था, लेकिन सर्राफ़ द्वारा धोखे से उनके दो आदमियों से लूटे गये पैसों की बरामदगी में अपनी असमर्थता व्यक्त की।

अपने व्यावसायिक विषयों और सामाजिक जीवन में बनारसीदास मुख्यतया अपनी जाति के व्यक्तियों और कुछ अवसरों पर ब्राह्मणों से घुलते-मिलते हुए दिखाई देते हैं। उनके मित्रों की मण्डली में विजातीय और मुस्लिम नहीं हैं। फिर भी, इस पुस्तक में मुस्लिमों के प्रति किसी भी शत्रुतापूर्ण या विद्वेषपूर्ण रवैये की चर्चा नहीं की गयी है, यहाँ तक कि किसी भी प्रकार के धार्मिक उत्पीड़न का उल्लेख नहीं है।[5]

जिस पाँचवीं जीवनी को यहाँ प्रस्तुत किया गया है, वह एक सूफ़ी विद्वान मुहम्मद ग़ौसी शत्तारिया की है जिन्होंने भारतीय सूफ़ियों का एक बृहद् जीवनीपरक शब्दकोश–*गुलज़ार-ए-अबरार* लिखा है। उनके पिता अहमदाबाद (गुजरात) के रहने वाले थे लेकिन अपने मूल स्थान पर कुछ चिन्ताजनक और व्यवधान पैदा करने वाली परिस्थितियों के कारण वे माण्डू (मालवा) प्रवासित या स्थानान्तरित होने को विवश हो गये थे। माण्डू में वे काग़ज़ को ख़रीदने और बेचने का व्यापार करने लगे। जब वह वाणिज्य-व्यापार के सिलसिले में गुजरात की यात्रा पर थे तो माण्डू में उनकी बीवी ने 1555 ई. में एक बच्चे को जन्म दिया जिसका नाम मुहम्मद था। इसके पहले का बेटा बचपन में ही मर गया था। हसन को व्यापार में बहुत बड़ा नुक़सान हुआ और इसका परिणाम यह हुआ कि उसने ख़ुद को एकान्त में क़ैद कर लिया। अब, वह दिन में या तो घर में रहता या फिर मस्जिद में। इसी प्रकार उसका समय व्यतीत होने लगा। यह सिलसिला 1562 ई. में उसकी मृत्यु तक बदस्तूर बना रहा। बच्चे मुहम्मद का पालन-पोषण अब उसके मामूजान करने लगे। उन्हें पाँच वर्ष की अवस्था में शेख़ कमालुद्दीन क़ुरैशी के विद्यालय (*दबिस्तान*) में भेजा गया। अपनी 8 वर्ष की उम्र में उन्होंने हृदय से क़ुरान को आत्मसात कर लिया, ग्यारह वर्ष की उम्र तक उन्होंने फ़ारसी लिखना सीख लिया था। उसकी माँ की यह इच्छा थी कि बेटा, विशेषकर शादी के बाद, कुछ जीविकोपार्जन करे लेकिन सत्रह वर्ष की आयु में मुहम्मद का संसर्ग कुछ फ़क़ीरों से हो गया और अब उसका अधिकांश समय दरवेश और शिक्षकों के साथ व्यतीत होने लगा। उन्होंने ख़ुद को ग़ौसी फ़क़ीर/दरवेश सिराजुद्दीन ख़ान के

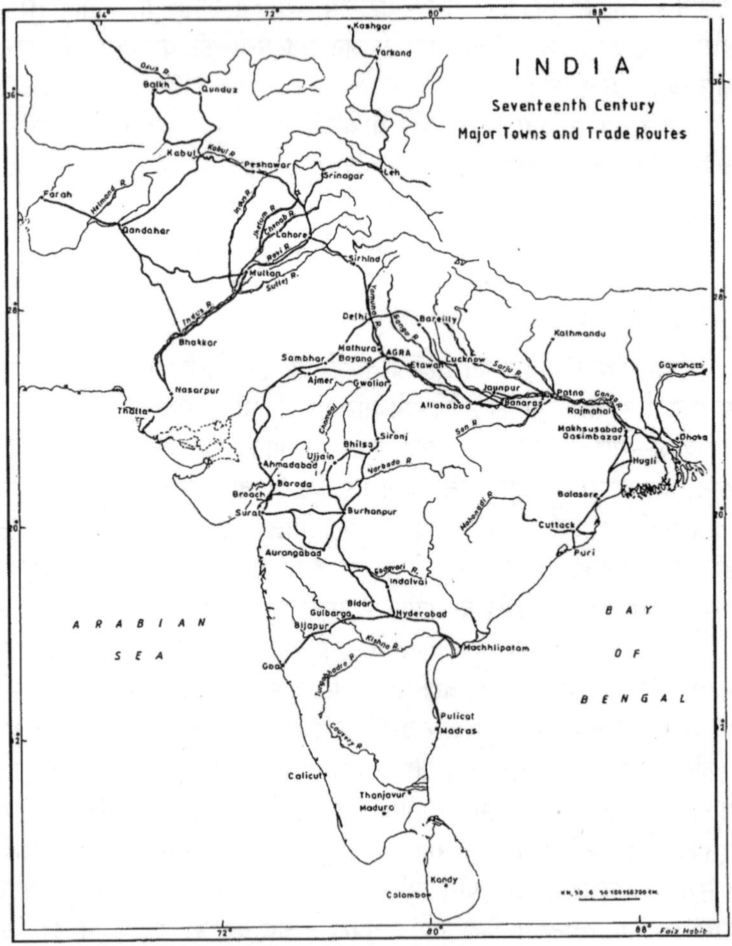


मानचित्र : भारत सत्रहवीं शताब्दी, प्रमुख शहर और व्यापारिक मार्ग

शिष्यों की परम्परा में सम्मिलित कर लिया जिन्होंने ग्वालियर जाते समय माण्डू की यात्रा की थी।

जैसा कि बनारसीदास के मामले में था, ऐसे धार्मिक उत्साह को अत्यन्त उद्वेलित और उत्तेजक प्रेम के साथ भी जारी रखा जा सकता था। वह एक गोरी और सुन्दर महिला के प्रेम में गहरे जाकर गिरफ़्त हो गये जिसके साथ सन्देश और उसके उत्तर का आदान-प्रदान नज़रों के मिलने से ही हो जाया करता था। लेकिन एक वर्ष के अन्दर ही उस गोरी सुन्दरी का परिवार आगरा आकर बस गया। उसकी तलाश न कर पाने की दशा में वह सुप्रसिद्ध ग़ौसी शेख़ के साथ गुजरात आ गये। वहाँ से वह व्यापार करने के पक्के इरादे के साथ माण्डू लौटे, और जितने की आशा उन्होंने नहीं की थी, उससे ज़्यादा भण्डार (स्टॉक) को अपने लिए सुरक्षित कर लिया। इसी के साथ 1575-76 के दौरान वे आगरा चले आये।

यहाँ, वह अपनी आशिक़ी फिर से शुरू करने की स्थिति में थे जिसकी पूर्ति हुई, हालाँकि सही संख्या (इसमें उनकी शादियाँ सम्मिलित नहीं हैं) का ख़ुलासा नहीं किया गया है। आगरा में पाँच वर्ष तक वे प्रेम से भरी कविताएँ करते रहे, और उन्होंने दरबारी कवि फ़ैज़ को अपना दोस्त बताया जिसकी किताबों और कार्यों के बारे में उन्होंने सूचनाप्रद और व्यावहारिक (अन्तर्दृष्टि) आकलन किया है। वे माण्डू लौटे और अगले वर्ष (1582) शेख़ वज़ु'द्दीन के *खानक़ाह* में शिक्षा पूरी करने के लिए अहमदाबाद चले गये। मुहम्मद ग़ौसी अहमदाबाद के आकार और समृद्धता से बहुत ही प्रभावित थे, उन्होंने अहमदाबाद की प्रशंसा जिन शब्दों में की है, वैसा वे शाही राजधानी आगरा के लिए नहीं करते हैं। यहाँ कुछ वर्ष रहने के बाद, वे 1585 के कुछ पहले या बाद माण्डू लौटे। 1587 ई. में, वह भारतीय सूफ़ियों के जीवनीपरक शब्दकोश *अख़बारू'ल आख़्यार* के लेखक अब्दुल हक़ से मिले जिससे ग़ौसी को अपनी बहुत बड़े काम की उम्मीद थी। ग़ौसी ने ख़ुद भारत के अन्दर चारों तरफ़ बहुत यात्राएँ कीं। 1594-95 में, वह दुबारा अहमदाबाद गये। 1595-96 में वह शहज़ादा मुराद की सेना के साथ अहमदनगर गये। और 1601-02 के दौरान वे असीरगढ़ में उल्लेखनीय और प्रख्यात विद्वानों की जमघट में दर्शक के तौर पर बादशाह अकबर के साथ शामिल थे। जहाँ तक उनके जीवनी सम्बन्धी शब्दकोश की बात है, वे कहते हैं कि उनके लिए प्रोत्साहन का एक स्रोत 'भारत के सन्तों' *(औलिया-ए-हिन्द)* की सूची थी, जिसे 1600 ई. में उन्होंने अबुल फ़ज़ल के *अकबरनामा* से प्राप्त किया था (जो वास्तव में अबुल

फ़ज़ल के *आईन-ए-अकबरी* का एक हिस्सा है), हालाँकि उन्होंने अपनी सामग्री का संग्रह 1589 से ही शुरू कर दिया था। अनेक और विभिन्न स्रोतों, जिसका उल्लेख उन्होंने किया है तथा मौखिक संवादों एवं दन्तकथाओं, किंवदन्तियों और परम्पराओं के आधार पर वे अतीत के और समकालीन 612 भारतीय मुस्लिम विद्वानों और फ़क़ीरों अथवा सन्तों की जीवनियों का संग्रह करने में सफल हुए। यहाँ देश के आध्यात्मिकों के बारे में एक गर्व का अहसास-बोध अभिव्यक्त किया गया है। यह बृहद् कार्य 1613 ई. में सम्पन्न हुआ था जिसके बाद से हमें लेखक के बारे में कुछ भी प्राप्त नहीं होता है। अपने उत्तरार्द्ध के दिनों के बारे में वे कहते हैं कि उनके पास माण्डु में एक मस्जिद थी जिसमें वह और अन्य विद्वान धार्मिक निर्देश दिया करते थे। वह सम्भवतः दान *(फ़ुतूह)* अथवा कर-मुक्त भूमि पर अपना गुज़ारा कर रहे थे, लेकिन यह स्पष्ट नहीं किया गया है। अपने परिवार के बारे में वह कुछ विवरण देते हैं : वह केवल एक विवाह और उन दो पुत्रों का विवरण देते हैं जिनका जन्म तब हुआ था जब वह क्रमशः ख़ुद 26 वर्ष और 32 वर्ष के थे।

मुहम्मद ग़ौसी बनारसीदास की तुलना में मुग़ल साम्राज्य के बारे में हमें अधिक प्रामाणिक दृष्टिकोण दे सकते हैं जिन्होंने शाही राजधानी आगरा में लिखा। शान्तिपूर्ण यात्रा की अत्यन्त अनुकूल परिस्थितियों के साथ सामान्यतः व्यवस्थित प्रशासन का प्रभावी उल्लेख केवल ग़ौसी के आत्मकथात्मक उद्धरणों में नहीं है, बल्कि उनके समकालीनों के विभिन्न विवरणों में भी है। ऐसी बात नहीं है वह साम्राज्य के एक चाटुकार थे। वे *सुलह-ए-कुल* के सिद्धान्तों को सार्वजनिक चर्चा के विषय में बदलने के लिए अकबर की स्वतन्त्र रूप से आलोचना करते हैं, उनके दृष्टिकोण से इसे सूफ़ियों और सन्तों का रहस्यवाद बना रहना चाहिए था। उनके विवरण की निर्भीकता और हौसला यह है कि इसमें उस रूढ़िवादी शेख़ मुनव्वर (मृ. 1603) को उनके क़ैद के दिनों के दौरान दी गयी क्रूर और अत्यन्त कष्टप्रद यातना का भी साहस के साथ उल्लेख किया गया है जिन्हें उनकी लिखित 'आपत्तिजनक' कृतियों अथवा सामग्री के कारण बन्दी बना लिया गया था। बदायूँनी के उलट, जो कि एक इतिहासकार थे और जिसका ज़िक्र उन्होंने नहीं किया है, वह हिन्दुओं के प्रति कोई शत्रुता या कटुता नहीं दिखाते और वास्तव में वह शेख़ ग़ौस शत्तारी की उस कृति *बहर अल-हयात* के प्रति सम्मान करते हैं जिसमें योग के विभिन्न व्यवहारों का वर्णन है, हालाँकि यह बहुदेववादियों द्वारा

विकसित किया गया था, जो अभी भी अद्वैतवादी रहस्य को प्राप्त करने का प्रासंगिक रास्ता हो सकता है।[6] जब हम जीवन के इन व्यक्तिगत रेखाचित्रों को सामाजिक एवं सांस्कृतिक जीवन के विभिन्न पक्षों से सम्बन्धित विवरणों के साथ रखते हैं, तो किसी भी व्यक्ति के मस्तिष्क में शायद मुग़लकालीन भारत का एक अधिक विशिष्ट चित्र उभर सकता है। इससे कोई भी इनकार नहीं कर सकता है और यह सर्वथा अनुपेक्षणीय तथ्य है कि दमनकारी राजकोषीय प्रणाली ने कृषकों पर अत्यधिक दबाव बनाया, और क्रूरता एवं अन्याय असामान्य नहीं थे, जैसा कि हम अपनी प्रथम कहानी और बनारसीदास की कहानी में अन्तर्निहित सन्देश को देख सकते हैं। फिर भी, कई लोगों में व्यवस्था के प्रति सम्मान की भावना थी और व्यवस्था में भी योग्यता के लिए कुछ सीमा तक ही सही लेकिन तरजीह थी (जैसा कि रामदास और बालकृष्ण ब्राह्मण के उदाहरणों के द्वारा समझाया जा सकता है), समुदायों और व्यक्तियों के जीवन के अनेक पहलुओं में स्वतन्त्रता, धार्मिक वैविध्य एवं बहुलतावाद के प्रति सामान्य तौर पर सहिष्णुता (मुहम्मद ग़ौसी के विषय में), और भारत को देश के रूप में मानने की चेतना भी थी जो कि निश्चित रूप से महत्त्वपूर्ण है। लेकिन बहुलताओं ने कई क्षेत्रों में परस्पर अलगाव का भी संकेत दिया। कोई भी देख सकता है कि बनारसीदास की मित्र-मण्डली में उनकी जाति का बाहर का कोई नहीं है। और मुहम्मद ग़ौसी एक भी हिन्दू परिचित बनाने में असफल रहे।

हालाँकि किसी को भी यह अहसास होना चाहिए कि ये चयनित जीवनियाँ एक पूरी 'कहानी' के भाग भर हैं। समकालीनों द्वारा इस विषय पर बहुत ही अस्पष्ट या लापरवाही के तौर पर ध्यान दिया गया कि सत्रहवीं शताब्दी का भारत विज्ञान और प्रौद्योगिकी के मामले में यूरोप से अफ़सोसनाक एवं खेदजनक ढंग से पिछड़ा हुआ था। महान कला, उल्लेखनीय चित्रकला-वास्तुकला और कुछ निर्भीक एवं बेबाक विचार आंशिक तौर पर ही इसके एवं अन्य विसंगतियों के उपचार हो सकते हैं। भारतीय संविधान से अभिव्यक्ति के रूप में संस्कृति को 'समग्र एवं मिश्रित' संस्कृति के रूप में वर्णित करना सुखकर है लेकिन यह नवाचार और प्रश्न करने की चेतना एवं उत्साह का समुचित और पर्याप्त विकल्प नहीं हो सकता, लेकिन अभी भी मुग़लकालीन भारतीय सभ्यता में बहुत कुछ शेष है, जिसकी हम प्रशंसा अथवा सराहना कर सकते हैं। इससे अधिक हम उस युग से और क्या अपेक्षा कर सकते हैं जो बीत गया है या अतीत के गर्त में समा गया है!

## सन्दर्भ एवं टिप्पणियाँ

1. रिज़कुल्लाह मुश्ताक़ी, *वक़ी-अत-ए-मुश्ताक़ी,* सम्पा. आई.एच. सिद्दीक़ी और डब्ल्यू. एच. सिद्दीक़ी, रामपुर, 2002, पृ. 234-38.
2. तीन *फ़रमान* जिन्हें अनुवाद और टिप्पणी के साथ प्रकाशित किया गया था और जिनसे रामदास के सन्दर्भ में सूचना निकाली गयी है, में : इरफ़ान हबीब (सम्पा.), *अकबर एंड हिज इंडिया,* नयी दिल्ली, 1997/2000, पृ. 270-87.
3. फ्रांस्वा बर्नियर, *ट्रेवेल्स इन द मुग़ल एम्पायर, 1656-68,* अनु. ए. कांस्टेबल, दूसरा संस्क. वी.ए. स्मिथ द्वारा पुनः संशो., लन्दन, 1916, पृ. 228-29, 254-56, 258-59.
4. बालकृष्ण ब्राह्मण, लेटर्स बाय जलाल हिसारी एंड बाय हिमसेल्फ एंड अदर डाक्यूमेंट्स, ब्रिट. पुस्तकालय, जोड़ें 16,859. उसके आत्मकथात्मक उद्धरण एफएफ 97ए-99ए पर उद्धृत हैं। मस्जिद में बैठने और लिप्यन्तरण करने की जल्दी का सन्दर्भ पृ. (एफ) 37बी पर है। 'बालकृष्ण, *क़ानूनगो*', पृ. (एफ) 64ए पर अंकित किया गया है।
5. *अर्द्धकथानक* का सर्वाधिक सुगम और सरल संस्करण मुकुन्द लाठ है, *हाफ ए टेल,* 1981, पृ. 223-275 के पृष्ठों की साम्रगी; अनु. पृ. 1-98 पर हालाँकि यह लाभप्रद और सहयोगी है; लेकिन लाठ के अनुवाद में कुछ छूट ली गयी है, जै., कि. *भाषा* को सभी जगहों पर हिन्दी के रूप में प्रस्तुत किया गया है, एक ऐसा शब्द जो पुस्तक में नहीं दिखता।
6. मुहम्मद ग़ौसी शत्तारिया *गुलज़ार-ए-अबरार* के अन्त में अपनी खुद की जीवनी का उल्लेख करते हैं, सम्पा. मुहम्मद ज़की, पटना, 1994, पृ. 5, 293, 341-42, 415, 508, 514-15, 525, 532-33. देखें, अकबर की आलोचना के लिए *सुल्फ-ए-कुल,* पृ. 377, शेख मुनव्वर, पृ. 432-34; योगिक प्रैक्टिसेज पर पृ. 274-75; फ़ैज़ी, पृ. 414-415.

# ग्रन्थ-सूची

इस ग्रन्थ-सूची का उद्देश्य उन सभी पुस्तकों को सूचीबद्ध करना है जिसका उल्लेख या उपयोग प्रत्येक अध्याय के अन्त में दी गयी पाद-टिप्पणियों में किया गया है। पाद-टिप्पणियों में उद्धृत आवधिक प्रकाशनों (जैसे कि जर्नल, कॉन्फ्रेंस कार्यवाही, वार्षिक रिपोर्ट) में छपे व्यक्तिगत पत्र यहाँ नहीं मिलेंगे और ना ही उन व्यक्तियों का उल्लेख मिलेगा जिन्होंने सम्पादित भागों में अपना योगदान दिया है; लेकिन बाद वाले श्रेणी के लोग ख़ुद सूचीबद्ध हैं। नाम उपनामों से वर्णाक्रमानुसार व्यवस्थित किये गये हैं किन्तु पूर्व आधुनिक भारतीयों और ग़ैर-पश्चिमी लेखकों के सन्दर्भ में इस उपर्युक्त कथित पद्धति का अनुसरण नहीं किया गया है, जहाँ वे अपने प्रथम नाम या सामान्यतः उनके नामों के आगे लगने वाले उपनामों या 'सम्बोधनों' के अनुसार खोजे जा सकते हैं।


जस्टिन इ. एबॉट. *तुकाराम,* सतारा, 1932.

अब्दुल हामिद लाहौरी, *पादशाहनामा,* सम्पा. कबीर अल-दिन अन्य., 2 भाग, बिब. भार., कलकत्ता, 1866-72.

अब्दुल हक़, *अख़बारु-अल-अख़्यार,* देवबन्द, ति.न.

अब्दुल क़ादिर बदायूँनी, *मुन्तख़ाब-उत-तवारीख़,* सम्पा. डब्ल्यू.एन. लीस एंड अहमद अली, 3 भाग; कलकत्ता, 1864-67.

अबुल फ़ज़ल, '*आईन-ए-अकबरी,* सम्पा. एच. ब्लोचमैन, बिब. भार., 2 भाग., कलकत्ता, 1866-77. 3 भागों में अनुवाद : भाग-I अनु., एच. ब्लोचमैन, पुनःसंशो.

डी.सी. फिलोर, कलकत्ता, 1927, 1939; भाग-II और III, अनु. एच.एस. जैरेट, पुनःसंशो. जे. सरकार, कलकत्ता, 1949, 1948.

अबुल फ़ज़ल, *अकबरनामा,* सम्पा. आग़ा अहमद अली और अब्दुर्रहीम, 3 भाग., कलकत्ता, 1873-87; हेनरी बेवरिज़ द्वारा अनुवाद, 3 भाग., *बिब.भार.*, कलकत्ता, 1897-1921.

अबुल क़ासिम 'नमकीन', *मुन्शत-ए नमकीन,* सेलेक्शंस, सम्पा. इश्तियाक़ अहमद ज़िल्ली, *द मुग़ल स्टेट एंड कल्चर, 1556-1598,* नयी दिल्ली, 2007.

सी. एडले और इरफ़ान हबीब (सम्पा.), *हिस्ट्री ऑफ़ सिविलाइज़ेशन ऑफ़ सेंट्रल एशिया,* भाग-V (लग. 1500-1850 ई.), पेरिस, 2003.

अज़ीज़, अहमद, *स्टडीज़ इन इस्लामिक कल्चर इन द इंडियन एनवायरनमेंट,* आक्सफ़ोर्ड, 1964.

अलबरूनी, *किताब अल-हिन्द,* अनु. एडवर्ड सी. साचाउ, *अलबरूनी'ज इंडिया,* 2 भाग., लन्दन, 1911.

अली हुज्विरी, *कश्फ़ अल महजौब,* अनु. आर.ए. निकोलसन, लन्दन, 1936.

एम. अतहर अली, *द अपैरट्स ऑफ़ एम्पायर : अवार्ड्स ऑफ़ लैंकस, आफिसेज़ एंड टाइटल्स टू द मुग़ल नोबिलिटी,* 1574-1658, दिल्ली, 1985.

एम. अतहर अली, *मुग़ल इंडिया : स्टडीज़ इन पॉलिटी, आइडियाज़, सोसायटी एंड कल्चर,* नयी दिल्ली, 2006.

एम. अतहर अली, *द मुग़ल नोबिलिटी अंडर औरंगज़ेब,* दूसरा संस्क., एक नये परिचय के साथ, दिल्ली, 1997.

ए.एस. अल्तेकर, *द पोजिशन ऑफ़ वुमेन इन हिन्दू सिविलाइज़ेशन,* बनारस, 1956.

एम.ए. अल्वी और ए. रहमान, *फतुल्लाह शिराज़ी, ए सिक्सटींथ-सेंचुरी इंडियन साइंटिस्ट,* नयी दिल्ली, 1968.

एम.ए. अल्वी और ए. रहमान, *जहाँगीर, द नेचुरलिस्ट,* नयी दिल्ली, 1965.

अमीर हसन सिज्ज़ी, *फ़वादुल फ़वाद,* सम्पा. एम. लतीफ़ मलिक, लाहौर, 1966.

अमीर ख़ुसरो, हश्त बहिश्त, सम्पा. एम. सुलेमान अशरफ़, अलीगढ़, 1336/1918.

अमीर ख़ुसरो, न्हू *सिपिहर,* सम्पा. मोहम्मद वाहिद मिर्ज़ा, लन्दन, 1950.

अज्ञात, *चचनामा,* अली कुफी के द्वारा फ़ारसी में अनुवाद (1216-17 में किया गया) एक अरबी मूल की किताब से जो अब खो गयी है, सम्पा. यू.एन. दाउदपोटा, दिल्ली, 1939.

अज्ञात, कलेक्शंस ऑफ़ सूरत डॉक्यूमेंट्स, 1648 ई., एमएस : बिब. नैट., पेरिस, ब्लोचेट सप्ल. पर्स. 482.

अज्ञात, *दबिस्तान-दबिस्तान-ए मज़ाहिब,* लिथो., बॉम्बे, 1875.

अज्ञात, *धुनयतुल मुनया,* सम्पा. साहब सरमदी, बॉम्बे, 1978; अनु. साहब सरमदी, नयी दिल्ली, 2003.

अज्ञात, *हिस्ट्री ऑफ़ द सेक्ट ऑफ़ महाराजाज और वल्लभाचार्याज इन वेस्टर्न इंडिया,* लन्दन, 1865.

अज्ञात, *लेखपद्धति,* अनु., पुष्पा प्रसाद, नयी दिल्ली, 2007.

अज्ञात, *मज्म अल अफकार,* सम्पा. आई.एच. सिद्दीक़ी, पटना, 1993.

अज्ञात, *पंचतन्त्र,* अनु. ए. विलियम्स, *टेल्स फ़्राम द पंचतन्त्र,* ऑक्सफ़ोर्ड, 1930.

अज्ञात, *सीरत-ए-फ़िरोज़शाही,* खुदा बख़्श पुस्तकालय एमएस का फ़ोटो सम्पा., पटना, 1999.

एस. अरासरत्नाम, *मर्चेंट्स, कम्पनीज़ एंड कॉमर्स ऑन द कोरोमंडल कोस्ट, 1650-1740,* दिल्ली, 1986.

कैथरीन बी. आशेर, *आर्किटेक्चर ऑफ़ मुग़ल इंडिया*, कैम्ब्रिज़, 1992.
लीली एश्टन (सम्पा.), *आर्ट्स ऑफ़ इंडिया एंड पाकिस्तान*, लन्दन, 1949.
ए. एवलॉन (सम्पा.), *प्रिंसिपल्स ऑफ़ तन्त्र*, दूसरा संस्क., कलकत्ता, 1952.
अब्दुल अज़ीज़, *द मनसबदारी सिस्टम एंड द मुग़ल आर्मी*, लाहौर, 1945.
बाबर, *बाबरनामा*, संस्मरण : अनुवाद किये गये द्वारा (1) एनेट सुसत्रा बेवरिज़, 2 भाग., लन्दन, 1921; (2) व्हीलर एम. टेक्सटन, न्यूयार्क, 1996.
बी.एच. बाडेन - पॉवेल, *इंडियन विलेज़ कम्युनिटी*, लन्दन, 1896.
बी.एच. बाडेन - पॉवेल, *ओरिजिन एंड ग्रोथ ऑफ़ विलेज कम्युनिटीज़ इन इंडिया*, लन्दन, 1899.
ए.के. बाग (सम्पा.), *हिस्ट्री ऑफ़ टेक्नोलॉजी इन इंडिया*, भाग-I, नयी दिल्ली, 1997.
बालकृष्ण ब्राह्मण, लेटर्स एंड अदर्स पेपर्स, एमएस., ब्रिटिश पुस्त., जोड़ें 16,859.
बनारसीदास, *अर्द्ध-कथानक*, सम्पा. और अनु. मुकुन्द लाठ, *हाफ ए टेल*, जयपुर, 1981.
आर.डी. बनर्जी, *द पालस् ऑफ़ बंगाल*, वाराणसी, 1973.
डगलस बैरेट और बासिल ग्रे, *पेंटिंग ऑफ़ इंडिया*, पेरिस/क्लीवलैंड, 1963.
प्रबोध चन्द्र बरुआ, *इंडिया एंड चाइना : अ थाउज़ंड ईयर्स ऑफ़ कल्चरल रिलेशंस*, बॉम्बे, 1944.
ए.एल. बाशम, *द वंडर दैट वाज़ इंडिया*, न्यूयॉर्क, 1959.
बेटिना बोमट (सम्पा.), *कलातत्वकोश, ए लेक्सीकॉन ऑफ़ फ़ंडामेंटल कांसेप्ट्स ऑफ़ द इंडियन आर्ट्स*, दिल्ली, 1992.
मिलो सी. बीच, *द ग्रांड मुग़ल : इम्पीरियल पेंटिंग इन इंडिया (1600-1660)*, विलियम्सटाउन, 1978.
मिलो क्लीवलैंड बीच, *मुग़ल एंड राजपूत पेंटिंग*, कैम्ब्रिज़, 1992
मिलो क्लीवलैंड बीच और इब्बा कोच, *किंग ऑफ़ द वर्ल्ड : द पादशाहनामा*, विंडसर एमएस. मिनियेचर्स, वाशिंगटन, 1997.
डब्ल्यू.इ. बेग्ले और ज़ेड.ए. देसाई, *ताजमहल : द इल्युमाइंड टॉब*, सिएटल, 1989.
फ्रास्वां बर्नियर, *ट्रेवल्स इन द मुग़ल एम्पायर, 1656-68*, अनु. ए. कांस्टेबल, दूसरा संस्क., पुनःसंशो. वी.ए. स्मिथ, लन्दन, 1916.
हरिदास भट्टाचार्या (सम्पा.), *द कल्चरल हेरिटेज़ ऑफ़ इंडिया*, भाग-IV : *द रिलिजंस*, दूसरा संस्क., कलकत्ता, 1956.
भीमसेन, *नुस्ख़ा-ए-दिलकुशा*, एमएस ब्रिटिश पुस्त., और 23. अनु. (आंशिक रूप से केवल) जदुनाथ सरकार, सम्पा. वी.जी. खोबरेकर, बॉम्बे, 1972.
स्टीफ़न पी. ब्लेक, *शाहजहानाबाद : द सोवरेन सिटी इन मुग़ल इंडिया, 1639-1739*, कैम्ब्रिज़, 1991.
डी.एम. बोस, एस.एन. सेन और बी.वी. सुब्बरयप्पा (सम्पा.), *ए कॉनसाइज़ हिस्ट्री ऑफ़ साइंस इन इंडिया*, नयी दिल्ली, 1971.

सी.इ. बोसवर्थ, *द ग़ज़नवी : देअर एम्पायर इन अफ़ग़ानिस्तान एंड ईस्टर्न ईरान, 994-1040,* एडिनबर्ग, 1963; पुनर्मुद्रित, दिल्ली, 1992.

सी.आर. बॉक्सर, *द पुर्तग़ीज सीबोर्न एम्पायर, 1415-1825,* न्यूयॉर्क, 1969.

माइकल ब्रांड और जी.डी. लॉरी (सम्पा.), *फतेहपुर सीकरी,* बॉम्बे, 1987.

फर्नांड ब्राउडेल, *द मेडिटेरिनियन एंड द मेडिटेरिनियन वर्ल्ड इन द ऐज ऑफ़ फिलिप II,* लन्दन, 1975.

पर्सी ब्राउन, *इंडियन आर्किटेक्चर (बुद्धिस्ट एंड हिन्दू पीरियड्स),* बॉम्बे, 1956.

पर्सी ब्राउन, *इंडियन आर्किटेक्चर (इस्लामिक पीरियड),* बॉम्बे, 1951.

पर्सी ब्राउन, *इंडियन पेंटिंग अंडर द मुग़ल्स,* ऑक्सफ़ोर्ड, 1924.

ई. जी. ब्राउनी, *लिटररी हिस्ट्री ऑफ़ पर्शिया,* 4 भाग., लन्दन, 1902-24.

फ्रांस्वा बुचाकनन, *ए जर्नी फ्रॉम मद्रास थ्रू द कंटरीज ऑफ़ मैसूर, कनारा एंड मालाबार* 1800-01, 3 भाग., लन्दन, 1807.

मागरेट एच. केस (सम्पा.), *गोविन्ददेव : ए डायलाग इन स्टोन,* नयी दिल्ली, 1996.

कृष्णा चैतन्य, *ए हिस्ट्री ऑफ़ इंडियन पेंटिंग्स : द मूरल ट्रेडिशन,* नयी दिल्ली, 1976.

ताराचन्द, *इन्फ्लूएंस ऑफ़ इस्लाम ऑन इंडियन कल्चर,* दूसरा संस्क., इलाहाबाद, 1963.

सतीश चन्द्रा, *पार्टीज़ एंड पॉलिटिक्स एट द मुग़ल कोर्ट,* 1707-40, अलीगढ़, 1959.

एस.के. चटर्जी (सम्पा.), द *कल्चरल हेरिटेज़ ऑफ़ इंडिया,* भाग-V, लैंग्वेजेज़ एंड लिटरेचर्स, दूसरा संस्क., कलकत्ता, 1978.

देबीप्रसाद चट्टोपाध्याय (सम्पा.). *स्टडीज़ इन द हिस्ट्री ऑफ़ साइंस इन इंडिया,* 2 भाग., नयी दिल्ली, 1982.

के.एन. चौधरी, *द ट्रेडिंग वर्ल्ड ऑफ़ एशिया एंड द इंग्लिश ईस्ट इंडिया कम्पनी, 1660-1760,* कैम्ब्रिज़, 1978.

कार्लो एम. सिपोला (सम्पा.), *फोंटाना इकॉनोमिक हिस्ट्री ऑफ़ यूरोप,* भाग-2 (16वीं और 17वीं शताब्दियाँ), ग्लासगो, 1974.

हेनरी कुसेंस, *द एंटीक्विटीज़ ऑफ़ सिन्ध विद हिस्टोरिकल आउटलाइन,* कलकत्ता, 1929.

अशोक के. दास, *मुग़ल पेंटिंग ड्यूरिंग जहाँगीर'स टाइम,* कलकत्ता, 1978.

किंग्सले डेविस, *पॉपुलेशन ऑफ़ इंडिया एंड पाकिस्तान,* प्रिंसटोन, 1951.

जीन डेलोच, *एनशिएंट ब्रिजेज़ ऑफ़ इंडिया,* नयी दिल्ली, 1982.

जीन डेलोचे, *मिलिट्री टेक्नोलॉजी* इन होयसल स्कल्पचर (ट्वेल्थ एंड थर्टीथ सेंचुरी), नयी दिल्ली, 1989.

विल्बर एस. डेमिंग, *रामदास एंड द रामदासिस,* कलकत्ता, 1928.

जॉन एस. डेयेल, *लिविंग विदाउट सिल्वर : द मोनेटरी हिस्ट्री ऑफ़ अर्ली मेडिवल इंडिया,* दिल्ली, 1990.

हज़ारी प्रसाद द्विवेदी, *कबीर* (हिन्दी), बॉम्बे, ति.न.

रिचर्ड एम. एटन, *एसेज़ ऑन इस्लाम एंड इंडियन हिस्ट्री,* नयी दिल्ली, 2000.

रिचर्ड एम. एटन (सम्पा.), *इंडियाज़ इस्लामिक ट्रेडिशन,* 711-1750.

सिरिल एलगुड, *सफ़ाविद मेडिकल प्रैक्टिस*, लन्दन, 1970.
चार्ल्स इलियट, *हिन्दुइज़्म एंड बुद्धिज़्म*, 3 भाग., लन्दन, 1921-22.
हेनरी एम. इलियट, *मेमायर्स ऑफ़ द हिस्ट्री, एंड कं., ऑफ़ द नार्थवेस्टर्न प्रोविसेंज़ ऑफ़ इंडिया*, सम्पा. जे. बीम्स, 2 भाग., लन्दन, 1869.
एच.एम. इलियट और जे. डावसन, *द हिस्ट्री ऑफ़ इंडिया एज टोल्ड बाय इट्स आन हिस्टोरियंस*, 8 भाग., लन्दन, 1867-77.
फरीद भक्करी, *ज़खिरातु अल ख्वानिन*, सम्पा. एस. मोइनुल हक़, 3 भाग. कराची, 1961, 1970, 1974.
अबुल काहिर मोहम्मद फ़ारूक़ी, *रोड्स एंड कम्युनिकेशन इन मुग़ल इंडिया*, दिल्ली, 1977.
जेम्स फर्ग्युसन, *हिस्ट्री ऑफ़ इंडियन एंड ईस्टर्न आर्किटेक्चर*, दूसरा संस्क., पुनःसंशोधित आइ. बुर्गीज़ एंड आर.पी. स्पायर्स, 2 भाग., लन्दन, 1910.
योहान्न फ्राइडमैन, *शेख़ अहमद सरहिन्दी : एन आउटलाइन ऑफ़ हिज़ थॉट*, एंड कं., मांट्रियल, 1971.
हिरोशी फुकज़ावा, *द मेडिवल दक्कन : पीज़ंट्स, सोशल सिस्टम्स एंड स्टेट्स*, दिल्ली, 1991.
यू.एन. घोषाल, *कांट्रिब्यूशंस टू द हिस्ट्री ऑफ़ द हिन्दू रेवेन्यू सिस्टम*, कलकत्ता, 1929.
एच.ए.आर. गिब्ब, *मोहम्मडनिज़्म : एन हिस्टोरिकल सर्वे*, दूसरा संस्क., लन्दन, 1953.
क्रिस्टोफ ग्लैमन, *डच-एशियाटिक ट्रेड*, 1620-1740, कोपेनहेगेन, 1950.
लल्लन जी गोपाल, *द इकॉनोमिक लाइफ़ ऑफ़ नार्दर्न इंडिया, अनु. ईसा 700-1200*, दूसरा (पुनःसंशोधित) सम्पा., दिल्ली, 1989.
जे.एस. ग्रेवाल, *द सिक्खस् ऑफ़ द पंजाब*, कैम्ब्रिज़, 1990.
जे.एस. ग्रेवाल (सम्पा.), *द स्टेट एंड सोसायटी इन मेडिवल इंडिया*, नयी दिल्ली, 2005.
अशिन दास गुप्ता, *इंडिया एंड द इंडियन ओसन वर्ल्ड*, नयी दिल्ली, 2004.
अशिन दास गुप्ता, *इंडियन मर्चेंट्स एंड द डिक्लाइन ऑफ़ सूरत*, पुनर्मुद्रित सम्पा., नयी दिल्ली, 1994.
अशिन दास गुप्ता और एम.एन. पियर्सन (सम्पा.), *इंडिया एंड द इंडियन ओसेन, 1500-1800*, कलकत्ता, 1987.
*गुरु ग्रन्थ साहिब*, नागरी लिपि में लिखित पुस्तक (शब्दों के पृथक्करण के साथ) शिरोमणि गुरुद्वारा प्रबन्धक समिति द्वारा जारी, 2 भाग., अमृतसर, 1951. अंग्रेज़ी अनु. गोपाल सिंह, दिल्ली, 1962.
इरफ़ान हबीब, *द एग्रेरियन सिस्टम ऑफ़ मुग़ल इंडिया, 1556-1707*, दूसरा पुनर्संशोधित संस्करण, नयी दिल्ली, 1999.
इरफ़ान हबीब, *एन एटलस ऑफ़ द मुग़ल एम्पायर*, दिल्ली, 1982.
इरफ़ान हबीब, *एसेज़ इन इंडियन हिस्ट्री : टूवार्ड्स ए मार्क्सिस्ट परसेप्शन*, नयी दिल्ली, 1995.
इरफ़ान हबीब, *एक्सप्लोरिंग मेडिवल जेंडर हिस्ट्री*, इंडियन हिस्ट्री कांग्रेस मोनोग्राफ़, कलकत्ता, 2000.
इरफ़ान हबीब, *मेडिवल टेक्नोलॉजी : एक्सचेंज़ेज बिटवीन इंडिया एंड द इस्लामिक वर्ल्ड*, अलीगढ़, 1985.

इरफ़ान हबीब (सम्पा.), *अकबर एंड हिज इंडिया,* नयी दिल्ली, 1997.
इरफ़ान हबीब (सम्पा.), *मेडिवल इंडिया-1,* नयी दिल्ली, 1992.
इरफ़ान हबीब (सम्पा.), *रिलिज़न इन इंडियन हिस्ट्री,* नयी दिल्ली, 2007.
मोहम्मद हबीब, *हज़रत अमीर खुसरो ऑफ़ दिल्ली,* बॉम्बे, 1927.
मोहम्मद हबीब, *सुल्तान महमूद ऑफ़ ग़ज़नी,* दूसरा संस्क., अलीगढ़, 1951.
मोहम्मद हबीब, *पॉलिटिक्स एंड सोसायटी ड्यूरिंग द अर्ली मेडिवल पीरियड,* सम्पा. के. ए. निज़ामी, भाग-I, नयी दिल्ली, 1974.
मोहम्मद हबीब एंड के.ए. निज़ामी (सम्पा.), *ए कम्प्रेहेंसिव हिस्ट्री ऑफ़ इंडिया,* भाग V *(द दिल्ली सल्तनत),* नयी दिल्ली, 1970.
इब्न हसन, *द सेंट्रल स्ट्रक्चर ऑफ़ द मुग़ल एम्पायर एंड इट्स प्रैक्टिकल वर्किंग, अप टू द ईयर 1657,* लन्दन, 1936.
तकायो हयाशी, *द बख़्शाली मैनुस्क्रिप्ट, एन एनशिएंट इंडियन, मैथेमेटिकल ट्रीटाइज़,* ग्रोनिंनजेन, 1995.
एच. हेरास, *साउथ इंडिया अंडर द विजयनगर एम्पायर : द अराविदु डायनस्टी,* दिल्ली, 1980.
ह्वेनत्सांग (ज़ुआन जैंग), सी-यू-की, अनु. सैमुअल बील, *बुद्धिस्ट रिकॉर्ड्स ऑफ़ द वेस्टर्न वर्ल्ड* 2 भाग, लन्दन, 1884.
इब्न बतूता, *रिहाला,* अरबी किताब, बेरूत, 1964; अंग्रेज़ी अनु., द *रिहाला.... (इंडिया, मालदीव आईलैंड एंड सीलोन,* महदी हुसैन के द्वारा, बड़ौदा, 1976.)
इसामी, *फ़ुतूह सलातीन,* सम्पा. ए.एस. उषा, मद्रास, 1948.
रिजुअल इस्लाम, *सूफ़िज़्म इन साउथ एशिया : इम्पैक्ट ऑन फ़ोर्टींथ-सेंचुरी मुस्लिम सोसायटी,* कराची, 2002.
इत्सिंग (यि जिंग), *ए रिकॉर्ड ऑफ़ द बुद्धिस्ट रिलिज़न एज प्रैक्टिस्ड इन इंडिया एंड द मलय आर्किपलागो,* अनु. जे. टाकातुसु, लन्दन, 1896.
पीटर जैकसन, *द दिल्ली सल्तनत : ए पॉलिटिकल एंड मिलिट्री हिस्ट्री,* कैम्ब्रिज़, 1999.
जहाँगीर, *तुज़ुक-ए-जहाँगीरी,* सम्पा. सैयद अहमद, गाज़ीपुर, अलीगढ़, 1863-64 (अनुक्रमणिका के साथ पुनर्मुद्रित, अलीगढ़, 2007). रोज़र्स एंड हेनरी बेवरिज़ के द्वारा अनुवाद, दो भाग., लन्दन, 1909-14.
सुवीरा जायसवाल, *द ओरिजिन एंड डेवलपमेंट ऑफ़ वैष्णवइज़्म,* दिल्ली, 1967.
डी.एन. झा, *इकॉनोमी एंड सोसायटी इन अर्ली इंडिया,* नयी दिल्ली, 1993.
डी.एन. झा (सम्पा.), *द फ्यूडल ऑर्डर,* नयी दिल्ली, 2000.
कबीर, *कबीर ग्रन्थावली,* सम्पा. श्यामसुन्दर दास, काशी, 1951.
कल्हण, *राजतरंगिणी,* अनु. एम.ए. स्टीन, 2 भाग., लन्दन, 1900.
नोबुरो कराशिमा, *टूवार्ड्स ए न्यू इकॉनोमिक फॉर्मेशन : साउथ इंडियन सोसायटी अंडर विजयनगर रूल,* दिल्ली, 1992.
एन. कराशिमा (सम्पा.), *सोशियो-कल्चरल चेंज इन विलेज़ेज इन द तिरुचिरापल्ली डिस्ट्रिक्ट,* भाग-I, टोक्यो, 1983.

जी.आर. काये, द *एस्ट्रोनोमिकल आब्जर्वेटरीज़ ऑफ़ जयसिंह*, कलकत्ता, 1918.
एफ.इ. के, *कबीर एंड हिज़ फालोअर्स*, कलकत्ता, 1931.
ए. बेरीडाले कीथ, *ए हिस्ट्री ऑफ़ संस्कृत लिटरेचर*, आक्सफ़ोर्ड, 1928.
इक्तिदार, आलम खान, *गनपाउडर एंड फ़ायरआर्म्स : वारफेयर इन मेडिवल इंडिया*, दिल्ली, 2004.
क्रिस्टोफ़र आर. किंग, *वन लैंग्वेज, टू स्क्रिप्ट्स*, नयी दिल्ली, 1994.
इब्बा एम. कोच, *द कंप्लीट ताजमहल*, नयी दिल्ली, 2006.
इब्बा एम. कोच, *मुग़ल आर्किटेक्चर*, नयी दिल्ली, 2002.
डर्क एच.ए. कोल्फ, *नौकर, राजपूत एंड सिपाही (सिपॉय) : द इथ्नो-हिस्ट्री ऑफ़ द मिलिट्री लेबर मार्केट इन हिन्दुस्तान, 1450-1850*, कैम्ब्रिज़, 1990.
डी.डी. कोसाम्बी, *एन इंट्रोडक्शन टू द स्टडी ऑफ़ इंडियन हिस्ट्री*, बॉम्बे, 1956.
एस. क्रामरिश, *इंडियन स्कल्पचर*, कलकत्ता, 1933.
आनन्द कृष्ण, *अर्ली मुग़ल पेंटिंग*, नयी दिल्ली, 1971.
कृष्णदास कविराज, *चैतन्य चरितामृत*, अनु. जदुनाथ सरकार, *चैतन्य'स लाइफ़ एंड टीचिंग्स*, कलकत्ता, 1932.
ए.आर. कुलकर्णी, *महाराष्ट्रा इन द ऐज़ ऑफ़ शिवाजी*, दूसरा संस्क., पुणे, 2002.
दीपक कुमार (सम्पा.), *डिजीज़ एंड मेडिसिन इन इंडिया : ए हिस्टोरिकल ओवरव्यू*, नयी दिल्ली, 2001.
रूबेन लेवी, द *सोशल स्ट्रक्चर ऑफ़ इस्लाम*, दूसरा संस्क., कैम्ब्रिज़, 1957.
जान ह्यूगेन वॉन लिन्सचोटेन, *वॉयेज टू द ईस्टइंडीज*, ओल्ड इंग्लिश ट्रांस., भाग-I, सम्पा. ए.सी. बर्नेल, और भाग-II, सम्पा. पी.ए. ताइले, लन्दन, 1885.
एम.ए. मैक्युलाइफ, द *सिक्ख रिलिज़न*, 6 भाग., ऑक्सफ़ोर्ड, 1909.
डेरेल एन. मैकलेन, *रिलिज़न एंड सोसायटी इन अरब सिन्ध*, लन्दन, 1989.
एंगस मैडिसन, *क्लास स्ट्रक्चर एंड इकॉनोमिक ग्रोथ : इंडिया एंड पाकिस्तान सिंस द मुग़ल*, लन्दन, 1971.
टी.वी. महालिंगम, *एडमिनिस्ट्रेशन एंड सोशल लाइफ़ अंडर विजयनगर*, मद्रास, 1940.
हेनरी समर मेन, *विलेज कम्युनिटीज़ इन ईस्ट* एंड वेस्ट, लन्दन, 1871.
आर.सी. मजूमदार (सम्पा.), द *हिस्ट्री एंड कल्चर ऑफ़ द इंडियन पीपुल*, भाग-VI (द दिल्ली सल्तनत), बॉम्बे, 1960; और भाग-VII (*द मुग़ल एम्पायर*), बॉम्बे, 1974.
जॉन मैलकम, *ए मेमायर ऑफ़ सेंट्रल इंडिया*, दूसरा संस्क., लन्दन, 1824.
ज़हीरुद्दीन मलिक, द *रीजन ऑफ़ मुहम्मद शाह (1719-48)*, बॉम्बे, 1977.
निकोलाओ मानुची, *स्टोरिया डो मोगोर*, अनु. डब्ल्यू. इरविन, 4 भाग., लन्दन, 1907-08.
डी.एन. मार्शल, *मुग़ल्स इन इंडिया : ए बिब्लियोग्राफ़िकल सर्वे*, भाग-I, (पाण्डुलिपि), बॉम्बे, 1967.
कार्ल मार्क्स, *कैपिटल*, भाग-I, अंग्रेजी अनुवाद एस.मूरे और ई. अवेलिंग, सम्पा. एफ. एंजेल्स, लन्दन, 1887.

कार्ल मार्क्स, *कार्ल मार्क्स ऑन इंडिया*, सम्पा. इक़बाल हुसैन, नयी दिल्ली, 2006.
डब्ल्यू.एच. मैकलोड, *द इवोल्यूशन ऑफ़ द सिख कम्युनिटी*, दिल्ली, 1975.
मोहम्मद वाहिद मिर्ज़ा, *द लाइफ़ एंड वर्क्स ऑफ़ अमीर ख़ुसरो*, कलकत्ता, 1935.
बी.बी. मिसरा, *द इंडियन मिड्ल क्लासेज़ : देअर ग्रोथ इन मॉडर्न टाइम्स*, लन्दन, 1961.
मियाँ भुवाह, *मैडनुश शिफ़ा-ए-सिकन्दर-शाही*, लिथो., लखनऊ, 1877.
एफआर.ए मोन्सेराटे, *कमेंट्री ऑन हिज जर्नी टू द कोर्ट ऑफ़ अकबर*, अनु. जे.एस. होयलैंड, कटक, 1922.
शिरीन मूसवी, *इकॉनोमी ऑफ़ द मुग़ल एम्पायर, सी. 1595, ए स्टैटिसटिकल स्टडी*, दिल्ली, 1987.
शिरीन मूसवी, *एपिसोड्स इन द लाइफ़ ऑफ़ अकबर : कंटेम्परारी रिकॉर्ड्स एंड रेमिनिसेंसेज़*, नयी दिल्ली, 1994.
डब्ल्यू.एच. मोरलैंड, *एग्रेरियन सिस्टम ऑफ़ मुस्लिम इंडिया*, कैम्ब्रिज़, 1929.
डब्ल्यू.एच. मोरलैंड, *फ्राम अकबर टू औरंगज़ेब*, लन्दन, 1923.
डब्ल्यू.एच. मोरलैंड, *इंडिया एट द डेथ ऑफ़ अकबर, एन इकॉनोमिक स्टडी*, लन्दन, 1920.
डब्ल्यू.एच. मोरलैंड (सम्पा. और अनु.), *रिलेशंस ऑफ़ गोलकुण्डा इन द अर्ली सेवेनटींथ सेंचुरी*, लन्दन, 1931.
मुहम्मद ग़ौसी शत्तारिया, *गुलज़ार-ए अबरार*, सम्पा. मुहम्मद ज़ाकी, पटना, 1994.
मुहम्मद काज़िम, *आलमगीरनामा*, सम्पा. ख़ादिम हुसैन एंड अब्दोलहाई हकीकी, बिब. भार., कलकत्ता, 1865-73.
मुहम्मद रहीम किश्मी, ज़ुबदातु अल मक़ामत, लिथो., लखनऊ, 1302/1884-85.
मुहम्मद शादियाबादी, *मिफ़्ताहु अल फ़ुज़ला* दैनिक जीवन में व्यवहार में आने वाले शब्दों का शब्दकोश, इलस्ट्रेटेड एमएस, ब्रिटिश पुस्त., ऑर. 3299.
एम. मुजीब, *द इंडियन मुस्लिम्स*, लन्दन, 1967.
मुंशी नन्द राम, *सियाक़नामा*, लिथो., लखनऊ, 1869.
नाभाजी, *श्री भक्तमाल*, सम्पा. गणेशदास, गोवर्धन, ति.न.
सुलेमान नदवी, *अरबों की जहाज़रानी* (अरबी समुद्री) (उर्दू), आजमगढ़, 1935.
जेम्स नींधम, *साइंस एंड सिविलाइज़ेशन इन चाइना*, भाग-IV(1) : *फ़िज़िक्स*, कैम्ब्रिज़, 1962.
एल.एस.एस.ओ' मुले (सम्पा.), *मॉडर्न इंडिया एंड द वेस्ट*, लन्दन, 1941.
डब्ल्यू.जी. ओआरआर, *ए सिक्सटींथ सेंचुरी इंडियन मिस्टिक* : दादू, लन्दन, 1947.
गोविन्द चन्द्र पाण्डे, *लाइफ़ एंड थॉट ऑफ़ शंकराचार्य*, दिल्ली, 1994.
एम.एन. पियर्सन, *टूवार्ड्स सुपरियरिटी : यूरोपियन एंड इंडियन मेडिसिन, 1500-1700*, मिनेयापोलिस, 1989.
फ्रांसिस्को पेलसार्ट, 'रिमोन्सट्रेंटी', अनु. डब्ल्यू.एच. मोरलैंड एंड पी. गेल, *जहाँगीर'स इंडिया*, कैम्ब्रिज़, 1925.
ए. पेट्रूसिओली (सम्पा.), *एनवायरनमेंटल डिज़ायन : द गार्डन एज़ ए सिटी*, रोम, ति.न.

मार्को पोलो, *द बुक ऑफ़ सेर मार्को पोलो, द वेनेतियन, कन्सर्निंग द किंगडम्स एंड मार्वल्स ऑफ़ द ईस्ट,* अनु. एच. युले और एच. कॉर्डियर, 2 भाग., लन्दन, 1921.

विद्या प्रकाश, *खजुराहो : ए स्टडी इन द कल्चरल ट्रेडीशंस ऑफ़ चन्देला सोसायटी,* बॉम्बे, 1967.

बेनी प्रसाद, *हिस्ट्री ऑफ़ जहाँगीर,* पाँचवाँ संस्क., इलाहाबाद, 1962.

ईश्वरी प्रसाद, लाइफ़ एंड टाइम्स ऑफ़ हुमायूँ, बॉम्बे, 1956.

पुष्पा प्रसाद, *संस्कृत इन्सक्रिप्शंस ऑफ़ दिल्ली सल्तनत,* 1511-1526, दिल्ली, 1990.

ए.जे. क़ैसर, *द इंडियन रिस्पांस टू यूरोपियन कल्चर एंड टेक्नोलॉजी* (1498-1707 ई.), दिल्ली, 1982.

के. क़ानूनगो, *दारा शिकोह,* दूसरा संस्क., कलकत्ता, 1952.

के. क़ानूनगो, *शेरशाह एंड हिज़ टाइम्स,* बॉम्बे, 1965.

क़ाज़ी मुहम्मद अल्ला, *रिसाला अहकाम अल-अर्ज़ी* भूमि-अधिकारों पर पथ, एमएस : अलीगढ़ अब्दुसलाम (अरबिया(4) 331.

वी. राघवन, *यन्त्रस् ऑर मैकेनिकल कांट्रीवेंसेज़ इन एनशिएंट इंडिया,* दूसरा संस्क., बैंगलोर, 1956.

अमृत राय, *ए हाउस डिवाइडेड : द ओरिजिन एंड डेवलपमेंट ऑफ़ हिन्दी/हिन्दवी,* दिल्ली, 1984.

एस. राजगोपालाचारी, *ओल्ड (गोवा),* दूसरा संस्क., नयी दिल्ली, 1982.

विजया रामास्वामी, *डिविनिटी एंड डेवियांस : वुमेन एंड वीरशैविज़्म,* दिल्ली, 1996.

एम.एस. नागराजा राव, *विजयनगर,* मैसूर, 1988.

एच.सी. रे, *द डायनस्टिक हिस्ट्री ऑफ़ नार्दर्न इंडिया,* 2 भाग., कलकत्ता, 1931.

तपन रायचौधुरी (सम्पा.) कंट्रीब्यूशंस टु इंडियन इकॉनोमिक हिस्ट्री-1, कलकत्ता, 1960.

तपन रायचौधुरी और इरफ़ान हबीब (सम्पा.), *द कैम्ब्रिज़ इकॉनोमिक हिस्ट्री ऑफ़ इंडिया,* भाग-I, कैम्ब्रिज़, 1982.

जेम्स रेनेल, *ए बंगाल एटलस,* लन्दन, 1781.

जॉन एफ. रिचर्ड्स (सम्पा.), *द इम्पीरियल मोनेटरी सिस्टम ऑफ़ मुग़ल इंडिया,* दिल्ली, 1987.

रिज़कुल्लाह मुश्ताक़ी, *वक़ीअत-ए-मुश्ताक़ी,* सम्पा. इक़्तिदार हुसैन सिद्दीक़ी, रामपुर, 2002. अनु. वही, नयी दिल्ली, 1993.

सैयद अतहर अब्बास रिज़वी, *ए हिस्ट्री ऑफ़ सूफ़िज़्म इन इंडिया,* 2 भाग., नयी दिल्ली, 1997.

एल. अतहर अब्बास रिज़वी, *मुस्लिम रिवाइवलिस्ट मूवमेंट्स इन नार्दर्न इंडिया इन द सिक्सटींथ एंड सेवेनटींथ सेंचुरीज,* लखनऊ, 1965.

एस. अतहर अब्बास रिज़वी, *ए सोशल इंटैलेक्चुअल हिस्ट्री ऑफ़ द इसना 'अशारिशी' एज इन इंडिया,* 2 भाग., नयी दिल्ली, 1986.

बी. डब्ल्यू. रॉबिन्सन, *इस्लामिक पेंटिंग एंड द आर्ट्स ऑफ़ द बुक,* लन्दन, 1976 एडमंड द अगनर के निजी संग्रह की सूची, द कीर कलेक्शन।

थॉमस रो, जर्नल एंड कॉरेसपांडेस, 1615-19, सम्पा. विलियम फोस्टर, *द एम्बेसी ऑफ़ सर थॉमस रो,* लन्दन, 1926.
जन रेपका (सम्पा.), *हिस्ट्री ऑफ़ ईरानियन लिटरेचर,* डॉरदेख्त, 1968.
बनारसी प्रसाद सक्सेना, *हिस्ट्री ऑफ़ शाहजहाँ ऑफ़ दिहली।*
रिचर्ड सोलोमन, *इंडियन एपिग्राफ़ी,* नयी दिल्ली, 1998.
जी. सैंडर्सन, *ए गाइड टू द बिल्डिंग्स एंड गार्डेन्स : देलही फ़ोर्ट,* चौथा संस्क., दिल्ली, 1936-37.
पी. सरन, *प्रोविंसियल गवर्नमेंट ऑफ़ द मुग़ल्स (1526-1658),* इलाहाबाद, 1941.
एस.जी. सरदेसाई, *ए न्यू हिस्ट्री ऑफ़ द मराठा पीपुल,* 3 भाग., बॉम्बे, 1948/1971.
जदुनाथ सरकार, *ए हिस्ट्री ऑफ़ औरंगज़ेब,* 5 भाग, प्रथम संस्क., कलकत्ता, 1912-24. संक्षिप्त रूप के लिए देखें *शार्ट हिस्ट्री ऑफ़ औरंगज़ेब, 1618-1707,* दूसरा संस्क., कलकत्ता, 1954.
जदुनाथ सरकार, *शिवाजी एंड हिज़ टाइम्स,* पाँचवाँ संस्क., कलकत्ता, 1952.
सुकुमार सेन, *हिस्ट्री ऑफ़ बंगाली लिटरेचर,* नयी दिल्ली, 1960.
एस.एन. सेन, *एडमिनिस्ट्रेटिव सिस्टम ऑफ़ मराठाज़,* दूसरा संस्क., कलकत्ता, 1952.
एस.एन. सेन, द *मिलिटरी सिस्टम ऑफ़ द मराठाज़, दूसरा संस्करण,* बॉम्बे, 1958.
शाह वलीउल्लाह, *हुज्जत अल्लाह अल-बलिग़ा,* अरबी किताब सम्पा. अब्दुल लतीफ़ एंड मिराज़, अबु मुहम्मद अब्दुल हक़ के द्वारा उर्दू अनुवाद के साथ, 2 भाग., कराची, ति.न.
शेख अहमद सरहिन्दी, *मक़्तूबात-ए-इमाम-ए रब्बानी,* प्रका. नवल किशोर, 3 भाग., कानपुर, ति.न.
शम्स सिराज़ अफिफ, *तारीख़-ए फ़िरोज़शाही,* सम्पा. विलायत हुसैन, बिब.भार., कलकत्ता, 1891.
एस.आर. शारदा, *सूफ़ी थॉट : इट्स डेवलपमेंट इन पंजाब एंड इट्स इम्पैक्ट ऑन पंजाबी लिटरेचर,* नयी दिल्ली, 1978.
दशरथ शर्मा, *अर्ली चौहान डायनस्टीज़,* दिल्ली, 1959.
आर. एस. शर्मा, *ईयर्ली मेडिवल इंडियन सोसाइटी : ए स्टडी इन फ्यूडलिज़्म,* कोलकाता, 2001.
आर.एस. शर्मा, *इंडियन फ्यूडलिज़्म, 300-1000 ईसा.,* दूसरा संस्क., नयी दिल्ली, 1980.
आर.एस. शर्मा, *अर्बन डिके इन इंडिया (300-1000 ईसा.),* नयी दिल्ली, 1987.
शिहाब हाक़िम, *मआसिर-ए महमूद-शाही,* सम्पा. नुरूल हसन अंसारी, दिल्ली, 1968.
शहाबुद्दीन तालिश, *फ़ातिया'इब्रिया,* कलकत्ता, 1847.
एच. सिंह और एन.जी. बैरियर (सम्पा.), *एसेज इन ऑनर ऑफ़ डाक्टर गंडा सिंह,* पटियाला, 1976.
जेम्स स्किनर, *तशरिहु'अल अक़वाम,* एमएस ब्रिटिश संग्रहा. जोड़ें, 27,255.
वी.ए. स्मिथ, *हिस्ट्री ऑफ़ फाइन आर्ट्स इन इंडिया एंड सीलोन,* दूसरा संस्क., पुनःसंशोधित के.डे.वी. कॉडरिंगटोन, आक्सफ़ोर्ड, 1930.

एम.एन. श्रीनिवास, *कास्ट इन मॉडर्न इंडिया एंड अदर एसेज,* बॉम्बे, 1962.

ए.एल. श्रीवास्तव, *अकबर द ग्रेट,* 3 भाग., आगरा, 1962.

नील्स स्टीन्सगार्द, *द एशियाटिक ट्रेड रिवोल्यूशन ऑफ़ द सेवेनटींथ सेंचुरी,* शिकागो, 1974.

बर्टन स्टीन, *पीज़ंट स्टेट एंड सोसायटी इन मेडिवल साउथ इंडिया,* दिल्ली, 1980.

एरिक स्टोक्स, *द इंग्लिश यूटिलिटेरियन्स एंड इंडिया,* आक्सफ़ोर्ड, 1959.

सी.ए. स्टोरी, *पर्शियन लिटरेचर : ए बिब्लियोग्राफ़िकल सर्वे, भाग-I (1) : कुरानिक लिटरेचर; हिस्ट्री,* लन्दन, 1927-39. भाग-II(2) (इ) *मेडिसिन,* लन्दन, 1971.

जी.एम.डी. सूफ़ी, *कश्मीर, बीइंग ए हिस्ट्री ऑफ़ कश्मीर* पुनर्मुद्रित, दिल्ली, 1974

हामिद सुलेमान, *मिनियेचर्स ऑफ़ बाबरनामा,* ताशकन्द, 1970.

जीन बैपस्टिट *टैवरनिअर, ट्रेवल्स इन इंडिया, 1640-67,* अनु. वी. बॉल, दूसरा संस्क., पुनःसंशोधित, डब्ल्यू. क्रूक, दो भाग, लन्दन, 1925.

टेकचंद 'बहर', *बहर-ए-आज़म* फ़ारसी शब्दकोश, 1739, लिथो., दिल्ली, एएच 1282.

रोमिला थापर, *कल्चरल ट्रेडिशन इन अर्ली इंडिया,* दिल्ली, 1987.

रोमिला थॉपर, *सोमनाथ, द मेनी वॉयसेज़ ऑफ़ ए हिस्ट्री,* नयी दिल्ली, 2004.

आर. ह्यूग़ेस थॉमस (सम्पा.), *मेमोयर्स ऑन सिन्ध,* दूसरा संस्क., दिल्ली, ति.न.

जेम्स डी. ट्रेसी (सम्पा.), *द राइज ऑफ़ मर्चेंट एम्पायर्स : लांग डिस्टेंस ट्रेड इन द अर्ली मॉडर्न* वर्ल्ड, *1350-1750,* कैम्ब्रिज़, 1990.

आर.पी. त्रिपाठी, *सम आस्पेक्ट्स ऑफ़ मुस्लिम एडमिनिस्ट्रेशन,* दूसरा संस्क., इलाहाबाद, 1956.

चार्लोट्ट वाउदेविल्ले, *कबीर,* भाग-I, ऑक्सफ़ोर्ड, 1974.

अमीला वर्गीज़, *हम्पी,* नयी दिल्ली, 2002.

एस.पी. वर्मा, *मुग़ल पेंटर्स एंड देअर वर्क,* नयी दिल्ली, 1994.

पियरे विलर, *हिस्ट्री ऑफ़ गोल्ड एंड मनी, 1450-1920,* लन्दन, 1984.

बोनी सी. वाडे, *इमैजिंग साउंड : एन इथ्नोम्यूजकोलॉजिकल स्टडी ऑफ़ म्यूज़िक, आर्ट एंड कल्चर इन मुग़ल इंडिया,* शिकागो, 1998.

थॉमस वाटर्स, *ऑन युआनत्सांग* (युआनत्वांग) *ट्रैवल्स इन इंडिया, 629-645 ईसा,* 2 भाग., लन्दन, 1905.

एमी वेलसेज़, *अकबर्स रिलिज़ियस थॉट रिफ्लेक्टेड इन मुग़ल पेंटिंग,* आक्सफ़ोर्ड, 1952.

जेम्स एल. वेसकोट, जू., एंड जोआचिम वोल्सचके-बुल्महा (सम्पा.), *मुग़ल गार्डन्स,* वाशिंगटन, 1996.

सी. वेसेल्स, *अर्ली जीसुट ट्रैवलर्स इन सेंट्रल एशिया, 1603-1721,* द हेग़, 1924.

आर.एस. व्हाइटवे, *द राइज़ ऑफ़ पुर्तगीज़ पॉवर इन इंडिया,* लन्दन, 1895.

एल.एफ. रशब्रुक विलियम्स, *एन एम्पायर बिल्डर ऑफ़ द सिक्सटींथ सेंचुरी* (बाबर), लन्दन, 1981.

आन्द्रे विंक, *लैंड एंड सोवेरियंटी इन इंडिया : एग्रेरियन सोसायटी एंड पॉलिटिक्स अंडर द एटींथ-सेंचुरी मराठा स्वराज्य,* कैम्ब्रिज़, 1986.

डब्ल्यू.एच. वाइसर, *द हिन्दू जजमानी सिस्टम*, लखनऊ, 1936.

डब्ल्यू.एच. नेल्सन राइट, *द कॉयनेज एंड मेट्रोलॉजी ऑफ़ द सुल्तान'स ऑफ़ देल्ही*, दिल्ली, 1936.

बी.एन.एस. यादव, *सोसायटी एंड कल्चर इन नार्दर्न इंडिया इन द ट्वेल्थ सेंचुरी*, इलाहाबाद, 1973.

यूसुफ मिराक, *मज़हर-ए-शाहजहानी*, सम्पा. सैयद हुसामुद्दीन राशिदी, कराची, 1962. अनु. एम. सलीम अख़्तर, *सिन्ध अंडर द मुग़ल्स*, इस्लामाबाद, 1990.

ज़ैनुद्दीन मख़दुम, *तुहफ़त अल-मुजाहिद्दीन*, अनु. एस. मुहम्मद हुसैन नयनार, पुनर्मुद्रित सम्पा., कालीकट, 2006.

ज़िया बरनी, *फ़तवा-ए-जहाँदारी*, भारतीय कार्यालय (लन्दन), एमएस, आई.ओ. 1149. अनु. (आंशिक) मुहम्मद हबीब और अफ़सर सलीम खान, *द पॉलिटिकल थ्योरी ऑफ़ द देल्ही सल्तनत*, इलाहाबाद, ति.न.

ज़िया बरनी, *तारीख़-ए-फ़िरोज़शाही*, सम्पा. सैयद अहमद खान अन्य., कलकत्ता, 1862 (अनुक्रमणिका के साथ पुनर्मुद्रित, अलीगढ़, 2005).

# अनुक्रमणिका

**घ**



**च**



**छ**



**ज**

## त



## थ



## द

## ब

**य**

**स**

ह

□□